파이썬으로 쉽게 배우는 [개정판]

자료구조

최영규·천인국 지음

생능출판

저자 소개

최영규(崔濚圭)
1989年 경북대학교 전자공학과 공학사
1991年 한국과학기술원 전기및전자공학과 공학석사
1995年 한국과학기술원 전기및전자공학과 공학박사
1995年~1999年 LG산전연구소 선임연구원
1999年~현재 한국기술교육대학교 컴퓨터공학부 교수
2005年, 2012年 미국 조지 워싱턴대, UTSA 방문 교수
E-mail: ykchoi@koreatech.ac.kr

천인국(千仁國)
1983年 서울대학교 전자공학과 공학사
1985年 한국과학기술원 전기및전자공학과 공학석사
1993年 한국과학기술원 전기및전자공학과 공학박사
1985年~1988年 삼성전자 종합연구소 주임 연구원
1993年~현재 순천향대학교 컴퓨터공학과 교수
2005年 캐나다 UBC 방문 교수
E-mail: chunik@sch.ac.kr

파이썬으로 쉽게 배우는 자료구조

초판발행 2020년 2월 24일
제2판2쇄 2024년 8월 5일

지은이 최영규, 천인국
펴낸이 김승기, 김민수
펴낸곳 (주)생능출판사 / **주소** 경기도 파주시 광인사길 143
출판사 등록일 2005년 1월 21일 / **신고번호** 제406-2005-000002호
대표전화 (031)955-0761 / **팩스** (031)955-0768
홈페이지 www.booksr.co.kr

책임편집 신성민 / **편집** 이종무, 최동진 / **디자인** 유준범, 노유안
마케팅 최복락, 심수경, 차종필, 백수정, 송성환, 최태웅, 명하나, 김민정
인쇄 새한문화사 / **제본** 일진제책사

ISBN 979-11-92932-18-7 93000
정가 29,000원

개정판 머리말

개정판에서 달라진 부분은 다음과 같다.

- **각 절의 마지막에 퀴즈나 코딩 문제를 추가하였다.** 본문에서 공부한 내용을 바로 점검할 수 있도록 "중간 점검" 문제나 "도전 코딩!" 문제를 제시하였다. "중간 점검" 문제의 해답은 바로 제공하였고, "도전 코딩!"의 해답은 생능출판사 홈페이지에서 내려 받을 수 있도록 파일 이름을 제시하였다.
- **자료구조의 원리와 동작 이해에 더 초점을 맞추었다.** 쉬운 이해를 위해 파이썬을 이용하지만 가급적 기본 문법만을 사용하는 방향으로 코드를 보완하였다. 이것은 자료구조의 동작 원리 이해에 파이썬이 방해가 되지 않도록 하기 위해서인데, 수록된 코드는 C, C++이나 Java와 같은 다른 언어로도 쉽게 변환할 수 있도록 기술하려고 노력하였다.
- **불필요한 설명을 줄이고 간소화하였다.** 간단하고 쉽게 이해할 수 있는 부분의 설명은 줄였고, 복잡한 내용은 더 단순화하여 이해가 쉽도록 제공하려고 노력하였다.
- **소스코드에 직접 설명을 추가하였다.** 주석과 함께 소스코드에 박스나 밑줄 등 그래픽 요소들을 이용해 설명을 직접 추가하여 코드를 좀 더 쉽게 이해할 수 있도록 하였다. 또한, 수록된 코드에 대해 소스 파일 이름을 제시하고 생능출판사 홈페이지에서 내려 받을 수 있도록 하였다.
- **연습문제를 보완하였다.** 정보처리기사와 같은 다양한 시험에 대비하기 위해 연습문제를 대폭 보완하였다. 4지 선택 문제를 다양하게 추가하여 주요 시험을 위한 준비에 도움이 되도록 노력하였다.

책이 나올 때까지 많은 분의 도움과 격려가 있었다. 다양한 의견을 제시해준 교수님들, 미래를 이끌어갈 소중한 학생들, 출판을 위해 애써준 생능출판사 여러분, 특히 이 책을 읽고 실력을 키워나갈 독자 여러분께 진심으로 감사의 마음을 전한다.

2023년 5월
저자 일동

머리말

자료구조(data structure)는 컴퓨터로 처리할 자료들을 효율적으로 관리하고 구조화시키기 위한 학문으로 컴퓨터 분야에서 매우 중요하고 기초적인 과목이다. 그러나 개념의 이해와 함께 코딩을 통한 구현 능력이 필수적으로 요구되기 때문에 학생들이 어려워하는 과목이기도 하다.

이 책은 입문자들이 보다 쉽고 재미있게 자료구조를 공부하고 다양한 문제 해결에 활용할 수 있는 능력을 기르는데 초점을 맞추었다. 이를 위해 역점을 두었던 사항들은 다음과 같다.

- 지루하지 않고 내용을 보다 쉽게 이해할 수 있도록 **적절한 그림들을 충분히 사용**하여 최대한 쉬운 교재를 만들고자 노력하였다. 또한 컬러를 사용하여 보다 깔끔한 교재가 되도록 하였다.
- **파이썬을 이용해 코드를 설명**하였다. 파이썬은 C나 자바 등에 비해 훨씬 간결하게 알고리즘의 핵심적인 사항들을 표현할 수 있어 코드의 이해가 훨씬 쉽다.
- 자료구조의 **개념과 동작 원리를 자세하게 설명**하였으며, **다양한 응용들을 제시**하였다. 모든 코드는 실행하고 결과를 확인할 수 있도록 **완전한 형태**로 제공하였다.
- **다양하고 충분한 연습문제와 실습문제를 제공**하려고 노력하였다. 실습문제를 통해 본문의 코드를 확장한 다양한 문제 해결에 도전할 수 있다.
- **C언어에 대한 기본적인 지식만 있으면 충분히 학습할 수 있는 책**이 되도록 노력하였다. 2장에서 파이썬 문법을 소개하였고, 약간 특별한 내용들은 코드에서 사용될 때 마다 충분히 설명하였다. 파이썬 입문자들은 이 책을 통해 파이썬의 다양한 내장 자료형의 활용 방법을 공부할 수 있다.

이 책이 만들어지기까지 많은 도움이 있었다. 특히 적극적으로 지원해주신 생능출판사 여러분께 깊은 감사를 표한다. 아무쪼록 이 책이 자료구조와 파이썬을 공부하는 많은 독자들에게 조금이라도 도움이 될 수 있다면 저자들에게는 큰 보람이 될 것이다.

2020년 1월
저자 일동

이 책의 특징

그림과 삽화를 이용한 개념 전달

자료구조의 개념과 동작 원리를 최대한 그림을 이용해 설명하였고, 학습자들이 주로 하는 질문과 답변을 삽화의 형태로 수록하였다.

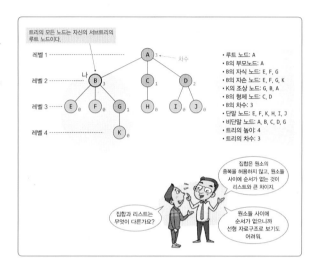

퀴즈와 코딩 문제를 통한 중간 점검

학습한 내용을 바로 점검해 볼 수 있도록 각 절의 마지막에 퀴즈나 간단한 코딩 문제를 제시하고, 정답을 확인할 수 있도록 하였다.

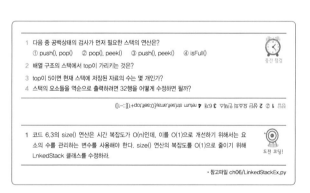

코드의 이해 향상을 위한 설명

코드에서 직접 설명하는 부분을 강화하였고, 참고 코드 파일 이름을 제시하여 전체 코드를 확인할 수 있도록 하였다.

파이썬과 참고사항 박스

파이썬의 유용한 사용법들은 파이썬 박스로, 본문의 특별한 추가 내용들은 참고사항 박스로 더 자세히 설명하였다.

완전한 형태의 코드와 소스 제공

일부 핵심적인 알고리즘이 아니라 완전한 코드를 제시하였고, 소스 파일을 제공(홈페이지 다운로드)하여 수록된 코드를 실행하고 결과를 확인할 수 있도록 하였다.

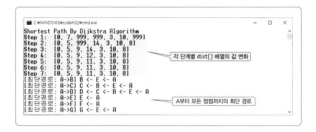

연습문제

이론의 이해를 묻거나 간단한 코드를 작성하는 문제들과 함께, 본문의 내용을 확장한 다양한 코딩 문제에 도전할 수 있도록 하였다.

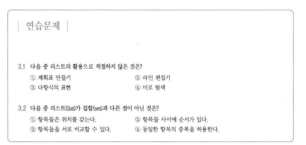

강의 계획안

자료구조는 다루어야 하는 내용이 많아 강의 계획을 세우기가 까다롭다. 만약 컴퓨터나 관련 전공 2학년 이상의 전공자를 대상으로 하고, 한 학기를 15주로 가정하면 다음이 가장 일반적인 강의 진행일 것이다.

주	주제	해당장	주	주제	해당장
1	자료구조 강의 소개	1장	9	정렬과 탐색	7장
2	알고리즘 성능 분석	1장	10	트리	8장
3	파이썬 리뷰	2장	11	탐색트리	9장
4	리스트와 집합	3장	12	그래프	10장
5	스택	4장	13	가중치 그래프	11장
6	큐, 덱과 우선순위 큐	5장	14	고급 정렬	12장
7	연결된 구조	6장	15	기말고사	
8	중간고사				

만약 비전공자나 1학년을 대상으로 한다면 2장에 좀 더 많은 시간을 할애하고, 프로그래밍의 개념을 다지기 위해 다양한 파이썬 예제를 함께 공부하는 것이 좋을 것이다. 교재의 모든 코드들을 구현해 보면서 강의 진도를 늦추는 것이 바람직하다. 이 경우 9장의 균형이진탐색트리와 11장의 가중치 그래프의 응용, 그리고 12장의 고급 정렬 일부를 생략할 수 있다.

대기업이나 많은 소프트웨어 관련 회사에서 프로그래밍 실기 시험이 중요한 평가 수단이 되고 있다. 이러한 시험에서 자료구조를 설계, 구현하고 활용하는 능력을 요구하는 경우가 많으므로, 이 책에서 제공하는 다양한 중간 점검 문제와 연습문제를 해결해 보는 것이 매우 의미가 있을 것으로 생각된다. 또한 이 책을 학습한 다음 파이썬으로 쉽게 설명된 알고리즘 관련 도서를 공부한다면 취업을 위한 훌륭한 준비가 될 것이다.

학습 연계도

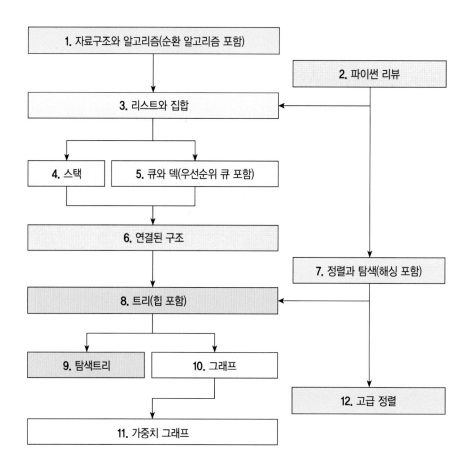

차례

CHAPTER

01

자료구조와 알고리즘

학습목표

- 자료구조와 알고리즘의 개념과 관계를 이해한다.
- 추상 자료형의 개념을 이해하고 Bag 자료형에 적용해 본다.
- 알고리즘의 실행시간 측정 방법을 이해하고 활용할 수 있다.
- 알고리즘의 시간 복잡도 개념과 빅오 표기법 등을 이해한다.
- 순환의 개념과 구조를 이해하고, 간단한 순환 문제를 살펴본다.
- 알고리즘의 시간 복잡도 분석 능력을 기른다.

1 자료구조와 알고리즘

1.1 자료구조와 알고리즘

■ 자료구조란?

우리는 일상생활에서 물건이나 자료들을 "정리"하기 위해 여러 가지 방법을 사용한다. 예를 들어, 배달할 선물들은 순서대로 수첩에 기록하고, 주방에서 닦은 접시들은 쌓아 놓고 사용한다. 맛집에서는 줄을 서서 기다리는 손님들에게 도착한 순서대로 음식을 제공한다.

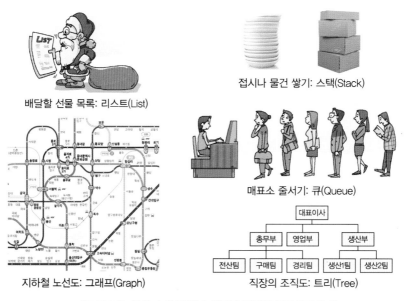

배달할 선물 목록: 리스트(List)

접시나 물건 쌓기: 스택(Stack)

매표소 줄서기: 큐(Queue)

지하철 노선도: 그래프(Graph)

직장의 조직도: 트리(Tree)

[그림 1.1] 생활 속의 다양한 사물과 관련된 자료구조의 예

계층적인 관계를 나타내는 조직도를 보면 회사의 구성을 잘 알 수 있고, 지하철 노선도에는 수많은 역의 연결 관계가 알기 쉽게 표시되어 있다.

코딩을 조금이라도 해 보면 프로그래밍이 **자료(data)**를 주로 다루는 것임을 알 수 있다. 일상생활과 마찬가지로 프로그래밍에서도 이들 자료를 정리하여 보관하기 위해 여러 가지 구조들이 사용되는데, 이를 **자료구조(data structure)**라 부른다. 예를 들어, 접시를 쌓아서 관리하는 구조를 컴퓨터에서는 "스택"이라 부르고, 맛집의 줄서기 방식은 "큐"라고 부른다. 조직도는 "트리"라고 부르며 지하철 노선도와 같은 구조는 "그래프"라 부른다. 이처럼, 자료구조는 자료의 특성에 따라 효율적인 정리 규칙을 찾아 정리하고, 저장 및 처리하는 모든 작업을 다룬다.

자료구조의 분류

자료구조는 숫자나 문자와 같은 **단순 자료구조**와 여러 자료를 한꺼번에 보관하는 복합 자료구조로 나눌 수 있는데, 이 책에서는 **복합 자료구조**만을 다룬다. 복합 자료구조는 형태에 따라 선형(linear)과 비선형(non-linear)으로 나누어진다.

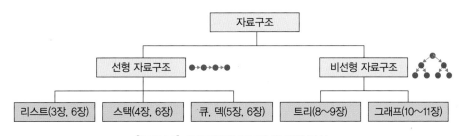

[그림 1.2] 자료구조의 분류와 이 책의 구성

- **선형 자료구조**는 자료들을 일렬로 나열하여 저장하는데, 자료들 사이에는 반드시 순서가 있다. 리스트와 스택, 큐, 덱 등은 대표적인 선형 자료구조이다.
- **비선형 자료구조**는 한 줄로 세우기 어려운 복잡한 관계의 자료들을 표현할 수 있다. 예를 들어, 트리는 컴퓨터의 폴더 구조나 회사의 조직도와 같은 계층 구조를 잘 나타내는데, 자료들을 한 줄로 나열하기 어려운 대표적인 비선형 자료구조이다. 그래프는 지도와 같이 가장 복잡한 연결 관계를 갖는 자료를 잘 표현할 수 있다.

이 책의 구성은 그림 1.2와 같은데, 먼저 자료구조의 개념과 동작 원리를 공부하고, 파이썬을 이용해 구현해 본 후, 실제 문제 해결에 활용한다. 이를 위해, 2장에서는 파이썬의 기본 내용을 간략하게 다룬다. 모든 자료구조는 **배열**을 이용하거나 **연결된 구조**로 구현할 수 있는데, 3~5장은 배열을 이용한 구현 방법을 공부하고, 6장에서 연결된 구조를 자세히 다룬다.

컴퓨터의 가장 대표적인 응용 분야는 정렬과 탐색이다. **정렬**은 주어진 자료들을 어떤 기준에 따라 순서대로 나열하는 작업인데, 효율적인 정렬을 위해 다양한 자료구조가 사용된다. **탐색**을 위해서도 반드시 적절한 자료구조와 그에 따른 알고리즘이 필요하다. 7장에서 기본적인 정렬과 탐색 방법을 공부하고, 12장에서는 고급 정렬 알고리즘을 다룬다.

■ 알고리즘이란?

컴퓨터 프로그램은 무엇으로 이루어져 있을까? 대부분의 프로그램은 어떤 데이터를 처리하고 그 결과를 제공한다. 이때 데이터는 **자료구조**를 이용하여 표현되고, 이를 이용해 주어진 문제를 처리하기 위한 효과적인 절차가 필요하다. 이와 같이 어떤 문제를 해결하는 절차를 **알고리즘**(algorithm)이라고 한다. 결국 프로그램은 자료구조와 알고리즘으로 구성되어 있다고 볼 수 있다.

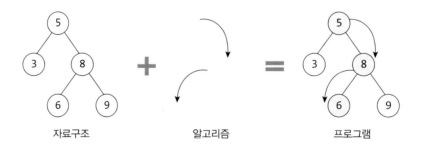

자료구조   알고리즘   프로그램

영어 사전에서 특정한 단어를 찾는 두 가지 방법(알고리즘)을 생각해 보자.

- **방법 1**: 사전의 첫 페이지에 있는 첫 단어부터 시작하여 모든 단어를 순서대로 찾는 것이다. 이것은 확실하기는 하지만 엄청난 시간이 걸리는 비효율적인 방법이다.
- **방법 2**: 사전의 단어들이 알파벳순으로 정렬되어 있는 것을 이용한다. 즉 찾고자 하는 단어가 "structure"이면 먼저 's'로 시작하는 위치로 바로 이동한다. 만약 너무 적게 갔으면 약간 앞으로 더 가고, 너무 많이 갔으면 조금 뒤로 간다. 이 과정을 "structure"란 단어를 찾을 때까지 반복한다.

만약, 단어들이 배열에 저장되어 있다면 배열이 자료구조에 해당하고, 찾는 방법들이 알고리즘에 해당한다. 물론 두 번째 방법이 훨씬 좋은 알고리즘이고, 우리는 이 방법으로 단어를 찾지만, 단어들이 알파벳 순으로 정렬되어 있지 않다면 우리는 어쩔 수 없이 첫 번째 방법을 사용해야 한다.

자료구조와 알고리즘은 밀접한 관계가 있다.

자료구조와 알고리즘은 밀접한 관계가 있다. 단어 찾기의 예에서와 같이 더 좋은 알고리즘을 사용하기 위해서는 대부분의 경우 더 복잡한 자료구조를 사용해야 한다. 컴퓨터에서 복잡한 자료들을 빠르게 저장하고 검색, 분석하기 위해서는 반드시 주어진 문제 해결에 가장 적합한 자료구조와 알고리즘을 찾아야 하는 것이다.

알고리즘의 조건

알고리즘은 주어진 문제를 논리적으로 해결하기 위해 필요한 절차나 방법, 명령어들을 모아놓은 것이다. 특히 컴퓨터에서는 알고리즘을 특정한 일을 수행하는 명령어들의 집합으로 볼 수 있는데, 이때 명령어란 컴퓨터에서 수행되는 문장들을 의미한다. 이러한 절차와 문장들은 프로그래밍 스타일이나 언어와는 무관하다. 즉 알고리즘은 파이썬이나 C, C++, Java 등 사용되는 프로그래밍 언어와는 관련이 없다. 그렇다고 모든 명령어들의 집합이 알고리즘이 되는 것은 아니다. 알고리즘은 다음 조건들을 만족해야 한다.

정의 1.1 **알고리즘의 조건**

- 입 력: 0개 이상의 입력이 존재하여야 한다.
- 출 력: 1개 이상의 출력이 존재하여야 한다.

- 명백성: 각 명령어의 의미는 모호하지 않고 명확해야 한다.
- 유한성: 한정된 수의 단계 후에는 반드시 종료되어야 한다.
- 유효성: 각 명령어들은 실행 가능한 연산이어야 한다.

알고리즘에는 입력은 없어도 되지만 출력은 반드시 하나 이상 있어야 한다. 모호한 방법으로 기술된 명령어들의 집합도 알고리즘이 될 수 없다. 또 컴퓨터가 실행할 수 없는 명령어(예를 들면 0으로 나누는 연산)를 사용하면 역시 알고리즘이 아니다. 무한히 반복되는 명령어들의 집합도 알고리즘이 아니다.

알고리즘의 기술 방법

알고리즘을 나타내는데는 ① 영어나 한국어와 같은 **자연어**, ② **흐름도**(flowchart), ③ **유사 코드**(pseudo-code), 그리고 ④ 특정한 프로그래밍 언어(예: C, Java, 파이썬)를 사용

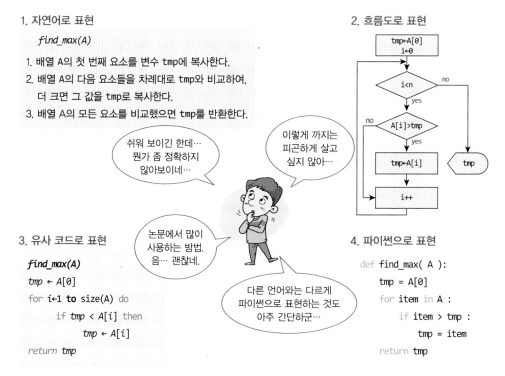

[그림 1.3] 최댓값을 찾는 알고리즘의 네 가지 표현 방법

할 수 있는데, 그림 1.3은 배열에서 가장 큰 값을 찾는 알고리즘을 네 가지 방법으로 기술한 예이다.

자연어는 편리하지만 의미가 애매할 수 있다. 흐름도는 절차를 명확하게 표현할 수는 있지만 알고리즘이 복잡해질수록 기술이 어려워져 이 책에서는 사용하지 않는다. 유사 코드는 자연어보다는 체계적이지만 프로그래밍 언어보다는 덜 엄격한 방법으로, 프로그래밍 언어에서 발생하는 구현상의 불필요한 표현들을 생략할 수 있어 가장 인기있는 표기법이다. 이 책에서는 파이썬을 주로 사용한다. 파이썬은 다른 언어들(C나 Java 등)에 비해 코드가 매우 간결하여 알고리즘의 핵심 내용에 집중할 수 있다. 특히 유사 코드와 달리 <u>알고리즘을 바로 실행해 볼 수 있다!</u>

> ⭐ **참고사항** **파이썬으로 알고리즘 기술**
> 많은 책에서 알고리즘을 유사 코드로 먼저 나타내고 C나 Java와 같은 프로그래밍 언어로 구현한다. 실제 코드가 유사 코드에 비해 너무 길기 때문이다. 그러나 파이썬의 경우 유사 코드와 실제 코드의 차이가 별로 없다. 따라서 이 책에서는 많은 경우 유사 코드 없이 바로 파이썬 코드로 알고리즘을 설명한다.

---

1 다음 중 선형 자료구조로 볼 수 없는 것을 모두 골라라.　　　　　　　　　　
　　① 스택　　　② 큐　　　③ 트리　　　④ 덱　　　⑤ 리스트　　　⑥ 집합　　　⑦ 그래프
2 문제를 풀기 위한 단계적인 절차를 _____이라 한다.
3 다음 중 알고리즘을 기술하기 위한 방법의 하나가 아닌 것은?
　　① 자연어　　　　② 흐름도　　　　③ 정면도　　　　④ 유사 코드

정답 1 ③, ⑥, ⑦ 2 알고리즘 3 ③

1.2 추상 자료형

■ 추상 자료형(Abstract Data Type, ADT)이란?

프로그래머가 추상적으로 정의한 자료형을 말하는데, <u>자료구조가 어떤 자료를 다루고 이들에 대해 어떤 연산이 제공되는지를 기술한다.</u> 이때, 어떤(what?) 자료와 연산이 제공되는지만을 정의하고, 이들을 어떻게(how?) 구현하는지는 정의하지 않는다. 예를 들어, 물건

을 넣을 수 있는 가방(Bag)도 추상적인 자료형으로 정의해 볼 수 있다. 일단, 가방이 다루는 데이터와 연산들을 생각해 보자.

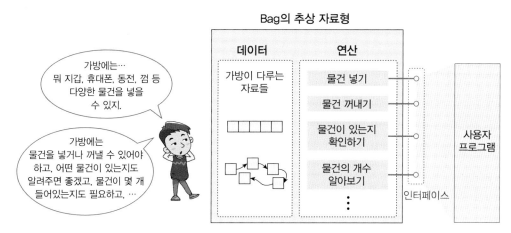

[그림 1.4] 가방(Bag)의 추상 자료형

- 데이터: 지갑, 휴대폰, 동전 등 여러 가지 물건을 넣을 수 있다. 물론 같은 물건을 여러 개 넣을 수도 있다.
- 연산: 가방은 기본적으로 물건을 넣거나 꺼낼 수 있어야 한다. 지갑이 들어 있는지 확인 해주거나, 전체 물건 수를 알려주는 기능도 있으면 좋을 것이다. 이들이 모두 가방의 연산이 될 수 있다. 넣고 빼는 연산은 insert(), remove()라 하고, 물건이 있는지 확인하는 것은 contains(), 물건의 개수 검사는 count()라 이름을 붙일 수 있다.

데이터와 연산이 정해지면 Bag의 추상 자료형을 정의할 수 있다. 추상 자료형은 그림 1.4와 같이 사용자 프로그램에게는 구현에 관한 세부사항들은 감추고 간단한 **인터페이스(interface)**만을 공개한다. 즉, 사용자는 Bag의 연산들이 어떻게 구현되었는지를 몰라도 공개된 인터페이스만을 이용해 Bag을 쉽게 사용할 수가 있다.

■ Bag 추상 자료형을 정의하고 구현해 보자.

앞에서 살펴본 내용을 바탕으로 Bag의 추상 자료형을 다음과 같이 정의할 수 있다.

정의 1.2 Bag 추상 자료형

데이터: 중복된 항목을 허용하는 자료의 모임. 항목들 사이에 순서는 없지만 서로 비교할 수는 있어야 함.

연산
- insert(e): 가방에 항목 e를 넣는다.
- remove(e): 가방에 e가 있는지 검사하여 있으면 이 항목을 꺼낸다.
- contains(e): e가 들어있으면 True를 없으면 False를 반환한다.
- count(): 가방에 들어 있는 항목들의 수를 반환한다.

추상 자료형은 여러 가지 방법으로 구현할 수 있다. Bag ADT를 파이썬으로 구현해 보자. Bag의 데이터를 저장하기 위해 배열 구조인 파이썬 리스트를 사용하고, Bag의 연산들은 파이썬의 함수로 구현할 수 있다. 파이썬 리스트가 제공하는 기능(메서드)들을 이용해 구현한 Bag의 연산들은 다음과 같다.

코드 1.1 Bag의 주요 연산을 일반 함수로 구현 예 참고파일 ch01/Bag.py

```
01  def contains(bag, e) :
02      return e in bag
03
04  def insert(bag, e) :
05      bag.append(e)
06
07  def remove(bag, e) :
08      bag.remove(e)
09
10  def count(bag):
11      return len(bag)
```

bag에 항목 e가 있는지 검사하는 함수. 파이썬의 in 연산자를 이용했는데, e가 bag에 있으면 True를 없으면 False를 반환함

bag에 새로운 항목 e를 넣는 함수. 파이썬 리스트의 append() 연산을 이용해 리스트의 맨 뒤에 e를 추가함

bag에서 항목 e를 삭제하는 함수. 파이썬 리스트의 remove() 연산을 이용해 구현함

bag에 들어 있는 항목의 수를 반환하는 함수. 파이썬 내장함수 len()을 이용함

파이썬의 리스트

코드 1.1에서 모든 함수의 첫 번째 매개변수 bag은 파이썬의 리스트라고 가정한다. 파이썬 리스트는 2.6절과 3.2절에서 다시 자세히 다루는데, 일단 코드에서 사용된 연산들의 의미만 간략히 살펴보자.
- e in bag은 bag에 e가 있으면 True, 없으면 False를 반환한다.

- bag.append(e)은 리스트 bag의 맨 뒤에 항목 e를 추가한다.
- bag.remove(e)는 리스트 bag에서 항목 e를 삭제한다.
- len(bag)은 리스트 bag에 들어있는 항목을 수를 반환한다.
- print()는 화면 출력 함수이다. 2.4절을 참고하라.

마지막으로, 사용자 프로그램(그림 1.4)을 하나 만들어 가방의 동작을 확인해 보자.

코드 1.2 ▶ Bag을 활용한 테스트 프로그램   참고파일 ch01/Bag.py

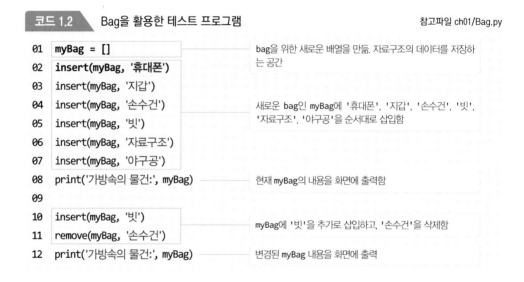

```
01  myBag = []
02  insert(myBag, '휴대폰')
03  insert(myBag, '지갑')
04  insert(myBag, '손수건')
05  insert(myBag, '빗')
06  insert(myBag, '자료구조')
07  insert(myBag, '야구공')
08  print('가방속의 물건:', myBag)
09
10  insert(myBag, '빗')
11  remove(myBag, '손수건')
12  print('가방속의 물건:', myBag)
```

bag을 위한 새로운 배열을 만듦. 자료구조의 데이터를 저장하는 공간

새로운 bag인 myBag에 '휴대폰', '지갑', '손수건', '빗', '자료구조', '야구공'을 순서대로 삽입함

현재 myBag의 내용을 화면에 출력함

myBag에 '빗'을 추가로 삽입하고, '손수건'을 삭제함

변경된 myBag 내용을 화면에 출력

```
C:\WINDOWS\system32\cmd.exe                                    –    □    ×
내 가방속의 물건: ['휴대폰', '지갑', '손수건', '빗', '자료구조', '야구공']
내 가방속의 물건: ['휴대폰', '지갑', '빗', '자료구조', '야구공', '빗']
```

1행의 myBag은 하나의 Bag 데이터를 저장할 파이썬 리스트인데, 모든 연산에 myBag을 전달해 이 가방에 대해 처리하도록 하였다. 가방의 내용은 파이썬의 내장함수 print()로 출력해 볼 수 있다.

사실 추상 자료형은 일반 함수보다는 클래스로 구현하는 것이 더 바람직하다. 추상 자료형의 데이터와 연산이 클래스의 상태(state)와 행위(behaviour)에 정확히 대응되기 때문이다. 파이썬의 기본 문법과 내장함수 및 클래스는 2장에서 공부한다.

1 Bag의 추상 자료형(정의 1.2)에 numOf(e) 연산을 추가하려고 한다. numOf(e)는 Bag에 들어 있는 항목 e의 수를 반환하는데, 만약 Bag에 e가 없다면 0을 반환한다. 코드 1.1에 일반 함수로 추가할 이 연산을 구현하라.

도전 코딩!

• 참고파일 ch01/Bag.py

1.3 알고리즘의 성능 분석

■ 알고리즘의 실행시간을 측정해 보자.

알고리즘의 효율성은 계산속도와 메모리 사용량으로 평가할 수 있다. 즉, 좋은 알고리즘은 실행시간이 짧으면서 메모리와 같은 컴퓨터의 자원들을 적게 사용하는 것이다. 일반적으로 실행시간이 메모리 공간보다 더 중요하게 인식되므로 <u>실행시간을 효율적인 알고리즘의 기준</u>으로 삼는다.

Bag에 물건을 넣는 insert() 연산을 생각해 보자. 가방을 잘 정돈하고 좋은 알고리즘을 사용하면 물건을 넣는 시간이 단축된다. 반대로 나쁜 알고리즘을 사용하면 가방에 물건을 하나 넣기 위해서도 번거로운 작업과 많은 시간이 필요하다. 이러한 알고리즘의 효율성은 항목들을 어떤 구조로 관리하는지, 즉 사용하는 자료구조에 따라 큰 영향을 받는다.

그렇다면 알고리즘의 효율성은 어떻게 판단할 수 있을까? 가장 확실한 방법은 알고리즘을 구현하여 실제로 컴퓨터에서 실행시키고, 실행시간을 측정하는 것이다. 예를 들어, 가방에 물건을 넣는 insert(e) 연산을 두 가지 알고리즘으로 구현했다고 가정하자. 만약 알고리즘 A는 10초가, B는 50초가 걸렸다면 알고리즘 A가 더 효율적인 알고리즘이다. 파이썬에서는 다음과 같이 알고리즘의 실행시간을 측정할 수 있다.

| 코드 1.3 | 실행시간 측정 | 참고파일 ch01/elapsed_time.py |

```
01    import time ──────────────  시각 측정 함수를 사용하기 위해 time 모듈을 프로그램
02                                 에 포함시킴
03    myBag = []
04    start = time.time() ───────  현재 시각을 start에 저장(알고리즘 처리 전)
05    insert(myBag, '축구공')        실행시간을 측정하려는 코드(알고리즘)가 들어가는 부분
06    ...
07    end = time.time() ─────────  현재 시각을 end에 저장(종료 시각)
08    print("실행시간 = ", end-start) ─  알고리즘의 전체 실행시간(end-start)
```

time 모듈

파이썬은 다양한 모듈을 제공하는데, 모듈을 사용하기 위해서는 먼저 import로 모듈을 코드에 포함해야 한다. time 모듈은 운영체제가 제공하는 다양한 시간 관련 기능을 제공하는데, time.time()은 컴퓨터의 현재 시각을 반환하는 함수이다.

이러한 시간 측정은 매우 직관적이고 간단하지만 몇 가지 중요한 문제가 있다.

- 당연한 이야기겠지만 알고리즘을 반드시 "구현"해야 한다. 알고리즘이 비교적 단순한 경우에는 쉽게 구현할 수 있지만 복잡한 경우에는 구현이 큰 부담이 될 수 있다.
- 반드시 동일한 조건의 하드웨어를 사용하여 실행시간을 측정하여야 한다. 아주 비효율적인 알고리즘도 슈퍼컴퓨터상에서 실행하면 가장 효율적인 알고리즘을 스마트폰에서 실행하는 것보다 더 빨리 처리될 수 있기 때문이다.
- 소프트웨어 환경도 동일해야 한다. 예를 들어, 구현에 사용된 프로그래밍 언어에 따라서도 실행속도가 크게 달라질 수 있다. 보통 C나 C++와 같은 컴파일 방식 언어를 사용한 경우가 파이썬이나 베이직과 같이 명령어를 직접 실행하는 인터프리터 방식보다 빠르다.
- 성능 비교에 사용했던 데이터가 아닌 다른 데이터에 대해서는 다른 결과가 나올 수 있어 실험되지 않은 입력에 대해서는 실행시간을 주장할 수 없다.

그렇다면 구현하지 않고서도 알고리즘의 효율성을 따져보는 방법은 없을까? 물론 있다. 실행 시간을 측정하지 않고, 입력의 크기가 증가함에 따라 실행시간이 어떤 형태로 증가하는지를 분석해 보는 방법이다.

■ 알고리즘의 복잡도 분석이란?

알고리즘의 **복잡도 분석**(complexity analysis)은 구현하지 않고 알고리즘의 효율성을 평가하는 방법이다. 처리시간을 직접 측정하는 것이 아니라 <u>알고리즘의 연산 횟수를 대략적으로 계산</u>하는데, 더 많은 연산이 필요하면 더 복잡한 알고리즘이 된다. 물론 복잡하지 않은 알고리즘이 더 좋은 알고리즘이다.

예를 들어, 자연수 1부터 n까지의 합을 구하는 두 가지 알고리즘을 생각해 보자.

n까지의 합을 구하기 위한 가장 단순한 방법은 알고리즘 1.1과 같이 반복문을 이용해 숫자를 하나씩 순서대로 더하는 것이다.

| 알고리즘 1.1 | 반복을 이용해 1부터 n까지 합을 구함(유사 코드) |

```
01  calc_sum1( n )
02      sum ← 0                      ← 연산자 1번 수행
03      for i ← 1 to n then          반복 제어 연산은 무시
04          sum ← sum + i            n번 반복되는 반복문 안에 있으므로 ← 연산자와 + 연산
05      return sum                   자가 각각 n번씩 수행
```

다른 방법도 있다. 이미 잘 알려진 합 공식을 이용하는 것이다. 즉, 1부터 n까지의 합은 $\frac{n(n+1)}{2}$로 바로 계산되는데, 이를 이용한 알고리즘은 다음과 같다.

알고리즘 1.2   합 공식으로 1부터 n까지 합을 구함(유사 코드)

```
01   calc_sum2( n )
02       sum ← n * (n+1) / 2              ← 연산자와 *, +, / 연산자가 각각 1번씩 수행
03       return sum
```

이제 이들 알고리즘을 분석해 보자. 알고리즘의 복잡도를 구하기 위해서는 먼저 얼마나 많은 연산이 실행되는지를 계산해야 한다. 보통 이러한 연산들의 실행 횟수는 입력의 크기 n에 대한 함수 형태, 즉 $T(n)$으로 나타나는데, 이를 **복잡도 함수**라고 한다. 두 알고리즘을 행별로 살펴보면서 복잡도 함수를 계산해 보자.

- 알고리즘 1.1: 2행에서 대입 연산(sum ← 0)이 한번 수행된다. 반복문(for) 내부인 4행 (sum ← sum + i)은 n번 수행되는데, 대입과 덧셈 연산을 한 번씩 수행한다. 단순화를 위해 3행의 반복 제어하는 연산과 5행의 결과를 반환하는 연산은 무시하자. 이들은 전체 복잡도에 영향을 미치지 않는다. 결국, 2행과 4행의 연산들의 실행 횟수를 모두 합하면 $2n+1$이 되고, 따라서 이 알고리즘의 복잡도 함수는 $T_1(n)=2n+1$로 나타낼 수 있다.

- 알고리즘 1.2: 한 번만 수행되는 2행에서 여러 연산이 사용되는데(sum ← n ∗ (n+1) / 2), 대입, 곱셈, 덧셈, 나눗셈 연산이 각각 한 번씩 수행된다. 따라서 3행을 제외하면 총 4번의 연산이 필요하고, 따라서 복잡도 함수는 $T_2(n)=4$이다.

알고리즘 1.2는 입력의 크기 n과 관계없이 항상 같은 연산이 수행되는 데 비해, 알고리즘 1.1은 n에 비례하는 수의 연산이 실행된다. 이들을 그래프로 비교하면 다음과 같다.

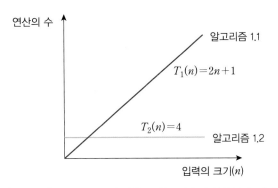

[그림 1.5] 입력 크기 n에 대한 두 알고리즘의 연산의 수 비교

그래프를 보면 두 알고리즘의 차이가 확실하게 나타나는데, n이 커질수록 알고리즘 1.2가 알고리즘 1.1보다 훨씬 효율적이라는 것을 알 수 있다. 우리는 알고리즘을 구현하지 않고 유사 코드만 분석하여 두 알고리즘의 성능을 비교해버렸다! 이것이 복잡도 분석의 핵심이다.

⭐ 참고사항   **연산들의 속도 차이**

보통의 시스템에서는 나눗셈과 곱셈이 덧셈이나 뺄셈보다 더 시간이 걸리지만, 시스템에 따라 그렇지 않은 예도 있다. 이러한 연산들의 상대적인 처리시간 차이는 알고리즘의 복잡도를 분석하는 데는 중요하지 않고, 따라서 같은 시간이 걸린다고 가정해도 전혀 문제가 없다.

■ **복잡도의 점근적 표기**

알고리즘의 복잡도는 흔히 더 간단한 형태로 단순화시켜 사용한다. 예를 들어, 알고리즘 1.1의 복잡도를 $2n+1$이 아니라 n이라고 말하고, $T(n)$이 $8n^2+2n+17$이면 n^2이라고 말하는 식이다. 그렇다면 왜 이렇게 복잡도를 단순하게 나타내려고 할까? 그리고 이렇게 해도 문제가 없을까?

예를 들어, n개의 숫자를 정렬하는 알고리즘 A와 B가 있는데, 이들의 복잡도 함수가 각각 $T_A(n)=65536n+2000000$와 $T_B(n)=n^2+2n$라고 가정하자. 어느 것이 더 좋은 알고리즘일까?

문제: n개의 숫자를
오름차순으로
정렬해라.

알고리즘 A

$65536n + 2000000$

알고리즘 B

$n^2 + 2n$

[그림 1.6] 두 정렬 알고리즘의 비교

복잡도 함수 전체를 얼핏 보면 계수가 작은 B가 좀 효율적으로 보일 수도 있다. 그러나 다음 표를 보면 깜짝 놀랄 것이다.

[표 1.1] 입력의 크기에 대한 두 알고리즘의 연산 횟수

n(입력의 크기)	알고리즘 A $65536n + 2000000$	비교	알고리즘 B $n^2 + 2n$	
10	2,655,360	>	120	
100	8,553,600	>	10,200	n이 작을 때는 B가 효율적인 것처럼 보임
1,000	67,536,000	>	1,002,000	
10,000	657,360,000	>	100,020,000	
100,000	6,555,600,000	<	10,000,200,000	
1,000,000	65,538,000,000	<	1,000,002,000,000	n이 커질수록 B가 훨씬 나쁘다는 것이 서서히 드러남
10,000,000	655,362,000,000	<	100,000,020,000,000	
100,000,000	6,553,602,000,000	<	10,000,000,200,000,000	

n이 작을 때는 $65536n + 2000000$이나 $n^2 + 2n$ 의 모든 요소가 전체 연산 횟수에 영향을 미치는데, 표에서 n이 10,000 이하이면 A가 더 많은 연산이 필요하고, 따라서 B가 더 효율적인 것처럼 보인다. 그런데, n이 커질수록 B가 나쁘다는 것이 서서히 드러난다. n이 100,000 정도에서 드디어 연산 횟수의 역전이 일어나고, 이후로 n이 더 커짐에 따라 A와 B의 차이는 말할 수 없을 정도로 벌어지게 된다. 즉, n이 커질수록 큰 계수들(예를 들어, A의 65536나 2000000)의 영향이 점점 미미해지고, 최고차항 n^2을 제외한 나머지 항의 영향도 크게 줄어드는 것이다. 만약 n이 무한대에 가까워지면 최고차항을 제외한 나머지 항의 효과는 거의 없는 것이나 마찬가지이다.

이런 이유에서 알고리즘의 복잡도를 설명할 때 여러 항을 갖는 복잡도 함수를 최고차항만을 계수 없이 취해 단순하게 표현하는 방법을 사용한다. 예를 들어, 알고리즘 A의 복잡도는 n, B의 복잡도는 n^2으로 단순하게 나타내는 것이다. 이러한 표현은 "정확히 몇 번의 연산이 필요한가?"가 아니라 "연산량이 얼마나 빨리 증가하는가?"만을 나타내는데, 즉, **증가속도**만을 표현하는 것이다. n이 증가함에 따라 알고리즘 A는 n에 비례해서, B는 n^2 만큼 빨리 연산량이 증가하고, 따라서 A가 훨씬 좋은 알고리즘이라는 것을 쉽게 판단할 수 있다. 이러한 표현 방법을 **점근적 표기**(asymptotic notation)라고 부른다. 점근적 표기에 상한과 하한 및 동일 등급과 같은 개념을 적용하면 빅오, 빅오메가와 빅세타 표기로 다시 나눌 수 있다.

빅오(big-O) 표기법

빅오 표기법은 알고리즘의 복잡도를 $O(g(n))$과 같이 나타내는데, 이것은 증가속도가 $g(n)$과 **같거나 낮은** 모든 복잡도 함수를 모두 포함한다. 예를 들어, 복잡도 함수가 $2n+1$이면, 이 알고리즘은 "$O(n)$에 속한다" 또는 "$O(n)$이다"라고 말할 수 있는데, $2n+1$의 증가속도가 n과 같기 때문이다. 반대로, $0.000001n^3$인 알고리즘은 아무리 계수가 작아지더라도 절대로 $O(n^2)$에 속할 수 없는데, 증가속도가 n^3으로 n^2보다 빠르기 때문이다. $O(n^2)$은 어떤 경우에도 n^2에 비례하는 시간 안에는 반드시 완료된다는 것을 말하는데, n^2보다 더 빨리 처리될 수는 있지만 절대로 그보다 시간이 더 걸릴 수는 없다. 따라서 빅오는 처리시간의 **상한**(upper bound)을 의미한다. 빅오의 몇 가지 예는 다음과 같다.

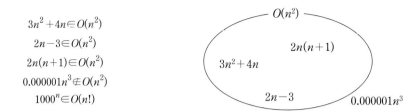

$$3n^2 + 4n \in O(n^2)$$
$$2n - 3 \in O(n^2)$$
$$2n(n+1) \in O(n^2)$$
$$0.000001n^3 \notin O(n^2)$$
$$1000^n \in O(n!)$$

$2n-3$도 $O(n^2)$에 포함될 수 있는 것에 유의하라. $2n-3$은 증가속도가 n^2과 같거나 **낮은** 복잡도 함수이기 때문이다.

빅오메가(big-omega) 표기법

$\Omega(g(n))$은 증가속도가 $g(n)$과 **같거나 높은** 모든 복잡도 함수를 포함하는데, 복잡도 함수의 **하한(lower bound)**을 의미한다. 예를 들어, $\Omega(n^2)$은 아무리 빨리 처리하더라도 n^2 이상의 시간이 반드시 걸린다는 것을 말한다.

$$2n^3 + 3n \in \Omega(n^2)$$
$$2n(n+1) \in \Omega(n^2)$$
$$100000n + 8 \notin \Omega(n^2)$$

빅세타(big-theta) 표기법

$\theta(g(n))$은 증가속도가 $g(n)$과 같은 복잡도 함수들만을 포함한다. 이것은 그림과 같이 상한인 동시에 하한인 경우를 말한다.

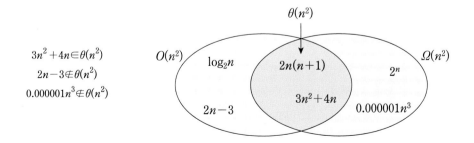

$$3n^2 + 4n \in \theta(n^2)$$
$$2n - 3 \notin \theta(n^2)$$
$$0.000001n^3 \notin \theta(n^2)$$

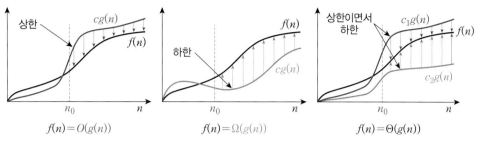

[그림 1.7] 빅오, 빅오메가, 빅세타 표기법의 비교

세 가지 표기법을 그래프로 비교하면 그림 1.7과 같다. 만약 시간 복잡도를 정확히 계산할 수 있다면 빅세타 표기법을 사용하는 것이 좋고, 정확히 분석하기 어렵다면 상한을 구해 빅오 표기법으로 나타내거나 하한을 구해 빅오메가 표기법으로 나타낸다. 일반적으로는 최악의 상황을 고려한 해결책을 찾기 때문에 빅오 표기법이 주로 사용되는데, 단 그때는 <u>최소 차수로 상한을 표시한다고 가정하자.</u> 다음은 자주 사용되는 빅오 표기의 수행 시간을 순서대로 나열한 것인데, 그림 1.8은 n이 증가할 때 각 함수가 어떻게 증가하는지를 그래프로 보여준다.

$$O(1) < O(\log n) < O(n) < O(n \log n) < O(n^2) < O(n^3) < O(2^n) < O(3^n) < O(n!)$$

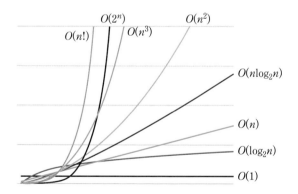

[그림 1.8] n이 증가함에 따른 시간 복잡도 함수들의 증가속도

상수형인 $O(1)$은 n이 변하더라도 항상 일정한 시간에 처리되는 가장 빠른 알고리즘이고, $O(n)$은 n에 비례하는 시간이 걸리기 때문에 선형시간이라 부른다. $O(2^n)$은 지수형, $O(n!)$은 팩토리얼형이라 부르는데, 이들은 입력이 수십 개만 되어도 엄청난 시간이 요구

되어 현실적이지 않은 가장 나쁜 알고리즘이다.

■ 입력 데이터에 따른 성능 차이

같은 알고리즘도 입력의 종류에 따라 다른 실행시간을 보일 수 있다. 학교에 등교하는 간단한 알고리즘을 생각해 보자. 버스정류장까지 걸어가서 버스를 타고 학교 앞에서 내려 학교로 등교하는 것이다. 알고리즘은 동일하지만 특히 버스가 언제 도착하느냐에 따라 전체 등교시간이 달라질 수 있다.

- **최선의 경우(best case)**: 정류장에 오자마자 바로 버스가 도착한다. 가장 빨리 등교할 수 있지만, 항상 이 상황을 기대할 수는 없다.
- **평균적인 경우(average case)**: 평균적인 시간에 버스가 도착한다. 예를 들어, 일 년 동안 버스를 기다린 시간의 평균을 평균적인 경우로 볼 수 있다.
- **최악의 경우(worst case)**: 이전 버스가 출발하자마자 정류장에 도착한 상황이다. 가장 많이 기다려야 하지만 반대로 이 상황을 고려해서 집에서 출발한다면 절대 지각하지 않는다.

대부분의 경우 알고리즘에 최대한 불리한 입력 데이터를 사용하는 최악의 경우의 실행시간이 가장 중요하다. 예를 들어, 비행기 관제 업무에 사용되는 알고리즘은 어떤 입력에 대해서도 항상 제한된 시간 안에 안전한 관제신호를 생성해야 오류에 의해 발생할 수 있는 중대한 사고를 피할 수 있다.

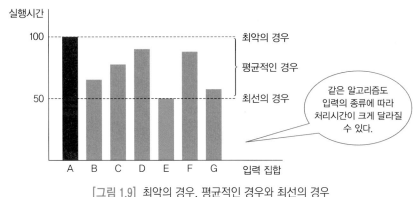

[그림 1.9] 최악의 경우, 평균적인 경우와 최선의 경우

▪ 복잡도 분석의 예

배열에서 어떤 값의 위치를 찾는 알고리즘을 만들어 보고 복잡도를 분석해 보자. 찾는 값이 어디 있을지 알 수 없으므로 첫 번째 항목부터 순서대로 검사해야 하는데, 만약 찾는 항목이 있으면 그 위치를 반환하고, 없으면 −1을 반환한다. **순차 탐색**이라고 불리는 이 알고리즘은 다음과 같이 파이썬으로 구현할 수 있다.

복잡도 분석을 위해서는 먼저 **입력의 크기**와 가장 많이 수행되는 **기준 연산**을 찾아야 한다. 코드 1.4에서 입력의 크기와 기준 연산을 찾아보자.

- 3행의 반복문은 배열의 크기만큼 수행된다. 따라서 입력의 크기는 배열의 크기(n)이다. 찾을 값 key가 더 크다고 해서 더 많은 연산이 수행되지는 않는다.
- 가장 많이 수행되는 연산은 무엇일까? 2행은 n과 상관없이 한번, 5행과 6행도 조건이 되는 경우에만 한 번 수행된다. 4행은 어떨까? for 문이 반복될 때마다 한 번씩 수행된다. 따라서 4행의 == 연산의 수행 횟수를 기준으로 복잡도를 분석하면 된다.

그런데 이 알고리즘은 입력의 크기가 같더라도 입력의 구성이 다르면 처리시간이 달라지는 알고리즘이다. 즉, 최선, 최악, 평균의 효율성이 서로 다르다.

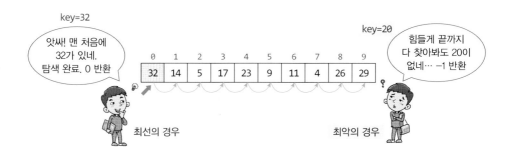

- 최선의 경우: 첫 번째 항목이 key와 같은 경우이다. 항상 한번 만에 탐색이 완료되고, 시간 복잡도 함수 $T_{best}(n)=1$ 이다.
- 최악의 경우: key가 리스트에 없거나 맨 뒤에 있는 경우이다. 모든 항목을 검사해야 하므로 n번 비교해야 하고, 복잡도 함수 $T_{worst}(n)=n$ 이다.
- 평균적인 경우: 계산하기 어렵다. 무엇이 "평균"인가에 대한 정의가 명확하지 않기 때문이다. 예를 들어, 배열의 모든 숫자가 골고루 한 번씩 key로 사용되는 경우를 평균이라 가정하자. 평균적인 수행 횟수는 모든 숫자를 탐색했을 때 연산의 횟수를 모두 더한 다음 이것을 숫자의 수 n으로 나누면 된다.

$$T_{avg}(n) = \frac{1+2+\cdots+n}{n} = \frac{n(n+1)/2}{n} = \frac{n+1}{2}$$

결국, 이 알고리즘의 시간 복잡도는 최선의 경우 $O(1)$, 최악이나 평균적인 경우 $O(n)$이다. 평균적인 경우가 좋아 보이지만 "평균"에 대한 가정이 필요하고 계산이 어려운 경우가 많아 자주 사용되지는 않는다.

1 $O(n^2)$ 의 시간 복잡도를 가지는 알고리즘에서 입력의 크기가 두 배가 되면 실행시간은 ___ 배가 된다.

2 시간 복잡도 함수 $7n^2 + 6n \log n + 100000$ 을 빅오 표기법으로 나타내면?

3 다음 시간 복잡도 함수들 중에서 수행 시간이 가장 적은 것과 많은 것은?

   $n^2, \ n \log_2 n, \ \log_2 n, \ \log_3 n, \ n!, \ 2^n$

4 크기가 n인 배열에서 어떤 숫자가 포함된 횟수를 구하는 연산의 최선과 최악의 시간 복잡도는?

5 다음 알고리즘의 시간 복잡도를 빅오 표기법으로 나타내라.

   ① sum = 0
       for i in range (n):
           for j in range (n):
               sum = sum + j

   ② sum = 0
       k = 1
       while k <= n :
           sum = sum + k
           k = k * 2

정답 1 4 2 $O(n^2)$ 3 $\log_3 n$, $n!$ 4 둘다, 최선과 최악 모두 $O(n)$ 5 ① $O(n^2)$, ② $O(\log_2 n)$

1.4 시간 복잡도 분석: 순환 알고리즘

컴퓨터는 사람과 다르게 단순한 일을 되풀이하는 것을 좋아한다. 같은 일을 되풀이하는 방법으로 for나 while과 같은 반복문을 이용할 수도 있지만, 순환(또는 재귀)이라는 기법을 사용할 수도 있다.

■ 순환이란?

순환(recursion)이란 어떤 함수가 자기 자신을 다시 호출하여 문제를 해결하는 프로그래밍 기법이다. 자신을 다시 호출한다는 것이 약간 이상하게 생각될 수 있지만 걱정할 필요는 없다. 어떤 함수가 자신을 다시 호출하는 것은 다른 함수를 호출하는 것과 같기 때문이다. 순환은 문제 해결을 위한 독특한 구조를 제공하는데, 많은 효율적인 알고리즘들에서 사용되는 매우 중요한 개념이다.

순환은 문제 자체가 순환적이거나(예: 팩토리얼 계산, 피보나치 수열, 이진 탐색, 하노이 탑 등) 순환적으로 정의되는 자료구조(예: 이진트리 등)를 나누는 프로그램에 적합하다. 예를 들어, 자연수 1부터 n까지의 곱을 구하는 **팩토리얼(Factorial)** 문제를 생각해 보자.

$n!$은 다음과 같이 **반복적(iterative)**인 구조로 정의할 수 있다.

$$n! = 1 \cdot 2 \cdot 3 \cdots \cdot n$$

그런데 다른 방법도 가능하다. $n!$이 $(n-1)!$에 n을 곱하면 된다는 것을 이용하는 것이다. $n!$은 다음과 같이 **순환적(recursive)**인 구조로도 정의할 수 있다.

$$n! = \begin{cases} 1 & n = 1 \\ n \cdot (n-1)! & n > 1 \end{cases}$$

그렇다면 $(n-1)!$은 어떻게 구할까? 마찬가지로 $(n-2)!$를 구한 다음 $n-1$을 곱하면 된다. $(n-3)!$이나 $(n-4)!$도 마찬가지이다. 이 과정을 되풀이하다 보면 $1!$을 구해야 하는데, 우리는 이미 $1!$이 1이란 것을 알고 있다. 이제 각 방법으로 $n!$을 구하는 함수를 구현해 보자.

반복 구조의 팩토리얼 함수
반복 구조의 $n!$은 다음과 같이 for 문을 이용해 간단하게 구현할 수 있다.

반복 구조의 팩토리얼 함수   참고파일 ch01/Factorial.py

```
01  def factorial_iter(n) :
02      result = 1
03      for k in range(1, n+1) :          ——— k에 1부터 n까지 순서대로 대입
04          result = result * k           ——— 매 반복에서 곱셈(*)과 대입(=) 연산이 각각 한 번씩 수
05      return result                          행됨
```

반복 구조는 시간 복잡도를 구하는 것도 간단하다. 3행의 반복 루프가 n번 반복하므로 4행의 곱셈이나 대입 연산이 각각 n번 반복된다. 따라서 시간 복잡도는 $O(n)$이다.

순환 구조의 팩토리얼 함수

순환 구조는 어떻게 구현할까? 의외로 간단하다. 다음과 같이 순환적인 정의를 그대로 코드로 옮기기만 하면 된다.

순환 구조의 팩토리얼 함수   참고파일 ch01/Factorial.py

```
01  def factorial(n) :
02      if n == 1 :              ——— 순환 호출을 멈추는 부분. 반드시 필요함. n이 1이면 순환
03          return 1                   호출을 하지 않고 1 반환
04      else :                   ——— 자신을 순환적으로 호출하는 부분. 호출을 할 때마다 문
05          return n * factorial(n-1)   제의 크기가 줄어들어야 함. 이 코드에서는 n이 n-1로 줄
                                        어듦
```

순환 함수는 자신을 순환적으로 호출하는 부분과 순환 호출을 멈추는 부분으로 구성되어 있다. 만약 순환 호출을 멈추는 부분이 없다면 시스템 스택을 다 사용할 때까지 순환적으로 호출되다가 결국 오류를 내면서 멈출 것이다. factorial(3)이 호출되었을 때 순환적으로 함수가 호출되고 반환되는 과정은 다음과 같다.

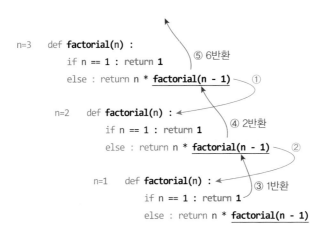

[그림 1.10] factorial(3)에서의 순환 호출과 반환 순서. 원 숫자는 함수의 호출과 복귀 순서를 나타냄

이 알고리즘의 시간 복잡도는 어떻게 될까? 5행의 곱셈을 기준으로 하면, 함수를 한번 호출할 때마다 1번의 곱셈이 수행되고, 전체 순환 호출은 n번이 일어난다. 따라서 시간 복잡도는 $O(n)$이고, 결국 반복 알고리즘과 같다.

순환 ⇔ 반복

많은 경우 순환과 반복을 서로 변환할 수 있다. 그러나 실행속도 면에서는 함수 호출의 부담이 있고, 시스템 스택을 많이 사용하기 때문에 순환이 반복보다 느린 경우가 많다. 그렇지만 순환은 트리와 같은 특정한 문제에 대해 반복보다 훨씬 명확하고 간결한 코딩이 가능하다. 또한, 이진 탐색이나 퀵 정렬 등과 같이 매우 효율적이고 유명한 알고리즘에서 흔히 사용되므로 잘 이해하는 것이 좋다.

■ 순환은 복잡한 문제를 쉽게 해결할 수 있다: 하노이의 탑

순환을 이용하면 복잡해 보이는 문제를 쉽게 해결할 수 있다는 것을 **하노이의 탑**(Tower of Hanoi) 퍼즐을 통해 살펴보자. 꽤 익숙한 이 퍼즐 문제는 다음과 같다.

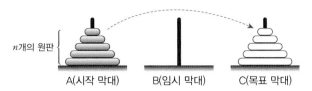

A(시작 막대)   B(임시 막대)   C(목표 막대)

[그림 1.11] n개의 원판을 옮기는 하노이의 탑 퍼즐

> 막대 A에 쌓여있는 n개의 원판을 모두 C로 옮겨라. 단, 다음 조건을 만족해야 한다.
> - 한 번에 하나의 원판만 옮길 수 있다.
> - 맨 위에 있는 원판만 옮길 수 있다.
> - 크기가 작은 원판 위에 큰 원판을 쌓을 수는 없다.
> - 중간 막대 C를 임시 막대로 사용할 수 있지만 앞의 조건은 지켜야 한다.

그림 1.12는 원판의 수가 3인 하노이 탑 문제의 해답을 보여주는데, A에 있는 세 개의 원판을 모두 C로 옮기기 위해 7번의 이동이 필요한 것을 알 수 있다. 원판이 3개뿐인데도 생각보다 이동이 많고 복잡한데, n개를 옮기려면 굉장히 어려울 것 같다. 그러나 순환을 사용하면 의외로 매우 간단하게 해결된다.

순환 알고리즘은 함수를 호출할수록 문제의 크기가 반드시 작아져야 하는데, 하노이의 탑에서 문제의 크기는 이동해야 하는 원판의 수이다. n개의 원판을 A에서 C로 옮기는데 순환을 어떻게 적용할 수 있을까? 그림 1.13과 같은 아이디어를 생각할 수 있다.

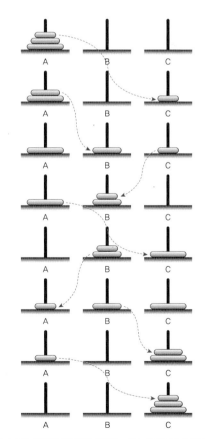

[그림 1.12] 3개의 원판을 옮기는 하노이의 탑 문제의 해답

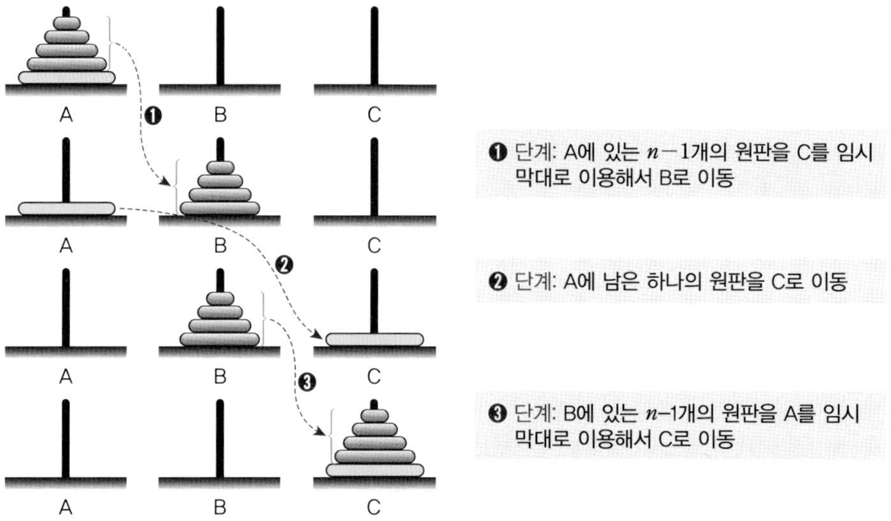

❶ 단계: A에 있는 $n-1$개의 원판을 C를 임시 막대로 이용해서 B로 이동

❷ 단계: A에 남은 하나의 원판을 C로 이동

❸ 단계: B에 있는 $n-1$개의 원판을 A를 임시 막대로 이용해서 C로 이동

[그림 1.13] n개의 원판을 옮기는 하노이의 탑 문제에 대한 순환 아이디어

❷ 단계는 너무 간단하다. 하나의 원판만 바로 옮기면 되기 때문이다. 문제는 n−1개의 원판을 옮기는 ❶과 ❸을 어떻게 해결하느냐이다.

- ❶은 A에서 $n-1$개의 원판만 B로 옮기는 문제이다. 일단, 문제의 크기가 하나 줄었고, C를 임시막대로 사용하는 것도 문제가 없다. 움직이지 않는 A의 맨 아래 원판은 위에 쌓인 원판들보다는 더 크므로 그 위에 어떤 것을 올려도 문제없다. 따라서 ❶은 순환으로 해결할 수 있다.
- ❸도 ❶과 같은 문제인데, 차이는 임시막대로 A를 사용하고, B에서 C로 옮긴다는 것이다. C의 맨 아래에는 이동할 원판들보다 더 큰 원판이 있으므로 그 위에 어떤 것을 올려도 문제없다. 따라서 ❸도 순환으로 해결할 수 있다.
- 그렇다면 순환은 언제 멈출까? 문제의 크기가 1인 경우인데, 이동할 원판을 그냥 목표 막대로 바로 옮기면 된다.

함수의 이름을 hanoi_tower라 하고, 순환 구조로 구현해 보자. 순환 함수에서는 매개변수가 중요한데, 문제마다 원판의 개수와 시작, 임시, 목표 막대가 달라지므로 이들을 매개변수로 전달한다. 원판의 개수를 n, 시작 막대를 fr, 임시 막대를 tmp, 목표 막대를 to로 하고, 순환으로 구현한 코드는 다음과 같다.

코드 1.7 하노이의 탑

참고파일 ch01/HanoiTower.py

```
01  def hanoi_tower(n, fr, tmp, to) :
02      if (n == 1) :
03          print("원판 1: %s --> %s" % (fr, to))
04      else :
05          hanoi_tower(n - 1, fr, to, tmp)
06          print("원판 %d: %s --> %s" % (n,fr,to))
07          hanoi_tower(n - 1, tmp, fr, to)
```

fr에 있는 n개의 원판을 tmp를 이용해 to로 이동하는 함수

n이 1이면 바로 이동하면 됨. 종료 조건

그림 1.13의 ❶ 단계

그림 1.13의 ❷ 단계

그림 1.13의 ❸ 단계

원판의 이동을 나타내기 위해 3행이나 6행과 같이 화면에 몇 번째 원판을 어디서 어디로 이동한다고 출력하였다. n이 4인 하노이 탑 문제 hanoi_tower(4, 'A', 'B', 'C')의 실행 결과는 다음과 같은데, 복잡하게 보였던 문제가 의외로 매우 쉽게 해결되었다.

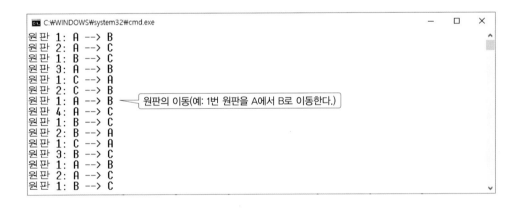

원판의 이동(예: 1번 원판을 A에서 B로 이동한다.)

심화 학습: 순환 알고리즘의 복잡도

순환 알고리즘의 복잡도를 계산하는 과정은 좀 복잡하다. 먼저, 입력의 크기와 가장 많이 수행되는 기준 연산을 찾는 것은 반복 알고리즘의 경우와 같다. 코드 1.6에서 입력의 크기는 옮겨야 하는 원판의 개수 n이고, 기준 연산은 원판을 이동하는 3행과 6행의 print()로 하면 충분하다.

문제는 복잡도 함수를 구하는 과정이다. n개를 옮기는 문제에 대한 시간 복잡도 함수를 $T(n)$이라 하자. 코드 1.7을 살펴보면 n개를 옮기려면 $n-1$개를 두 번 옮기고(5행, 7행) 원판 하나를 추가로 옮겨야(6행) 한다. 따라서 $T(n) = 2T(n-1) + 1$이다. $T(1)$은 바로 알 수

있다. 3행만 한 번 수행되므로 $T(1) = 1$이다. 복잡도 함수가 순환 관계식의 형태로 구해진다! 이제 순환 관계식을 풀어야 하는데, 이것이 좀 복잡하다. 다음과 같이 **연속 대치법**을 이용할 수 있다.

$$
\begin{aligned}
T(n) &= 2T(n-1)+1 \\
&= 2(\,2T(n-2)+1\,)+1 \\
&= 2(\,2(\,2(T(n-3)+1\,)+1\,)+1 \\
&= 2^{n-1}T(1)+(2^{n-2}+\cdots+2^1+2^0) \\
&= 2^{n-1}+2^{n-1}-1 \\
&= 2^n-1 \\
&= O(2^n)
\end{aligned}
$$

$T(n-1)$를 $2T(n-2)+1$로 대치

$T(n-2)$를 $2T(n-3)+1$로 대치

식 정리

등비수열 합 공식 적용

초기 조건 $T(1)=1$ 대입

식을 반복적으로 대치하고 정리하는 꽤 번거로운 과정을 거치면 최종 복잡도 함수를 구할 수 있는데, 이 과정에서 수열의 합 공식들도 흔히 사용된다. 복잡도 함수를 구하면 최종적으로 이 알고리즘의 시간 복잡도가 $O(2^n)$이란 것을 알 수 있다.

중간 점검

1 다음 중 순환 호출이 불가능한 언어는?
   ① C   ② Python   ③ Java   ④ Basic

2 다음 순환 함수의 문제점을 설명하라.

   ① def recur(n) :
          if n == 1 : return 1
          else : return n * recur(n)

   ② def func(n) :
          print('현재 n = ', n)
          return n * func(n-1)

3 다음 함수를 sum(5)로 호출했을 때 함수의 반환 값은?
   def sum(n) :
       if n<1 : return 0
       else : return n + sum(n-1)

4 위 함수의 시간 복잡도를 빅오 표기법으로 나타내라.

정답 1 ④ 2 ① 무한히 크기가 종료 조건이 없음, ② 종료 조건이 없음 3 15 4 $O(n)$

| 연습문제 |

1.1 다음 중 입력이 반드시 필요하다고는 볼 수 없는 알고리즘은?

① 배열에서 최댓값을 찾는 알고리즘
② 두 수의 최대 공약수를 구하는 알고리즘
③ 평면상에서 두 점 사이의 거리를 구하는 알고리즘
④ 5개의 로또 번호 예측하는 알고리즘

1.2 다음 중 추상 자료형의 설명으로 옳지 않은 것은?

① 사용자들은 추상 자료형이 제공하는 연산만을 사용할 수 있다.
② 사용자들은 추상 자료형을 어떻게 사용하는지를 알아야 한다.
③ 사용자들은 추상 자료형 내부의 데이터를 직접 접근할 수 없다.
④ 사용자들은 추상 자료형 어떻게 구현되었는지 정확히 알아야 이용할 수 있다.

1.3 다음 중 파이썬에서 실행시간 측정을 위해 사용할 수 있는 모듈은?

① time   ② date   ③ numpy   ④ copy

1.4 알고리즘 시간 복잡도 $O(1)$이 의미하는 것은?

① 컴퓨터 처리가 불가
② 입력 데이터 수가 한 개
③ 수행시간이 입력 데이터 수와 관계없이 일정
④ 알고리즘 길이가 입력 데이터보다 작음

1.5 다음 설명이 옳으면 ○, 틀리면 ×를 표시하라.

① 어떤 알고리즘의 효율성은 사용하는 자료구조와 밀접한 관련이 있다.
② 추상 자료형은 어떤 자료들과 자료에 가해지는 연산들을 구체적으로 표시하는데, 어떤(what?) 자료나 연산이 제공되는가 뿐만 아니라 이들이 어떻게(how?) 구현되는가도 정의한다.
③ 크기가 n인 배열의 모든 항목의 합을 구하는 알고리즘은 최선과 최악의 경우에 대한 시간 복잡도가 다르다.

④ 배열에 같은 항목이 있는지는 판단하는 알고리즘은 최선과 최악의 경우에 대한 시간
　복잡도가 다르다.
⑤ 배열에 같은 항목이 있는지는 최악의 경우에도 $O(n)$에 판단할 수 있다.

1.6 다음의 시간 복잡도 함수를 빅오 표기법으로 나타내라.

(1) $T(n) = n^2 + 10n + 8$　　　　　　(2) $T(n) = n^3 + 10000n^2 + 50n$

(3) $T(n) = n^2 \log_2 n + n^3 + 3$　　　　(4) $T(n) = 7(2^n) + 3^n$

(5) $T(n) = 3^n + n!$

1.7 다음의 빅오 표기법들을 실행시간이 적게 걸리는 것부터 나열하라.

$$O(1) \quad O(n) \quad O(n^2) \quad O(n^3) \quad O(\log n) \quad O(n \log n) \quad O(n!) \quad O(2^n)$$

1.8 다음 알고리즘의 시간 복잡도를 빅오 표기법으로 나타내라.

```python
def algorithm1(n) :
    sum = 0
    for i in range (n):
        for j in range (i+1, n+1):
            sum = sum + j
```

```python
def algorithm2(n) :
    k = 0
    while n > 1 :
        n = n / 2
        k++
    return k
```

1.9 다음 함수들의 최선과 최악의 경우에 대한 시간 복잡도를 빅오 표기법으로 나타내라.

```python
def func1(n) :
    i = n
    sum = 0
    if i % 3 == 0 :
        for j in range( n / 2 ) :
            sum += j
    elif i % 2 == 0 :
        for j in range( 5 ) :
            sum += j
    else :
        for j in range( n ) :
            sum += j
    return sum
```

```python
def func2(n) :
    sum = 0
    for i in range( n ) :
        if i % 3 == 0 :
            for j in range( n / 2 ) :
                sum += j
        elif i % 2 == 0 :
            for j in range( 5 ) :
                sum += j
        else :
            for j in range( n ) :
                sum += j
    return sum
```

1.10 다음과 같은 순환적인 프로그램에서 sub(3)과 같이 호출할 때 함수 sub()가 호출되는 횟수는?

```
def sub(n) :
    if n <= 1 :
        return n
    return sub(n-1) + sub(n-2)
```

1.11 다음 함수에서 asterisk(5)와 같이 호출할 때 출력되는 *의 개수는?

```
def asterisk(i) :
    if i > 1 :
        asterisk(i/2)
        asterisk(i/2)
    print("*", end='')
```

1.12* 시각을 나타내는 Time의 추상 자료형을 정의하려고 한다. Time을 위한 데이터로는 시, 분, 초를 각각 표현하기 위한 정수가 필요할 것이다. Time의 연산들을 생각해 보고, 정의 1.2를 참고하여 Time의 추상 자료형을 정의하라.

1.13* 피보나치 수열은 다음과 같이 순환적으로 정의된다. n이 입력되면 n번째 피보나치 수를 구해 반환하는 함수를 순환 구조와 반복 구조로 각각 구현하라.

$$fib(n) = \begin{cases} 0 & n=0 \\ 1 & n=1 \\ fib(n-2)+fib(n-1) & otherwise \end{cases}$$

CHAPTER

02

파이썬 리뷰

학습목표
- 이 책에서 사용되는 파이썬 문법들을 이해한다.
- C와 같은 기존 언어와 파이썬 코드의 차이를 이해한다.
- 파이썬에서 지원하는 다양한 컬렉션 자료형을 활용할 수 있다.

2 파이썬 리뷰

2.1 파이썬이란?

파이썬은 쉬운 문법을 사용하고 유용한 강력한 모듈들을 많이 제공하고 있어 인공지능과 빅데이터의 부상과 함께 최근 각광받고 있는 언어이다. 다음은 2023년 1월 기준 프로그래밍 언어 사용 순위를 보여주는 웹 사이트의 캡쳐 화면이다.

Jan 2023	Jan 2022	Change	Programming Language	Ratings	Change
1	1		Python	16.36%	+2.78%
2	2		C	16.26%	+3.82%
3	4	^	C++	12.91%	+4.62%
4	3	v	Java	12.21%	+1.55%
5	5		C#	5.73%	+0.05%

C나 C++과 같은 **컴파일 방식**의 언어를 공부해 보았다면 프로그램의 작성부터 실행까지의 과정이 얼마나 험난한지를 알 것이다. 소스코드에 아무리 작은 오류가 있더라고 컴파일이 안 되고, 결국 실행은 불가능하다. 파이썬은 **인터프리터 방식**을 사용한다. 따라서 프로그래머가 한 문장을 입력하면 바로 실행이 된다. 따라서 파이썬에서는 일부의 코드만 작성하고 오류가 있더라도 오류가 발생하기 전까지는 실행해 볼 수 있다. 인터프리터 방식 언어의 엄청난 장점이다. 그리고 이것이 이 책에서 파이썬을 선택한 이유이다.

> ⭐ 참고사항 **자료구조 학습과 파이썬**
>
> 자료구조 학습에는 C나 C++이 좋다는 의견들도 많을 것이다. 자료구조는 하나 하나 구현해 동작 원리를 정확히 이해해야 하는데, 파이썬은 이미 제공하는 것이 많아 이를 방해할 수 있기 때문이다. 따라서 이 책에서는 가능한 한 파이썬의 고급 기능들을 사용하지 않는다. 그것은 코딩이 쉽다는 파이썬의 장점은 적극 활용하면서도 자료구조의 정확한 동작 원리를 이해해 다른 언어로도 쉽게 변환할 수 있도록 하기 위해서이다.

이 장에서는 파이썬 언어를 간략히 소개한다. 특히 독자들이 약간의 C언어 지식이 있다고 가정하고, 이 책을 이해하는데 꼭 필요한 내용들만을 다룬다. 만약 파이썬에 이미 익숙하다면 이 장은 넘어가도 된다.

파이썬을 설치하고 실행하는 방법 등은 생략한다. 파이썬 공식 홈페이지(https://www.python.org/)와 다양한 웹 사이트들을 참고하라. 이 책에 파이썬 버전 3.7을 이용한다. 파이썬이 설치되면 **파이썬 쉘**(shell)에서 명령을 입력하고 실행할 수 있지만, 실행해야 할 명령이 많아지면 **소스 파일**(.py)에 먼저 이들을 저장한 다음 이를 한꺼번에 실행하는 것 (**스크립트 모드**)이 더 편리하다. 이를 위해 코드의 편집, 실행 및 디버깅 기능 등을 통합적으로 제공하는 **통합개발환경**을 사용한다. IDLE이나 주피터 노트북, 파이참(pycharm), MS사의 비쥬얼 스튜디오 등 다양한 통합개발환경이 있는데, 자신에게 익숙하고 편리한 환경을 사용하는 것이 가장 좋다.

2.2 자료형, 리터럴과 변수

식별자와 예약어(keyword)

프로그램은 변수나 함수, 클래스 등 다양한 요소들로 구성되는데, 각각을 구별하기 위해서는 이름을 사용한다. **식별자**란 이와 같이 어떤 대상을 유일하게 구별할 수 있는 이름을 말한다. 그런데 프로그래밍 언어들 마다 이미 특별한 의미가 주어진 이름들이 있다. 이들을 **예약어**(또는 **키워드**)라 하는데, 파이썬의 예약어들은 다음과 같다.

and	as	assert	break	class	continue	def
del	elif	else	except	finally	for	from

```
global      if      import      in      is      lambda    nonlocal
not         or      pass        raise   return  try       while
with        yield   False       None    True
```

리터럴(literal)과 자료형(data type)

프로그램 소스 코드에서 10, 3.14, "gameover" 등과 같이 문자열 그 자체가 값을 나타내는 것을 **리터럴**이라 한다. 10은 정수로 3.14는 실수로 예상되는데, 이러한 리터럴들은 그 형태에 따라 **자료형**이 결정된다. 파이썬에서 제공하는 내장 자료형과 각 자료형에 대한 리터럴의 예는 다음과 같다.

분류	내장 자료형	리터럴의 예			
수치	정수(int)	10	−30	0xfffe	073
	실수(float)	3.14		−0.45	123.032E-13
	복소수(complex)	complex(1,2)		1+2j	4+5j
	부울(bool)	True		False	
시퀀스	문자열(str)	'game'		"over"	"C"
	리스트(list)	[]		[0, 1, 2, 3]	[0, 'hello', 3.14]
	튜플(tuple)	(0, 1, 2, 3)		('hello', 'world', 'game')	
매핑	딕셔너리(dict)	{ 3.14 : "phi", 4.5 : "score" }			
집합	집합(set, frozenset)	{ 1, 2, 3 }		{'one', 'two', 'three'}	

정수나 실수와 같은 수치형 자료형은 이해가 되겠지만, 문자열을 제외한 나머지 자료형은 생소할 것이다. 걱정하지 말자. 이 장에서 하나씩 살펴볼 것이다.

C나 C++에서는 몇 가지 간단한 자료형만 제공하고 복잡한 것들은 사용자가 직접 만들어 사용해야 하는데, 파이썬은 이미 여러 가지 복잡한 자료형을 기본적으로 제공하는 것에 유의하라. 이것은 파이썬을 이용하면 구조체나 클래스를 만들지 않고도 많은 것을 처리할 수 있다는 것을 의미한다.

변수(variable)

변수는 데이터를 담는 공간으로 저장되는 데이터는 마음대로 바꿀 수 있다. C와 같이 형식을 중시하는 언어에서는 변수는 사용하기 전에 다음과 같이 반드시 선언해야 한다.

```
int number;              // 변수 선언 문장 (새로운 변수를 위한 메모리 공간 확보)
number = 132;            // 변수 사용 문장 (확보된 메모리 공간 사용)
```

이들 언어에서 변수를 선언하는 것은 변수를 저장하기 위한 메모리 공간을 컴파일러가 미리 확보하도록 하는 것이다. 하지만 파이썬은 그렇게 할 필요가 없다. 다음은 새로운 변수를 만드는 전형적인 파이썬 코드이다.

```
number = 132             # 변수 생성 및 사용 문장
number = number + 8      # 변수 사용 문장
```

미리 변수를 선언하는 부분이 따로 없는 것에 유의하라. 여기서 연산자 =는 "같다"는 의미가 아니라 오른쪽 값을 왼쪽 변수에 "대입"하라는 **대입 연산자**이다. 소스코드에서 #가 나타나면 그 뒤의 내용은 **주석(comment)**으로 처리되어 코드의 일부로 인식되지 않고 무시된다.

이제 앞의 표와 같은 다양한 리터럴을 이용해 변수를 만들 수 있다.

```
pi = 3.14                # float 변수
comp = 1 + 2j            # complex 변수
isValid = True           # bool 변수
msg = 'game over !!!'    # str 변수
A = [0, 1, 1, 2, 3, 5, 8, 13 ]   # list 변수
```

문자열과 리스트 등 파이썬의 컬렉션 자료형들은 뒤에서 자세히 다룬다. 변수 pi의 자료형은 무엇일까? 당연히 3.14의 자료형과 같다. 3.14는 실수 리터럴이고, 따라서 pi는 실수를 가리킨다. 같은 방법으로 comp는 복소수, isValid는 부울형, msg는 문자열, A는 리스트 변수이다.

변수의 동작 정확히 이해하기

파이썬에서 변수의 구조와 동작 원리는 생각보다 약간 복잡하다. 예를 들어, number = 132 문장을 그림으로 그려보자.

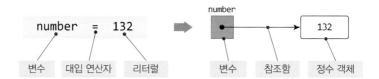

그림이 예상과 다르다고 느낄 것이다. number 안에 132가 들어있는 것이 아니라 132가 들어있는 어떤 공간(객체)을 참조하는 형식으로 그려져 있기 때문이다. 만약 화살표에서 C언어의 포인터(pointer)나 C++의 참조자(reference)를 떠올렸다면 당신은 이미 훌륭한 프로그래머이다. 다음은 파이썬의 가장 중요한 특징의 하나이다.

- 파이썬에서는 모든 자료가 클래스로부터 만들어진 객체이다.
- 변수는 다른 객체를 참조하는 참조자 또는 포인터의 역할을 한다.

예를 들어, number = 132는 변수 number가 만들어지고, 리터럴 132에 의해 만들어진 정수(int) 객체를 참조하게 된다. 변수들이 어떻게 만들어지고 사라지는지를 살펴보자. 다음은 정수, 실수, 문자열 변수를 만드는 코드이다.

```
number = 132            # 정수 객체를 생성하고 변수 number가 이를 참조
score = 3.85            # 실수 객체를 생성하고 변수 score가 이를 참조
name = "아이돌"          # 문자열 객체를 생성하고 변수 name이 이를 참조
```

이 코드에 number = 99 문장을 추가해 보자. 이제 변수 number는 새로운 객체(99)를 가리킨다. 객체 132는 더 이상 자신을 참조하는 변수가 없다.

어떤 객체에 대한 모든 참조가 없어지면 그 객체는 더 이상 프로그램에서 필요가 없다. 따라서 자동으로 삭제된다. 그림에서 객체 132가 자동으로 삭제되는데, 프로그래머는 전혀 신경 쓸 필요가 없다.

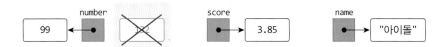

만약 이 상태에서 student = name 이 추가되면 어떻게 될까? 새로운 변수 student가 만들어지고, name이 참조하는 객체("아이돌")을 같이 참조하게 된다.

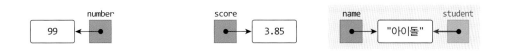

변수는 아무런 객체도 참조하지 않을 수도 있다. 이를 위해 특별한 객체인 None 사용된다. number = None 문장은 변수 number를 널(null) 참조로 만든다.

---

1 다음 리터럴의 자료형을 정확히 적어라.
   ① 3   ② 3.0   ③ 3==3   ④ "3"   ⑤ [3, 3, 3, 3]   ⑥ { 3 }   ⑦ { 3 : 'three' }

중간 점검

정답 ↓ ① int ② float ③ bool ④ str ⑤ list ⑥ set ⑦ dict

2.3 파이썬의 연산

파이썬에서 제공하는 연산은 대부분 C나 Java과 유사하다. C언어와 차이가 있거나 특징적인 내용만을 정리한다.

• **산술 연산자** +(덧셈), -(뺄셈), *(곱셈), %(나머지 연산)은 C언어와 동일하지만 나눗셈이

두 가지로 나누어진다. 연산자 /는 **실수의 나눗셈**(결과가 실수)을 의미하고, 새롭게 추가된 연산자 //는 나머지를 제거한 **정수 연산**(floor division)을 나타낸다. 따라서 연산 5/4 의 결과는 1.25(실수)이고 5//4 의 결과는 1(1.25보다 크지 않은 최대정수)이다.

- **이항 연산자** **가 새롭게 추가되었다. 2**5는 2^5을 나타낸다.
- **증감 연산자** ++와 --는 파이썬에서는 제공하지 않는다. 만약 x를 1 증가하려면 x++ 가 아니라 x += 1을 사용해야 한다.
- **관계 연산자** >, <, >=, <=, ==, !=도 C언어에서와 동일하게 제공된다.
- **불리언(boolean) 연산자**는 C언어에서의 ||, &&, ! 와 같은 기호에서 or, and, not 등으로 변경되었다. 불리언 연산은 불리언 값에 적용되고, 그 결과도 불리언 값이 된다. 다음은 불리언 연산 and의 사용 예이다.

```
avg >= 80 and avg < 90          # C에서는 avg >= 80 && avg < 90
```

- 파이썬은 is와 is not 연산자를 제공한다. 이 연산자는 변수에 저장된 값(참조 객체의 주소)을 비교하기 위한 것이다. 참조하는 객체의 내용을 비교하는 것이 아님에 유의하라. ==는 참조 객체의 내용을 비교한다.

```
list1 = [1,2,3]            # 새로운 리스트 객체를 참조하는 변수 list1
list2 = [1,2,3]            # 내용은 list1과 같지만 새로운 리스트 객체를 참조
list3 = list1             # 리스트 변수 list3. list1과 동일 객체 참조
print(list1 == list2)     # True: 참조하는 객체의 내용을 비교
print(list1 is list2)     # False: 참조하는 객체 자체를 비교
print(list1 == list3)     # True: 같은 객체를 참조하므로 내용도 같음
print(list1 is list3)     # True: 같은 객체를 참조
```

- 파이썬은 in과 not in 연산자를 제공한다. 다음은 문자열에 어떤 문자열이 있는지를 검사하기 위해 in 연산자를 사용하는 코드의 예이다.

```
'a' in 'banana'           # True: 문자열 'banana'에 문자열 'a'가 있기 때문
'seed' in 'banana'        # False: 'banana'에 문자열 'seed'가 없음
```

이 연산자는 리스트나 딕셔너리와 같은 모든 컬렉션 자료형에 대해서도 동작한다.

```
A = [0, 1, 1, 2, 3, 5, 8, 13 ]          # list 변수
if 3 in A :                             # True: 리스트 A에 3이 있음
while 4 in A :                          # False: 리스트 A에 4가 없음
```

 참고사항   **파이썬의 in 연산자와 복잡도 분석**

알고리즘의 복잡도를 분석할 때에는 in 연산자에 주의해야 한다. 이 연산자는 한 번에 처리되는 연산자가 아니다. 예를 들어, x in [1, 2, 3, 4, 5]은 최악의 경우 x와 리스트의 모든 항목들을 비교해야 결과를 알 수 있다. 즉, 리스트의 크기가 n이라면 $O(n)$의 시간이 걸리는 것이다. 이러한 시간은 집합이나 딕셔너리와 같은 다른 자료형에서는 또 달라진다. 따라서 자료구조를 구현하고 복잡도를 분석하려면 in을 가급적 사용하지 않는 것이 좋을 것이다. 리스트에서는 in은 각 항목을 x와 비교하는 방법으로 구현할 수 있다.

1 파이썬에서 3/2의 연산 결과는 ____이고 3//2의 연산 결과는 ____이다.
2 x의 n 거듭제곱을 구하는 파이썬 문장은 ____이다.
3 파이썬에서도 증감 연산자 ++나 −−를 사용할 수 있다. (　　)
4 파이썬에서 80<=X and X<90는 80<X<90과 같다. (　　)
5 비교 연산자 <, >, == 등의 연산 결과는 항상 bool이다. (　　)
6 in 연산자의 처리 속도는 적용하는 자료형에 따라 달라질 수 있다. (　　)

정답 1 1.5, 1 2 x**n 3 X 4 O 5 O 6 O

2.4 함수 호출과 입출력 함수

함수 호출

파이썬에서도 C언어와 같이 이미 만들어진 함수들을 호출할 수 있다. 함수의 호출은 함수의 이름과 함수로 전달할 인수(argument)로 이루어진다.

```
y = sum ( a, b )                   # 함수 sum 호출. 인수 2개
w = x * z + func( a, b, c )        # 함수 func 호출. 인수 3개
print( "game over" )               # 화면출력함수 print 호출
```

파이썬은 자주 사용되는 여러 함수들을 이미 만들어 제공하는데, 이들을 **내장 함수**라고 한다. 이미 사용해 본 print()나 len() 등이 대표적인 예인데, 입출력이나 자료형 변환과 판별, 간단한 수학 연산 등을 위해 다양한 내장 함수가 제공된다. 이러한 내장 함수들은 외부 모듈과 달리 아무런 설정 없이 바로 사용할 수 있다.

키보드 입력함수: input()

키보드에서 입력을 받기 위해 input()을 제공한다. input()에는 하나의 문자열을 전달하는데, 이것은 사용자에게 어떤 정보를 기다린다는 것을 표시해주기 위해 사용된다. 사용자가 키보드로 문자열을 입력하면 이 함수는 그 문자열을 반환한다.

사용자에게 무엇을 입력하라는 것을 표시하기 위한 문자열

```
name = input("당신의 이름을 입력하세요.")
hobby = input("취미가 무엇입니까?")
```

input()이 반환하는 문자열을 저장

input() 함수로 반환되는 값은 항상 문자열이다. 그렇다면 만약 사용자로부터 정수나 실수 값을 입력받고 싶다면 어떻게 할까? input()의 반환 결과를 int()나 float()와 같은 형 변환 내장함수를 이용해 변환하면 된다.

```
age = int( input("나이가 몇 살입니까?"))       # 사용자가 입력한 문자열을 정수로 변환
score = float( input("평균 학점이 얼마입니까?"))   # 사용자가 입력한 문자열을 실수로 변환
```

화면 출력함수: print()

화면(터미널)에 문자열을 출력하기 위한 내장 함수이다. 파이썬 3.x 버전부터는 print에 반드시 괄호를 사용해야 함에 유의하라. 다음은 "game over"를 화면에 출력하고 엔터('\n')를 한번 출력하는 코드이다.

```
print( "game over" )
```

이 문장은 print("game ")과 print("over")를 각각 호출한 것과 결과가 같을까? 그렇지 않다. 이 함수는 호출할 때 마다 라인피드(line feed)가 발생하는데, 이것은 내용을 모두 출력한 다음 엔터를 입력해 다음 출력은 다음 줄에서 시작하도록 하는 것이다.

만약 라인피드가 발생하지 않도록 하려면 어떻게 할까? 키워드 인수인 end를 사용하면 된다. 다음 문장은 print("game over")와 동일한 결과를 만든다. 키워드 인수는 다음에 자세히 설명한다.

```
print("game", end=" ")          # 라인피드가 발생하지 않음
print("over")                   # 라인피드가 발생함
```

파이썬에서도 탭이나 따옴표(quotation) 문자 등과 같은 특별한 문자를 표현하기 위해 다양한 **이스케이프 시퀀스**를 사용한다.

```
\\ Backslash (\)          \n Newline                \" Double quote (")
\' Single quote (')       \t Horizontal tab
```

다음은 탭과 이중 따옴표("), 엔터를 출력하기 위해 이스케이프 시퀀스 \t와 \", 및 \n를 사용한 출력 문장이다.

```
print("\t\"안녕하세요?\"라고 합시다.\n")
```

```
C:\WINDOWS\system32\cmd.exe        —   □   ×
        "안녕하세요?"라고 합시다.
```

---

1 신랑과 신부의 이름을 각각 입력받아 다음과 같이 축하 메시지를 출력하는 프로그램을 작성하라.

도전 코딩!

```
C:\WINDOWS\system32\cmd.exe                —   □   ×
신랑의 이름을 입력하세요: 김철수
신부의 이름을 입력하세요: 이영희
신랑 김철수 와 신부 이영희 의 결혼을 축하합니다!
```

• 참고파일 ch02/wedding.py

2.5 제어 구조와 반복

분기(branching)

파이썬도 프로그램의 흐름을 제어하기 위해 분기와 반복을 제공한다. **분기(branching)**를 위해 다른 언어와 같이 if와 else를 지원한다.

```
if value % 2 == 0 :              # 조건을 만족하면(value가 짝수이면)
    print("짝수입니다.")          # 블록을 실행함(이 문장을 실행)
```

이때 콜른(:)은 새로운 블록이 시작됨을 나타낸다. 그렇다면 블록의 끝은 어떻게 나타낼까? C언어 등에서는 프로그램의 블록을 저정하기 위해 중괄호({와 })를 사용하지만 **파이썬에서는 들여쓰기로 블록을 지정**한다. 따라서 위 문장에서 print()는 반드시 들여쓰기를 해야 if 블록에 포함되는 것이다. 파이썬에서는 들여쓰기에 항상 조심해야 한다.

```
if score >= 90 :        if 블록에 포함됨      if score >= 90 :        if 블록에 포함 안 됨
    print("합격입니다.")                          print("합격입니다.")
    print("장학금 대상입니다.")                  print("장학금 대상입니다.")
```

왼쪽 코드는 성적이 90점 이상이면 합격이기도 하고 장학금 대상이기도 하다. 그러나 오른쪽 코드는 모두가 장학금 대상이고, 합격만 90점 이상인 경우로 한정된다. 이 둘은 반드시 구분되어야 한다. 만약 조건에 대해 처리할 문장이 하나라면 다음과 같이 한 줄로 처리할 수 있다.

```
if value % 2 == 0 : print("짝수입니다.")        # 블록을 한 줄로 처리
else : print("홀수입니다.")                      # 블록을 한 줄로 처리
```

if와 else 문장을 이용해 다중 분기를 구현할 수도 있다. 또한 else if를 줄인 elif 키워드도 제공한다. 다음은 점수 score에 따라 학점 grade를 부여하는 다중분기 코드이다.

```
if score >= 90 :                              if score >= 90 :
    grade = "A"                                   grade = "A"
else :                                        elif score >= 80 :
                          else if는 elif로         grade = "B"
    if score >= 80 :      줄여 사용 가능
        grade = "B"                           elif score >= 70 :
    else :                                        grade = "C"
        if score >= 70 :                      elif score >= 60 :
            grade = "C"                           grade = "D"
        else :                                else :
            if score >= 60 :                      grade = "F"
                grade = "D"
            else:
                grade = "F"
```

왼쪽과 오른쪽은 정확히 동일한 코드이다. 왼쪽 코드에서 들여쓰기에 유의하라.

반복(looping)

파이썬에서는 **반복**을 위해 다른 언어와 같이 while과 for 문장을 지원한다. 또한 루프에서 빠져나오거나 계속 루프를 돌기 위해 break와 continue도 지원한다. for를 제외하면 사용 방법은 대부분 다른 언어들(C나 Java)와 유사하다. 예를 들어, 단 번호를 입력받아 그 단의 구구단을 출력하는 코드는 다음과 같다.

```
dan = int(input("구구단 단 입력: ")            단 번호를 문자열로 입력받은 다음 이를 정수
n = 2                                        (int)로 변환해 dan에 저장
while n < 10 :                               n이 10보다 작은 동안 다음 블록을 반복함
    print( "%2d x %2d = "% (dan, n), dan*n )
    n += 1
```

for는 보통 in 연산자와 함께 사용되는데, C언어와 차이가 많다. 특히 range()란 함수를 사용하여 시작 값과 종료 값(실제로는 그 다음 값), 그리고 한 번에 증가되는 값을 지정할 수 있어 매우 편리하다. 다음은 위와 동일한 코드를 for로 구현한 예이다.

```
dan = int(input("구구단 단 입력: ")
for n in range( 2, 10, 1 ) :                        2, 3, 4, …, 9를 순서대로 n에 대입
    print( "%2d x %2d = "% (dan, n), dan*n )         2부터 10 이전까지 1씩 증가함
```

range() 함수는 다음과 같이 사용할 수도 있다.

```
for n in range( 5 ) :              # 0, 1, 2, …, 4를 대입. 0부터 5 이전까지 1씩 증가
for n in range( 2, 10 ) :          # 2, 3, …, 9를 대입. 2부터 10 이전까지 1씩 증가
for n in range( 10, 3, -2 ) :      # 10, 8, 6, 4를 대입. 10부터 3 이전까지 2씩 감소
```

range() 없이도 컬렉션 자료형에 대해 for문을 사용할 수 있다. 먼저 다음과 같이 리스트의 모든 항목들을 출력할 수 있다.

```
for item in [12, 33, 52, 26, 99] :            리스트의 항목들을 순서대로 item에 대입
    print( "값 =", item)              # 12, 33, 52, 26, 99 출력
```

문자열에 대해서도 가능하다. 다음은 문자열의 각 문자를 출력한다.

```
for c in "Game Over !" :             # 문자열의 각 문자에 대해
    print( "값 =", c)                # "G", "a", "m", …, "!" 출력
```

집합에 대해서도 가능하다. 집합은 선형 자료구조가 아니므로 출력 순서는 예측할 수 없다. 그렇지만 반드시 모든 숫자를 한 번씩 출력한다.

```
mySet = set([12, 33, 52, 26, 99])    # 집합. {12, 33, 52, 26, 99}와 동일
for e in mySet :                     # 집합 mySet 내의 모든 원소에 대해
    print( "값 =", e)                # 한 번씩 화면에 출력
```

딕셔너리에 대해서도 가능하다. 딕셔너리도 선형 자료구조가 아니므로 출력 순서를 예측할 수는 없지만, 모든 항목들을 반드시 한 번씩 출력한다.

```
myDict = { 'A':12, 'B':33, 'C':52, 'D':26, 'E':99 }    # 딕셔너리 객체
for e in myDict :                                       # 집합 mySet내의 모든 원소에 대해
    print( "키 =", e)                                   # A, B, C, D, E 출력
    print( "값 =", myDict[e])                           # 12, 33, 52, 26, 99 출력
```

---

1 구구단 3단을 순서대로(3x1=3부터 3x9=27까지) 출력하는 코드를 for 문을 이용해 구현하라.
2 위 문제를 while 문을 이용하여 다시 구현하라.
3 1번 문제를 역순으로(3x9=27부터 3x1=3까지) 출력하는 코드를 for와 range를 이용하여 구현하라.

도전 코딩!

• 참고파일 ch02/multiply.py

2.6 컬렉션 자료형

파이썬은 수치 자료형들 이외에도 여러 자료를 묶어 한꺼번에 저장하고 처리할 수 있도록 컬렉션(collection) 자료형을 지원한다. 이들은 시퀀스형(str, list, tuple)과 매핑형(dict), 그리고 집합형(set, frozenset)등으로 분류된다.

■ 문자열(str)

문자열은 프로그램에서 가장 많이 사용되는 자료형 중의 하나이다. 파이썬에서는 문자열을 위해 큰 따옴표("over")와 작은 따옴표('game')를 모두 사용한다. 두 개의 문자열을 + 연산자를 이용해 연결할 수도 있다.

```
msg = 'game over'
hi = "hello world"
sum = "예전엔 " + hi + " 이제는 " + msg
print(sum)
```

```
C:\WINDOWS\system32\cmd.exe        —  □  ×
예전엔 hello world 이제는 game over
```

문자열의 각 문자들을 인덱스 연산자를 이용해 접근할 수 있다. 이때, 인덱스는 그림과 같이 양수와 음수를 모두 지원하는데, −1은 문자열의 마지막 문자의 위치를 나타낸다.

```
print(msg, '의 첫 글자는 ', msg[0])
print(msg, '의 끝 글자는 ', msg[-1])
```

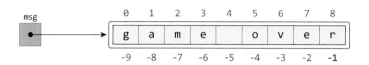

큰 따옴표와 작은 따옴표를 모두 사용하기 때문에 이스케이프 시퀀스를 사용하지 않고도 다음과 같이 따옴표를 출력할 수 있다.

```
print('\t"안녕하세요?"라고 합시다.\n')
```

파이썬은 문자열 반복 연산자를 이용해 문자열을 반복할 수 있다. 다음 두 문장의 결과는 정확히 동일하다.

```
print('============================================================')
print('=' * 60)                          =가 60개 연속됨
```

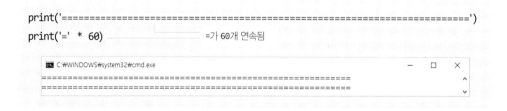

파이썬에서는 문자열에 %를 함께 사용하여 포맷된 문자열을 만들 수 있다.

```
hobby = "테니스"
age = 21
score = 4.5
msg1 = " 당신의 학점은 %4.1f입니다" % score
msg2 = " 취미=%s, 나이=%d, 학점=%f" % (hobby, age, score)
print(msg1)
print(msg2)
```

포맷을 정의할 때 여러 개의 필드가 필요하면 위의 코드와 같이 튜플(tuple)로 묶어서 제공하면 된다. 이러한 포맷된 문자열은 보통 print문에서 흔히 사용된다.

```
print (" 당신의 학점은 %4.1f입니다" % score )
print (" 취미=%s, 나이=%d, 학점=%f" % (hobby, age, score) )
```

문자열 클래스는 lower()와 upper()를 포함하여 다양한 메소드를 제공하는데, 다음은 하나의 문장을 여러 개의 단어로 분리하는데 유용한 메소드이다.

메소드	설명
s.strip([chars]), lstrip(), rstrip()	공백이나 선택된 문자 chars를 문자열에서 제거함(예: 코드 3.5의 36행)
s.split([separator],[chars])	공백이나 separator로 주어진 문자로 문자열을 분리함. 문자열의 리스트를 반환함

■ 리스트(list)

리스트는 가장 많이 사용되는 시퀀스형 자료구조로, 여러 데이터를 하나로 묶어서 관리할 수 있다. C언어와는 달리 파이썬에서는 배열을 따로 제공하지 않고, 따라서 리스트를 배열처럼 사용할 수 있다. 이 책에서도 "배열"이라는 단어와 "파이썬의 리스트"를 대부분의 경우 같은 의미로 사용할 것이다.

파이썬의 리스트는 C언어의 배열보다 훨씬 많은 기능을 가진 스마트한 배열로, 특히 용량을 변경할 수도 있는데, 이것은 3.2절에서 자세히 다룬다. 이 장에서는 리스트를 사용하는 방법만 간단히 살펴보자. 먼저 리스트를 만드는 코드의 예는 다음과 같다.

```
big3 = [ ]                                      # 공백 리스트 생성
lotto = [23, 34, 11, 42, 9]                     # 숫자 리스트
big4 = [ '블랙핑크', '뉴진스', '에스파', '아이브' ]      # 문자열 리스트
```

파이썬의 리스트는 항목의 시작과 끝을 나타내기 위해 대괄호 [ ]를 사용하고, 대괄호 안의 항목들을 분리하기 위해 쉼표(,)를 사용한다. 리스트 항목에 대한 접근을 위해 배열에서와 같이 인덱스 연산자([])를 사용하는데, 다음은 특정 항목을 출력하거나 내용을 바꾸는 코드이다.

```
print("lotto[1] - ", lotto[1])          # lotto 리스트의 두 번째 항목 34 출력
big4[2] = '르세라핌'                      # '에스파' 위치에 '르세라핌'이 들어감
```

파이썬의 리스트는 C언어의 배열과는 달리 다양한 연산(멤버 함수 또는 메소드)을 지원한다.

메소드	설명
s.append(item)	항목 item을 리스트 s의 맨 뒤에 추가한다.
s.extend(lst)	리스트 lst를 s에 추가한다.
s.count(item)	리스트에서 항목 item의 개수를 세고 그 개수를 반환한다.
s.index(item,[시작],[종료])	리스트에서 항목 item을 찾아 가장 작은 인덱스를 반환한다. 탐색의 시작 위치와 종료 위치를 지정할 수도 있다.
s.insert(pos, item)	pos 위치에 항목 item을 삽입한다.
s.pop(pos)	pos 위치의 항목을 s에서 꺼내고 반환한다.
s.remove(item)	항목 item을 s에서 제거한다.
s.reverse()	리스트 항목의 순서를 뒤집는다.
s.sort([key], [reverse])	항목을 정렬한다.

append, insert 연산에 유의하라. 이들은 리스트에 새로운 항목을 추가하는 연산이고, 이것은 리스트의 크기가 커지는 것을 의미한다. C언어를 공부해 보았다면 한번 정의한 배열은 크기를 변경할 수 없다는 것을 알고 있을 것이다. 다음은 공백 리스트 big3에 항목을 추가해 크기를 늘리는 코드이다.

```
big3.append("알라딘")          # big3 = ["알라딘"]
big3.append("엘사")            # big3 = ["알라딘", "엘사"]
big3.append("안나")            # big3 = ["알라딘", "엘사", "안나"]
```

big3.append("엘사")에서 중간에 점이 있는 것을 알 수 있다. 이것은 리스트 객체 big3의 **메소드** append("엘사")를 호출하라는 것이다. 객체지향적인 측면에서는 객체 **big3**에게 append란 메시지를 보내는 것을 의미한다.

크기가 고정된 C언어의 배열에 비해 이러한 연산은 리스트를 매우 강력하고 유용하게 만든다. 더 이상 배열의 크기를 결정하기 위해 고민하지 않아도 되기 때문이다. 배열과의 차이는 더 있다. 사실 리스트는 다음과 같이 동일한 자료형이 아닌 요소들도 함께 저장할 수 있다. 그렇지만 이 책에서는 대부분의 경우 같은 자료형의 요소들만 저장할 것이다.

```
mixed = [ '알라딘', 40, 3.14159, [ 0, 1, 2] ]
```
문자열, 정수, 실수, 리스트를 요소로 갖는 혼성 리스트 mixed

■ **튜플**(tuple)

튜플은 리스트(list)와 동일하지만 크기나 값을 변경할 수 없는 점이 리스트와 다르다. 리스트에서 사용할 수 있는 많은 연산들을 튜플에서도 사용할 수 있지만, 튜플만을 위해 추가된 메소드는 없다.

```
t = ( 0, 3, 7 )              # 항목이 3개인 튜플
a = ( 2 )                    # 항목이 1개인 튜플
b = ( 'game', 1, 3.14, 2019 )   # 항목이 4개인 복합 튜플
```

앞에서 살펴본 포맷된 문자열을 만들기 위해서도 튜플이 사용되었다.

```
print (" 취미=%s, 나이=%d, 학점=%f" % (hobby, age, score))      # 튜플
```

함수에서 여러 개의 값을 반환하는데도 튜플이 사용된다(2.7절 참조). 튜플은 리스트와 유사하지만 크기가 고정되기 때문에 메모리 측면에서 리스트에 비해 효율적이다.

▪ 딕셔너리(dict)

파이썬은 **키**(key)와 관련된 **값**(value)로 이루어진 항목, 또는 **엔트리**(entry)의 집합을 위한 **사전구조**(dictionary), 또는 **맵**(map)을 지원한다. 딕셔너리는 탐색을 위한 자료구조인데, 이것을 보다 잘 이해하고 활용하기 위해서는 7.4절의 탐색과 맵의 개념을 잘 공부해야 한다. 일단 딕셔너리를 사용하는 방법만 살펴보자.

다음은 운동선수의 이름과 이들의 종목을 파이썬의 딕셔너리(맵)로 만들고 출력하는 예이다. 마지막 코드는 맵에서 키(이름)를 이용해 관련된 값(종목)을 찾아 출력하는 문장이다.

```
map = { '김연아':'피겨', '류현진':'야구', '쿠드롱':'당구', '메시':'축구' }
print(map)                                                키(key)   값(value)
print('쿠드롱이 뭐하는 사람이지? ', map['쿠드롱'])
                                                          키 '쿠드롱'에 대한 값 '당구'
```

```
 C:\WINDOWS\system32\cmd.exe                                    —    □    ×
{'김연아': '피겨', '류현진': '야구', '쿠드롱': '당구', '메시': '축구'}
쿠드롱이 뭐하는 사람이지?  당구
```

맵에 하나의 항목이나 한꺼번에 여러 항목을 추가하는 코드는 다음과 같다. 리스트에서와는 달리 이 코드가 항목의 <u>변경이 아니라 추가</u>하는 코드임에 유의하라.

```
                                          딕셔너리에 새로운 항목 '나달':'테니스'를 추가하는
                                          코드. 항목을 변경하는 코드가 아님에 유의
map['나달'] = '테니스'
map.update({'최민영':'여자야구', '고진영':'골프'})     # 한꺼번에 여러 항목을 추가하는 코드
print(map)
```

```
 C:\WINDOWS\system32\cmd.exe                                    —    □    ×
{'김연아': '피겨', '류현진': '야구', '쿠드롱': '당구', '메시': '축구', '나달': '
테니스', '최민영': '여자야구', '고진영': '골프'}
```

다음은 in 연산자를 이용해 어떤 키가 맵에 있는지를 검사하는 코드이다.

```
print('쿠드롱 : ', '쿠드롱' in map)              C:\WIND...   —    □    ×
print('페더러 : ', '페더러' in map)          쿠드롱 :  True
                                            페더러 :  False
```

in 연산자는 리스트나 튜플과 딕셔너리에서 서로 다른 알고리즘을 사용한다. 리스트나 튜

플에서는 순차탐색(7.5절 참조) 방법을 이용하지만 딕셔너리에서는 고급 탐색 구조인 해싱
(7.6절 참조)을 사용한다. 이러한 파이썬의 컬렉션 자료형들을 효율적으로 사용할 수 있으
려면 이 책에서 공부하는 자료구조를 잘 이해하고 있어야 한다.

다음은 맵에 있는 모든 키와 값을 각각 출력하는 코드이다.

```python
print(map.keys())                         # key들 모두 출력
print(map.values())                       # vlaue들 모두 출력
```

```
C:\WINDOWS\system32\cmd.exe                                    —    □    ×
dict_keys(['김연아', '류현진', '쿠드롱', '메시', '나달', '최민영', '고진영'])
dict_values(['피겨', '야구', '당구', '축구', '테니스', '여자야구', '골프'])
```

딕셔너리도 여러 가지 메소드들을 제공하는데, 관련 자료를 참고하기 바란다. 이 책에서는
11장에서 그래프 정점(key)을 간선(edge)들의 집합에 대응시키기 위해 파이썬의 딕셔너리
를 사용하였다.

■ 집합(set)

집합은 리스트와 비슷한 개념이지만 원소의 중복을 허용하지 않고 원소들 사이에 순서
가 없다는 점이 리스트와는 다르며, 선형 자료구조로 보기도 어렵다. 파이썬에서는 set과
frozenset의 두 가지 집합형을 제공하는데, frozenset은 내용을 변경할 수 없는 set이다. 다
음은 집합 객체를 만들고, 합집합, 교집합, 차집합 등의 연산을 처리하는 코드를 보여준다.

```python
s1 = { 1,2,3 }                    # 집합 객체
s2 = { 2,3,4,5 }                  # 집합 객체
s3 = s1.union(s2)                 # 합집합
s4 = s1.intersection(s2)          # 교집합
s5 = s1 - s2                      # 차집합
print("s1:", s1)
print("s2:", s2)
print("s3:", s3)
print("s4:", s4)
print("s5:", s5)
```

```
C:\WIND...          —    □    ×
s1: {1, 2, 3}
s2: {2, 3, 4, 5}
s3: {1, 2, 3, 4, 5}
s4: {2, 3}
s5: {1}
```

파이썬에서 공집합을 만들기 위해 <u>s1 = { }</u> 문장을 사용할 수 있을까? 안 된다. 왜냐하면 이 문장은 집합이 아니라 <u>공백 딕셔너리를 만드는 문장</u>이기 때문이다. 딕셔너리에서 { }를 사용했던 것에 유의하라. 공집합을 만들기 위해서는 s1 = set() 을 사용해야 한다. 다음은 각각 집합과 딕셔너리를 만드는 코드로 정확히 구분되어야 한다.

```
s5 = { 3.14 }                    # 원소가 하나인 집합
map = { 3.14 : 'Phi' }           # 엔트리가 하나인 딕셔너리
```

집합도 여러 가지 메소드들을 제공하는데, 관련 자료를 참고하기 바란다. 이 책에서는 10 장에서 파이썬의 집합을 사용해 본다.

---

1 사용자로부터 정수들을 입력받아 이들을 리스트에 저장하고, 리스트를 출력하는 프로그램을 작 성하라. 힌트: 입력된 문자열을 공백에 따라 여러 문자열로 나누기 위해 문자열의 split() 연산 을 사용할 수 있다. 문자열을 정수로 변환하기 위해서는 내장함수 int()를 사용한다. 도전 코딩!

• 참고파일 ch02/read_list.py

2.7 사용자 정의 함수

파이썬 프로그래머가 자신만의 함수, 즉 **사용자 정의 함수**를 만들어 사용할 수도 있다. 함수는 프로그래밍에서 가장 중요한 부분으로, 원하는 기능을 함수를 잘 만들고 이들을 활용하는 능력을 갖추는 것은 무엇보다 중요하다.

함수의 정의와 호출

함수는 C언어와 같이 **함수 헤더**(header)부와 **함수 몸체**(body)부로 나누어진다.

• 헤더부는 def 키워드를 이용해 함수를 정의하고, 함수의 이름과 소괄호 ( ), 그리고 콜른 :이 이어진다.
• 소괄호에는 매개변수목록(함수로 전달되는 정보)이 나열된다.
• 콜른에 이어 함수 몸체(코드 블록)가 나타난다.
• 함수 몸체에서 코드의 들여쓰기에 주의해야 한다.

다음은 리스트에서 최댓값을 찾아 반환하는 함수를 보여준다.

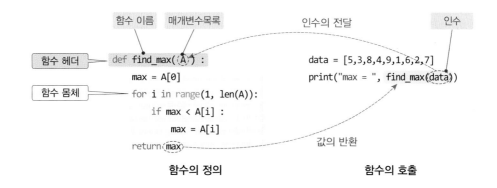

함수 내의 코드들은 자동으로 실행되는 것이 아니고 그 함수가 호출되어야만 실행된다. 함수를 호출할 때 함수에서 필요한 정보를 전달하는데, 이러한 값을 **인수**(argument)라 한다. 인수는 함수 헤더의 **매개변수**(parameter)로 전달되는데, 오른쪽 코드에서는 data가 인수이고 이것은 함수 헤더의 매개변수 A로 전달된다. 함수 몸체에서는 전달된 리스트 A에서 알고리즘에 따라 최댓값을 찾고, 그 결과를 호출한 위치로 되돌려준다.

여러 값의 반환

함수에서 처리된 결과를 되돌려 주기 위해 return 키워드를 사용하는데, 파이썬은 C언어와 달리 함수에서 여러 개의 결과를 반환하는 방법도 지원한다. find_max() 함수를 약간 수정하여 최댓값과 최솟값을 동시에 구해 반환하는 함수를 구현해보자.

코드 2.1   최솟값과 최댓값을 찾아 반환하는 함수   참고파일 ch02/min_max.py

```
01   def find_min_max(A) :              # 최댓값과 최솟값을 동시에 찾아 반환
02       min = A[0]
03       max = A[0]
04       for i in range(1, len(A)) :    # i : 1 ~ len(A)-1
05           if max < A[i] : max = A[i]  # 최댓값 갱신
06           if min > A[i] : min = A[i]  # 최솟값 갱신
07       return min, max
08   data = [ 5, 3, 8, 4, 9, 1, 6, 2, 7 ]
09   x, y = find_min_max(data)
10   print("(min,max) = ", (x,y))
```

최솟값과 최댓값을 한꺼번에 반환

반환된 값을 순서대로 x와 y에 저장

```
C:\WINDOWS...    —    □    ×
(min,max) =  (1, 9)
```

사실 파이썬에서는 반환할 값들을 하나의 튜플로 만들어 반환한다. 즉 실제로 반환은 튜플 하나를 하는데, 그 안에 여러 개의 값이 들어있는 것일 뿐이다. 따라서 위의 코드는 다음과 같이 기술하는 것이 좀 더 정확한 표현이다.

```
return (min, max)              # 두 결과를 하나의 튜플로 만들어 반환


(x, y) = find_min_max(data)    # 튜플 하나를 받음
```

디폴트 인수

디폴트 인수(default argument)는 함수의 매개변수에 기본 값을 부여하는 기능으로, 함수 호출시 인수가 주어지면 그 인수를 사용하고, 만약 인수가 생략되면 기본 값을 사용하는 방법이다. 다음은 begin부터 end−1까지의 합을 구하는 함수를 보여주는데, 매개변수 step의 기본 값이 1로 설정되어 있으므로 만약 인수가 두 개만 주어진다면 step은 자동으로 1이 되어 함수가 실행된다.

코드 2.2　　지정한 범위의 수를 합한 결과를 반환하는 함수　　　　　　참고파일 ch02/sum.py

```
01    def sum_range(begin, end, step=1) :         매개 변수 step이 기본 값으로 1을 가짐. step에 대한
02        sum = 0                                  인수가 전달되지 않으면 기본값을 사용함
03        for n in range(begin, end, step) :
04            sum += n
05        return sum
```

다음 문장은 어떤 결과를 출력할까?

```
print("sum = ", sum_range(1, 10))        # 인수가 두 개. step은 기본값(1)으로 처리됨
```

sum_range()의 인수가 두 개만 주어졌으므로 세 번째 매개변수 step은 기본 값인 1이 된다. 따라서 계산 결과는 1+2+3+...+9 = 45 이다. 다음 호출을 보자.

```
print("sum = ", sum_range(1, 10, 2))     # 인수가 세 개. step은 전달되는 2가 됨
```

세 개의 인수가 모두 제공되었고, 매개변수 step은 2가 되어 1+3+5+...+9 = 25가 출력된다.

키워드 인수

다음 코드에서는 <u>매개변수 이름에 직접 값을 지정하여 함수를 호출</u>하였다. 이를 **키워드 인수**(keyword argument)라고 한다. 키워드 인수를 사용하면 인수의 순서를 바꾸어 함수를 호출할 수 있는 것에 유의하라.

```
print("sum = ", sum_range(step=3, begin=1, end=10))        # 키워드 인수 사용
```

계산 결과는 1+4+7=12이다. 파이썬의 print()에서 end 매개변수를 지정하는 것이 키워드 인수의 대표적인 사례이다. end를 지정하지 않으면 기본 값인 "\n"이 되어 출력(라인피드)되는데, 다음과 같이 처리하면 "\n" 대신에 공백문자를 하나 출력한다. 따라서 다음에 출력할 위치가 한 라인 넘어가지 않는다.

```
print("game ", end=" ")          # 라인피드가 발생하지 않음(키워드 인수 사용)
```

---

1 1부터 n까지의 자연수의 합을 구해 반환하는 함수 sum_iter(n)을 for 문을 이용해 작성하라.
2 위 문제의 함수를 반복이 아니라 순환을 이용해 구하는 함수 sum_recur(n)을 작성하라.

도전 코딩!

• 참고파일 ch02/sum_num.py

2.8 변수의 범위

변수는 다음과 같이 네 가지 **범위**(scope)로 구분된다.

- **내장 범위**(built-in scope): 언어의 일부로 정의된 변수와 리터럴들을 말하는데 프로그램의 어디에서나 사용할 수 있다.
- **전역 범위**(global scope): 소스 파일의 맨 꼭대기 레벨(함수나 클래스 밖)에서 생성된 변수들에 해당되며 파일의 어디에서나 사용할 수 있다.
- **지역 범위**(local scope): 함수나 클래스의 멤버 함수(메소드) 안에서 생성된 변수들로 그

안에서만 사용할 수 있다. 함수의 매개변수들도 지역범위이다.

- 인스턴스 범위(instance scope): 클래스의 데이터 멤버로 생성된 변수들로 그 클래스 내의 다른 함수들에서 사용할 수 있다.

함수 내에서 전역 변수를 사용하는 경우 약간의 주의가 필요하다. 다음 코드의 결과는 무엇일까? 일단 파이 값은 정상적으로 출력된다.

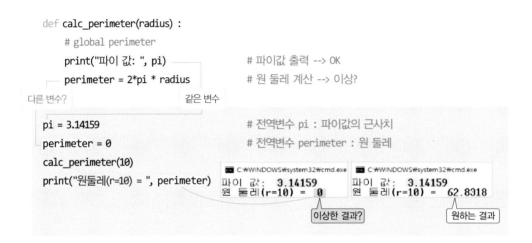

그런데 원 둘레의 계산 결과가 0이다. 왜 그럴까? 전역 변수 pi와 perimeter는 무엇이 다를까? 전역변수 pi는 함수 내에서 "사용"되었다. 값이 "변경"된 것이 아니라 사용만 되었다. 그런데 같은 전역변수 perimeter는 함수 내에서 값이 변경되었다. 파이썬에서는 변수에 값(리터럴)을 저장하면 새로운 변수가 생성된다. 따라서 함수 내에서 perimeter는 전역변수가 아닌 새로운 지역변수인 것이다!

이제 함수 내에서 어떤 변수를 전역변수라고 지정하는 방법이 필요하다. 이를 위해, 키워드 global을 사용한다. 예를 들어, 코드의 두 번째 줄은 perimeter를 global 변수로 지정하는데, 그림과 같이 원하는 결과가 출력되도록 한다.

2.9 모듈과 이름 공간(namespace)

파이썬이 단기간에 큰 인기를 얻을 수 있었던 것은 인공지능을 포함한 다양한 분야에서 엄청난 양의 모듈들이 만들어져 제공되고 있기 때문이다. 머신 러닝 분야만 하더라도 TensorFlow, Numpy, Keras, PyTorch, SciPy, Theano, Pandas 등 많은 모듈들이 개발되어 활발히 사용되고 있다.

파이썬에서는 프로그래머가 손쉽게 자신만의 모듈을 만들어 사용할 수 있다. 이것은 큰 프로그램을 작성할 때 모든 코드를 하나의 파일에 작성하지 않고 여러 개의 파일에 나누어 작성하고 실행할 수 있도록 지원한다. 예를 들어, 코드 2.1과 코드 2.2의 함수 find_min_max()와 sum_range()가 각각 min_max.py와 sum.py에 저장되어 있다고 가정하자.

이 코드들은 **import** 키워드를 이용해 다른 파일에 포함해서 사용할 수 있다. 예를 들어, 다음 코드는 min_max.py와 sum.py를 my_job.py 파일에 **import**하고, 포함된 모듈에 있는 함수들을 사용하는 예를 보여준다.

코드 2.3   사용자가 작성한 모듈을 사용하는 코드   참고파일 ch02/my_job.py

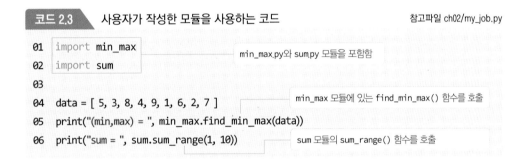

```
01  import min_max
02  import sum
03
04  data = [ 5, 3, 8, 4, 9, 1, 6, 2, 7 ]
05  print("(min,max) = ", min_max.find_min_max(data))
06  print("sum = ", sum.sum_range(1, 10))
```

min_max.py와 sum.py 모듈을 포함함

min_max 모듈에 있는 find_min_max() 함수를 호출

sum 모듈의 sum_range() 함수를 호출

그런데, 포함된 모듈을 사용하려면 항상 모듈 이름을 통해 호출해야 한다. 좀 더 편리하게 사용할 수는 없을까?

from [모듈] import [식별자]를 사용할 수 있다. 이것은 [모듈]에서 [식별자]를 모듈 표시 없이 사용할 수 있도록 해 준다. 만약 그 모듈의 모든 식별자를 바로 사용하려면 식별자로 *를 사용하면 된다.

코드 2.4   외부 모듈의 from ~ import 포함 코드   참고파일 ch02/my_job2.py

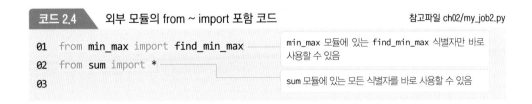

```
01  from min_max import find_min_max
02  from sum import *
03
```

min_max 모듈에 있는 find_min_max 식별자만 바로 사용할 수 있음

sum 모듈에 있는 모든 식별자를 바로 사용할 수 있음

```
01    data = [ 5, 3, 8, 4, 9, 1, 6, 2, 7 ]          min_max 모듈의 함수 find_min_max()를 바로 사용
05    print("(min,max) = ", find_min_max(data))
06    print("sum = ", sum_range(1, 10))             sum 모듈의 함수 sum_range()를 바로 사용
```

이 방법이 간편해 보이기는 하지만, 많은 모듈을 사용해야 하고, 사용하는 모듈 안에서 중복된 식별자가 존재할 수 있다면 문제가 있다. 따라서 이런 경우 식별자를 선택적으로 사용할 수 있도록 하는 것이 바람직할 것이다.

2.10 클래스

파이썬은 함수들을 이용해 **순서적(procedual)**으로 코딩할 수도 있지만 **객체지향적인 (object-oriented)** 프로그래밍도 지원한다. 객체지향은 <u>클래스와 객체가 중심이 되는 프로그래밍 전략</u>인데, 이때 **클래스(class)**는 객체를 찍어내는 틀에 해당하고, **객체(object)**는 이 틀로 찍어낸 사례(instance)이다. 그런데 하나의 클래스로 찍어낸 여러 객체는 각각의 고유한 성격을 갖는다. 클래스는 1장에서 공부한 추상 자료형과도 밀접한 관련이 있는데, "자동차"라는 예를 통해 살펴보자.

자동차의 추상 자료형과 클래스

자동차도 추상 자료형으로 나타낼 수 있다. 자동차를 매우 단순화한다면 하나의 자동차는 <u>"색상"</u>과 <u>"현재 속도"</u>라는 데이터(속성)를 갖는다. 자동차에는 어떤 연산(동작)이 있어야 할까? 기본적으로 필요한 것은 <u>가속과 감속 기능</u>이다. 이를 바탕으로 자동차의 추상 자료형을 다음과 같이 정의할 수 있다.

속성	동작
색상: color	가속하기( )
속도: speed	감속하기( )

매우 단순한 자동차

정의 2.1 **자동차(Car)의 추상 자료형**

> 데이터: 자동차의 색상(color)과 현재 속도(speed). 자동차의 가속이나 감속에 따라 속도가 변경될 수 있음

> **연산**
> - Car(color, speed): 색상이 color이고 속도가 speed인 새로운 자동차를 만든다.
> - speedUp():   엑셀을 한 번 밟아 속도를 10 증가시킨다.
> - speedDown():   브레이크를 한 번 밟아 속도를 10 감소시킨다.

이러한 추상 자료형은 클래스로 구현할 수 있다.

- 자동차의 속성(추상 자료형의 데이터)은 클래스에서 **멤버 변수**가 된다. 파이썬에서는 "생성자"라고 불리는 특별한 함수에서 속성들을 정의한다.
- 자동차의 동작(추상 자료형의 연산)은 클래스에서 **멤버 함수** 또는 **메소드**(method)로 대응된다.

정의 2.1의 자동차 ADT를 클래스로 구현한 예는 다음과 같다. 1행의 class Car에 이어서 새로운 클래스 Car를 정의하는 블록이 시작된다.

코드 2.5   Car 클래스   참고파일 ch02/Car.py

객체의 생성을 담당하는 함수 생성자 __init__()

모든 클래스에는 "생성자"라고 불리는 특별함 멤버 함수가 있다. **생성자**는 <u>객체가 생성될 때 마다 자동으로 호출되는</u> 함수로, 멤버 변수를 정의하고 초기화한다. 3–4행의 self. color와 self.speed가 각각 색상과 속도를 위한 멤버 변수이다.

생성자도 함수이므로 매개변수가 전달할 수 있는데, 2행에는 세 개의 매개변수가 제공되고 있다. 이 중에서 첫 번째 매개변수 self를 제외하고, color와 speed는 각각 멤버 변수인 self.color와 self.speed를 초기화하기 위한 것이다.

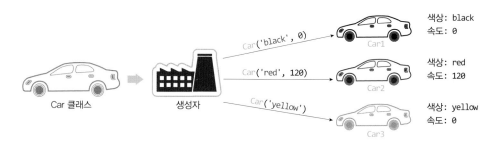

[그림 2.1] Car 클래스와 생성자를 이용한 객체 생성 예

생성자가 정의되면 이제 객체를 생성할 수 있다. 다음 코드는 그림 2.1과 같이 3개의 서로 다른 속성을 갖는 자동차 객체를 만든다.

```
car1 = Car('black', 0)      # 검정색, 속도 0
car2 = Car('red', 120)      # 빨간색, 속도 120
car3 = Car('yellow')        # 노란색, 속도 0(디폴트 인수 사용)
```

클래스의 생성자에는 3개의 매개변수가 있는데, 생성자를 호출하는 코드에서는 두 개의 인수가 제공된 것에 유의하라. 어떤 메소드가 호출될 때 그 메소드를 호출한 객체(자동차) 정보를 보내기 위해 특별한 매개변수 self를 사용한다. 자동차 객체 car1과 car2의 내부 구조는 다음과 같다.

가속 연산과 감속 연산

코드 2.5의 6~7행은 자동차의 가속 연산으로 자동차의 속도(self.speed)를 10 증가시키고, 9~10행은 감속 연산으로 속도를 10 감소시킨다. 이제 자동차를 가속하거나 감속할 수

있는데, 다음은 car1은 가속하고 car2는 감속하는 코드이다. <u>car1.speedUp()</u>을 호출하면
6행의 <u>speedUp()</u>의 매개변수 self에 car1이 전달된다.

```
car1.speedUp()      # car1 가속: 속도 10 증가 → car1.speed는 10이 됨
car2.speedDown()    # car2 감속: 속도 10 감소 → car2.speed는 110이 됨
```

이제 car1과 car2의 speed 속성은 다음과 같이 변경된다.

객체지향적인 측면에서는 바람직하지 않지만 객체의 멤버들을 외부에서 직접 조정할 수도
있다. 예를 들어, 다음은 car1의 색상을 'purple'로 바꾸고 car2의 속도를 100으로 변경하
는 코드이다.

```
car1.color = 'purple'    # car1의 색상을 purple로 변경
car2.speed = 100         # car2의 속도를 100으로 변경
```

---

1 코드 1.1은 Bag의 추상 자료형을 일반 함수로 구현한 것이다. 이것을 클래스로 다시 구현하라.
   Bag 클래스를 구현하고, 코드 1.2와 같은 연산을 하는 테스트 프로그램을 작성하라. 실행 결과
   는 동일해야 한다.

도전 코딩!

• 참고파일 ch02/BagClass.py

2.11 연산자 중복

파이썬에서는 사용자가 정의한 클래스의 객체들에게 +, *, == 등과 같은 표준 연산자들
을 적용할 수 있도록 **연산자 중복**(operator overloading) 함수를 허용한다. 예를 들어, 자
동차 클래스에서 색상이 같은 자동차를 같다고(==)고 정의해 보자. 만약 연산자 중복을
허용하지 않는다면 다음과 같이 isEqual()과 같은 메소드를 이용해 두 자동차가 같은지를

검사할 수 있을 것이다.

```
def isEqual(self, carB) :                        현재 자동차(self)의 색상과 carB의 색상이
    if self.color == carB.color : return True    같으면 True, 아니면 False 반환
    else : return False
```

```
car4 = Car('red', 0)          # 속도가 0인 새로운 빨간 자동차 생성
print(car1.isEqual(car4))     # False(색이 다른 자동차) : black != red
print(car2.isEqual(car4))     # True(같은 색의 자동차) : red == red
```

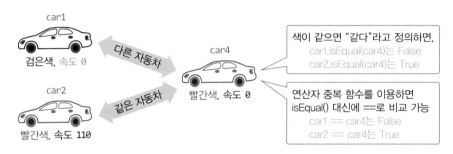

[그림 2.2] 두 자동차가 같은지를 비교하기 위한 두 가지 방법

만약 다음과 같이 __eq__라는 특별한 메소드를 자동차 클래스에서 정의하면 == 연산자로 두 자동차를 비교할 수 있다.

```
                                == 연산자 중복함수로 구현
def __eq__(self, carB) :
    return self.color == carB.color
```

```
                        연산자 중복함수 __eq__를 호출
print(car1==car4)           # False
print(car2==car4)           # True
```

print() 에서 자동차 객체를 바로 출력할 수 있도록 하는 것도 가능하다. 이것은 Car 객체를 문자열(str)로 변환하는 __str__ 메소드를 정의하면 된다.

자동차 객체를 문자열(str)로 변환해 주는 연산자 중복 함수

```python
def __str__(self) :
    return "color = %s, speed = %d" % (self.color, self.speed)
```

반환할 문자열을 만드는 코드

객체를 문자열로 변환해야 하는 경우 __str__이 자동으로 호출

```python
print("[car3]", car3)
```

```
C:\WINDOWS\system32\cmd.exe          —    □    ×
[car3] color = yellow, speed = 30
```

연산자에는 −a의 −와 같이 연산항이 하나인 단항 연산자들과 a+b의 +와 같은 이항 연산자들이 있는 것에 유의하라. 다음은 파이썬에서 중복할 수 있는 연산자와 함수 이름의 일부를 보여주고 있다.

[표 2.1] 파이썬 클래스의 연산자 중복정의 표 단항 연산자 이항 연산자

Operation	Class Method	Operation	Class Method
str(obj)	__str__(self)	obj + rhs	__add__(self, rhs)
len(obj)	__len__(self)	obj - rhs	__sub__(self, rhs)
item in obj	__contains__(self, item)	obj * rhs	__mul__(self, rhs)
y = obj[idx]	__getitem__(self, idx)	obj / rhs	__truediv__(self, rhs)
obj[idx] = val	__setitem__(self,idx, val)	obj // rhs	__floordiv__(self, rhs)
		obj % rhs	__mod__(self, rhs)
obj == rhs	__eq__(self, rhs)	obj ** rhs	__pow__(self, rhs)
obj < rhs	__lt__(self, rhs)	obj += rhs	__iadd__(self, rhs)
obj <= rhs	__le__(self, rhs)	obj -= rhs	__isub__(self, rhs)
obj != rhs	__ne__(self, rhs)	obj *= rhs	__imul__(self, rhs)
obj > rhs	__gt__(self, rhs)	obj /= rhs	__itruediv__(self, rhs)
obj >= rhs	__ge__(self, rhs)	obj //= rhs	__ifloordiv__(self, rhs)
		obj %= rhs	__imod__(self, rhs)
		obj **= rhs	__ipow__(self, rhs)

1 Car 클래스에 자동차 객체들의 속도를 비교할 수 있는 <, > 연산자를 추가하라. 자동차 a의 속도가 b보다 빠르면 a>b는 True를 a<b는 False를 반환해야 한다.

도전 코딩!

• 참고파일 ch02/CarEx.py

2.12 상속

상속(inheritance)은 기존의 클래스에 몇 가지 기능을 추가해 새로운 클래스를 간편하게 만드는 방법을 말한다. 파이썬도 상속을 지원하는데, 보통 상속해주는 클래스를 **부모**라 하고 상속받는 클래스를 **자식**이라 한다. 상속은 자식이 부모의 특화된 클래스인 경우, 즉 "자식 is-a 부모"의 관계가 있는 경우에 사용한다. 예를 들어, 버스나 트럭, 슈퍼카 등은 모두 자동차의 일종으로 특화된 자동차로 볼 수 있으므로, 그림 2.3과 같이 상속 관계를 이용하는 것이 자연스럽다.

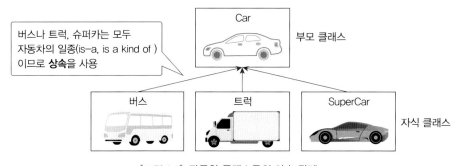

[그림 2.3] 자동차 클래스들의 상속 관계

슈퍼카 클래스를 상속으로 구현해 보자. 슈퍼카(SuperCar)도 자동차(Car)이지만 터보모드가 추가되어 있어 가속을 빠르게 할 수 있는데, 터보가 On이면 급가속이 되고, 아니면 일반 자동차와 같이 동작한다고 가정한다.

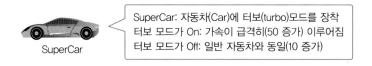

상속을 이용한 SuperCar 클래스는 코드 2.6과 같다.

클래스 상속의 선언

상속을 위해서는 부모 클래스 Car를 사용해야 하므로 1행에서 Car를 포함한다. 상속의 선언은 2행과 같은데, Car가 부모이고 SuperCar가 새로 만드는 자식 클래스이다. 이제

SuperCar에는 부모 클래스 Car의 모든 멤버(데이터와 메소드)가 자동으로 포함된다.

코드 2.6 SuperCar 클래스   참고파일 ch02/SuperCar.py

```
01   from Car import Car                        Car.py 모듈의 Car 포함
02   class SuperCar(Car) :                       Car를 상속한 새로운 클래스 SuperCar 정의
03       def __init__(self, color, speed = 0, bTurbo = True) :                    생성자
04           super().__init__(color, speed)       부모의 생성자를 직접 호출
05           self.bTurbo = bTurb                  새로운 멤버 추가
06
07       def setTurbo(self, bTurbo = True) :      터보 모드(self.bTurbo)를 켜거나 끄기 위한 새
08           self.bTurbo = bTurbo                 로운 메소드 추가
09
10       def speedUp(self) :                      SuperCar의 가속 동작이 Car와 다르므로 부모에
11           if self.bTurbo:                      정의된 speedUp() 메소드를 재정의.
12               self.speed += 50                 터보 모드이면 속도를 50 증가시키고, 아니면 부모
13           else :                               (Car)의 speedUp()을 호출
14               super().speedUp()
```

생성자 __init()

클래스를 상속해도 생성자는 자동으로 상속되지 않는다. 따라서 자식 클래스에서 다시 구현해야 한다(3–5행). 이때, 4행과 같이 부모(Car)의 생성자를 먼저 호출하는데, 이를 통해 부모의 데이터(color와 speed) 부분을 초기화한다. 자식 클래스에서 부모를 부르는 함수 super()를 통해 Car의 생성자 __init__()을 호출하면 된다.

SuperCar의 생성자에서 추가할 데이터는 5행과 같이 터보모드의 On/Off 상태를 나타내는 bTurbo뿐이다.

터보 모드 설정 함수 setTurbo()

슈퍼카의 터보 모드를 On/Off 하기 위해 추가된 메소드이다. 전달되는 매개변수에 따라 멤버 변수 self.bTurbo를 초기화한다.

새로운 가속 메소드 speedUp()의 재정의

SuperCar의 감속은 Car와 같으므로 Car에서 상속된 speedDown()을 그대로 사용하면
된다. 그런데 가속은 좀 다르다. Car에 가속 메소드가 있지만 SuperCar에서는 이를 그대
로 사용할 수 없다. 왜냐하면 터보모드를 추가로 살펴봐야 하기 때문이다. 따라서 10~14행
과 같이 speedUp() 메소드를 추가한다. 이것은 부모에 이미 정의되어 있지만 자식 클래스
에서 동작이 변경되어 다시 정의한 것인데, 이를 **재정의(overriding)**라 한다. 즉, 부모와 자
식 클래스에 같은 메소드가 각각 다르게 정의된 것이다. 동작을 살펴보자. 터보 모드가 On
이면 속도를 50 올린다. Off이면? 직접 self.speed를 10 증가시킬 수도 있지만, 더 좋은 방
법이 있다. 부모의 speedUp()을 호출하는 것이다. 이때 다시 super()를 사용한다(14행).

객체의 생성과 활용

상속된 클래스의 객체 생성도 어렵지 않다. 다음은 SuperCar 객체 s1(색상:Gold, 속도:0,
터보모드:On)와 s2(색상:White, 속도:0, 터보모드:Off)를 생성하는 코드이다.

```python
s1 = SuperCar("Gold", 0, True)      # 골드, 속도 0, 터보모드 On
s2 = SuperCar("White", 0, False)    # 흰색, 속도 0, 터보모드 Off
```

이제 s1.speedUp()과 s2.speedUp()을 호출해 두 슈퍼카를 한 번씩 가속시키면 어떻게 될
까? 터보 모드인 s1의 속도는 50이 되고, 일반 모드인 s2는 10이 된다.

화면 출력을 위한 str 연산자 중복

슈퍼카의 상태를 화면에 정확히 출력하려면 객체의 내용을 문자열로 바꾸는 __str__ 메
소드도 재정의해야 한다. Car에는 터보 모드에 대한 정보를 출력하지 않았기 때문이다.
따라서 SuperCar 클래스에 다음과 같은 연산자 중복 함수를 추가할 수 있다.

```
    def __str__(self) :
        if self.bTurbo :
            return "[%s] [speed = %d] 터보모드" % (self.color, self.speed)
        else :
            return "[%s] [speed = %d] 일반모드" % (self.color, self.speed)
```

이제 앞의 두 슈퍼카의 상태를 print() 함수로 출력할 수 있다.

```
print("슈퍼카1:", s1)
print("슈퍼카2:", s2)
```

```
C:\WINDOWS\system32\cmd.exe        —    □    ×
슈퍼카1: [Gold] [speed = 50] 터보모드
슈퍼카2: [White] [speed = 10] 일반모드
```

■ 파이썬 정리

이 장에서는 파이썬의 문법을 간략하게 정리해보았다. 자세한 내용이나 다양한 예제 등은 인터넷이나 관련 도서를 참고하기 바란다. 이 책에서는 앞에서 언급되지 않은 기능들도 일부분 사용할 수 있는데, 이 경우 추가적인 설명이 제공될 것이다. 앞에서 다루지 않았거나 특징적인 문법이 사용된 부분들은 다음과 같다.

기능	내용	위치
파일 입출력	• 라인 편집기에서 파일 입출력 기능 • 소스파일의 괄호검사	3.4절 4.3절
슬라이싱 기능	• 스택 내용의 역순출력 • 원형 큐의 내용 출력 함수 display() • 병합정렬의 merge() 함수	4.2절 5.2절 12.4절
클래스 상속	• 원형 큐 클래스를 상속한 원형 덱 클래스의 구현 • 이진탐색트리를 이용한 맵 클래스를 상속하여 AVL 트리를 이용한 맵 클래스를 구현 (멤버 함수 재정의 포함)	5.5절 9.4절
연산자 중복	• 집합 클래스에서 원소의 비교 • 맵의 응용에서 엔트리를 문자열로 변환	7.3절 7.7절
딕셔너리와 집합 사용 예	• 나의 단어장에서 딕셔너리를 사용한 구현 • 딕셔너리와 집합을 이용한 그래프 표현 • 그래프의 탐색, 신장트리, 연결성분 검사 문제에서 그래프 표현 방법으로 사용	7.7절 10.2절 10장
람다 함수	• Kruskal의 최소비용 신장트리 알고리즘에서 간선 리스트를 가중치의 내림차순으로 정렬	11.3절

모듈 사용	• time 모듈: 알고리즘 시간 측정	1.3절
	• queue 모듈: 큐의 능용	5.3절
	기수정렬	12.7절
	• heapq 모듈: 힙 트리	8.5절
	• collections 모듈: 그래프 너비우선탐색에서 deque 클래스를 큐로 사용	10.3절
	• random 모듈: 난수 발생(random.randint())	12.7절
	• sys 모듈: 정수 무한대(sys.maxsize) 사용	11.3절
	• copy 모듈: 깊은 복사(copy.deepcopy) 사용	11.4절

이 책에서는 코드의 배경색을 세 가지로 나누었다. 클래스 코드는 살구색을 사용하였고, 간단한 테스트 프로그램은 회색 배경을 사용한다. 일반 함수와 같은 나머지 코드들은 파란색 배경으로 처리하였다.

---

1 다음 중 클래스 상속에 대한 설명으로 옳지 않은 것은?

① 부모 클래스는 자식 클래스의 부분 집합이다.

② 생성자도 그대로 상속된다.

③ 부모 클래스의 생성자를 호출하기 위해 super()를 사용한다.

④ 부모 클래스의 멤버 함수를 자식 클래스에서 재정의 할 수 있다.

중간 점검

2 다음 중 재정의(overriding)에 대한 설명으로 옳지 않은 것은?

① 클래스의 상속 관계에서 의미가 있다.

② 부모 클래스의 멤버 함수를 자식 클래스에서 재정의 할 수 있다.

③ 데이터 멤버도 자식 클래스에서 재정의 할 수 있다.

④ 부모 클래스의 모든 멤버 함수는 자식 클래스에서 재정의해야 한다.

3 재정의(overriding)는 상속을 이용한 클래스에서만 의미가 있다. (   )

| 연습문제 |

2.1 자료구조를 클래스로 구현하는 방법에 대한 설명 중 잘못된 것은?

① 추상 자료형의 데이터와 연산을 하나로 묶어 관리할 수 있다.
② 데이터는 클래스의 인스턴스 변수에 대응된다.
③ 연산은 클래스의 멤버 함수에 대응된다.
④ 일반 함수로 구현하는 방법에 비해 속도가 빠르다.

2.2 사용자 정의 클래스의 객체들에 +, – 등의 표준 연산자들을 적용할 수 있도록 하는 기능을 무엇이라 하는가?

① 순환   ② 함수 중복   ③ 연산자 중복   ④ 상속

2.3 다음 중 연산자 중복에 대한 설명으로 옳지 않은 것은?

① 사용자 정의 클래스의 특별한 멤버 함수이다.
② 객체들을 표준 연산자들을 이용해 처리할 수 있다.
③ 파이썬 리스트나 튜플과 같은 클래스에도 적용할 수 있다.
④ 연산자의 기능을 개발자가 마음대로 정의할 수 있다.

2.4 어떤 클래스를 상속받아 만든 새로운 클래스를 부르는 명칭이 아닌 것은?

① 자식 클래스   ② 기반 클래스   ③ 서브 클래스   ④ 파생 클래스

2.5 섭씨온도($°C$)를 화씨온도($°F$)로 변환하는 수식은 $°F = 32 + \frac{180}{100} \times °C$ 이다.

(1) 섭씨온도를 화씨온도로 변환하는 함수를 구현하라.
(2) 화씨온도를 섭씨온도로 변환하는 함수를 구현하라.

2.6 A = [1, 2, 3, 4]와 같이 리스트를 선언하고 이 리스트의 모든 값을 역순으로 출력하는 코드를 구현하라. 단, 인덱스 값으로는 음수만을 사용하라.

2.7 리스트의 모든 값을 더해 결과를 반환하는 함수를 구현하라.

2.8 문자열 msg = "Data Structures in Python"를 선언하고, 이 문자열을 먼저 그대로 출력하고, 다음으로 모두 대문자로 바꿔서 출력하고, 마지막으로 모두 소문자로 바꿔 출력하는 코드를 작성하라.

2.9 어느 식당의 음식에 대한 가격 정보를 다음과 같이 딕셔너리로 표현하자.

price = { '콩나물해장국':4500, '갈비탕':9000, '돈가스':8000 }

(1) 여기에 새로운 메뉴 '팟타이'를 7000원에 추가하고, 모든 메뉴와 가격을 출력하는 코드를 작성하라.
(2) 모든 메뉴의 가격을 500원 내리는 코드를 작성하라.

2.10 자연수 n을 받아 다음 식을 계산하는 함수를 구현하려고 한다.

$$1 + 1/2 + 1/3 + ... + 1/n$$

(1) 반복문을 이용한 함수로 구현하라.
(2) 순환 구조의 함수로 구현하라.

2.11 이항계수(binomial coefficient)는 다음과 같이 순환적으로 정의할 수 있다.

$$_nC_k = \begin{cases} _{n-1}C_{k-1} + {}_{n-1}C_k & \text{if} \quad 0<k<n \\ 1 & \text{if} \quad k=0 \ \text{or} \ k=n \end{cases}$$

(1) n과 k를 입력 받아 이항계수를 구하는 함수를 순환구조로 구현하라.
(2) 이 함수를 반복문을 이용해 구현하라.

2.12 문자열의 내용을 반대로 바꾸는 순환적인 함수 reverse()를 구현하라. 예를 들어 reverse("ABCDE")는 "EDCBA"를 반환해야 한다.

2.13 순환적인 방법으로 피보나치수열을 호출하였을 때 함수가 중복되어 호출되는 것을 확인할 수 있도록 각 함수의 매개 변수별 호출 빈도를 측정해 출력하라.
예) n=10을 넣었을 때
```
Fibo(10) = 1번
Fibo(9) = ??번
...
Fibo(0) = ??번
```

2.14* 다음은 근로소득세율 표를 보여주고 있다. 소득을 입력하면 세금을 계산하고 세금과 세후 소득을 출력하는 프로그램을 작성하라. 수입이 조금이라도 많으면 세금을 세후 소득이 더 많아야 한다. 예를 들어, 소득이 2,000만 원이라면 1,200만 원까지는 6%를 내고, 다음 구간(1,200만 원~4,600만 원)에 포함되는 800만 원에 대해서는 15%를 내야 하므로, 전체 세금은 $1200 \times 6\% + 800 \times 15\%$ 이다.

소득	근로소득세율
1,200만 원 이하	6%
1,200만 원 ~ 4600만 원	15%
4,600만 원 ~ 8,800만 원	24%
8,800만 원 ~ 1억 5,000만 원	35%
1억 5,000만 원 초과	38%

2.15* **번호 맞히기 게임(Up-and-Down 게임)**을 구현하자. 숨겨진 두 자리의 숫자를 추측하여 맞추는 것이다. 게이머가 숫자를 예측하면 컴퓨터는 정답과 비교하여 "더 큰 숫자입니다"나 "더 작은 숫자입니다" 그리고 맞힌 경우 "정답입니다"를 출력한다. 중간에 맞히거나 10번 동안 맞히지 못하면 게임이 끝난다.

■ 정답을 answer 추측 문자를 guess이라 하면, answer와 guess를 비교하여 결과를 출력하면 된다. 정답 범위를 힌트로 제공하기 위해 min과 max 변수를 사용한다.

■ 반복문으로는 for를 사용하고 최대 10번 반복하면서, 중간에 정답을 맞히면 break 문을 이용해 루프를 빠져나와 게임을 종료한다.

2.16* 높이를 입력받아 다음과 같은 숫자 피라미드를 출력하는 다음 게임(?)을 만들어보자. 먼저 숫자가 출력되는 규칙을 잘 찾아보라.

- 2중 루프를 사용한다. 바깥 루프는 세로를 나타내고 높이만큼 반복하면 된다.
- 내부 루프는 한 줄에서의 위치를 니타낸다. 한 줄에서의 출력은 세 부분으로 나누어야 할 것이다. 맨 처음 공백을 적절히 출력한다. 다음으로 숫자가 증가하는 방향으로 출력하고, 마지막으로 감소하는 방향으로 숫자를 출력한다.

2.17* 다음과 같은 모양을 출력하는 순환적인 함수를 작성하여 하라. 이 함수의 원형(prototype)은 다음과 같다.

```
def draw_tree( row, left, right ) :
```

- row: X를 그리는 행을 표시한다. 가장 위에 있는 행이 0이고 아래로 내려갈수록 숫자는 증가한다고 생각하자.
- left와 right: 각각 주어진 영역의 왼쪽 끝과 오른쪽 끝을 나타낸다.

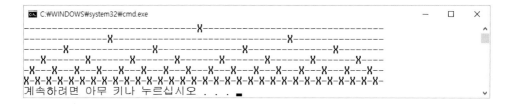

2.18* 시각을 나타내는 Time의 추상 자료형을 다음과 같이 정의하였다(문제 1.12 참조). 이 추상 자료형을 클래스로 구현해 보라.

정의 2.3 Time ADT

데이터: 하나의 시각 시/분/초로 나타내기 위한 변수들. 시는 0~23, 분과 초는 0~59 사이의 정수
연산
- set(h, m, s):   시각을 h시 m분 s초로 초기화한다.
- hour(), minute(), second(): 각각 시, 분, 초를 반환한다.
- isAM():   시각이 오전이면 True 그렇지 않으면 False를 반환한다.
- isSame(t2):   시각이 t2와 같으면 True 아니면 False를 반환한다.
- difference(t2):   t2와의 차이를 새로운 시각에 저장해 반환한다.
- display():   시각을 화면에 보기 좋게 출력한다.

CHAPTER

03

리스트와 집합

학습목표

- 리스트의 개념과 추상 자료형을 이해한다.
- 배열 구조와 연결된 구조의 차이를 정확히 이해한다.
- 파이썬 리스트의 내부 동작 원리를 이해한다.
- 자료구조 리스트를 배열 구조로 구현하는 방법을 이해한다.
- 자료구조를 함수와 클래스로 구현하는 방법의 차이를 이해한다.
- 집합의 개념과 구현 방법을 이해한다.
- 자료구조의 각 연산들에 대한 시간 복잡도 분석 능력을 기른다.

3 리스트와 집합

3.1 리스트란?

■ 리스트는 가장 자유로운 선형 자료구조이다.

리스트는 우리가 생활에서 가장 많이 사용하는 자료 정리방법이다. 우리는 해야 할 일이나 친구들의 연락처를 리스트로 관리하고, 죽기 전에 꼭 가보고 싶은 여행지나 크리스마스에 받고 싶은 선물을 정리해 리스트를 만든다.

리스트(list) 또는 **선형 리스트**(linear list)는 항목들이 차례대로 나열되어 있는 선형 자료구조이다. 각각의 항목들은 순서 또는 **위치**(position)를 가지는데, 기호로 다음과 같이 표현한다.

$$L = [\ item_0,\ item_1,\ item_2,\ ...,\ item_{n-1}\ ]$$

리스트는 "항목들 사이에 순서가 있다"는 점에서 **집합**(Set)과는 다르다. 집합에서는 원소들 사이에 순서의 개념이 없다. 집합은 원소의 중복도 허용하지 않지만 리스트에서는 이러한 제한도 없다.

다음은 리스트의 구조를 보여주고 있는데, 항목들이 <u>순서대로 나열되어 있고</u>, 각 항목들은 <u>위치를 갖는다</u>.

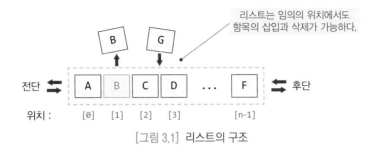

[그림 3.1] 리스트의 구조

4장과 5장에서 우리는 스택과 큐, 덱 등을 공부한다. 이들도 모두 선형 자료구조이지만 항목에 대한 접근이 전단이나 후단으로 제한된다. 그러나 리스트는 이러한 제한이 없다. 즉 임의의 위치에 항목을 삽입하거나 삭제하는 것이 허용된다. 따라서 리스트는 선형 자료구조들 중에서 가장 활용이 자유롭다.

리스트의 추상 자료형

리스트에는 어떤 **데이터**를 저장할 수 있을까? 사고 싶은 물건, 수신된 메시지, 가고 싶은 여행지 등 무엇이든 가능하다. 리스트는 보통 같은 유형의 자료들을 한꺼번에 보관하고, 이들 사이에는 순서가 있다. 리스트는 어떤 **연산**이 필요할까? 리스트에서 가장 중요한 연산은 다음과 같다.

- 어떤 위치에 항목을 삽입(insert)하거나 삭제(delete)한다.
- 어떤 위치의 항목을 꺼내지 않고 참조(getEntry)한다.
- 리스트가 비어 있는지 또는 가득 차 있는지를 검사한다.

이들을 바탕으로 리스트의 추상 자료형(ADT)을 정의해 보자. 앞에서 생각한 연산들을 약간 구체적으로 표시하면 된다.

정의 3.1 List ADT

> 데이터: 같은 유형의 요소들의 순서 있는 모임
>
> 연산
> - insert(pos, e): pos 위치에 새로운 요소 e를 삽입한다.
> - delete(pos):   pos 위치에 있는 요소를 꺼내고(삭제) 반환한다.
> - isEmpty():   리스트가 비어 있는지를 검사한다.
> - isFull():   리스트가 가득 차 있는지를 검사한다.
> - getEntry(pos): pos 위치에 있는 요소를 반환한다.

리스트에서는 삽입과 삭제가 가장 중요한 연산으로 이들은 <u>리스트의 상태를 변경시킨다.</u> insert와 delete에서 **위치(pos)**를 줘야 하는 것에 유의하라. 리스트는 어떤 위치에도 삽입과 삭제를 할 수 있으므로 항상 처리할 위치를 지정해야 한다. 이때, 중요한 것은 <u>어떤 위치에 항목을 삽입하면 이후의 모든 자료들의 위치는 한 칸씩 뒤로 밀린다는 것이다. 삭제도 마찬가지이다.</u> 위치(인덱스)는 0부터 시작한다고 가정하자.

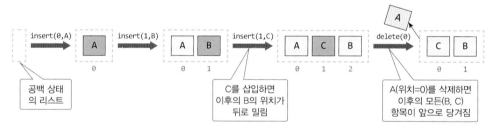

[그림 3.2] 리스트의 일련의 삽입과 삭제 연산. 위치(인덱스)는 0부터 시작함

그림 3.2는 리스트에 삽입/삭제 연산이 처리되는 과정을 보여준다. 공백상태의 리스트에 A와 B가 삽입된 다음 insert(1,C)로 C를 위치 1에 삽입하면 이후에 있는 B의 위치가 한 칸 뒤로 밀린다. 이어서 delete(0)으로 위치 0인 항목을 삭제하면 이후의 모든 항목 C와 B의 위치가 앞으로 한 칸씩 당겨진다.

리스트에는 정의 3.1에 기술되지 않은 다양한 고급 기능들도 추가할 수 있다. 예를 들어, 리스트의 전체 항목의 수를 알려주거나, 어떤 항목이 있는지 검사하고, 리스트를 어떤 기준으로 다시 정렬하는 등 여러 가지가 가능하다. 그렇지만 가장 핵심적인 연산은 <u>삽입과 삭제, 항목의 접근, 공백상태와 포화상태 검사</u> 등이다. 왜냐 하면, 핵심 연산들을 이용하면 추가 기능들을 쉽게 구현할 수 있기 때문이다. 따라서 우리는 자료구조의 이러한 핵심 연산들의 동작에 집중해야 한다.

■ 리스트는 배열 구조와 연결된 구조로 구현할 수 있다.

자료구조를 프로그램에서 표현하고 구현하기 위해 **배열 구조**와 **연결된 구조**를 이용할 수 있다.

(a) 배열 구조의 리스트   (b) 연결된 구조의 리스트

[그림 3.3] 자료구조 리스트의 두 가지 구현 방법

배열 구조

배열(array)은 같은 자료형의 데이터를 한꺼번에 만들 때 사용하는데, 대부분의 프로그래밍 언어에서 제공된다. 인덱스 연산자 []를 이용해 각 요소를 참조하는데, A[2]는 배열 A의 세 번째 요소(인덱스는 0부터 시작)를 의미한다. 특히 그림 3.3(a)와 같이 모든 자료가 반드시 메모리에서 연속적인 공간에 위치해야 한다. 따라서 배열의 시작 주소와 한 요소의 크기만 알면 A[k]의 위치를 바로 알 수 있다. 따라서 요소 접근의 시간 복잡도가 $O(1)$이다. 그렇지만 용량을 변경하기가 어렵고, 배열의 중간에 데이터를 넣고 빼는 과정이 효율적이지 않다는 문제가 있다. 5장까지는 배열로 자료구조를 구현한다.

연결된 구조

그림 3.3(b)와 같이 자료들을 줄로 연결하여 표현하는 방법이다. 인접한 자료라고 메모리의 인접한 위치에 있다는 보장은 없고, 각 요소는 단지 다음 요소의 위치만을 알고 있다. 따라서 k번째 자료에 접근하기 위해서는 시작 항목부터 연결된 줄을 따라 $k-1$번 움직여야 한다. 따라서 요소 접근의 시간 복잡도가 $O(n)$이다. 연결된 구조는 장점도 많지만 배열 구조보다 연산들을 구현하는 것이 복잡하다. 6장에서 연결된 구조를 자세히 공부하고, 이를 이용해 자료구조를 구현한다.

■ 배열과 파이썬 리스트

파이썬은 배열을 직접 제공하지는 않는다. 그렇다면 배열을 위해 무엇을 사용해야 할까? 리스트와 튜플을 배열처럼 사용할 수 있는데(2.6절 참조), 배열 원소의 변경이 가능하려면 리스트를 사용해야 한다. 즉, 배열로 자료구조를 구현하기 위해 파이썬 리스트를 사용하는 것이다.

[그림 3.4] 추상적인 의미의 자료구조 리스트를 구현한 다양한 사례들

파이썬의 리스트는 자료구조 리스트를 배열구조로 구현한 하나의 사례이다. 기본적인 배열에 다양한 기능이 추가된 스마트한 배열인데, 이 책에서는 배열 또는 배열구조의 의미로 사용한다. 파이썬의 리스트와 같이 다른 언어에서도 자료구조 리스트를 구현한 클래스들을 제공하고 있는데, 그림 3.4와 같이 C++ 표준 템플릿 라이브러리(STL)의 vector나 list, Java의 ArrayList나 LinkedList가 대표적인 예이다. 구현된 사례마다 연산의 이름이나 사용 방법에는 차이가 있다는 것에 유의하라.

---

1 자료구조 리스트에 대한 설명 중 잘못된 것은?

   ① 선형 자료구조이다.

   ② 배열 구조와 연결된 구조로 구현할 수 있다.

   ③ 원소의 삽입과 삭제 위치가 전단으로 제한된다.

   ④ 파이썬의 리스트는 자료구조 리스트를 구현한 하나의 사례이다.

중간 점검

2 다음 중 자료구조 리스트를 배열 구조로 구현한 사례가 아닌 것은?

   ① 파이썬의 list   ② C++ STL의 list

   ③ C++ STL의 vector   ④ Java의 ArrayList

3.2 파이썬의 리스트

■ 파이썬 리스트는 스마트한 배열이다.

이 책 전반에서 파이썬의 리스트를 많이 사용하므로 이를 좀 더 정확히 이해해 보자. 리스트(list)는 파이썬에서 가장 많이 사용되는 컬렉션 자료형으로 배열과 같이 여러 개의 데이터를 하나로 묶어서 저장하고 처리할 수 있다. 2.6절에서 우리는 파이썬 리스트를 사용하는 방법과 다양한 연산들을 살펴보았다. 파이썬 리스트가 C언어의 배열과 다른 점은 무엇일까?

C언어에서 배열은 선언과 동시에 크기가 정해진다. 다음은 크기가 5인 정수(int) 배열을 선언하고 초기화하는 C언어 코드이다. C언어에서는 자료형이 명시되어야 함에 유의하라.

```
int A[5] = { 1, 2, 3, 4, 5 };          // 정수 배열 A선언 및 초기화
int B[5] = { 0, 0, 0, 0, 0 };          // 정수 배열 B선언 및 초기화
```

다음은 이와 같은 의미의 파이썬 코드이다.

```
A = [ 1, 2, 3, 4, 5 ]          # 파이썬 리스트 A
B = [ 0 ] * 5                  # *로 같은 값을 반복하는 리스트를 만들 수 있음. B = [0, 0, 0, 0, 0]
```

배열의 크기는 어떻게 알 수 있을까? C언어는 배열의 길이를 어딘가에 저장해 두어야 하지만, 파이썬 리스트는 그럴 필요가 없다. 내장함수 len을 이용하면 된다.

```
print('파이썬 리스트 A의 크기는 ', len(A))          # A의 크기(항목 수) 출력
```

중요한 것은 지금부터이다. C언어의 배열은 크기를 늘릴 수 없다. 즉, 정수 5개를 위한 배열을 선언했으면 그 배열에 6개의 정수를 저장할 수 없는 것이다. 그러나 파이썬은 이것이 가능하다. 클래스로 구현되었고, 멤버 함수인 append, insert를 사용할 수 있다. 다음은 리스트에 항목을 추가하는 문장들이다.

```
A.append(6)              # A = [1, 2, 3, 4, 5, 6]
A.append(7)              # A = [1, 2, 3, 4, 5, 6, 7]
A.insert(0, 0)           # A = [0, 1, 2, 3, 4, 5, 6, 7]
B.append(9)              # B = [0, 0, 0, 0, 0, 9]
```

이 문장들은 리스트의 크기를 하나씩 증가시킨다. 이것은 C언어 배열에서는 도저히 상상할 수 없는 편리함이다. 파이썬은 어떤 방법으로 이러한 편리함을 지원할까?

■ 파이썬 리스트는 동적 배열로 구현되었다.

기본 아이디어는 필요한 양보다 넉넉한 크기의 메모리를 사용하는 것이다. 예를 들어, 실제로 크기가 3인 리스트가 필요하더라도 내부적으로 크기(용량)가 10인 배열을 할당하고, 맨 앞의 세 항목만 사용하는 것이다. C언어의 배열과 달리 리스트의 크기와 리스트의 용량을 정확히 구분해야 함에 유의하라.

현재 리스트의 크기가 3이고 용량이 10이라고 하자. 이 상태에서 append(17)연산을 수행해 보자. 여분의 공간이 있으므로 네 번째 항목으로 추가하면 된다. 이제 리스트의 크기는 4이고 용량은 10이다.

(a) (크기 < 용량) 인 상황에서의 항목 삽입   (b) (크기 == 용량) 인 상황에서의 항목 삽입

[그림 3.5] 파이썬 리스트 삽입연산의 두 가지 상황

만약 항목을 계속 추가해 리스트의 크기와 용량이 모두 10이 되고, 이제 남은 공간이 없다고 생각해 보자. 이 상태에서 그림 3.5(b)와 같이 append(99)연산을 수행하려고 한다. 어떻게 할까? 무언가 다른 방법을 사용해야 한다. 파이썬 리스트는 **동적 배열(dynamic array)**의 개념을 이용한다. 이것은 추가적인 공간이 필요하면 기존의 메모리를 모두 버리고 더 큰 새로운 메모리를 할당해 사용하는 것이다.

Step1: 용량을 확장한 새로운 배열 할당(예: 기존 배열 용량의 2배)

Step2: 기존의 배열을 새로운 배열에 복사

| 5 | 9 | 10 | 17 | ... | 29 | | | | | ... | |

Step3: 항목을 삽입

| 5 | 9 | 10 | 17 | ... | 29 | 99 | | | | ... | |

↑ 삽입!(현재 항목의 개수 증가)

Step4: 기존 배열 해제, 리스트로 새 배열 사용

[그림 3.6] 동적 배열 구조에서의 용량 증가와 새 항목 삽입 과정

- Step 1: 용량을 확장한 새로운 메모리를 할당한다. 예를 들어, 기존 용량의 2배인 크기가 20인 새로운 배열을 할당한다.
- Step 2: 이전 메모리에 저장된 모든 항목들을 새로운 메모리로 복사한다.
- Step 3: 새로운 항목 99를 추가한다.
- Step 4: 이제 리스트는 새로운 메모리를 가리키고, 이전 메모리는 해제한다. 이제 리스트의 크기는 11이고 총 용량은 20으로 9개의 여유 공간이 다시 생겼다.

이와 같이 파이썬의 리스트는 용량을 늘릴수 있어 편리하지만, 메모리의 낭비를 감수해야 한다. 대부분의 경우 사용하고 있는 메모리 외에 추가로 삽입될 항목을 위한 메모리를 준비하고 있어야하기 때문이다.

■ 파이썬 리스트의 시간 복잡도

파이썬 리스트의 삽입과 삭제 연산의 시간 복잡도를 살펴보자. 삽입을 위해 append()와 insert() 메소드를 사용할 수 있는데, append()는 삽입 위치가 리스트의 맨 뒤로 고정되어 있다. 삭제를 위해서는 pop()을 사용하는데, 삭제 위치를 지정할 수도 있고, 지정하지 않으면 맨 뒤의 항목을 삭제한다.

append() 연산

append() 연산의 시간 복잡도는 상황에 따라 다르다. 그림 3.5(a)와 같이 리스트에 남은 용량이 있다면 바로 처리된다. 빈 공간에 바로 삽입하면 되기 때문이다. 따라서 시간 복잡도가 O(1)이다. 만약 삽입 시점이 그림 3.5(b)와 같이 용량을 늘려야 하는 경우라면 어떻게 될까? 그림 3.6과 같이 새로운 배열을 할당하고 기존 항목들을 모두 복사해야 한다. 따라서 항목의 개수 n에 비례하는 O(n)이 소요된다. 그렇지만 이러한 상황이 매우 가끔 발생한다고 가정한다면 <u>append 연산의 시간 복잡도는 O(1)</u>으로 볼 수 있다.

insert() 연산

그렇다면 insert() 연산은 어떨까? 여분의 용량이 남아 있다고 가정하고 리스트의 크기가 5인 상태에서 맨 앞에 새로운 항목을 추가하는 A.insert(0,'N') 연산을 생각해 보자. 그런데, 문제는 항목을 바로 맨 앞에 끼워 넣을 수 없다는 것이다. 그림 3.7과 같이 모든 항목들을 먼저 한 칸씩 뒤로 이동시킨 다음에야 0번째 위치에 새로운 자료를 삽입할 수 있다.

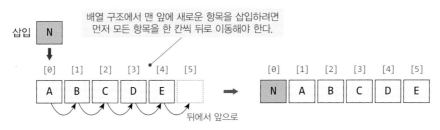

[그림 3.7] 배열 구조에서 맨 앞에 항목을 삽입하는 과정

이 연산의 시간 복잡도는 어떻게 될까? 당연히 O(n)이다. 즉, 파이썬 리스트는 후단 삽입은 효율적이지만 중간이나 전단 삽입은 많은 자료의 이동이 발생하여 비효율적이라는 것을 명심하라.

pop() 연산

이것은 삭제연산 pop에서도 마찬가지이다. 만약 pop(0)으로 첫 번째 항목을 삭제하려면 그림과 같이 이후의 모든 항목들을 앞으로 당겨 빈 칸을 없애야 한다.

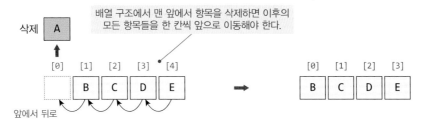

[그림 3.8] 배열 구조에서 맨 앞 항목을 삭제하는 과정

결론적으로 파이썬 리스트에서 후단 삽입이나 삭제는 효율적이지만 중간이나 전단에 항목을 넣거나 빼는 것은 비효율적이다. 따라서 삽입은 append()를 삭제는 pop(), 또는 pop(-1)을 사용하는 것이 좋다.

1 내부 용량이 16인 파이썬 리스트에 현재 10개의 항목이 저장되어 있다고 가정하자. 앞으로 append() 연산을 몇번 반복하면 그림 3.6과 같은 용량 확장 과정이 처리될까?

정답 | 7번

3.3 배열로 구현한 리스트

■ 배열을 이용한 리스트의 구조

리스트의 추상 자료형을 배열로 구현해 보자. 배열을 이용한 리스트의 구조는 그림 3.9와 같은데, 항목들을 저장할 배열과 전체 항목들의 수를 나타내는 변수가 필요하다.

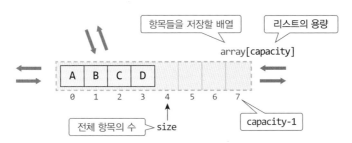

[그림 3.9] 배열을 이용한 리스트의 구조(용량이 정해진 배열)

배열의 이름은 **array**로 하고, 이 배열은 용량은 **capacity**로 고정된다고 가정한다. 항목들은 0번 위치부터 차곡차곡 저장되어야 한다. 현재 리스트에 저장된 항목의 수를 나타내기 위해 변수 **size**를 사용하자. 만약 리스트가 비었으면 size는 0이 되고, 가득 차면 size는 capacity가 될 것이다.

■ 배열을 이용한 리스트의 함수 구현

이제 리스트를 구현해 보자. 일단 가장 간단한 방법을 이용하는데, 데이터는 모두 전역 변수로, 연산들은 함수로 구현하는 것이다. 이러한 함수 버전의 리스트의 구현 예는 코드 3.1과 같다.

리스트를 위한 데이터

데이터(그림 3.9)는 모두 전역변수로 선언한다. 만약 용량을 100으로 고정한다면 길이가 100인 배열을 만들어야 하는데, 3행은 크기가 capacity인 배열을 만들고, 모든 요소를 모두 None으로 초기화하는 문장이다. 맨 처음에는 리스트가 공백상태이므로 size는 0으로 초기화한다.

공백상태와 포화상태를 검사하는 isEmpty()와 isFull() 연산

리스트가 비어 있는지 또는 가득 차 있는지는 size를 확인하면 알 수 있다. 공백일 때 size는 0이고, 포화상태이면 size는 capacity가 된다.

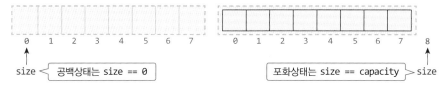

[그림 3.10] 리스트의 공백상태와 포화상태

검사 결과에 따라 8~9행과 같이 부울(bool) 값(True 또는 False)을 반환하는데, 12행과 같이 비교 연산 자체를 반환해도 된다. 비교 연산의 결과가 부울 값이기 때문이다.

코드 3.1　배열로 구현된 리스트(함수 버전)

참고파일 ch03/ArrayListFn.py

```
01  # 리스트의 데이터: 전역 변수
02  capacity = 100
03  array = [None]*capacity
04  size = 0
05
06  # 리스트의 연산: 일반 함수
07  def isEmpty( ):
08      if size == 0 : return True
09      else : return False
10
11  def isFull( ):
12      return size == capacity
13
14  def getEntry(pos) :
15      if 0 <= pos < size :
16          return array[pos]
17      else : return None
18
19  def insert( pos, e ) :
20      global size      # size는 전역변수
21      if not isFull() and 0 <= pos <= size :
22          for i in range(size, pos,-1) :
23              array[i] = array[i-1]
24          array[pos] = e
25          size += 1
26      else :           # 예외 상황
27          print("리스트 overflow 또는 유효하지 않은 삽입 위치")
28          exit()
29
30  def delete( pos ) :
31      global size      # size는 전역변수
32      if not isEmpty() and 0 <= pos < size :
33          e = array[pos]
34          for i in range(pos, size-1) :
35              array[i] = array[i+1]
36          size -= 1
37          return e
38      else :                  # 예외 상황
39          print("리스트 underflow 또는 유효하지 않은 삭제 위치")
40          exit()
```

리스트 용량: 예) 용량을 100으로 지정

리스트 항목들을 저장할 배열.
크기는 capacity로 고정함.
array는 [None, …, None](길이가 capacity)로 초기화됨

리스트 항목들의 개수. 맨 처음에 0으로 초기화

size가 0이면 리스트가 공백상태이므로 True 반환
0이 아니면 False 반환

size가 capacity이면 포화상태
비교 연산 size==capacity 결과를 바로 반환

pos가 유효한 위치(0~size-1)이면 array[pos] 반환
그렇지 않으면 None 반환

0<=pos and pos<size와 동일함

포화상태가 아니고 pos가 유효한 위치이면
① pos부터 size-1까지의 모든 항목을 한 칸씩 뒤로
   옮김(맨 뒤부터 앞으로 처리)
② 이동이 끝나면 pos에 e를 삽입하고
③ 요소의 수 size를 하나 증가시킴

공백상태가 아니고 pos가 유효한 위치이면
① array[pos]의 복사본 e를 저장해 두고
② pos+1부터 size-1까지의 모든 항목을 한 칸씩
   앞으로 옮김.(앞에서 뒤로 가면서 처리)
③ 이동이 끝나면 size를 하나 감소시키고
④ 마지막으로 e를 반환

pos 위치의 항목 e를 참조(반환)하는 getEntry(pos) 연산

pos위치의 항목은 array[pos]이므로 이를 반환하면 된다. 그런데 pos가 유효하지 않은 위치일 수도 있다. 이 연산에서 pos는 0~size−1까지가 유효한 범위이다. 만약 pos가 유효한 위치가 아니면 None을 반환하였다(17행).

pos 위치에 새로운 항목 e를 삽입하는 insert(pos,e) 연산

삽입을 위해서는 먼저 ① pos부터 size−1까지의 모든 항목들을 한 칸씩 뒤로 밀어야 한다. 다음으로 ② 그 위치에 삽입할 요소 e를 복사하고, ③ size를 하나 증가시키면 삽입이 완료된다.

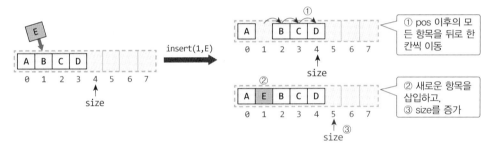

[그림 3.11] insert(pos, e)의 처리 과정

그런데, 삽입이 가능하려면 전제 조건들이 있다. 먼저 pos가 유효한 위치이어야 한다. 삽입 연산에서는 0~size까지가 유효한 위치이다(21행). 더 중요한 조건이 있다. 리스트가 그림 3.10의 오른쪽과 같은 포화상태가 아니어야 한다는 것이다. 만약 포화상태이면 **오버플로(overflow)** 오류 상황이 되고, 삽입은 불가능하다. 따라서 insert()에서는 반드시 포화상태를 검사해야 한다. 만약 이러한 조건들을 만족하지 않는다면 어떻게 할까? 정답은 없다. 상황에 따라 다르기 때문이다. 27~28행에서는 단순히 오류 메시지를 출력하고 프로그램을 종료하였다.

pos 위치의 항목을 삭제하는 delete(pos) 연산

삭제 연산이 가능하려면 리스트가 공백상태가 아니어야 하고, pos도 유효한(0~size−1) 삭제 위치이어야 하므로, 가장 먼저 이러한 조건을 검사해야 한다.

삭제가 가능한 상황이라면 ① 삭제할 항목을 복사해 두고, ② pos+1부터 size−1까지의 모든 항목을 한 칸씩 앞으로 이동한 후, ③ size를 하나 줄이고, ④ 복사해 둔 항목을 반환하면 삭제가 완료된다.

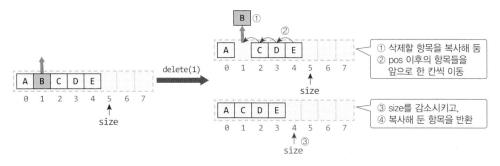

[그림 3.12] delete(pos)의 처리 과정

만약 리스트가 공백이면 **언더플로(underflow)** 오류 상황이 되는데, 39~40행에서는 단순히 메시지를 출력하고 프로그램을 종료하였다.

20행과 31행은 함수에서 전역변수 size를 사용(변경)하기 위한 것으로, size란 식별자가 전역 변수라는 것을 의미한다.

테스트 프로그램

지금까지 구현한 리스트를 사용해 보자. 코드 3.2는 리스트를 사용하는 테스트 프로그램이다. 공백상태의 리스트에 5번의 삽입과 세 번의 삭제 연산을 처리한 결과를 보여준다. 리스트의 내용을 출력하기 위해 파이썬 리스트의 **슬라이싱 기능**을 이용하였는데, 배열 array 전체(용량이 100)를 출력하는 것이 아니라 항목들이 들어있는 0~size−1까지만을 출력하기 위해 array[0:size]를 사용하였다.

코드 3.2 배열 구조로 구현한 리스트 테스트   참고파일 ch03/ArrayListFn.py

```
01  print("최초   ", array[0:size])
02  insert(0, 10)
03  insert(0, 20)
04  insert(1, 30)
05  insert(3, 40)
06  insert(2, 50)
07  print("삽입x5 ", array[0:size])
08  delete(2)
09  print("삭제(2)", array[0:size])
10  delete(3)
11  print("삭제(3)", array[0:size])
12  delete(0)
13  print("삭제(0)", array[0:size])
```

리스트의 0~size-1까지의 항목들만 뽑음

```
최초     []
삽입x5  [20, 30, 50, 10, 40]
삭제(2) [20, 30, 10, 40]
삭제(3) [20, 30, 10]
삭제(0) [30, 10]
```

시간 복잡도 분석

배열로 구현한 리스트 주요 연산의 시간 복잡도를 따져보자.

- isEmpty()와 isFull()은 한번의 비교만 필요하므로 명백히 $O(1)$이다.
- getEntry()의 시간 복잡도가 $O(1)$인 것에 유의하라. 이것이 배열을 이용한 구현의 가장 큰 장점이다. 연결된 구조에서는 $O(n)$이 걸린다.

- 삽입(insert)과 삭제(delete) 연산에서 많은 자료의 이동이 발생하는데, 최악의 경우(맨 앞에 삽입하거나 array[0]을 삭제) 거의 대부분을 옮겨야 한다. 만약 리스트의 항목 수가 n이라면, 이들 연산의 시간 복잡도는 $O(n)$이다.

■ 클래스로 구현하는 것이 더 좋은 방법이다.

그런데 아직 하나의 문제가 있다. <u>여러 개의 리스트를 사용하려면 어떻게 할까?</u> 예를 들어, 다항식을 리스트로 표현하고, 두 다항식을 더한 결과를 구하려면 최소한 세 개의 리스트가 필요하다. 그러나 앞에서 구현한 방법에서는 전역변수로 하나의 배열을 사용하기 때문에 하나의 리스트만을 이용할 수 있다. 방법이 없을까? 물론 모든 함수의 매개변수에 배열을 추가하는 것도 방법이다(1.2절의 Bag을 함수로 구현한 코드 참조). 예를 들어, 공백 상태 검사 함수를 isEmpty()가 아니라 isEmpty(A)로 하고 배열(파이썬의 리스트) A를 전달하는 것이다. 이 방법도 가능은 하지만 대부분의 함수에서 매개변수가 하나 늘어나고 코드도 다소 복잡해진다.

자료구조를 구현하는 가장 좋은 방법은 클래스이다. 예를 들어, 리스트의 ADT를 클래스로 구현하면 리스트 객체를 몇 개든지 마음대로 만들어 사용할 수 있다. 이제 리스트를 클래스로 구현해 보자(2.10절 참조). 코드 3.3은 전역변수와 함수로 구현한 코드 3.1을 클래스로 변환한 예이다. 변환에 필요한 작업은 다음과 같다.

- 필요한 **클래스를 선언**한다.
- <u>전역변수로 선언되었던 **데이터를 멤버 변수**로 클래스에 넣는다.</u> 이를 위해, 생성자 함수 __init__()에서 그 변수를 선언하는 것이다.
- <u>일반 함수로 구현되었던 연산들은 모두 클래스의 **멤버 함수**(또는 **메소드**)로 바꾸어 클래스에 넣는다.</u> 이때 클래스의 멤버 함수임을 나타내기 위해 첫 번째 매개변수로 self가 추가되어야 한다.
- 클래스의 멤버 함수에서 객체 자신의 데이터를 사용하거나 멤버 함수를 호출하기 위해 **self.**을 앞에 넣어준다. 예를 들어, 멤버 함수에서 x = 10은 새로운 변수 x를 만드는 것이고, self.x = 10은 클래스의 데이터 x에 값을 할당하는 것이다. 멤버 함수도 마찬가지이다. 클래스 안에서 isEmpty()는 일반 함수이고 self.isEmpty()는 그 클래스의 멤버 함수를 말한다.

코드 3.3   배열로 구현된 리스트 클래스   참고파일 ch03/ArrayList.py

```
01  class ArrayList:
02      # 리스트의 데이터: 생성자에서 정의 및 초기화
03      def __init__( self, capacity=100 ):
04          self.capacity = capacity
05          self.array = [None]*capacity
06          self.size = 0
07
08      # 리스트의 연산: 클래스의 메소드
09      def isEmpty( self ):
10          return self.size == 0
11
12      def isFull( self ):
13          return self.size == self.capacity
14
15      def getEnty(self, pos) :
16          if 0 <= ps < self.size :
17              return self.array[pos]
18          else : return None
19
20      def insert( self, pos, e ) :
21          if not self.isFull() and 0 <= pos <= self.size :
22              for i in range(self.size, pos,-1) :
23                  self.array[i] = self.array[i-1]
24              self.array[pos] = e
25              self.size += 1
26          else : pass
27
28      def delete( self, pos ) :
29          if not self.isEmpty() and 0 <= pos < self.size :
30              e = self.array[pos]
31              for i in range(pos, self.size-1) :
32                  self.array[i] = self.array[i+1]
33              self.size -= 1
34              return e
35          else : pass
36
37      def __str__( self ) :
38          return str(self.array[0:self.size])
```

리스트의 생성자. 용량을 전달받아 이 크기의 배열을 만들고 모든 요소를 None으로 초기화함

공백상태는 비교 연산 결과를 바로 반환

포화상태도 비교 연산 결과를 바로 반환

모든 메소드에서 클래스 멤버는 self를 통해 접근하는 것에 유의할 것
self.size, self.array는 모두 생성자에서 정의한 멤버 변수들

예외 상황들은 처리하지 않음.
오버플로 예외와 유효하지 않은 pos 예외가 발생할 수 있음

예외 상황들은 처리하지 않음.
언더플로 예외와 유효하지 않은 pos 예외가 발생할 수 있음

문자열 변환 연산자 str 중복 함수. 유효한 항목들만(0~size-1) 뽑아 문자열로 변환하고 반환함

멤버 함수의 매개변수 self

사실 이름이 self가 아니고 다른 이름을 사용해도 문제는 없다. 그렇지만 통상적으로 self를 사용한다. 이것은 C++에서의 this와 비슷한 의미이다. this는 C++에서는 키워드이지만 self는 그냥 멤버 함수에서 객체 자신을 나타내는 변수로 생각하면 된다.

좀 복잡해 보이고 아직은 익숙하지 않겠지만, 변환한 클래스를 살펴보자.

- 코드 3.1의 전역 변수들은 모두 클래스의 생성자에서 데이터 멤버로 선언하고, 모든 함수는 클래스의 메소드(멤버 함수)가 된다.
- 모든 메소드의 첫 번째 파라미터로 self를 추가한다.
- 모든 메소드에서 클래스의 멤버를 사용할 때 self.을 추가하여 클래스 내의 변수(데이터 멤버) 및 함수(메소드)임을 표시한다.

37~38행에 문자열 변환 연산자 중복함수 __str__()을 추가하였다. 클래스에 이 함수가 정의되면 클래스의 객체를 문자열로 바꾸어야 하는 경우 이 함수가 호출된다. 예를 들어 내장함수 print()의 매개변수로 리스트 객체를 넣으면 자동으로 이 함수를 통해 객체 내용을 문자열로 변환한다. ArrayList에서는 array[0] ~ array[size-1]가 유효한 항목이므로, 전체 array에서 이 부분을 array[0:size]와 같이 파이썬 리스트의 **슬라이싱** 기능을 이용해 추출하고 문자열로 변환하였다. 코드에서 예외 상황들의 처리는 모두 생략하였다.

 파이썬 리스트의 슬라이싱 기능

리스트에서 필요한 부분을 추출한 리스트를 만들기 위해 슬라이싱을 이용할 수 있다. a가 파이썬 리스트 객체라고 가정하고 몇 가지 사용 예를 보자.
- a[:5]는 처음(a[0])부터 a[4]까지를 추출한 새로운 리스트이다.
- a[2:]는 a[2]부터 마지막까지 추출한다.
- a[3:9:2]는 a[3]부터 한 칸씩 건너뛰면서(step이 2임) a[8]까지의 요소들을 추출해 새로운 리스트를 만든다.
- a[::-1]는 a의 역순 리스트를 만든다.

클래스를 사용하는 것도 어렵지 않다. 다음 코드와 같이 객체를 먼저 만들고 그 객체를 통해 함수를 호출하면 된다.

코드 3.4   **클래스로 구현한 리스트 테스트**   참고파일 ch03/ArrayListTest.py

```
01  from ArrayList import ArrayList
02  L = ArrayList(50)
03
04  print("최초   ", L)
05  L.insert(0, 10)
06  L.insert(0, 20)
07  L.insert(1, 30)
08  L.insert(L.size, 40)
09  L.insert(2, 50)
10  print("삽입x5 ", L)
11  L.delete(2)
12  print("삭제(2)", L)
13  L.delete(L.size-1)
14  print("삭제(3)", L)
15  L.delete(0)
16  print("삭제(0)", L)
```

ArrayList.py 모듈의 ArrayList를 사용함

용량이 50인 리스트 객체를 만듦. 이제 리스트를 여러 개 만들어 사용할 수 있음

리스트의 메소드는 반드시 객체를 통해 호출해야 함. 예를 들어, L.insert(1, 30)는 리스트 객체 L에서 메소드 insert(1, 30)를 호출하도록 함

리스트 객체 L을 print()로 출력할 문자열로 변환하기 위해 ArrayList의 __str__() 메소드를 자동으로 호출해 줌

```
C:\WINDOWS\system32\cmd.exe          —  □  ×
최초      []
삽입x5   [20, 30, 50, 10, 40]
삭제(2)  [20, 30, 10, 40]
삭제(3)  [20, 30, 10]
삭제(0)  [30, 10]
```

실행 결과는 동일하다. 그렇지만 이제 리스트 객체를 마음대로 만들어 사용할 수 있다. 시간 복잡도는 함수로 구현한 경우와 동일하다.

 파이썬에서는 모든 것이 클래스이다.

파이썬에서는 모든 자료형이 클래스인데, 리스트뿐만 아니라 정수(int)나 실수(float), 부울(bool)조차도 클래스로 구현되어 있다. 결국 클래스와 객체의 개념 및 메소드 호출 등에 익숙해야 파이썬의 강력한 내장 자료형과 다양한 기능들을 효율적으로 사용할 수 있다.

---

1 리스트의 pos 위치의 항목을 새로운 항목 e로 대체하는 replace(pos, e) 연산을 구현하려고 한다. 코드 3.3의 ArrayList의 메소드로 이 연산을 추가하라.

2 리스트에 어떤 항목 e가 몇 개 들어 있는지를 구하는 count(e) 연산을 ArrayList 클래스의 메소드로 추가하라.

도전 코딩!

• 참고파일 ch03/ArrayList.py

3.4 리스트의 응용: 라인 편집기

우리가 만든 ArrayList 클래스를 이용하여 아주 간단한 텍스트 편집기를 만들어보자. 이 것은 **라인 편집기**(line editor)라고 불리는데 라인 단위로 입력이나 삭제를 할 수 있는 문 서 편집기이다. 프로그램의 실행 예를 먼저 살펴보자. 그림과 같이 [메뉴선택] 메시지가 나 오면 명령을 선택하고 추가 정보를 넣어 처리한다. 그림은 네 번의 라인 추가 명령(i)을 통 해 0, 1, 2, 3행에 문자열을 입력한 후 화면으로 출력(p)하고, 삭제 명령(d)으로 1행을 삭제 한 후 현재 문서를 화면에 출력(p)한 상황이다.

이러한 편집기는 몇 개의 명령어를 받아서 동작하고, 커서를 사용하지 않으므로 현재 우리 가 사용하고 있는 편집기보다 아주 불편하지만 편집기의 기본적인 아이디어를 공부할 수 있다. 라인 편집기는 리스트로 구현할 수 있는데, 그림 3.13과 같이 각각의 라인을 리스트 의 항목으로 저장하는 것이다.

다음과 같은 기능을 갖는 라인 편집기를 설계하고 구현해 보자.

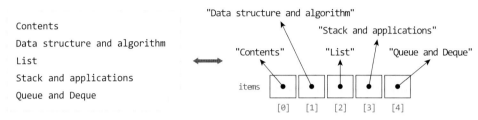

[그림 3.13] 리스트를 이용한 문서의 내부적인 표현

- 명령 i: 라인 삽입. 행 번호와 문자열을 입력하면 그 행에 문자열을 추가함
- 명령 d: 한 라인 삭제. 행 번호를 입력하면 그 행을 삭제
- 명령 r: 한 라인 변경. 행 번호와 문자열을 입력하면 그 행의 내용을 변경
- 명령 p: 현재 내용 출력. 현재 문서의 모든 내용을 라인 번호와 함께 출력
- 명령 l: 파일 입력. 지정된 (test.txt) 파일로부터 라인을 읽어 들임
- 명령 s: 파일 출력. 지정된 (test.txt) 파일로 편집 내용을 저장

ArrayList 클래스를 이용해 구현한 라인 편집기 프로그램은 코드 3.5와 같다.

코드 3.5 ArrayList를 이용한 라인 편집기   참고파일 ch03/LineEditor.py

```
01  from ArrayList import ArrayList
02
03  # 배열구조의 리스트를 이용한 라인 편집기 프로그램
04  list = ArrayList()                              ──── 라인 편집기로 사용할 리스트 객체를 만듦
05  while True :
06      command = input("[메뉴선택] i-입력, d-삭제, r-변경, p-출력, 1-파일읽기, s-저장, q-종료=> ")
07
08      if command == 'i' :
09          pos = int( input(" 입력행 번호: ") )
10          str = input(" 입력행 내용: ")
11          list.insert(pos, str)
12
```

삽입 명령이면, 추가로 입력행 번호 pos와 내용 str을 순서대로 입력받고, insert() 연산을 이용해 pos행에 str을 삽입

```
13    elif command == 'd' :
14        pos = int( input("  삭제행 번호: ") )
15        list.delete(pos)
16
17    elif command == 'r' :
18        pos = int( input("  변경행 번호: ") )
19        str = input("  변경행 내용: ");
20        list.replace(pos, str)
21
22    elif command == 'p' :
23        print('Line Editor')
24        for line in range (list.size) :
25            print('[%2d] '%line, end='')
26            print(list.getEntry(line))
27        print()
28
29    elif command == 'q' : exit()
30
31    elif command == 'l' :
32        filename = 'test.txt'
33        infile = open(filename , "r")
34        lines = infile.readlines();
35        for line in lines:
36            list.insert(list.size, line.rstrip('\n'))
37        infile.close()
38
39    elif command == 's' :
40        filename = 'test.txt'
41        outfile = open(filenae , "w")
42        len = list.size
43        for i in range(len) :
44            outfile.write(list.getEntry(i)+'\n')
45        outfile.close()
```

삭제 명령이면, 삭제행 번호를 입력받고 delete() 연산을 이용해 그 행을 삭제

변경 명령이면, 수정할 행 번호와 내용을 입력받아 리스트의 replace() 연산을 이용해 그 행의 내용을 변경

출력 명령이면, 각 행을 순서대로 출력함. 행 번호를 먼저 출력한 후 getEntry() 연산을 이용해 해당 라인을 출력함

파일 읽기 명령이면 'test.txt' 파일의 모든 라인을 읽어 라인 편집기의 맨 뒤에 순서대로 저장함

파일을 열고 파일의 모든 라인을 읽음

라인들을 순서대로 리스트의 맨 뒤에 삽입함

열었던 파일을 닫아줌

파일 쓰기 명령이면 현재 편집기의 모든 라인을 'test.txt' 파일에 저장함

- 6행에서 키보드 입력함수 input()을 이용해 사용자 입력을 받는다.
- 9, 14, 18행 등에서 자료형 변환 함수 int()를 사용하였다. input()은 결과를 문자열로 반환하는데, 문자열을 정수(행 번호)로 변경하기 위해 이 함수를 사용한다. 예를 들어

int("12")는 정수 12를 반환한다.

- 20행의 replace(pos, line)연산은 ArrayList에 아직 구현되어 있지 않다. 클래스의 메소드로 pos 위치의 항목을 line으로 바꾸는 이 연산을 구현해 보라.

- 컴퓨터에서 파일을 사용하기 위해서는 먼저 열어야 하는데, 이를 위해 open() 함수를 사용하였다. 파일은 읽거나 쓰기 위해 열 수 있는데, 이를 위해 open() 함수의 매개 변수로 읽기("r") 또는 쓰기("w")모드를 지정해야 한다. 성공적으로 파일이 열리면 open()은 파일 객체를 반환한다. 파일 객체는 사용이 끝나면 close()를 이용해 반드시 닫아주어야 한다.

- 34행: 파일 객체에서 readlines() 메소드를 이용해 파일 내의 모든 문자열을 한꺼번에 읽을 수 있다. 이를 lines에 저장하였는데, lines는 각 라인별로 나누어진 문자열의 리스트이다.

- 36행: 각 문자열의 마지막에 '\n'이 있는 경우 이를 제거하기 위해 문자열 클래스의 rstrip() 함수를 사용하였다.

- 파일 저장도 쓰기 명령과 대부분 유사한데, 파일 객체의 write() 함수를 이용해 각 항목(각 라인 문자열)을 순서대로 파일에 저장하였다.

다음은 ArrayList 클래스의 코드 일부가 저장된 Test.txt을 읽고 5번 줄을 self에서 this로 변경하는 예를 보여준다. 물론 파일 이름을 지정하지 않고 임의의 파일을 사용하도록 변경하는 것도 어렵지 않을 것이다.

```
 C:\WINDOWS\system32\cmd.exe                                    Text.txt를 읽음
[메뉴선택] i-입력, d-삭제, r-변경, p-출력, l-파일읽기, s-저장, q-종료=> l
[메뉴선택] i-입력, d-삭제, r-변경, p-출력, l-파일읽기, s-저장, q-종료=> p
Line Editor
[ 0] class ArrayList:
[ 1]     def __init__( self ):
[ 2]         self.items = []                                    내용 출력
[ 3]
[ 4]     def insert(self, pos, elem) : self.items.insert(pos, elem)
[ 5]     def delete(self, pos) : self.items.pop(pos)
[ 6]     def isEmpty( self ): return self.size() == 0
                                                                 변경 명령
[메뉴선택] i-입력, d-삭제, r-변경, p-출력, l-파일읽기, s-저장, q-종료=> r
  변경행 번호: 5
  변경행 내용:       def delete(this, pos) : this.items.pop(pos)
[메뉴선택] i-입력, d-삭제, r-변경, p-출력, l-파일읽기, s-저장, q-종료=> p
Line Editor
[ 0] class ArrayList:
[ 1]     def __init__( self ):
[ 2]         self.items = []
[ 3]
[ 4]     def insert(self, pos, elem) : self.items.insert(pos, elem)
[ 5]     def delete(this, pos) : this.items.pop(pos)
[ 6]     def isEmpty( self ): return self.size() == 0
                                                        self를 this로 수정
[메뉴선택] i-입력, d-삭제, r-변경, p-출력, l-파일읽기, s-저장, q-종료=>
```

1 지정된 파일(test.txt)이 아니라 사용자가 입력하는 파일을 읽을 수 있도록 'l' 명령 처리 코드를
　수정하라.

2 편집 중인 현재 문서를 지정된 파일(test.txt)이 아니라 사용자가 입력하는 파일에 저장할 수 있
　도록 's' 명령 처리 코드를 수정하라.

3 문자열을 입력하면 이 문자열을 포함하고 있는 라인들만을 찾아 출력할 수 있는 'f' 명령을 추가
　하라.

도전 코딩!

• 참고파일 ch03/LineEditorEx.py

3.5 집합이란?

리스트와 비슷한 개념으로 집합이 있다. 집합은 <u>원소의 중복을 허용하지 않으며 원소들
사이에 순서가 없다</u>는 면에서 리스트와는 다르다. 원소들이 어떤 위치를 가지지도 않고,
원소들을 일렬로 나열하는 의미도 적용되기 어렵기 때문에 선형 자료구조로 볼 수 없다.
집합(Set)은 $S = \{ elem_0, elem_1, elem_2, . . ., elem_{n-1} \}$와 같이 표현한다.

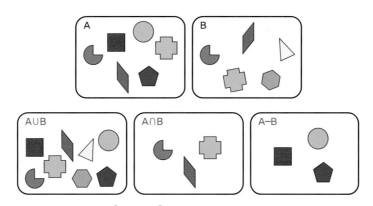

[그림 3.14] 집합의 다양한 연산들

집합의 추상 자료형을 정의해 보자. 삽입(insert)과 삭제(delete)는 여전히 중요한 연산이
다. 어떤 원소가 집합에 포함되어 있는지를 검사하는(contains) 것도 원소의 중복을 허용
하지 않는 집합에서는 유용할 것이므로 연산으로 추가한다. 집합의 대표적인 연산들인 합
집합, 교집합, 차집합 등도 추가할 수 있다.

정의 3.2 Set ADT

데이터: 같은 유형의 유일한 요소들의 모임. 원소들은 순서는 없지만 서로 비교할 수는 있어야 함

연산

- `contains(e)`: 집합이 원소 e를 포함하는지를 검사한다.
- `insert(e)`: 새로운 원소 e를 삽입한다. 중복 삽입은 허용하지 않는다.
- `delete(e)`: 원소 e를 집합에서 꺼내고(삭제) 반환한다.
- `isEmpty()`: 공집합인지 검사한다.
- `isFull()`: 집합이 가득 차 있는지를 검사한다.
- `union(setB)`: setB와의 합집합을 만들어 반환한다.
- `intersect(setB)`: setB와의 교집합을 만들어 반환한다.
- `difference(setB)`: setB와의 차집합을 만들어 반환한다.

1 다음 중 집합에 대한 설명으로 적절하지 않은 것은?

① 선형 자료구조이다.　　　　② 원소의 중복을 허용하지 않는다.

③ 원소들 사이에 순서가 없다.　　④ 배열, 비트 벡터, 트리 등으로 구현할 수 있다.

중간 점검

정답 1 ①

3.6 집합의 구현

집합을 구현하는 데는 다양한 방법을 사용할 수 있는데, 어떤 방법을 사용하는가에 따라
연산들의 성능이 달라진다. 파이썬에서는 집합을 컬렉션 자료형으로 제공하는데(2.6절) 이
것을 사용하지 않고 배열을 이용해 직접 구현해 보자.

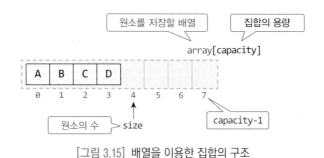

[그림 3.15] 배열을 이용한 집합의 구조

집합도 ArrayList와 비슷하게 그림 3.15와 같은 배열 구조를 사용할 수 있다. 물론 연
산들의 동작은 달라질 것이다. 용량이 capacity인 배열 array를 준비하고, 원소의 수를
size에 저장하도록 하자. 클래스의 이름은 ArraySet이라 하자. 생성자와 공백, 포화상태
의 검사 및 문자열 변환 등은 ArrayList 클래스와 정확히 코드가 같다. ArraySet 클래스
는 코드 3.6과 같이 구현할 수 있다.

원소 e가 집합에 있는지 검사하는 contains(e) 연산

어떤 원소가 배열에 있는지를 알려면 배열의 원소를 하나씩 비교해보아야 한다. array[0]
부터 array[size−1]까지의 원소들을 e와 비교해 같으면 True를 반환하는데, 같은 원소가
없으면 False를 반환한다.

원소를 삽입하는 insert(e) 연산

만약 삽입할 원소가 이미 집합에 있다면 삽입할 수 없다. 따라서 삽입을 위해서는 먼저 이
미 있는지를 검사해야 하는데, 앞에서 구현한 contains()를 이용하면 된다. 리스트와는
달리 원소들의 순서가 없으므로 insert()에 pos를 지정하지 않는 것에 유의하라. 원소는
어디에 저장할까? 역시 맨 뒤에 넣는 것이 가장 유리하다. 배열 요소들의 이동이 필요 없
기 때문이다. 원소가 삽입되면 size가 하나 증가한다.

원소를 삭제하는 delete(e) 연산

삭제는 집합에 포함된 원소에 대해서만 가능하므로 먼저 삭제할 원소가 집합에 있는지를 검사해야 한다. 집합에 있다면 삭제해야 하는데, 어떻게 처리하는 것이 좋을까? 가장 효율적인 방법은 삭제할 원소와 배열의 맨 뒤의 원소를 교환한 다음 맨 뒤로 이동한 원소를 삭제하는 것이다. 이렇게 하면 리스트의 중간에서 삭제할 때 발생하는 많은 원소의 이동이 필요 없기 때문이다. 집합은 원소의 순서가 없고, 배열에 들어있기만 하면 위치는 상관없다는 점도 활용하는 것이다. 원소가 삭제되면 size를 하나 줄여야 한다.

합집합, 교집합, 차집합 연산 union(), intersection(), difference()

집합 사이의 연산들을 다음과 같이 구현할 수 있다.

- 합집합 C = A.union(B): $C = A \cup B$를 구하기 위해서는 먼저 C에 A의 원소를 모두 삽입한 다음, B의 원소 중에서 A에 포함되지 않는 것을 모두 C에 추가한다.
- 교집합 C = A.intersection(B): $C = A \cap B$를 위해서는 A의 원소 중에 B에도 있는 것들만 C에 추가하면 된다.
- 차집합 C = A.difference(B): $C = A - B$는 A의 원소 중에 B에 포함되지 않는 것들만 C에 추가하면 된다.

이들 연산은 모두 새로운 집합을 반환해야 한다. 예를 들어, $C = A \cup B$ 연산은 C를 반환한다. 특히, 이 연산을 수행하더라도 A와 B가 변경되지 않아야 하는 것에 유의하라.

| 코드 3.6 | 배열을 이용한 집합의 클래스 구현 | 참고파일 ch03/ArraySet.py |

```
01  class ArraySet:
02      ...                              생성자, isEmpty(), isFull(), __str__()은
                                         ArrayList 클래스와 동일
03      def contains(self, e) :
04          for i in range(self.size) :
05              if self.array[i] == e :  찾는 원소 e가 있으면 True
06                  return True
07          return False                 찾는 원소 e가 없으면 False
08
09      def insert(self, e) :
10          if not self.contains(e) and not self.isFull() :   삽입을 위해서는 중복이 없어야 하
                                                             고, 포화상태가 아니어야 함
```

```
11          self.array[self.size] = e
12          self.size += 1                              삽입할 원소를 배열의 맨 뒤에 추가
13
14    def delete(self, e) :
15        for i in range(self.size) :
16            if self.array[i] == e :
17                self.array[i] = self.array[self.size-1]   삭제할 원소가 있으면, 맨 뒤의 원소를 삭
18                self.size -= 1                            제할 원소 자리에 복사하고 원소의 개수를
19                return                                    줄임
20
21    def union( self, setB ):                         self와 setB의 합집합을 구해 반환하는 메소드
22        setC = ArraySet()
23        for i in range(self.size) :                  일단, 현재 집합 self의 모든 원소를 setC
24            setC.insert(self.array[i])               에 추가
25        for i in range(setB.size) :
26            if not setC.contains(setB.array[i]) :    setB의 원소 중에 중복되지 않는 것을
27                setC.insert(setB.array[i])           setC에 추가
28        return setC
29
30    def intersect( self, setB ):                     self와 setB의 교집합을 구해 반환하는 메소드
31        setC = ArraySet()
32        for i in range(self.size) :
33            if setB.contains(self.array[i]) :        self의 원소 중에서 setB에도 있는 원소들
34                setC.insert(self.array[i])           만 setC에 추가
35        return setC
36
37    def difference( self, setB ):                    self와 setB의 차집합을 구해 반환하는 메소드
38        setC = ArraySet()
39        for i in range(self.size) :
40            if not setB.contains(self.array[i]) :    self의 원소 중에서 setB에도 있는 원소들
41                setC.insert(self.array[i])           만 setC에 추가
42        return setC
```

테스트 프로그램

테스트를 위한 코드와 실행 결과는 다음과 같다. 두 개의 공집합을 만들어 원소들을 삽입 및 삭제하고, 합집합과 교집합 및 차집합을 구해본다.

코드 3.7 집합 클래스 테스트 프로그램   참고파일 ch03/ArraySetTest.py

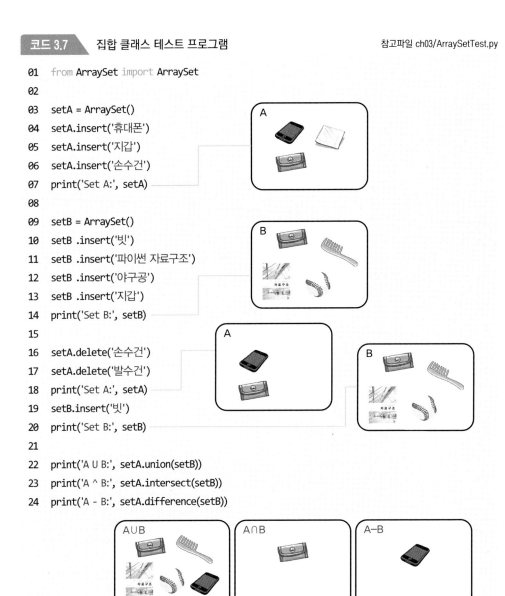

```python
01   from ArraySet import ArraySet
02
03   setA = ArraySet()
04   setA.insert('휴대폰')
05   setA.insert('지갑')
06   setA.insert('손수건')
07   print('Set A:', setA)
08
09   setB = ArraySet()
10   setB .insert('빗')
11   setB .insert('파이썬 자료구조')
12   setB .insert('야구공')
13   setB .insert('지갑')
14   print('Set B:', setB)
15
16   setA.delete('손수건')
17   setA.delete('발수건')
18   print('Set A:', setA)
19   setB.insert('빗')
20   print('Set B:', setB)
21
22   print('A ∪ B:', setA.union(setB))
23   print('A ^ B:', setA.intersect(setB))
24   print('A - B:', setA.difference(setB))
```

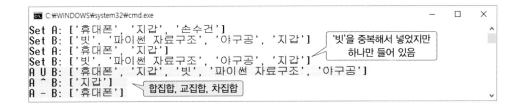

```
C:\WINDOWS\system32\cmd.exe                                              —   □   ×
Set A: ['휴대폰', '지갑', '손수건']
Set B: ['빗', '파이썬 자료구조', '야구공', '지갑']            '빗'을 중복해서 넣었지만
Set A: ['휴대폰', '지갑']                                  하나만 들어 있음
Set B: ['빗', '파이썬 자료구조', '야구공', '지갑']
A ∪ B: ['휴대폰', '지갑', '빗', '파이썬 자료구조', '야구공']
A ^ B: ['지갑']
A - B: ['휴대폰']         합집합, 교집합, 차집합
```

시간 복잡도 분석

연산들의 시간 복잡도를 살펴보자. 집합의 원소 개수 n이 입력의 크기이다.

- contains()는 n에 비례하는 $O(n)$의 시간이 걸린다.
- 삽입을 위해서는 먼저 원소가 집합에 있는지를 contains()로 검사해야 하므로 최소한 $O(n)$이 소요된다. 삽입을 위한 나머지 연산들(11~12행)은 바로 처리가 가능하지만 전체 복잡도는 여전히 contains()에 의해 $O(n)$이다.
- 삭제도 최악의 경우 모든 원소를 검사해야 하므로 $O(n)$이 소요된다.
- 합집합은 어떨까? 만약, 25행의 for문이 n번 반복되는데 그 안에서 $O(n)$인 containes()이 호출된다. 따라서 $O(n)$이 n번 반복되므로 전체 복잡도는 $O(n^2)$이다. 이것은 교집합과 차집합에서도 동일하다.

집합은 다양한 방법으로 구현할 수 있다. 앞에서 사용한 배열뿐 아니라 비트 벡터나 트리(8~9장), 해싱(7장) 등이 사용되기도 한다. 물론 구현 방법에 따라 연산들의 성능이 달라진다. 앞에서와 같이 배열을 이용하더라도 원소들을 정렬해서 관리한다면 연산들의 성능을 개선할 수도 있다. 이것은 7.3절에서 자세히 다룬다.

---

1 두 집합이 같은 집합인지 검사하는 equals() 연산을 집합 클래스에 추가해 보라. 예를 들어, A = {3, 5, 1}이고 B = {1, 3, 5}이면 A.equals(B)는 True를 반환하고, 만약 B = {1, 3}이면 A.equals(B)는 False를 반환해야 한다.

도전 코딩!

2 두 집합의 비교를 A.equals(B)가 아니라 A==B로 처리할 수 있다. 2.11절의 == 연산자 중복 함수인 __equal__()를 구현하면 되는데, 이 함수를 구현하고 동작이 된다는 것을 보여라.

3 자신이 다른 집합의 부분집합인지를 검사하는 isSubsetOf() 연산을 집합 클래스에 추가해 보라. A.isSubsetOf(B)는 집합 A가 B의 부분집합이면 True를, 그렇지 않으면 False를 반환해야 한다.

• 참고파일 ch03/ArraySetEx.py

| 연습문제 |

3.1 다음 중 리스트의 활용으로 적절하지 않은 것은?

① 계획표 만들기   ② 라인 편집기
③ 다항식의 표현   ④ 미로 탐색

3.2 다음 중 리스트(list)가 집합(set)과 다른 점이 아닌 것은?

① 항목들은 위치를 갖는다.   ② 항목들 사이에 순서가 있다.
③ 항목들을 서로 비교할 수 있다.   ④ 동일한 항목의 중복을 허용한다.

3.3 배열 구조로 구현한 리스트에 대한 설명으로 잘못된 것은?

① 메모리의 연속적인 공간을 사용한다.
② 리스트의 각 원소에 접근하는 속도가 빠르다.
③ 선형 자료구조이다.
④ 삭제 연산이 효율적이다.

3.4 배열로 자료구조 리스트를 구현할 때 많은 항목들의 이동이 필요한 연산은?

① 리스트 크기 계산   ② 리스트 초기화
③ 삽입 연산   ④ 화면 출력 연산

3.5 다음 중 배열 구조로 자료구조 리스트를 구현할 때 시간 복잡도가 가장 낮은 연산은?

① 지정한 위치에 새로운 항목을 삽입하는 연산
② 지정한 위치의 항목을 삭제하는 연산
③ 어떤 항목을 찾는 연산
④ 지정한 위치의 항목을 다른 항목으로 교체하는 연산

3.6 파이썬 리스트의 insert()와 append() 연산에 대한 시간 복잡도로 가장 정확한 것은?

① $O(1)$, $O(1)$ ② $O(n)$, $O(1)$
③ $O(n)$, $O(n)$ ④ $O(n)$, 대부분의 경우 $O(1)$

3.7 파이썬 리스트 A = [1, 2, 3, 4, 5]가 있을 때, 이것을 B로 올바르게 복제(새로운 리스트 객체가 만들어져야 함)하는 문장은?

① B = A   ② B = copy(A)

③ B = A[5]   ④ B = list(A)

3.8 다음 중 정렬되지 않은 리스트로 집합을 구현할 경우 연산의 시간 복잡도가 가장 높은 연산은?

① 어떤 원소가 집합에 포함되어 있는지를 검사하는 연산

② 어떤 원소를 집합에 삽입하는 연산

③ 집합에서 어떤 원소를 삭제하는 연산

④ 두 집합이 같은 집합인지를 검사하는 연산

3.9 다음 문장에서 빈 칸을 채워라.

- 배열 구조로 구현된 리스트에서는 리스트의 _____쪽에 항목을 삽입하는 것이 시간적으로 더 효율적이다.
- 사용자 정의 클래스의 객체들에 +, − 등의 표준 연산자들을 적용할 수 있도록 하는 기능을 _____이라 한다.

3.10 공백상태의 리스트가 있다. 다음 물음에 답하라.

(1) 이 리스트에 insert(0, 10), insert(1, 20), insert(0, 30), insert(2, 40), insert(size(), 50) 다음 연산을 순서대로 처리한 후의 리스트 내용을 적어라.

(2) 추가로 insert(1, 60), replace(2, 70), delete(2) 연산을 순서대로 처리한 결과를 적어라.

3.11 리스트의 항목 중에서 가장 큰 것을 찾아 인덱스를 반환하는 findMax() 연산을 ArrayList 클래스(코드 3.3)의 멤버 함수로 구현하라. 만약 리스트가 공백상태이면 −1을 반환하라.

3.12 리스트에서 가장 작은 항목과 큰 항목을 모두 찾아 인덱스를 한꺼번에 반환하는 findMinMax() 연산을 ArrayList의 멤버 함수로 구현하라. 두 값의 반환을 위해 튜플을 사용할 수 있는데, 만약 리스트가 공백상태이면 (−1, −1)을 반환한다.

3.13* 오름차순으로 항목들이 정렬된 두 개의 리스트 A와 B를 받아 이들을 병합한 새로운 리스트 C를 구하는 코드를 작성하라. 단, 병합된 리스트도 정렬되어 있어야 한다. 예를 들어, A = [1, 3, 4], B = [2, 3, 6, 7]이라면 C는 [1, 2, 3, 3, 4, 6, 7]이 되어야 한다.

3.14* ArraySet 클래스(코드 3.6)를 다음과 같이 수정하라.

  (1) 차집합을 구하는 A.difference(B) 문장 대신에 A−B를 이용할 수 있도록 − 연산자 중복 함수를 추가하라. 연산자 중복은 2.11절을 참고하는데, 이를 위한 연산자 중복 함수는 __sub__(self,rhs)이다.

  (2) 두 집합 A와 B가 있을 때, A = B인 경우에도 A는 B의 부분집합이 된다. A가 B의 부분집합이지만 A와 B가 같지 않은 경우 A는 B의 진부분집합(proper subset)이다. 어떤 집합이 다른 집합의 진부분집합인지를 검사하는 isProperSubsetOf() 연산을 ArraySet 클래스(코드 3.6)의 멤버 함수로 추가하라. 만약 A가 B의 진부분집합이라면 A.isProperSubsetOf(B)는 True를 반환해야 한다.

3.15** 수학과 과학에서는 다항식(polynomial)이 매우 중요하게 사용되는데, 다음과 같이 추상 자료형으로 나타낼 수 있다.

정의 3.3: Polynomial ADT

데이터: 하나 이상의 항으로 이루어진 수학적 표현. 각 항은 $a_i x^i$ 로 표시되는데, a_i 는 계수이고 i 는 미지수 x의 차수임

연산
- degree():   다항식의 차수를 반환한다.
- evaluate(scalar): 미지수에 scalar를 넣어 계산한 결과를 반환한다.
- add(rhs):   현재 다항식과 다항식 rhs를 더한 새로운 다항식을 만들어 반환한다.
- subtract(rhs):   현재 다항식에서 다항식 rhs를 뺀 새로운 다항식을 만들어 반환한다.
- multiply(rhs):   현재 다항식과 다항식 rhs를 곱한 새로운 다항식을 만들어 반환한다.
- display():   현재 다항식을 화면에 보기 좋게 출력한다.

이러한 다항식을 클래스로 구현하려고 한다. 먼저, 다항식을 표현하기 위해 리스트를 이용할 수 있는데, 계수들을 리스트에 순서대로 저장하는 것이다. 이때, 리스트로는 파이썬의 리스트를 사용하자. 리스트에 계수를 저장하는 방법에는 다음과 같이 두 가지가 있다.

$$p(x) = 10x^5 + 0x^4 + 0x^3 + 0x^2 + 6x^1 + 3x^0$$

coef = [10, 0, 0, 0, 6, 3]　　　　　# 다항식 p(x)의 리스트 표현 (방법 1)
coef = [3, 6, 0, 0, 0, 10]　　　　　# 다항식 p(x)의 리스트 표현 (방법 2)

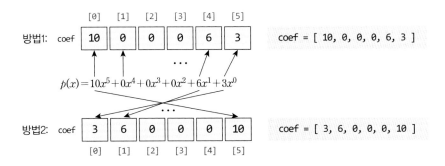

방법 1이 더 직관적으로 보이지만 다항식의 여러 가지 연산을 구현하는 데는 오히려 방법 2가 더 편리할 것이다. 왜냐하면, 리스트 항목의 인덱스가 그 항목이 나타내는 항의 차수와 같기 때문이다. 구현에는 어느 방법을 사용해도 좋다. 구현된 클래스의 테스트 코드와 실행 결과 예는 다음과 같다.

```
a = read_poly()            # 키보드로 다항식 a를 입력받음
b = read_poly()            # 키보드로 다항식 b를 입력받음
c = a.add(b)               # c=a+b. 멤버 함수 호출 방법에 유의
a.display("A(x) = ")       # 멤버 함수 호출 방법에 유의
b.display("B(x) = ")
c.display("C(x) = ")
print(" C(2) = ", c.eval(2))   # 다항식 c의 미지수에 2를 대입한 결과 계산 및 출력
```

```
C:\WINDOWS\system32\cmd.exe                                    —  □  ×
다항식의 최고 차수를 입력하시오: 2
        x^2의 계수 : 5
        x^1의 계수 : -3
        x^0의 계수 : 12
다항식의 최고 차수를 입력하시오: 3
        x^3의 계수 : 2
        x^2의 계수 : -6
        x^1의 계수 : 0
        x^0의 계수 : -4
  A(x) =    5.0 x^2 +  -3.0 x^1 + 12.0
  B(x) =    2.0 x^3 +  -6.0 x^2 +   0.0 x^1 + -4.0
  C(x) =    2.0 x^3 +  -1.0 x^2 +  -3.0 x^1 +  8.0
  C(2) =   14.0
```

04

스택

학습목표

- 스택의 개념과 동작 원리를 이해한다.
- 배열을 이용한 스택의 구현 방법을 이해한다.
- 스택을 이용해 문제를 해결할 수 있는 능력을 기른다.

4 스택

4.1 스택이란?

■ **스택은 후입선출(Last-In First Out: LIFO)의 자료구조이다.**

스택은 주방의 접시 더미를 생각하면 쉽게 이해할 수 있다. 접시를 닦는 사람은 닦은 접시를 항상 접시 더미의 맨 위에 올려놓는다. 요리사는 요리를 담을 새 접시가 필요하면 항상 맨 위에 있는 접시를 꺼내 음식을 담아 손님들에게 제공한다. 물론 더미의 중간에 있는 접시를 빼서 사용할 수도 있지만 이것은 매우 조심스럽고 번거로운 작업이 될 것이다.

스택(stack)은 이와 같이 자료의 입출력이 **후입선출(LIFO: Last-In First-Out)**의 형태로 일어나는 자료구조를 말한다. 예를 들어, 스택에 A, B, C, D를 순서대로 입력했다면 꺼낼 때는 D, C, B, A로만 꺼낼 수 있다. 이것은 리스트에서 항목 접근을 위한 다른 통로들은 모두 막고 후단만을 열어둔 구조와 같다. 열린 곳을 보통 **스택 상단(top)**이라 부른다. 그림

4.1은 스택의 구조를 보여주는데, 삽입과 삭제는 상단으로만 할 수 있고, 중간에는 항목을 삽입하거나 삭제할 수 없다. 따라서 연산도 매우 간단하다.

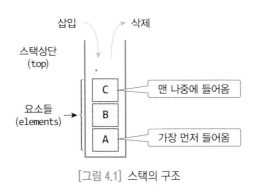

[그림 4.1] 스택의 구조

스택의 추상 자료형

스택에는 숫자나 문자열을 포함한 어떤 자료든 저장할 수 있다. 이것은 리스트나 큐, 트리 등과 같은 다른 자료구조들도 마찬가지이다. 그렇다면 스택은 어떤 연산을 지원해야 할까? 스택에서도 **삽입**과 **삭제**가 가장 필수적인 연산이다. 이들은 스택의 상태를 변화시킨다. 스택이 비어 있는지 또는 꽉 찼는지를 살피거나, 상단 요소를 살짝 들여다보는 기능도 있으면 편리하다. 이들은 스택의 상태를 검사하는 연산들이다. 이들 연산에 적절한 이름을 붙여 스택의 추상 자료형을 정의할 수 있다.

정의 4.1 Stack ADT

데이터: 후입선출(LIFO)의 접근 방법을 유지하는 항목들의 모음
연산
- push(e): 　요소 e를 스택의 맨 위에 추가한다.
- pop(): 　　스택의 맨 위에 있는 요소를 꺼내 반환한다.
- isEmpty(): 스택이 비어있으면 True를 아니면 False를 반환한다.
- isFull(): 　스택이 가득 차 있으면 True를 아니면 False를 반환한다.
- peek(): 　스택의 맨 위에 있는 항목을 삭제하지 않고 반환한다.

스택에서는 삽입과 삭제를 보통 **push**와 **pop**이라 부른다. 그림 4.2는 스택에서의 일련의 연산을 보여주는데, 빈 스택에 push(A), push(B), push(C)를 순서대로 수행하면 A, B, C

가 차례로 쌓이고, pop()을 수행하면 맨 위에 있는 C가 삭제된다. 이 연산들은 모두 스택의 상태를 변화시키는 것에 유의하라. peek는 pop과 비슷해 보이지만 스택 상태가 변하지 않는다. 만약 스택이 peek 연산을 지원하지 않는다면 pop으로 꺼내서 확인한 후 push로 다시 넣으면 원래의 상태가 유지된다.

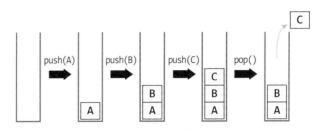

[그림 4.2] 스택의 삽입과 삭제 연산

isEmpty와 isFull은 각각 스택의 공백상태(비어있는 상태)와 포화상태(가득 차 있는 상태)를 검사하는 연산들이다. 스택에 연산들을 적용하다 보면 두 가지 **오류 상황**을 만날 수 있다. 먼저, 그림 4.3(a)와 같이 포화상태인 스택에 push()가 수행되면 입력이 불가능하므로 오류가 발생하는데, 이를 스택 **오버플로(overflow)** 오류라고 한다. 마찬가지로 그림 4.3(b)와 같이 공백상태의 스택에서 pop()이나 peek()을 호출하면 삭제나 참조가 불가능하므로 **언더플로(underflow)** 오류가 발생한다. 따라서 스택을 안정적으로 사용하기 위해서는 isEmpty()와 isFull()을 이용해 스택의 상태를 검사해야 한다.

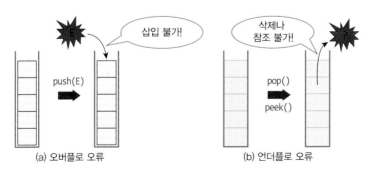

(a) 오버플로 오류   (b) 언더플로 오류

[그림 4.3] 스택의 두 가지 오류 상황

■ 스택은 어디에 사용할까?

스택은 특히 자료의 출력순서가 입력의 역순으로 이루어져야 할 경우에 매우 긴요하게 사용된다.

- 문서나 그림, 수식 등의 편집기에서 **되돌리기(undo)** 기능을 구현할 때 스택이 사용된다. 되돌리기는 지금까지 실행된 명령어 중에서 가장 최근 것부터 순서적으로 취소해야 하기 때문이다. 웹 브라우저의 **"이전 페이지로 이동"** 기능도 마찬가지이다. 가장 최근에 본 페이지로 이동해야 한다. 지금까지 본 페이지 정보를 스택에 저장해야 한다.

- **함수 호출에서 복귀주소**를 기억하는데 스택을 사용한다. C언어로 구현된 다음 코드를 보자. main()에서 함수 a()를 호출하고 a()에서 다시 b()와 c()를 연속적으로 호출하였다. c()가 종료되면 이를 호출한 함수인 b()로 돌아가야 한다. 이러한 복잡한 함수의 호출과 반환을 위해 운영체제는 시스템 스택을 사용한다. 시스템 스택에는 현재 실행되고 있는 함수가 종료되면 돌아갈 문장의 주소(program counter)와 함수 호출시 매개변수나 함수 안에서 선언된 지역 변수와 같은 정보들이 저장되어 다시 되돌아갔을 때 이전 상태를 유지할 수 있도록 한다.

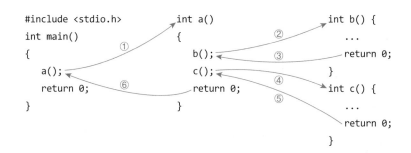

- 문서나 소스코드에서 **괄호 닫기**가 정상적으로 되었는지를 검사하는 프로그램에서도 스택을 사용한다. 또한 **계산기 프로그램**에서 입력된 수식을 계산하는 과정에도 스택이 사

용된다. 미로에서 출구를 찾기 위해서도 스택을 사용할 수 있다.

스택은 어떻게 구현할까? 3장의·리스트에서와 같이 기본적으로 배열 구조와 연결된 구조로 구현할 수 있다. 물론 각 방법은 장단점을 갖는다. 이 장에서는 배열 구조로 구현하는 방법을 공부하고, 연결된 구조는 6장에서 공부한다.

1 문자 A, B, C, D를 순서대로 스택에 넣었다가 다시 꺼내 출력하면 출력 순서는?

2 10, 20, 30, 40, 50을 순서대로 스택에 넣었다가 3개의 항목을 삭제하였다. 스택에 남아 있는 것은 무엇일까?

3 그림 4.2의 마지막 상황에서 몇 번의 push를 수행하면 오버플로 오류가 발생할까? 단, 스택의 용량은 5라 가정함.

4 3번 문제와 같은 상황에서 몇 번의 pop을 수행하면 언더플로 오류가 발생할까?

5 3번 문제와 같은 상황에서 몇 번의 peek를 수행하면 언더플로 오류가 발생할까?

중간 점검

정답 1 DCBA 2 10, 20 3 4 4 3 5 언더플로 오류 없음

4.2 스택의 구현

■ 배열을 이용한 스택의 구조

배열을 이용한 스택의 구조는 그림 4.4와 같은데, 요소를 저장할 배열과 상단 요소의 위치를 나타내는 변수가 필요하다.

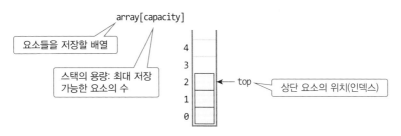

[그림 4.4] 배열을 이용한 스택의 구조

배열의 이름은 **array**로 하고, 이 배열은 용량은 **capacity**로 고정된다고 가정한다. 스택 상단은 어떻게 표현할까? 맨 위에 있는 요소, 즉, 가장 <u>최근에 삽입된 요소의 위치</u>를 가리키는 변수 **top**을 사용하자. 이 경우, 그림 4.4와 같이 스택에 3개의 요소가 있으면 top은 2가 되고, 스택이 비었으면 −1, 요소들로 꽉 찼으면 capacity−1이 될 것이다.

■ 배열을 이용한 스택의 함수 구현

스택의 구조가 결정되면 이제 구현하는데, 일단은 가장 간단한 방법을 이용하자. 스택의 데이터는 전역 변수로, 연산들은 함수로 구현하는 것이다. 이어서 클래스로 변환할 것이다. 전역 변수와 함수를 이용한 스택은 코드 4.1과 같다.

스택을 위한 데이터

스택을 위한 데이터(그림 4.4)는 모두 전역 변수로 선언한다. 만약 용량을 10으로 고정한다면 길이가 10인 배열을 만들어야 하는데, 3행은 크기가 capacity인 리스트를 만들고, 모든 요소를 모두 None으로 초기화하는 문장이다. 맨 처음에는 스택이 공백상태이므로 top은 −1로 초기화한다.

코드 4.1 배열로 구현된 스택(함수 버전) 참고파일 ch04/ArrayStackFn.py

```
01  # 스택의 데이터: 전역 변수
02  capacity = 10
03  array = [None]*capacity
04  top = -1
05
```

스택 용량. 용량을 10으로 고정한 예

스택 요소들을 저장할 배열.
크기는 capacity이고 모든 요소를 None으로 초기화

상단의 인덱스(공백상태(-1)로 초기화)

```
06    # 스택의 연산: 일반 함수
07    def isEmpty( ) :
08        if top == -1 : return True
09        else : return False
10
11    def isFull( ) :
12        return top == capacity-1
13
14    def push( e ) :
15        global top          # top은 전역변수
16        if not isFull() :
17            top += 1
18            array[top] = e
19        else :
20            print("stack overflow")
21            exit()
22
23    def pop( ) :
24        global top          # top은 전역변수
25        if not isEmpty():
26            top -= 1
27            return array[top+1]
28        else:
29            print("stack underflow")
30            exit()
31
32    def peek( ) :
33        if not isEmpty():
34            return array[top]
35        else: pass          # 언더플로 예외. 처리 않음
```

top이 −1이면 공백상태.
공백상태이면 True를 반환하고, 아니면 False를 반환

top이 capacity−1이면 포화상태
비교 연산 결과를 바로 반환해도 됨

포화상태가 아니면 push 가능.
① top을 먼저 증가시키고,
② 그 위치에 새로운 요소 e를 삽입

포화상태이면 오버플로 오류 발생.
에러 메시지를 출력하고 프로그램을 종료

공백상태가 아니면 pop 가능.
① top을 먼저 감소시키고,
② top+1 위치의 요소를 반환

공백상태이면 언더플로 오류 발생.
에러 메시지를 출력하고 프로그램을 종료

peek도 공백상태가 아니어야 가능한데, top 위치의 요소를 반환하면 됨.

공백상태와 포화상태를 검사하는 isEmpty()와 isFull() 연산

스택이 비어 있는지 또는 가득 차 있는지는 top을 이용해 확인할 수 있다. 다음 그림을 보면 스택이 공백일 때 top은 −1이고, 포화상태이면 top이 capacity−1이 되는 것을 알 수 있다.

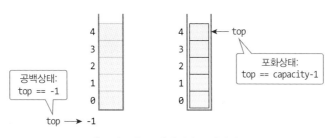

[그림 4.5] 공백상태와 포화상태

검사 결과에 따라 8~9행과 같이 부울(bool) 값(True 또는 False)을 반환하는데, 12행과 같이 비교 연산 자체를 반환해도 된다. <u>비교 연산의 결과가 부울 값</u>이기 때문이다.

새로운 요소 e를 삽입하는 push(e) 연산

삽입을 위해서는 ① 먼저 top을 하나 증가시켜야 한다. ② 다음에 그 위치에 삽입할 요소 e를 복사하면 삽입이 완료된다. 15행에서 전역변수 top을 증가시키기 위해 global로 선언한 것에 유의하라.

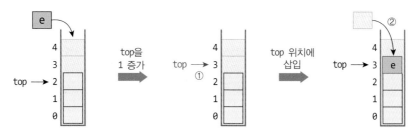

[그림 4.6] push(e) 연산과 스택 데이터의 변화

그런데, 삽입이 가능하려면 전제 조건이 있다. 포화상태가 아니어야 한다는 것이다. 만약 스택이 포화상태라면 그림 4.3(a)와 같은 오버플로 오류가 되어 삽입은 불가능하다. 따라서 <u>push() 연산에서는 삽입 전에 반드시 포화상태가 아닌지를 먼저 검사</u>해야 한다. 만약 스택이 포화상태라면 어떻게 할까? 정답은 없다. 상황에 따라 다르기 때문입니다. 19~21행에서는 단순히 오류 메시지를 출력하고 프로그램을 종료하였다.

상단 요소를 삭제하는 pop() 연산

삭제 연산이 가능하려면 스택에 최소한 하나 이상의 요소가 남아 있어야 한다. 따라서

pop() 연산에서는 먼저 공백상태를 검사해야 한다. 공백이 아니면 다음과 같이 ① top을 하나 감소시키고, ② 이전 위치(top+1)의 요소를 반환하면 된다.

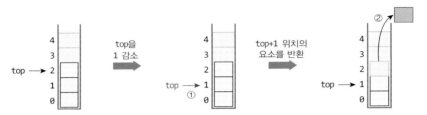

[그림 4.7] pop() 연산과 스택 데이터의 변화

만약 스택이 공백이라면 언더플로 오류가 발생하는데, 코드에서는 단순히 메시지를 출력하고 프로그램을 종료하였다.

⭐ 참고사항   **오류 상황에 대한 처리**

오류 상황은 어떻게 처리해야 할까? 가장 좋은 방법은 오류 상황이 발생하지 않도록 미리 꼼꼼하게 처리하는 것이다. 예를 들어, 대부분의 웹 브라우저에서는 "시작 페이지"에서 "이전 페이지" 버튼을 비활성화시키는데, "이전 페이지"가 없으므로 이 버튼을 아예 누를 수 없도록 해서 스택 언더플로 상황을 방지하는 것이다.

그래도 오류가 발생하면 어떻게 할까? 만약 발생한 위치에서 처리 방법을 알 수 있으면 바로 처리하면 되지만, 많은 경우가 그렇지 못하다. 즉, 스택의 push()나 pop()에서 예외가 발생하지만 어떻게 처리할지 알 수는 없다. 그 결정은 이들을 사용하는 응용 프로그램에서만 할 수 있다. 이를 위해, 파이썬을 비롯한 많은 프로그래밍 언어에서 예외 처리(exception handling) 기법을 제공한다. 이 책에서는 예외 처리를 다루지 않으며, 오류 상황 처리 코드는 대부분 생략한다.

상단 요소를 들여다보는 peek() 연산

peek도 공백이 아니어야 가능한데, 단순히 top 위치의 요소를 반환하면 된다. 스택 언더플로 예외를 처리하는 코드는 생략했다(35행).

■ 배열을 이용한 스택의 클래스 구현

이제 스택을 클래스로 변환해 보자. 클래스의 이름은 ArrayStack으로 하는데, 다음의 몇 가지만 주의하면 된다.

- 코드 4.1의 전역 변수들은 모두 클래스의 멤버 변수가 된다.
- 모든 함수는 클래스의 메소드(멤버 함수)가 된다.
- 모든 메소드의 첫 번째 파라미터로 self를 추가한다.
- 모든 메소드에서 클래스의 멤버를 사용할 때 self.을 이용해 클래스 내의 변수(데이터 멤버) 및 함수(메소드)임을 표시한다.

코드 4.2   배열로 구현된 스택 클래스   참고파일 ch04/ArrayStack.py

```
01   class ArrayStack :
02       def __init__( self, capacity ):
03           self.capacity = capacity
04           self.array = [None]*self.capacity
05           self.top = -1
06
07       # 스택의 연산들을 멤버 함수로 구현
08       def isEmpty( self ) :
09           return self.top == -1
10
11       def isFull( self ) :
12           return self.top == self.capacity-1
13
14       def push( self, e ):
15           if not self.isFull() :
16               self.top += 1
17               self.arry[self.top] = e
18           else: pass
19
20       def pop( self ):
21           if not self.isEmpty():
22               self.top -= 1
23               return self.array[self.top+1]
24           else: pass
25
26       def peek( self ):
27           if not self.isEmpty():
28               return self.array[self.top]
29           else: pass
```

스택의 생성자. 스택의 용량을 전달받아 이 크기의 스택을 위한 데이터를 선언하고 초기화함

연산 결과가 True이면 True를. False이면 False를 반환

포화상태 조건

모든 클래스 멤버 접근을 위해 self. 이 사용되는 것에 유의할 것. self.top은 멤버 변수이므로 global이 필요 없음

overflow 예외. 처리하지 않음

underflow 예외. 처리하지 않음

■ 스택의 클래스의 활용

말을 거꾸로 뒤집는 프로그램을 만들어 보자. 스택을 이용하면 간단하다. 사용자로부터 문자열을 입력받아 각 문자를 순서대로 스택에 모두 넣는다. 마지막으로 스택에서 모든 문자를 꺼내서 순서대로 출력하면 된다.

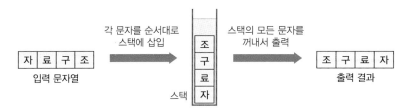

[그림 4.8] 스택을 이용해 문자열을 뒤집어 출력하는 과정

| 코드 4.3 | 문자열 역순 출력 프로그램 | 참고파일 ch04/ReverseStr.py |

```
01  from ArrayStack import ArrayStack
02  s = ArrayStack(100)
03
04  msg = input("문자열 입력: ")
05  for c in msg :
06      s.push(c)
07
08  print("문자열 출력: ", end="")
09  while not s.isEmpty():
10      print(s.pop(), end="")
11  print()
```

새로운 스택 객체 생성. ArrayStack의 매개변수 capacity에 100이 전달되어 용량이 100인 스택 객체를 생성

문자열을 입력받아 msg에 저장하고, msg의 각 문자 c를 순서대로 스택에 삽입

스택이 공백이 아니면 하나의 요소를 꺼내서 출력함. 이 과정을 공백이 될 때까지 반복함

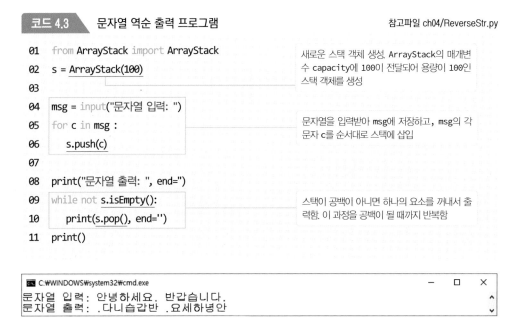

■ 연산들의 추가: 화면 출력

만약 스택이 고급이라면 추가적인 연산들도 제공할 것이다. 예를 들어, 스택 요소의 수를 반환하거나, 스택을 공백상태로 초기화하고, 스택을 화면에 출력하는 연산들도 추가되면 편리하게 사용할 수 있을 것이다. 이 중에서 화면 출력을 생각해 보자.

용량이 10인 공백 스택 s에 1부터 5까지 5개의 숫자를 push하고, print문으로 s를 출력하면 어떤 결과가 나올까?

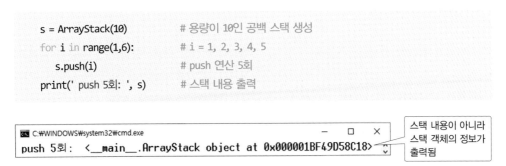

```
s = ArrayStack(10)          # 용량이 10인 공백 스택 생성
for i in range(1,6):        # i = 1, 2, 3, 4, 5
    s.push(i)               # push 연산 5회
print(' push 5회: ', s)     # 스택 내용 출력
```

```
C:₩WINDOWS₩system32₩cmd.exe                                    —  □  ×
push 5회:  <__main__.ArrayStack object at 0x000001BF49D58C18>
```

스택 내용이 아니라 스택 객체의 정보가 출력됨

그런데 스택의 출력 결과가 이상하다. 스택 내용이 출력되는 것이 아니라 <u>스택 객체의 정보가 출력</u>된다. 어떻게 해야 스택 내용이 출력될까? 하나의 방법은 다음과 같이 <u>스택 s의 배열 array를 직접 출력</u>하는 것이다.

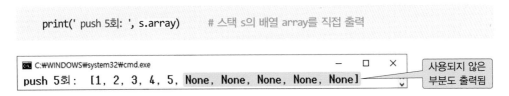

```
print(' push 5회: ', s.array)     # 스택 s의 배열 array를 직접 출력
```

```
C:₩WINDOWS₩system32₩cmd.exe                                    —  □  ×
push 5회:  [1, 2, 3, 4, 5, None, None, None, None, None]
```

사용되지 않은 부분도 출력됨

아직도 완전하지 않다. 배열에서 사용되지 않고 있는 스택 부분도 모두 출력되기 때문이다. 이것을 해결하는 완전한 방법은 연산자 중복(2.11장 참조)이다. 다음과 같이 문자열로 형 변환해 주는 특별한 메소드 __str__()를 추가하는 것이다. __str__()이 정의되면 객체를 문자열로 바꾸어야 하는 경우 자동으로 이 메소드를 호출해 변환한다.

```
31    def __str__(self) :
32        return str(self.array[0:self.top+1])
```

self.array의 0번 요소부터 top번째 요소까지를
추출해 새로운 리스트를 만듦(슬라이싱 기능)

결과(list)를 문자열로 변환하기 위해 내장함수 str() 사용

```
print(' push 5회: ', s)       # 이제 제대로 출력이 됨
```

```
C:\WINDOWS\system32...    -    □    ×
push 5회:  [1, 2, 3, 4, 5]
```

str 연산자 중복과 슬라이싱 기능을
이용해 필요한 부분만 출력

리스트에서 필요한 부분을 추출하는 것은 32행과 같이 리스트의 **슬라이싱 기능**을 이용하면 된다. 예를 들어, a가 리스트 객체이면 a[:5]는 a[0]부터 a[4]까지, a[2:]는 a[2]부터 마지막까지, a[3:9:2]는 a[3]부터 한 칸씩 뛰면서 a[8]까지의 요소들을 뽑아 새로운 리스트를 만든다. 또한 a[::-1]는 a의 역순 리스트를 만드는데, 이것을 사용하면 스택의 요소들을 역순으로 출력하는 것도 간단하다. 이처럼 슬라이싱 기능은 간편하고 강력한 기능이므로 자주 사용된다.

---

1 다음 중 공백상태의 검사가 먼저 필요한 스택의 연산은?
   ① push(), pop()   ② pop(), peek()   ③ push(), peek()   ④ isFull()

2 배열 구조의 스택에서 top이 가리키는 것은?

3 top이 5이면 현재 스택에 저장된 자료의 수는 몇 개인가?

4 스택의 요소들을 역순으로 출력하려면 32행을 어떻게 수정하면 될까?

중간 점검

정답   1 ② 2 상단 요소의 인덱스 3 6개 4 return str(self.array[0:self.top+1][::-1])

4.3 스택의 응용: 괄호 검사

수식 표기나 프로그래밍 언어, HTML 문서 등 다양한 분야에서 괄호와 같은 **구분 문자(delimiter)**들을 사용한다. 이들은 주로 간단한 데이터나 문자열들을 묶어 하나의 그룹으로 만들 때 그룹의 시작과 끝을 나타낸다. 예를 들어, C언어의 소스 코드에는 대괄호 [ ], 중괄호 { }, 소괄호 ( )와 같은 다양한 기호들이 사용하는데, 다음 코드는 배열에서 최댓값을 찾아 반환하는 C언어 함수이다.

```
int find_array_max(int score[], int n)
{
    int i, tmp=score[0];
    for( i=1 ; i<n ; i++ ) {
        if( score[i] > tmp ) {
            tmp = score[i];
        }
    }
    return tmp;
}
```

소스코드에서 생각보다 많은 괄호들을 사용하는군.

이들이 잘 사용되었는지 어떻게 검사하지?

프로그램이 정상적으로 빌드되고 실행되려면 이들 괄호들이 같은 유형들 끼리 쌍을 이루어 잘 사용되어야 하는데, 반드시 다음 조건을 맞추어 구성되어야 한다.

- 조건 1: 왼쪽 괄호의 개수와 오른쪽 괄호의 개수가 같아야 한다.
- 조건 2: 같은 타입의 괄호에서 왼쪽 괄호가 오른쪽 괄호보다 먼저 나와야 한다.
- 조건 3: 서로 다른 타입의 괄호 쌍이 서로를 교차하면 안 된다.

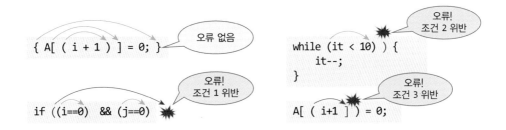

괄호가 일치하지 않으면 잘못된 코드이기 때문에 C언어의 컴파일러는 이것을 먼저 검사해야 한다. 이와 같이 괄호 사용의 오류를 검사하기 위해 스택이 사용된다.

괄호 검사 알고리즘

위의 코드들을 자세히 살펴보면 <u>가장 가까운 거리에 있는 괄호들끼리 서로 쌍을 이루어야</u> 됨을 알 수 있다. 따라서 입력 문자열에서 왼쪽 괄호가 나오면 스택에 삽입하고, 오른쪽 괄호가 나오면 스택에서 가장 최근에 삽입된 괄호를 꺼내 짝을 맞추어보면 오류를 검사할 수 있다.

- 문자를 저장하는 스택을 준비한다. 처음에는 공백상태가 되어야 한다.
- 입력 문자열의 문자를 하나씩 읽어 왼쪽 괄호를 만나면 스택에 삽입한다.
- 오른쪽 괄호를 만나면 pop() 연산으로 가장 최근에 삽입된 괄호를 꺼낸다. 이때 스택이 비었으면 조건 2에 위배된다.
- 꺼낸 괄호가 오른쪽 괄호와 짝이 맞지 않으면 조건 3에 위배된다.
- 끝까지 처리했는데 스택에 괄호가 남아 있으면 조건 1에 위배된다.

하나의 조건이라도 위배하면 오류이므로 False를 반환하고 그렇지 않으면 성공이므로 True를 반환한다. 다음 그림은 몇 가지 경우에 대한 처리과정을 보여준다.

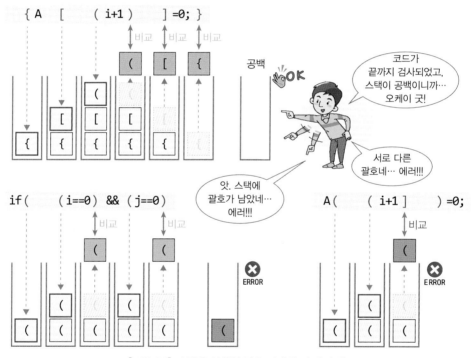

[그림 4.9] 스택을 이용한 괄호 검사의 몇 가지 예

■ 괄호 검사 구현

괄호 검사를 구현해 보자. 함수 이름은 checkBrackets()이라 하고, 검사할 문자열을 매개변수로 전달한다. 함수에서는 하나의 스택 객체를 만들어 검사에 사용한다.

| 코드 4.4 | 스택을 이용한 괄호 검사 알고리즘 | 참고파일 ch04/CheckBrackets.py |

```
01  def checkBrackets(statement):
02      stack = ArrayStack(100)
03      for ch in statement:
04          if ch=='{' or ch=='[' or ch=='(' :
05              stack.push(ch)
06
07          elif ch=='}' or ch==']' or ch==')' :
08              if stack.isEmpty() :
09                  return False
10              else :
11                  left = stack.pop()
12                  if (ch == "}" and left != "{") or \
13                     (ch == "]" and left != "[") or \
14                     (ch == ")" and left != "(") :
15                      return False
16
17      return stack.isEmpty()
```

용량이 100인 스택 객체 생성

statement의 각 문자를 순서대로 ch에 대입

ch가 열리는 괄호이면 스택에 삽입.
in을 이용해 간결하게 나타낼 수도 있음
  if ch in ('{', '[', '('): 또는
  if ch in '{[(':

닫히는 괄호인지 검사

스택이 공백이면 조건 2 위반(닫히는 괄호가
먼저 나옴)

스택에서 괄호를 꺼내 ch와 짝이 맞는지 비교.
짝이 맞지 않으면 조건 3 위반(다른 타입의 괄
호 쌍이 교차)

스택이 공백이 아니면 조건 1 위반. False 반
환. 스택이 공백이면 True 반환

```
s1 = "{ A[ (i+1) ] = 0; } "
s2 = "if( (i==0) && (j==0)"
s3 = "A[ ( i+1 ] ) = 0;   "
print(s1, " ---> ", checkBrackets(s1))
print(s2, " ---> ", checkBrackets(s2))
print(s3, " ---> ", checkBrackets(s3))
```

```
C:\WINDOWS\system32\cmd.exe                        —   □   ×
{ A[ (i+1) ] = 0; }    --->  True
if( (i==0) && (j==0)   --->  False
A[ ( i+1 ] ) = 0;      --->  False
```

■ 소스 파일에서 괄호 검사

만약 여러 줄의 코드가 들어간 파일을 검사하려면 어떻게 할까? 파일의 모든 코드를 읽
어 문자열로 저장한 다음 이것을 검사하면 된다. 먼저 내장함수 open()을 이용해 원하는

파일을 열어 파일 핸들러를 구하고, read() 메소드를 이용해 파일의 모든 데이터를 문자열로 읽은 다음, close()로 파일을 닫는다. ArrayStack.h가 괄호가 잘 사용된 소스코드 파일이라면(참고 코드: ch04/ArrayStack.h) 이를 검사하는 코드와 실행 결과는 다음과 같다.

```
filename = "ArrayStack.h"                    파일을 읽기 모드로 열어 파일객체 infile에 저장
infile = open(filename , "r")
str = infile.read()                          파일객체의 read() 메소드를 이용해 모든 데이터를 문자
                                             열로 읽어 str에 저장
infile.close()
                                             파일 핸들러를 반드시 닫아주어야 함
print("소스파일", filename, " ---> ", checkBrackets(str))   문자열 str에 대해 괄호 검사
```

```
C:\WINDOWS\system32\cmd.exe              —   □   ×
소스파일 ArrayStack.h  --->   True
```

파이썬에서 파일을 열 때는 with 문을 통해 open()을 호출하는 것을 권장한다. 다음과 같이 파일을 닫아줄 필요가 없어 더 모듈화된 코드가 가능하기 때문이다. 실행 결과는 동일하다.

```
filename = "ArrayStack.h"
with open(filename , "r") as infile :        with open(파일경로, 모드) as 파일객체:를 이용해
    str = infile.read()                      파일을 여는데, 이 구문이 끝나면 자동으로 파일을 닫아줌
    print("소스파일", filename, " ---> ", checkBrackets(str))
```

---

1 스택을 이용해 다음 수식을 괄호 검사할 때 검사 결과와 스택의 최대 높이는?

중간 점검

　① 2(2(2T(n−3)+1)+1)+1

　② { (x + y) * [(x − z) / y] }

　③ a { b [(c − d) * e } − f }

2 코드 4.4의 7행을 파이썬의 in 연산자를 사용해 간략하게 표현하라.

4.4 스택의 응용: 수식의 계산

■ 계산기 프로그램은 어떻게 만들까?

수식을 입력받아 계산하고 결과를 출력하는 프로그램을 구현해 보자. 계산기를 만드는 것이다. 생각보다 복잡한데, 숫자와 함께 다양한 연산자도 나타나고, 괄호도 처리해야 하며, 특히 연산자들의 우선순위도 고려해야 정확한 결과가 나오기 때문이다. 수식은 연산자와 피연산자로 표현되는데, 이들의 상대적인 위치에 따라 세 가지 표기법으로 구분된다.

전위(prefix) 표기	중위(infix) 표기	후위(postfix) 표기
연산자 피연산자1 피연산자2	피연산자1 연산자 피연산자2	피연산자1 피연산자2 연산자
+ A B	A + B	A B +
+ 5 * A B	5 + A * B	5 A B * +

당연히 우리는 중위표기법에 익숙하지만 컴퓨터는 후위표기법을 좋아한다. 왜 그럴까? 후위표기는 컴퓨터 입장에서 여러 가지 장점이 있다. 중위표기 수식 (A + B) * C를 생각해 보자. 괄호는 더하기 연산이 곱하기 연산보다 먼저 수행되어야 함을 나타낸다. 이에 대한 후위 표기식 A B + C * 은 다음과 같은 장점을 가진다.

- 괄호를 사용하지 않아도 계산 순서를 알 수 있다.
- 연산자의 우선순위를 생각할 필요가 없다. 식 자체에 우선순위가 이미 포함되어 있기 때문이다.
- 수식을 읽으면서 바로 계산할 수 있다. 중위 표현식은 괄호와 연산자의 우선순위 때문에 수식을 끝까지 읽은 다음에야 계산이 가능하다.

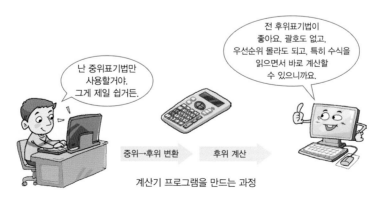

계산기 프로그램을 만드는 과정

컴퓨터는 이러한 장점 때문에 후위표기 계산방법을 사용한다. 물론 사용자는 편리한 중위 표기를 고집할 것이다. 따라서 계산기 프로그램은 사용자가 입력하는 중위 표기식(괄호 포함)을 먼저 후위 표기식으로 변환한 다음 이것을 계산해야 한다. 즉, 계산기 프로그램을 위해서는 중위표기의 후위표기 변환과, 후위표기 수식의 계산 과정이 필요하다. 그리고 이들은 모두 스택을 이용한다! 후위표기 수식의 계산이 조금 더 간단하므로 먼저 살펴보고, 괄호를 포함한 중위표기 수식을 후위표기로 변환하는 방법을 공부하자.

■ 후위표기 수식의 계산

후위표기 수식인 8 2 / 3 - 3 2 * +를 계산해 보자. 후위표기이므로 괄호는 포함되어 있지 않다. 오른쪽 그림과 같이 연산자가 나올 때마다 바로 앞에 있는 두 개의 피연산자를 이용해 계산하고, 결과를 저장한다.

이 식의 계산에 스택이 사용된다. 알고리즘을 정리해 보자. 수식을 왼쪽에서 오른쪽으로 스캔하다가 피연산자가 나오면 무조건 스택에 저장한다. 연산자가 나오면 스택에서 피연산자 두 개를 꺼내 연산을 실행하고 그 결과를 다시 스택에 저장한다. 이 과정은 수식이 모두 처리될 때 까지 반복되고, 마지막으로 스택에는 최종 계산 결과만 남는다.

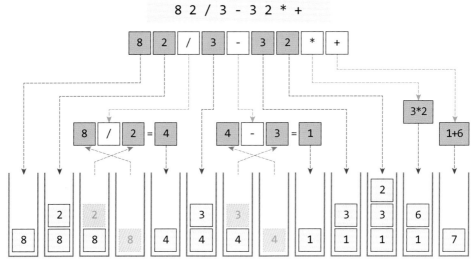

[그림 4.10] 스택을 이용한 후위표기 수식 계산 예

그림 4.10은 스택을 이용해 이 식을 계산하는 과정을 보여주는데, 수식은 왼쪽부터 오른쪽으로 스캔하면서 처리되고, 계산이 끝나면 스택에는 최종 계산 결과가 남아있다.

후위표기 수식 계산 구현

알고리즘을 이제 프로그램으로 구현해 보자. 사용되는 연산자는 사칙연산 +, −, *, /로 제한한다. 후위표기이므로 물론 괄호는 없다. 입력 수식은 리스트에 저장되어 있고, 연산자와 피연산자가 모두 문자열 형태로 저장된다고 가정하자. 예를 들어, 후위 표기식 8 2 / 3 − 3 2 * + 는 리스트에 다음과 같이 저장될 것이다.

```
expr1 = [ '8', '2', '/', '3', '-', '3', '2', '*', '+']
```

구현은 간단하다. 스택을 하나 만들고, 입력 리스트의 각 항을 순서대로 처리하는데, 항이 피연산자이면 스택에 저장한다. 이때 저장되는 피연산자의 자료형은 실수형(float)으로 변경하는 것이 좋을 것이다. 실수를 계산할 수도 있고, 정수를 계산하더라도 1/2와 같이 나눗셈을 하면 실수가 되기 때문이다.

만약 항이 연산자이면 스택에서 두 개의 요소(실수)를 꺼내 그 연산자를 이용해 계산한다. 이때 피연산자의 순서에 유의해야 한다. <u>스택에서 먼저 나오는 피연산자가 연산의 두 번째 피연산자가 되어야 한다</u>. 연산자로 계산한 결과는 다시 스택에 저장하고, 이 과정을 입력 식의 끝까지 처리하면 된다. 계산이 끝나면 스택에는 계산 결과 하나만이 남아 있고, 이를 꺼내 반환하면 된다.

코드 4.5　후위수식 계산 알고리즘　　　참고파일 ch04/EvalPostfix.py

```
01  def evalPostfix( expr ):          expr의 예: ['8', '2', '/', '3', '-', '3', '2', '*', '+']
02      s = ArrayStack(100)
03
04      for token in expr :           expr의 항들이 순서대로 token에 대입됨
05          if token in "+-*/" :      if token=='+' or token=='-' or token=='*' or token=='/':
```

```
06      val2 = s.pop()      # 피연산자2
07      val1 = s.pop()      # 피연산자1
08      if   (token == '+'): s.push(val1 + val2)
09      elif (token == '-'): s.push(val1 - val2)
10      elif (token == '*'): s.push(val1 * val2)
11      elif (token == '/'): s.push(val1 / val2)
12      else :
13          s.push( float(token) )
14
15      return s.pop()
```

token이 연산자이면 스택에서 두 개의 피연산자를 순서대로 꺼내고, 연산자의 종류에 따라 연산을 한 후 결과를 스택에 다시 저장

token이 피연산자이면 문자열을 실수로 변환해서 스택에 저장. 형 변환 함수 float() 사용

최종 결과가 스택에 저장됨. 결과를 꺼내서 반환

테스트 프로그램과 실행 결과는 다음과 같다. 입력 리스트가 후위표기 수식인 것에 유의하라.

```
expr1 = [ '8', '2', '/', '3', '-', '3', '2', '*', '+']
expr2 = [ '1', '2', '/', '4', '*', '1', '4', '/', '*']
print(expr1, ' --> ', evalPostfix(expr1))
print(expr2, ' --> ', evalPostfix(expr2))
```

```
C:\WINDOWS\system32\cmd.exe                                    —  □  ×
['8', '+2', '/', '3', '-', '3', '2', '*', '+']  -->  7.0
['1', '2', '/', '4', '*', '1', '4', '/', '*']  -->  0.5
```

■ 중위표기 수식의 후위표기 변환

중위표기 수식에서는 괄호를 이용해 어느 연산을 먼저 처리해야 할 지를 표시한다. 괄호가 없으면 연산자 우선순위에 따라 먼저 처리해야 할 수식이 결정된다. 중위와 후위 표기식의 공통점은 피연산자의 순서가 같다는 것이다. 물론 연산자들의 순서는 달라지는데, 연산자의 우선순위 관계와 괄호에 의해 결정된다. 변환을 위한 아이디어는 다음과 같다.

• 입력된 중위표기 수식을 순서대로 하나씩 스캔한다.
• 피연산자를 만나면 바로 (후위표기 수식으로) 출력한다.
• 연산자를 만나면 어딘가에 잠시 저장해야 한다. 후위표기에서는 연산자가 피연산자들 뒤에 나오기 때문이다. 따라서 적절한 위치를 찾을 때까지 출력을 보류하여야 한다. 연

산자의 저장에는 스택이 사용된다.

예를 들어보자. a+b에서 a는 바로 출력되고 +는 저장되며 b도 출력되고, 최종적으로 저장되었던 +를 출력하면 후위표기식 ab+가 된다. a+b*c의 경우, a, b, c는 그대로 출력되고 +와 *는 어딘가에 저장된다. 문제는 +연산자와 *연산자 중에서 어떤 것이 먼저 출력되어야 하는가이다. 이때 연산자 우선순위와 괄호를 고려해야 한다. 다음 세 가지 경우를 생각해 보자.

예제 1) 중위표기식 A+B*C

이 식의 처리 과정은 다음과 같다.

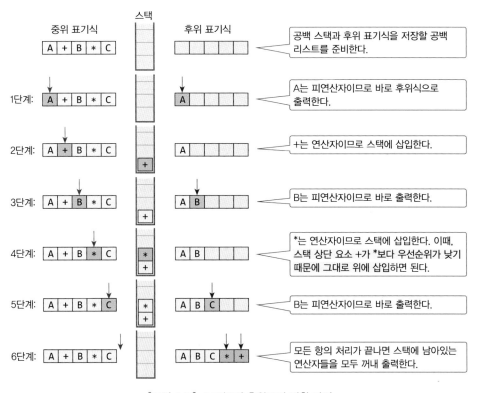

[그림 4.10] A+B*C의 후위표기 변환 과정

4단계에서는 연산자 우선순위를 생각해야 한다. +를 꺼내 먼저 출력하고 *를 넣으면 어떻게 될까? +가 먼저 계산되므로 잘못된 계산 결과가 나온다. 따라서 *를 + 위에 넣어야 한다.

예제 2) 중위표기식 A*B+C

이 식의 처리 과정은 앞의 예와 같지만, 4단계에 유의해야 한다. 이제 스택에 넣을 +보다 우선순위가 높은 *가 스택에 있다. 만약 *위에 +를 삽입하면 +를 먼저 계산하게 되므로 잘못된 결과가 나온다. 일반적인 규칙은 다음과 같다.

- 스택에 넣을 연산자보다 <u>우선순위가 높은 연산자는 모두 먼저 출력한 후 현재 연산자를</u> 스택에 넣는다.
- <u>우선순위가 같은 경우도 먼저 출력해야 한다.</u> 예를 들어, A−B+C의 결과가 ABC+−가 되면 안 된다. 우선순위가 같으면 먼저 나온 연산자가 먼저 처리되어야 하기 때문이다.

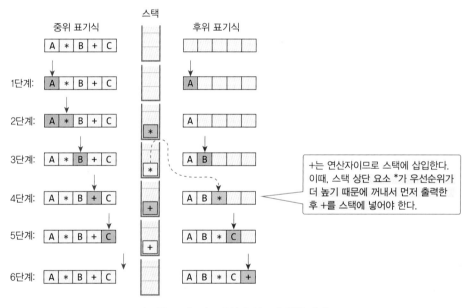

[그림 4.11] A*B+C의 후위표기 변환 과정

예제 3) 괄호를 포함한 수식 (A+B)*C 의 후위 수식 변환

수식에 괄호가 포함되면 이들을 처리하기 위한 규칙이 추가된다.

- 왼쪽 괄호는 무조건 스택에 삽입한다. 왼쪽 괄호가 일단 스택에 삽입되면 우리는 <u>왼쪽 괄호를 제일 우선순위가 낮은 연산자로 취급</u>한다. 즉, 다음에 만나는 어떤 연산자도 스택에 바로 삽입된다.
- 오른쪽 괄호를 만나면 <u>왼쪽 괄호가 삭제될 때까지 왼쪽 괄호 위에 쌓여있는 모든 연산</u>

자를 출력한다.

이러한 규칙에 따라 (A+B)*C를 변환하는 과정은 다음과 같다.

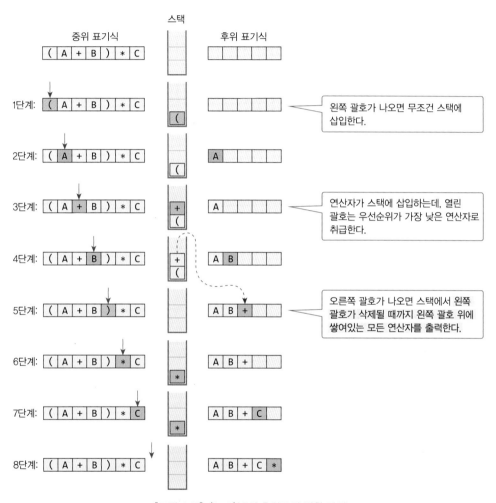

[그림 4.12] (A+B)*C의 후위표기 변환 과정

중위표기식의 후위 변환 구현

먼저 연산자들의 우선순위를 정하는 함수를 구현해야 한다. 알고리즘에서 열리는 괄호는 우선순위가 가장 낮아야 하므로 0을 반환하고, 덧셈과 뺄셈은 우선순위가 1, 곱셈과 나눗셈은 가장 높은 2를 반환하도록 한다.

```
코드 4.6     연산자의 우선순위 계산 함수                     참고파일 ch04/Infix2Postfix.py

01   def precedence (op):                        # 연산자의 우선순위 반환
02       if   op=='(' or op==')' : return 0      # 괄호를 가장 낮게 처리
03       elif op=='+' or op=='-' : return 1      # +, - 의 우선순위
04       elif op=='*' or op=='/' : return 2      # *, / 가 가장 높음
05       else : return -1
```

이제 본격적으로 후위표기 변환 함수를 구현하자. 입력은 역시 리스트인데, 문자열로 나타나 있는 연산자와 피연산자를 순서적으로 모은 것이다. 예를 들어, 중위표기식 8 / 2 - 3 + (3*2) 는 리스트에 다음과 같이 저장될 것이다.

> expr = ['8', '/', '2', '-', '3', '+', '(', '3', '*', '2', ')']

이 함수의 출력은 새로운 리스트가 된다. 위의 식이 정상적으로 변환되면 이 함수는 다음과 같은 리스트를 반환할 것이다.

> output = ['8', '2', '/', '3', '-', '3', '2', '/', '*']

중위표기 수식의 후위식 변환 함수는 다음과 같다.

```
코드 4.7     중위표기 수식의 후위표기 변환                     참고파일 ch04/Infix2Postfix.py

01   def Infix2Postfix( expr ):        expr은 중위 표기 수식을 저장한 입력 리스트.
                                       expr의 예: [ '8', '/', '2', '-', '3', '+', '(', '3', '*', '2', ')' ]
02       s = ArrayStack(100)
03       output = []                    출력 리스트: 후위 표기식
04
05       for term in expr :            중위식의 각 항들을 순서대로 term에 대입
06           if term in '(' :          term이 왼쪽 괄호이면 스택에 삽입
07               s.push('(')
08
09           elif term in ')' :
```

```
10      while not s.isEmpty() :
11          op = s.pop()
12          if op=='(' :
13              break;
14          else :
15              output.append(op)
16
17      elif term in "+-*/" :
18          while not s.isEmpty() :
19              op = s.peek()
20              if( precedence(term) <= precedence(op)):
21                  output.append(op)
22                  s.pop()
23              else: break
24          s.push(term)
25
26      else:
27          output.append(term)
28
29      while not s.isEmpty() :
30          output.append(s.pop())
31
32      return output
```

- term이 오른쪽 괄호이면 왼쪽 괄호가 나올 때 까지 스택에서 연산자를 꺼내 출력 (lines 10–15)
- term이 연산자이면 스택에서 같거나 높은 연산자를 모두 꺼내 출력 (lines 18–23)
- term을 스택에 삽입 (line 24)
- term이 피연산자이면 바로 출력 (line 27)
- 처리가 끝나면 스택에 남은 모든 요소들을 꺼내 순서대로 출력 (line 29)
- 최종 후위 표기식을 반환 (line 32)

이제 완전한 계산기 동작을 테스트 해 보자. 중위 표기식을 입력하면 후위표기로 변환한 후 계산하여 결과를 출력하는 프로그램은 다음과 같다.

코드 4.8 계산기 테스트 프로그램   참고파일 ch04/Infix2Postfix.py

```
01  infix1 = [ '8', '/', '2', '-', '3', '+', '(', '3', '*', '2', ')']
02  infix2 = [ '1', '/', '2', '*', '4', '*', '(', '1', '/', '4', ')']
03  postfix1 = Infix2Postfix(infix1)
04  postfix2 = Infix2Postfix(infix2)
05  result1 = evalPostfix(postfix1)
06  result2 = evalPostfix(postfix2)
```

```
07   print(' 중위표기: ', infix1)
08   print(' 후위표기: ', postfix1)
09   print(' 계산결과: ', result1, end='\n\n')
10   print(' 중위표기: ', infix2)
11   print(' 후위표기: ', postfix2)
12   print(' 계산결과: ', result2)
```

실행 결과는 다음과 같다. 후위표기에서 괄호가 사라진 것에 유의하라.

```
C:\WINDOWS\system32\cmd.exe                                    —    □    ×
중위표기:  ['8', '/', '2', '-', '3', '+', '(', '3', '*', '2', ')']
후위표기:  ['8', '2', '/', '3', '-', '3', '2', '*', '+']
계산결과:  7.0

중위표기:  ['1', '/', '2', '*', '4', '*', '(', '1', '/', '4', ')']
후위표기:  ['1', '2', '/', '4', '*', '1', '4', '/', '*']
계산결과:  0.5
```

1 전위(prefix) 표기식 + − 5 4 × 4 7 의 계산 결과는?

2 후위(Postfix) 표기식 3 4 * 5 6 * + 의 계산 결과는?

3 스택을 이용해 다음의 후위 표기식을 계산할 때, 두 번째로 계산되는 연산은?

　① a b c + d − *　　② a b * c d + e − /

4 스택을 이용해 다음의 중위 표기식을 후위 표기식으로 변환하라.

　① (a−b+c)*d　　② (a+b) − (c/d*e)/d

5 후위 표기의 계산 과정에서 스택에 저장되는 것은 피연산자이다. (　　)

6 중위 표기의 후위 표기 변환 과정에서 스택에 저장되는 것은 피연산자이다. (　　)

4.5 스택의 응용: 미로 탐색

▪ 미로에 빠진 생쥐를 구출하자.

미로 탐색 문제란 그림과 같이 미로에 갇힌 생쥐가 출구를 찾는 문제이다. 이것은 그래프 탐색 문제(10장)와 유사한데, 출구를 찾기 위해 생쥐는 다양한 탐색 방법을 사용할 수 있다.

가장 간단한 탐색 방법은 시행착오를 이용하는 것으로 하나의 경로를 선택하여 시도해 보고 막히면 다시 다른 경로를 시도하는 것이다. 이때 현재의 경로가 막혔을 때 다시 선택할 수 있는 다른 경로들을 **어딘가**에 저장해야 한다. 그렇다면 어디에 경로를 저장하면 좋을까? 보통은 <u>가던 길이 막히면 가장 최근에 있었던 갈림길로 되돌아가서</u> 다른 곳을 찾아보고 싶을 것이다. 자연스럽게 스택이 떠오른다. 사실은 저장된 경로를 모두 선택할 수 있는 방법이라면 경로를 어떤 자료구조에 저장하든지 출구를 찾을 수 있다. 그렇지만 이 장에서는 스택에 지나온 경로를 저장하자. 이러한 방법을 **깊이 우선 탐색**(DFS, Depth First Search) 이라고 한다.

일단 미로는 다음과 같이 서로 연결된 여러 개의 작은 칸으로 나누어져 있다고 가정하자. 이것은 2차원 배열 구조로 나타낼 수 있는데, 파이썬으로는 다음과 같이 리스트의 리스트로 표현할 수 있다. 다음 코드에서 map[y][x]는 y행 x열의 요소를 나타내는데, 예를 들어, 입구 'e'는 map[1][0]이고, 출구 'x'는 map[3][5]이다. 인덱스가 y-x순인 것에 유의하라.

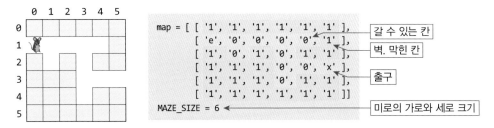

[그림 4.13] 미로를 파이썬 리스트의 리스트로 표현한 예

탐색 알고리즘

모든 칸의 위치는 (열, 행)으로 표시하자((x,y) 순서). 생쥐의 현재위치(시작위치)를 스택에

넣으면서 탐색이 시작된다. 알고리즘을 생각해 보자.

- Step1: 시작위치를 스택에 넣는다. 현재 스택에는 시작위치만 들어 있다.
- Step2: 스택이 공백이 아니면 하나의 위치를 꺼낸다. 이것이 현재위치이다. 현재 위치에 "방문했음" 표시를 한다. 만약 스택이 공백이라면 이 미로에는 출구가 없는 것이므로 종료한다.
- Step3: 만약 현재위치가 출구이면 탐색은 성공으로 끝난다.
- Step4: 그렇지 않으면 이웃(상하좌우)칸들을 살펴본다. 만약 이웃 칸들이 아직 방문되지 않았고 갈 수 있는 칸이라면 그 칸의 위치를 모두 스택에 삽입한다. 다시 Step2로 돌아간다.

만약 이웃 칸들을 탐색하는 순서가 "상하좌우"가 아니라 "좌우상하"라면 탐색 순서는 달라진다. 이웃 위치가 스택에 들어가는 순서가 달라지기 때문이다. 그러나 길이 있다면 반드시 결과를 찾는다.

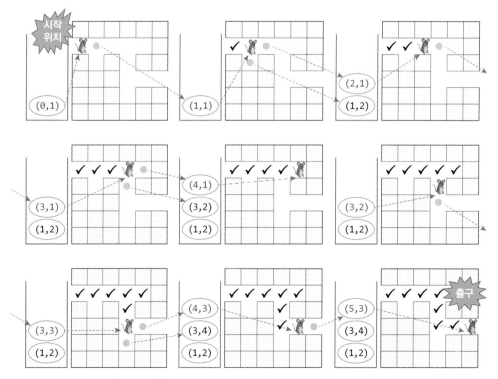

[그림 4.14] 스택을 이용한 깊이우선탐색으로 출구를 찾는 예

■ 스택을 이용한 깊이우선탐색의 구현

미로는 앞에서 살펴본 2차원 배열 구조 map으로 표현되어 있다고 가정하자. 미로의 크기 MAZE_SIZE는 6이다. map의 각 항목들은 2차원 배열처럼 map[y][x]로 접근할 수 있다. 생쥐는 벽이나 미로 밖으로 움직일 수는 없으므로, 어떤 위치 (x,y)가 갈수 있는 위치인지를 검사하는 함수가 있으면 편리할 것이다. 다음은 미로에서 (x,y)가 갈 수 있는 칸이면 True 아니면 False를 반환하는 함수이다.

| 코드 4.9 | 갈 수 있는 위치인지를 판단하는 함수 | 참고파일 ch04/MazeDFS.py |

```
01  def isValidPos(x, y) :
02      if 0 <= x < MAZE_SIZE and 0 <= y < MAZE_SIZE :          (x,y)가 미로 내부이고, 갈 수 있는 칸이
03          if map[y][x] == '0' or map[y][x] == 'x':             거나 출구이면 True를 반환
04              return True
                                                                 0<=y and y<MAZE_SIZE 와 동일
05      return False    # 갈 수 없는 길이면 False 반환
```

이제 알고리즘을 구현할 모든 준비가 다 되었다. 스택에는 어떤 정보를 저장해야 할까? 생쥐의 "위치"가 저장되어야 한다. "위치"는 어떻게 표현할까? 가장 효율적이고 간편한 방법이 파이썬의 튜플(tuple)일 것이다. 파이썬 코드에서 (x,y)는 항목이 두 개인 튜플을 의미한다. 이것을 사용하자. 스택을 이용한 DFS 코드는 다음과 같다.

| 코드 4.10 | 깊이우선탐색으로 미로의 출구를 찾는 함수 | 참고파일 ch04/MazeDSF.py |

```
01  def DFS() :
02      print('DFS: ')
03      stack = ArrayStack(100)
04      stack.push((0,1))                           맨 처음에는 스택에 시작 위치만 들어 있음
05
06      while not stack.isEmpty():
07          here = stack.pop()                      스택이 공백이 아니면 현재 위치(스택 상단 요소)를
08          print(here, end='->')                   꺼내고, 화면에 출력함
09          (x,y) = here            # 현재 위치의 x, y 좌표 추출
10
11          if (map[y][x] == 'x') :  # (x,y)가 출구 위치이면
12              return True          # 탐색 성공
```

```
13          else :
14              map[y][x] = '.'              # 현재 위치는 방문함. '.'표시
15              if isValidPos(x, y - 1): stack.push((x, y - 1)) # 상
16              if isValidPos(x, y + 1): stack.push((x, y + 1)) # 하
17              if isValidPos(x - 1, y): stack.push((x - 1, y)) # 좌
18              if isValidPos(x + 1, y): stack.push((x + 1, y)) # 우
19      print(' 현재 스택: ', stack)
20
21      return False                         # 탐색 실패
```

인접한 네 칸의 위치를 검사해 유효한 칸이면 스택에 삽입(상-하-좌-우 순으로 검사)

```
result = DFS()
if result : print(' --> 미로탐색 성공')
else : print(' --> 미로탐색 실패')
```

```
C:\WINDOWS\system32\cmd.exe                                       —  □  ×
DFS:
(0, 1)-> 현재 스택:  [(1, 1)]
(1, 1)-> 현재 스택:  [(2, 1), (1, 2)]
(2, 1)-> 현재 스택:  [(3, 1), (1, 2)]
(3, 1)-> 현재 스택:  [(4, 1), (3, 2), (1, 2)]
(4, 1)-> 현재 스택:  [(3, 2), (1, 2)]
(3, 2)-> 현재 스택:  [(3, 3), (1, 2)]
(3, 3)-> 현재 스택:  [(4, 3), (3, 4), (1, 2)]
(4, 3)-> 현재 스택:  [(5, 3), (3, 4), (1, 2)]
(5, 3)-> --> 미로탐색 성공
```

최종 탐색 순서

가장 최근에 삽입된 항목이 먼저 출력되도록 함

현재 스택의 내용은 4.2절의 마지막에 설명한 것과 같이 리스트의 슬라이싱 기능을 이용해 역순, 즉 가장 최근에 삽입된 요소부터 출력되도록 하였다. 스택에 현재 위치를 (x,y)의 순으로 저장했으므로, pop에 의해 추출된 튜플 here에서 9행과 같이 x와 y 값을 읽어올 수 있다.

```
(x, y) = here          # 스택에 저장된 튜플은 (x,y) 순서임
                       # x = here[0], y=here[1]과 같은 의미
```

1 　그림 4.15의 미로에서 깊이우선탐색으로 입구에서 출구를 찾으려고 한다. 이웃 칸을 상-하-좌-우가 아니라 상-우-하-좌의 순으로 탐색하는 경우 출구를 탐색하는 순서는?

2 　미로탐색에서 다음 탐색을 위한 위치를 저장할 때 스택만을 사용할 수 있다. ( )

중간 점검

| 연습문제 |

4.1 스택에서 사용되는 정보의 입출력 방법은 무엇인가?

① LIFO   ② FIFO   ③ FILO   ④ LILO

4.2 스택(Stack)의 응용 분야로 거리가 먼 것은?

① 미로 찾기   ② 수식 계산 및 수식 표기법
③ 운영체제의 작업 스케줄링   ④ 서브루틴의 복귀번지 저장

4.3 다음 중 스택에 대한 설명을 모두 골라라.

① 입출력이 한쪽 끝으로만 제한된 리스트이다.
② head(front)와 tail(rear)의 2개 포인터를 갖고 있다.
③ FIFO(First-In First-Out)방식으로 동작한다.
④ 배열 구조와 연결된 구조로 구현이 가능하다.
⑤ 함수 호출시 복귀 주소를 저장하는데 사용된다.

4.4 순서가 A, B, C, D로 정해진 입력 자료를 스택에 입력하였다가 출력할 때, 가능한 출력 순서의 결과가 아닌 것은? 단, 스택에는 입력 자료의 일부를 저장하고 꺼낼 수도 있다. 예를 들어, A를 저장하고 바로 A를 꺼낼 수 있다. A, B를 모두 저장하고 B를 먼저 꺼내고 A를 꺼낼 수도 있다. 그러나 자료의 입력 순서는 반드시 지켜져야 한다.

① D, A, B, C   ② A, B, C, D   ③ A, B, D, C   ④ B, C, D, A

4.5 공백상태의 스택에 총 12번의 push 연산과 10번의 pop 연산이 실행되었는데, 이 중에 3번은 공백상태(언더플로 오류 상황)였다. 현재 스택의 항목 수는 몇 개일까?

4.6 배열 구조(파이썬의 리스트)로 구현한 스택에서 공백상태와 포화상태를 설명하라.

4.7 4.2절에서 구현한 스택에서 삽입연산과 삭제연산의 시간 복잡도를 설명하라.

4.8 다음과 같이 스택을 사용하는 프로그램이 하는 일은 무엇인가?

```
s = stack()
n = 4096
while n > 0 :
    s.push(n % 2)
    n = n // 2
while not s.isEmpty() :
        print(s.pop())
```

4.9 다음 코드의 연산 결과 스택에 남아 있는 내용을 순서대로 적어라.

```
values = Stack()
for i in range( 10 ) :
    if i % 3 == 0 :
        values.push( i )
```

```
values = Stack()
for i in range( 20 ) :
    if i % 3 == 0 :
        values.push( i )
    elif i % 4 == 0 :
        values.pop()
```

4.10 후위표기 수식의 특징이 아닌 것은?
① 사람들이 익숙한 표기 방식이다
② 우선순위가 이미 수식에 포함되어 있다
③ 괄호를 사용하지 않는다
④ 읽으면서 바로 수식을 계산할 수 있다.

4.11 다음의 후위표기 수식을 스택을 이용해 계산하려고 한다(^는 지수함수 연산자). * 연산이 처리되어야 하는 시점의 스택 내용을 바르게 나타낸 것은? 단, 상단 원소부터 순서대로 나열한 것이다.

$$27\ 3\ 3\ \hat{}\ /\ 2\ 3\ *\ -$$

① 3, 27   ② 2, /, 1   ③ 3, 3, 27, 27   ④ 3, 2, 1

4.12 괄호 검사 프로그램에서 다음과 같은 수식이 주어졌을 경우, 알고리즘을 추적해서 각 단계에서의 스택의 내용을 그려라.

$$a\{b[(c+d)^*e]-f\}$$

4.13 다음과 같은 중위식(infix) 표현을 후위식(postfix)으로 변환하라.

(1) (A / B) * C

(2) A + (B * C) − D / E

(3) (X + Y) − (W * Z) / V

(4) U * V * W + X − Y

(5) A / B * C − D + E

(6) A * (B + C) / D − E

4.14 위 문제의 중위식 표현을 전위식(prefix)으로 변환하라.

4.15 다음과 같은 후위식(postfix) 표현을 중위식(infix)으로 변환하라.

(1) A B C − D * +

(2) A B + C D − / E +

(3) A B C D E * + / +

(4) X Y Z + A B − * −

(5) A B + C − D E * +

4.16 다음은 어떤 수식의 후위표기이다. 물음에 답하라.

A	B	E	+	D	*	−

(1) 첫 번째 수행되는 연산은 무엇인가?

(2) 두 번째로 수행되는 연산은 무엇인가?

(3) 세 번째로 수행되는 연산은 무엇인가?

4.17* 회문(palindrome)이란 앞뒤 어느 쪽에서 읽어도 같은 말·구·문등을 의미한다. 예를 들면 "eye". "madam, I'm Adam", "race car" 등이다. 여기서 물론 구두점이나 스페이스, 대소문자 등은 무시하여야 한다. 스택을 이용하여 주어진 문자열이 회문인지 아닌지를 결정하는 프로그램을 스택을 이용해 작성하라.

(힌트) 입력 문자열의 모든 문자를 스택에 삽입한 다음, 스택에서 문자들을 다시 꺼내면서 입력 문자열의 문자와 하나씩 맞추어보는 방법이 가능하다. 만약 한 문자라도 맞지 않으면 회문이 아니다. 이때, 주의할 점은 만약 문자가 스페이스거나 구두점 이면 스택에 삽입하지 말아야한다는 것이다. 그리고 대소문자를 처리하기 위하여 문자들을 비교하기 전에 모든 문자를 대문자나 소문자로 변경하는 것이 편리할 것이다.

4.18* 4.3절의 괄호 검사 프로그램을 다음과 같이 확장하라.

(1) 소스 파일을 읽어 괄호를 검사하는 프로그램을 완성하라. 임의의 파이썬 소스 코드 (.py)를 입력하면 괄호 검사가 되도록 하라.

(2) 괄호 매칭이 실패하면 조건 1~3 중에서 어떤 조건을 위반했는지를 출력할 수 있도록 소스코드를 수정하라. checkBrackets() 함수가 에러 코드를 반환하도록 하면 될 것이다. 에러가 없으면 0을 반환하도록 하라.

(3) 괄호 매칭이 실패하면 실패한 위치를 에러 코드와 함께 반환할 수 있도록 수정하라. 실패한 위치는 (라인수, 문자수)로 나타낼 수 있을 것이다. 따라서 에러가 발생하면 (에러코드, 라인수, 문자수)를 반환하면 될 것이다.

4.19** 4.3절의 코드 4.4가 포함된 소스 파일(ch04/CheckBrackets.py)에 대해 괄호 검사를 해 보라. 정상적인 코드로 보이지만 괄호 검사가 실패할 것이다. 원인이 무엇일까? 문자열을 나타내는 따옴표(' 또는 ")를 처리하지 않았기 때문이다, 예를 들어, 4행이나 7행에서 따옴표 내의 괄호는 문법에 따른 것이 아니라 단순한 문자이므로 괄호 검사에서 제외되어야 하는데, 코드에서는 이런 처리를 하지 않았다. 이러한 파일에서도 괄호 닫기 검사가 성공할 수 있도록 함수를 수정하라. 이를 위해 다음을 구현해야 한다.

(1) 문자열 내의 괄호들은 모두 무시하여야 한다.
(2) 주석문 내의 괄호들도 모두 무시하여야 한다.

4.20* 4.4절의 코드를 수정하여 사용자로부터 직접 중위표기 수식을 입력받아 이를 처리하여 결과를 출력하는 프로그램을 작성하라. 단, 입력 처리의 간소화를 위해 수식의 연산자와 피연산자는 모두 공백으로 분리하여 입력한다고 가정하자. 입력과 실행 예는 다음과 같다.

CHAPTER

05

큐와 덱

학습목표
- 선형 큐의 문제와 원형 큐의 구조와 동작 원리를 이해한다.
- 덱과 우선순위 큐의 개념과 동작 원리를 이해한다.
- 배열을 이용한 큐, 덱, 우선순위 큐의 구현 방법을 이해한다.
- 상속을 이용하여 새로운 클래스를 만들고 사용하는 방법을 이해한다.
- 우선순위 큐를 이용한 전략적 미로 탐색 방법을 이해한다.

5 큐와 덱

5.1 큐란?

■ **큐는 선입선출(First-In First Out: FIFO)의 자료구조이다.**

여행을 가기 위해 공항 카운터에 줄을 서서 기다리는 대기열을 생각하면 큐를 쉽게 이해할 수 있다. 큐(queue)는 먼저 들어온 데이터가 먼저 나가는 선입선출(FIFO: First-In First-Out)의 특성을 갖는 자료구조이다. 가장 앞에 있는 사람, 즉 가장 먼저 온 사람이 가장 먼저 서비스를 받아야 하고, 방금 도착한 사람은 줄의 맨 뒤에 서서 기다려야 한다.

큐는 뒤에서 새로운 데이터가 추가되고 앞에서 데이터가 하나씩 삭제되는 구조를 가지고 있다. 구조상으로 큐가 스택과 다른 점은 삽입과 삭제 연산의 위치가 같은 쪽이 아니라 서로 다른 쪽에서 일어난다는 것이다. 큐에서 삽입이 일어나는 곳을 **후단(rear)**이라 하고 삭제가 일어나는 곳을 **전단(front)**이라고 한다. 다음은 큐의 구조를 보여준다.

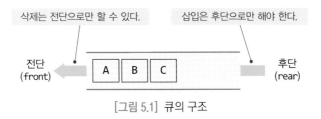

[그림 5.1] 큐의 구조

큐의 추상 자료형

큐에 저장하는 자료에도 특별한 제한이 없다. 연산들은 스택과 매우 유사한데, 큐에서는 삽입과 삭제를 보통 enqueue와 dequeue라고 부른다. 큐의 추상 자료형을 정의하면 다음과 같다.

정의 5.1 Queue ADT

> 데이터: 선입선출(FIFO)의 접근 방법을 유지하는 요소들의 모음
> 연산
> - enqueue(e): 요소 e를 큐의 맨 뒤에 추가한다.
> - dequeue(): 큐의 맨 앞에 있는 요소를 꺼내 반환한다.
> - isEmpty(): 큐가 비어있으면 True를 아니면 False를 반환한다.
> - isFull():   큐가 가득 차 있으면 True를 아니면 False를 반환한다.
> - peek():   큐의 맨 앞에 있는 요소를 삭제하지 않고 반환한다.

큐에서도 가장 중요한 연산은 enqueue()와 dequeue()이다. 물론 삽입은 후단을, 삭제는 전단을 통해서만 가능한데, 이들은 큐의 상태를 변화시킨다. 큐의 상태를 검사하는 연산들 중에서 isEmpty(), isFull()은 스택에서와 같은 의미이고, peek()는 전단 요소를 참조한다. 그림 5.2는 공백상태인 큐에 A, B, C가 순서대로 입력된 상황에서, enqueue(D), enqueue(E) 및 dequeue()가 차례로 수행되는 과정을 보여주고 있는데, 자료가 큐에 들어온 순서대로 나가는 것을 알 수 있다.

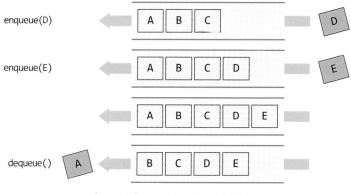

[그림 5.2] 큐의 삽입과 삭제 연산 예

큐에서도 두 가지 오류상황을 만날 수 있다. 그림 5.3(a)는 포화상태인 큐에 enqueue() 를 수행할 때 발생하는 **오버플로(overflow)** 오류이고, (b)는 공백인 큐에서 dequeue()나 peek()를 수행할 때 발생하는 **언더플로(underflow)** 오류이다. 따라서 큐를 안정적으로 사용하기 위해서는 isEmpty()와 isFull()을 이용해 큐의 상태를 검사해야 한다.

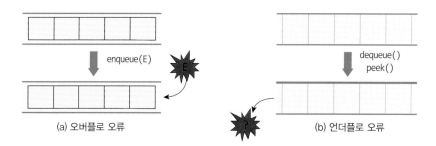

[그림 5.3] 큐의 두 가지 오류 상황

■ 큐는 어디에 사용할까?

일상생활에서 대부분의 일들이 먼저 들어온 순서대로 처리되는 것과 같이 컴퓨터에서도 큐는 매우 광범위하게 사용된다. 특히 컴퓨터에서 데이터를 주고받을 때 각 주변장치들 사이에 존재하는 속도의 차이나 시간차이를 극복하기 위한 임시 기억 장치로 큐가 사용되는데, 이것을 **버퍼(buffer)**라고 한다. 그림과 같이 서비스 콜 센터에서도 **콜 큐(call queue)**를 사용한다. 큐에 많은 요청이 들어 있으면 고객은 기다려야 한다. 그러나 먼저 신청한 사람은 반드시 먼저 서비스를 받는다. 큐의 활용 분야를 살펴보자.

- 컴퓨터와 프린터 사이에 **인쇄 작업 큐**가 존재한다. 프린터는 CPU에 비해 상대적으로 속도가 느리다. 따라서 CPU는 빠른 속도로 인쇄 데이터를 만들어 프린터의 인쇄 작업 큐에 보낸 다음 다른 작업으로 넘어간다. 프린터는 일정한 속도로 인쇄 작업 큐에서 순서대로 데이터를 가져와 인쇄한다.

- 실시간 비디오 스트리밍에서 다운로드 된 데이터가 비디오를 재생하기에 충분하지 않으면 큐에 순서대로 모아두었다가 충분한 양이 되었을 때 비디오를 복원하여 재생한다. 이것을 **버퍼링(buffering)**이라고 한다.

- 컴퓨터로 현실 세계를 **시뮬레이션** 하는 분야에서도 큐가 폭넓게 사용된다. 예를 들어 은행에서 대기표를 뽑고 기다리는 고객들, 공항에서 활주로를 이용해 이륙하는 비행기들, 인터넷에서 전송되는 데이터 패킷들을 모델링하는데 큐가 이용된다. 이러한 시뮬레이션을 잘 활용하면 은행이나 공항 시스템을 최적화할 수 있고, 따라서 최소의 비용으로 최고의 수익을 올릴 수 있다.

---

1 큐에서 사용되는 정보의 입출력 방법은 무엇인가?

① LIFO   ② FIFO   ③ FILO   ④ LILO

중간 점검

2 문자 A, B, C, D를 순서대로 큐에 넣었다가 다시 꺼내 출력하면 출력 순서는?

3 10, 20, 30, 40, 50을 순서대로 큐에 넣었다가 3개의 항목을 삭제하였다. 큐에 남아 있는 것은 무엇일까?

5.2 큐의 구현

■ 배열을 이용한 큐의 구조

배열을 이용한 큐의 구조는 그림 5.4와 같은데, 요소를 저장할 배열과 전단과 후단의 위치
를 저장할 변수들이 필요하다.

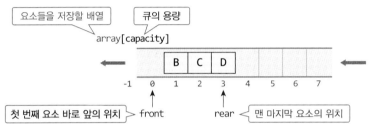

[그림 5.4] 배열을 이용한 큐의 구조

배열(array)과 용량(capacity)은 스택에서와 동일하다. 스택에서 상단(top)만을 사용한 것
에 비해 큐는 두 개의 변수가 필요한데, 삽입과 삭제가 다른 쪽에서 이루어져야 하기 때문
이다. 이들은 다음과 같이 정의할 수 있다.

- rear: 큐의 맨 마지막 요소의 위치(인덱스)를 저장한다. 예를 들어, 그림 5.4에서 rear는
  후단 요소 D의 인덱스 3이 된다.
- front: 전단 요소가 아니라 전단 요소 바로 앞의 위치(인덱스)를 저장한다. 예를 들어, 그
  림 5.4에서 front는 B의 인덱스 1이 아니라 0이 된다.

이제 삽입, 삭제 연산과 front, rear의 관계를 살펴보자. 삽입은 rear를 먼저 하나 증가시
킨 후 그 위치에 새로운 요소를 넣으면 된다. 삭제는 front를 하나 증가시킨 후 그 자리의
요소를 반환하면 된다. 맨 처음에는 큐가 공백이어야 하므로 front와 rear를 모두 -1로
초기화하면 될 것이다.

■ 선형 큐에는 어떤 문제가 있을까?

용량이 8인 공백상태의 큐에 그림 5.5와 같이 8개의 요소 A~H를 삽입(enqueue)하고
세 번의 삭제(dequeue)를 순서대로 수행했다고 생각해 보자. 이 상태에서 I를 삽입하는

enqueue(I)를 수행하면 어떻게 될까? 큐의 앞부분에 공간이 있는데도 rear를 더 증가시킬 수 없으므로 I를 후단에 바로 삽입할 수 없다. 어떻게 해야 할까? 어쩔 수 없이 큐의 요소들을 모두 최대한 앞으로 옮겨 후단에 공간을 확보한 다음 삽입해야 할 것이다. 이것을 **선형 큐**(linear queue)라 하는데, 많은 요소들의 불필요한 이동이 발생해 효율적이지 않다.

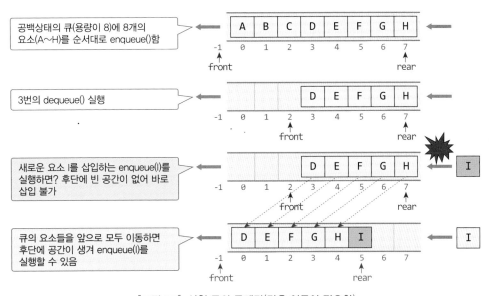

[그림 5.5] 선형 큐의 문제점(많은 이동이 필요함)

연산들의 복잡도를 따져보자. 삭제는 항상 가능하다. front를 증가시키고 그 위치의 요소를 삭제하면 되므로 복잡도는 $O(1)$이다. 그렇지만 삽입을 위해서는 그림 5.5와 같이 많은 요소의 이동이 필요하다. 최악의 경우 이동할 요소의 수는 n에 비례하는데, 따라서 삽입 연산의 복잡도는 $O(n)$이다.

■ 원형 큐가 훨씬 효율적이다.

선형 큐의 문제를 깔끔하게 해결할 수 있는 아이디어가 있다. 배열을 원형으로 생각하는 것이다. 이러한 큐를 **원형 큐**(circular queue)라고 하는데, 실제로 배열이 원형이 되는 것이 아니라 front와 rear를 원형으로 회전시키는 아이디어이다. 예를 들어, 그림 5.6과 같이 enqueue(I)가 호출되면 rear를 시계방향으로 한 칸 회전시키고 그 위치에 I를 저장하는데, 다른 요소들을 이동할 필요가 없다.

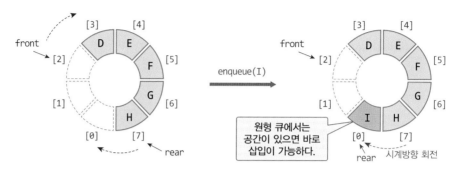

[그림 5.6] 원형 큐는 인덱스를 시계방향으로 회전시킴

인덱스의 시계방향 회전은 어떻게 구현할까? front나 rear를 증가시키다가 용량(capacity)과 같아지면 이들을 다시 0으로 만들어주면 된다. 이것은 if문을 추가하여 처리할 수도 있지만, 다음과 같이 나머지 연산(%)을 이용하면 더 간결하게 표현된다. 이때, capacity는 배열의 크기이다.

- 전단 회전 : front ← (front+1) % capacity
- 후단 회전 : rear ← (rear+1) % capacity

예를 들어, capacity가 8이라면 rear는 0, 1, 2, … 7의 순으로 증가하다가 다시 0(=(7+1)%8)으로 되돌아간다. front도 마찬가지이다. 이제 삽입을 위해 요소들의 이동이 필요 없고, 따라서 삽입 연산도 항상 $O(1)$에 처리된다.

■ 원형 큐의 클래스 구현

큐의 추상 자료형을 원형 큐로 구현해 보자. 클래스로 구현하는데, 이름은 Circular Queue로 한다. 클래스의 구조는 ArrayStack(코드 4.2)과 유사한데, 코드 5.1과 같이 구현할 수 있다.

큐의 생성을 담당하는 생성자 __init__()

원형 큐의 생성자(2~6행)는 스택 클래스와 비슷하다. capacity를 전달받아 배열 array를

생성하고 요소들을 None으로 초기화한다. 맨 처음에는 큐가 공백이 되어야 하므로 front
와 rear는 0으로 초기화한다.

코드 5.1   배열로 구현된 원형 큐 클래스   참고파일 ch05/CircularQueue.py

```
01  class CircularQueue :
02      def __init__( self, capacity = 8 ) :
03          self.capacity = capacity
04          self.array = [None] * capacity
05          self.front = 0
06          self.rear = 0
07
08      def isEmpty( self ) :
09          return self.front == self.rear
10
11      def isFull( self ) :
12          return self.front == (self.rear+1)%self.capacity
13
14      def enqueue( self, item ):
15          if not self.isFull():
16              self.rear = (self.rear + 1) % self.capacity
17              self.array[self.rear] = item
18          else: pass       # 오버플로 예외. 처리 않음
19
20      def dequeue( self ):
21          if not self.isEmpty():
22              self.front = (self.front + 1) % self.capacity
23              return self.array[self.front]
24          else: pass       # 언더플로 예외. 처리 않음
25
26      def peek( self ):
27          if not self.isEmpty():
28              return self.array[(self.front + 1) % self.capacity]
29          else: pass       # 언더플로 예외. 처리 않음
```

- 큐의 생성자. 큐의 용량을 전달받아 이 크기의 큐를 위한 데이터를 선언하고 초기화함
- 같은 값으로 초기화
- front와 rear가 같으면 공백상태
- front가 rear의 다음 위치이면 포화 상태
- 포화가 아니면 삽입 가능.
  ① rear를 시계방향으로 회전시키고,
  ② 그 위치에 새로운 요소를 저장
- 공백이 아니면 삭제 가능.
  ① front를 회전시키고,
  ② 그 위치의 요소를 반환

공백상태와 포화상태를 검사하는 isEmpty()와 isFull() 연산

원형 큐의 공백상태는 그림 5.7(a)와 같이 <u>front == rear인 경우</u>이다. 이들이 0이 되어야 할 필요는 없고, 단지 front와 rear가 같은 곳을 가리키기만 하면 된다. isEmpty()는 9행과 같이 비교 연산을 반환하는 방법으로 간단히 구현할 수 있다.

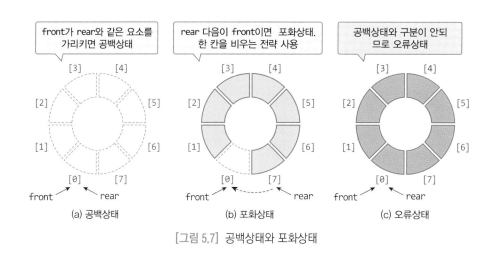

[그림 5.7] 공백상태와 포화상태

포화상태는 어떨까? (c)를 생각하기 쉽지만, 문제가 있다. (c)는 front==rear인데, 공백 상태 (a)와 구분이 되지 않는다. 따라서 <u>원형 큐에서는 하나의 자리를 비워두는 전략</u>을 사용한다. 즉, (b)와 같이 front가 rear의 바로 다음에 있으면 포화상태라고 정의한다. 시계방향의 회전까지 고려하면 <u>front == (rear +1)% capacity</u>가 포화상태이다. isFull()도 12행과 같이 간단히 구현된다.

새로운 요소 e를 삽입하는 enqueue(e) 연산

삽입은 포화상태가 아니어야 가능하므로 이를 먼저 검사해야 한다. 삽입이 가능하면(15행) ① 후단 rear를 먼저 시계방향으로 한 칸 회전시키고(16행), ② 그 위치에 새로운 요소 e를 복사하면 된다(17행). 언더플로 예외 처리는 생략했는데, 예외 상황에 대한 처리는 응용에 따라 달라질 수 있기 때문이다.

맨 앞의 요소를 삭제하는 dequeue() 연산

삭제는 큐에 요소가 남아 있어야 가능하다. 큐가 공백이 아니면(21행) 먼저 ① front를 시계방향으로 한 칸 회전시키고(22행) ② 그 위치의 요소를 반환하면(23행) 된다. 오버플로 예외 처리는 생략했다.

맨 앞의 요소를 들여다보는 peek() 연산

peek()도 공백이 아니어야 가능한데, front의 다음 위치(시계방향으로 회전한)의 요소를 반환하면 된다. 이때, <u>front 자체가 변경되지 않아야</u> 하는 것에 유의하라.

추가 연산: 요소의 수를 구하는 size()와 큐 출력을 위한 display()

추상 자료형에는 없지만 두 가지 연산을 큐에 추가해 보자. 먼저 큐의 요소의 수를 구하는 size() 연산이다. 만약, 선형 큐라면 요소의 수는 rear−front로 쉽게 계산되지만, 원형 큐에서는 그림과 같이 이 값이 음수가 될 수도 있다. 만약 rear−front가 음수라면 추가로 용량을 더해 양수로 만들어야 한다. 예를 들어, 그림의 경우 전체 요소의 수는 $(0-2+8)\%8 = 6$이다.

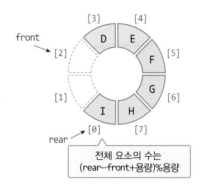

전체 요소의 수는 (rear−front+용량)%용량

코드 5.2   큐의 전체 요소의 수 계산   참고파일 ch05/CircularQueue.py

```
31    def size( self ) :
32        return (self.rear - self.front + self.capacity) % self.capacity
```

추가 연산: 출력을 위한 문자열 변환 연산

원형 큐의 요소들을 화면에 출력하기 위해 문자열로 변환하려면 __str__연산자 중복 함수를 구현해야 한다. 이때, 두 가지 상황을 고려해야 하는데, 하나는 선형 큐와 같이 front⟨rear인 경우이고, 다른 하나는 front⟩rear인 상황이다. 다음 그림과 같이 front⟨rear이면 front+1 부터 rear까지의 요소들을 순서대로 출력하면 된다. 만약 그렇지 않다면 <u>배열이 두 부분을 연결해 출력</u>한다. 즉, front+1부터 capacity−1까지의 요소를 출력한 다음 0부터 rear까지의 요소들을 출력한다. 파이썬 리스트의 슬라이싱 기능을 이용해 구현한 코드는 다음과 같다.

[그림 5.8] 원형 큐의 출력을 위한 두 가지 상황

코드 5.3   문자열 변환을 위한 str 연산자 중복   참고파일 ch05/CircularQueue.py

```
01    def __str__(self):
02        if self.front < self.rear :
03            return str(self.array[self.front+1:self.rear+1])
04        else :
05            return str(self.array[self.front+1:self.capacity] + \
06                       self.array[0:self.rear+1] )
```

front<rear이면 front+1부터 rear까지의 요소를 출력. 슬라이싱 기능을 이용

그렇지 않으면, 두 부분을 나누어 출력함. front+1~capacity-1까지와 0~rear까지임

테스트 프로그램

원형 큐의 동작을 확인하기 위한 프로그램과 실행 결과는 다음과 같다. capacity가 8인 원형 큐 객체를 만들고, 7개의 요소의 삽입, 3번의 삭제, 3개의 요소 삽입을 순서대로 처리한다. 원형 큐에서는 capacity가 8이면 최대 7개의 요소를 저장할 수 있는 것에 유의하라.

코드 5.4   원형 큐: 테스트 프로그램   참고파일 ch05/CircularQueue.py

```
01    q = CircularQueue(8)
02    q.enqueue('A')
      ...
08    q.enqueue('F')
```

capacity가 8인 원형 큐 객체 생성. 실제 최대 용량은 8-1이 됨

A부터 F까지 7개의 요소를 삽입

```
09    print('A B C D E F 삽입: ', q)
10    print('삭제 -->', q.dequeue())
11    print('삭제 -->', q.dequeue())
12    print('삭제 -->', q.dequeue())
13    print('      3번의 삭제: ', q)
14    q.enqueue('G')
15    q.enqueue('H')
16    q.enqueue('I')
17    print('     G H I 삽입: ', q)
```

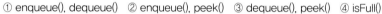

```
C:\WINDOWS\system32\cmd.exe                        —  □  ×
A B C D E F 삽입:  ['A', 'B', 'C', 'D', 'E', 'F']
삭제 --> A
삭제 --> B
삭제 --> C
      3번의 삭제:  ['D', 'E', 'F']
     G H I 삽입:  ['D', 'E', 'F', 'G', 'H', 'I']
```

---

1 다음 중 공백상태의 검사가 먼저 필요한 스택의 연산은?

① enqueue(), dequeue()   ② enqueue(), peek()   ③ dequeue(), peek()   ④ isFull()

중간 점검

2 원형 큐에서 front가 가리키는 것은?

3 배열의 크기가 8인 원형 큐에서 front가 3, rear가 5이면 이 원형 큐에 저장된 자료의 수는?

4 배열의 크기가 8인 원형 큐에서 front가 5, rear가 3이면 이 원형 큐에 저장된 자료의 수는?

정답 **1** ③ **2** 공백 요소 바로 앞의 위치 **3** 2개 **4** 6개

5.3 큐의 응용: 너비우선탐색

실생활에서의 줄서기와 마찬가지로 컴퓨터에서도 큐는 매우 광범위하게 사용된다. 이 책에서도 큐를 사용하는 응용들은 다음과 같이 다양하다.

- 이진트리의 레벨 순회를 위해 큐가 사용된다. (8장)
- 기수정렬에서 레코드의 정렬을 위해 큐가 사용된다. (12장)
- 그래프의 탐색에서 너비우선탐색을 위해 큐가 사용된다. (10장)

■ 큐를 이용한 너비우선탐색

우리는 4장에서 스택을 이용한 깊이우선탐색에 의해 미로를 탈출하는 방법을 공부했다. 미로 탐색을 위해 너비우선탐색(BFS, Breadth First Search)을 사용할 수도 있다. 너비우선탐색은 출발점에서부터 인접한 위치들을 먼저 방문한 다음, 방문한 위치들에 인접한

위치들을 순서대로 찾아가는 방법이다. 이 과정은 출구를 찾거나 모든 위치를 방문할 때까지 계속된다. 깊이우선탐색이 하나의 경로를 선택해 끝까지 가보고 막히면 다시 다른 경로를 시도하는 것과 달리, 너비우선탐색은 가까운 위치부터 차근차근 찾아가는 전략을 사용한다. 이러한 전략은 미로탐색 뿐만 아니라 일반적인 그래프 탐색에서도 사용되는 매우 중요한 기법이다. 너비우선탐색에는 큐가 사용되는데, 다음은 너비우선탐색으로 미로를 탈출하는 과정과 큐의 변화를 보여준다.

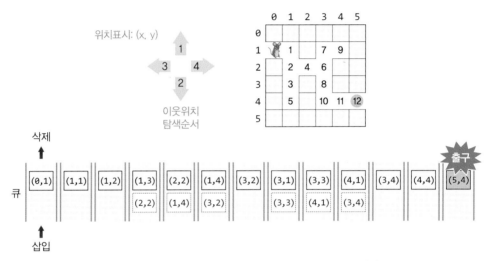

[그림 5.9] 너비우선탐색에 의한 미로탐색 및 큐의 상태변화

너비우선탐색에 의한 미로탐색을 구현해 보자. 깊이우선탐색과의 차이는 스택을 사용하느냐 큐를 사용하느냐 밖에 없다. 따라서 코드 4.8에서 스택을 큐로 바꾸고 관련 멤버 함수의 이름만 수정하면 된다. isValidPos()는 4장의 함수를 그대로 사용한다. CircularQueue를 이용한 깊이우선탐색 코드는 다음과 같다.

코드 5.5   너비우선탐색으로 미로의 출구를 찾는 함수   참고파일 ch05/MazeBFS.py

```
01  def BFS() :                          # 너비우선탐색 함수
02      que = CircularQueue()
03      que.enqueue((0,1))
04      print('BFS: ')                   # 출력을 'BFS'로 변경
05
```

```
06      while not que.isEmpty():
07          here = que.dequeue()
08          print(here, end='->')
09          x,y = here
10          if (map[y][x] == 'x') : return True
11          else :
12              map[y][x] = '.'
13              if isValidPos(x, y - 1) : que.enqueue((x, y - 1))      # 상
14              if isValidPos(x, y + 1) : que.enqueue((x, y + 1))      # 하
15              if isValidPos(x - 1, y) : que.enqueue((x - 1, y))      # 좌
16              if isValidPos(x + 1, y) : que.enqueue((x + 1, y))      # 우
17      return False
```

테스트 코드와 실행결과는 다음과 같다.

코드 5.6   BFS 미로찾기 테스트 프로그램   참고파일 ch05/MazeBFS.py

```
01  map = [   [ '1', '1', '1', '1', '1', '1' ],
02            [ 'e', '0', '1', '0', '0', '1' ],
03            [ '1', '0', '0', '0', '1', '1' ],
04            [ '1', '0', '1', '0', '1', '1' ],
05            [ '1', '0', '1', '0', '0', 'x' ],
06            [ '1', '1', '1', '1', '1', '1' ]]
07  MAZE_SIZE = 6
08  result = BFS()
09  if result : print(' --> 미로탐색 성공')
10  else : print(' --> 미로탐색 실패')
```

```
C:\WINDOWS\system32\cmd.exe          너비우선탐색 과정                      —   □   ×
BFS:
(0, 1)->(1, 1)->(1, 2)->(1, 3)->(2, 2)->(1, 4)->(3, 2)->(3, 1)->(3, 3)->(4, 1)->
(3, 4)->(4, 4)->(5, 4)-> --> 미로탐색 성공
```

■ 파이썬의 queue 모듈은 큐와 스택 클래스를 제공한다.

파이썬에서는 큐 클래스를 모듈로 제공해 준다. 큐를 사용하기 위해서는 다음과 같이

queue **모듈**을 포함하여야 한다.

```
import queue            # 파이썬의 큐 모듈 포함
```

queue 모듈의 큐 클래스 이름은 **Queue**이다. 따라서 다음과 같이 새로운 큐 Q를 만들 수 있다. 이때, 생성될 큐의 최대 크기를 키워드 인수 maxsize를 통해 지정할 수 있다. maxsize가 0인 것은 큐의 크기가 무한대라는 것이다.

```
Q = queue.Queue(maxsize=20)     # 큐 객체 생성(최대크기 20)
```

삽입과 삭제연산의 이름이 변경되었다. 삽입은 enqueue()가 아니라 put()이고, 삭제는 dequeue()가 아니라 get()을 사용해야 한다.

코드 5.7   파이썬 queue 모듈 테스트   참고파일 ch05/PythonQueue.py

```
01   for v in range(1, 10) :
02       Q.put(v)
03   print("큐의 내용: ", end='')
04   for _ in range(1, 10) :
05       print(Q.get(), end=' ')
06   print()
```

```
C:\WINDOWS\system32\c...     —  □  ×
큐의 내용: 1 2 3 4 5 6 7 8 9
```

공백상태의 큐에 get() 연산을 수행하면 **언더플로(Underflow)**가 발생한다. 마찬가지로 maxsize 이상의 자료를 put()하는 경우 **오버플로(Overflow)**가 발생한다. get()과 put() 함수는 언더플로나 오버플로가 발생하더라도 에러를 반환하지 않고, 단순히 무한루프에 빠지게 되는 것에 유의하라. 따라서 이 연산을 처리하기 전에 empty()와 full()를 이용해 큐의 상태를 먼저 확인하는 것이 안전하다.

스택 클래스도 큐 모듈에서 제공하는 것에 유의하라. 클래스의 이름이 LifoQueue인 것을 제외하고 객체생성 방법이나 연산들은 큐와 동일하다.

```
S = queue.LifoQueue(maxsize=20)     # 스택 객체 생성(최대크기 20)
```

이제 스택이나 큐를 직접 구현할 필요 없이 파이썬의 큐 모듈을 이용해 깊이우선탐색과 너비우선탐색을 구현할 수 있다.

---

1 그림 5.9의 미로를 너비우선탐색으로 탐색하려 한다. 이웃 칸을 상–우–하–좌의 순으로 탐색하는 경우의 전체 탐색 순서는?

2 파이썬 queue 모듈의 Queue 클래스에서 삽입과 삭제 연산은 각각 put(), get()이다.

3 queue 모듈의 LifoQueue 클래스에서 삽입과 삭제 연산은 각각 push(), pop()이다.

중간 점검

정답 1 (0, 1) (1, 1) (1, 2) (2, 2) (1, 3) (3, 3) (1, 4) (3, 4) (4, 1) (3, 2) (1, 4) (3, 4) (5, 4) 2 ○ 3 X

5.4 덱이란?

■ 덱은 스택이나 큐보다는 입출력이 자유로운 자료구조이다.

덱(deque)은 double-ended queue의 줄임말로서 <u>큐의 전단(front)과 후단(rear)에서 모두 삽입과 삭제가 가능한 큐</u>를 의미한다. 그렇지만 여전히 중간에 삽입하거나 삭제하는 것은 허용하지 않는다.

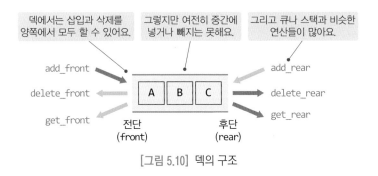

[그림 5.10] 덱의 구조

덱을 추상 자료형으로 정의하면 다음과 같다.

정의 5.2 Deque ADT

데이터: 전단과 후단을 통한 접근을 허용하는 요소들의 모음

연산

- isEmpty():   덱이 비어 있으면 True를 아니면 False를 반환한다.
- isFull():   덱이 가득 차 있으면 True를 아니면 False를 반환한다.
- addFront(e):   맨 앞(전단)에 새로운 요소 e를 추가한다.
- deleteFront(): 맨 앞(전단)의 요소를 꺼내서 반환한다.
- getFront():   맨 앞(전단)의 요소를 꺼내지 않고 반환한다.
- addRear(e):   맨 뒤(후단)에 새로운 요소 e를 추가한다.
- deleteRear(): 맨 뒤(후단)의 요소를 꺼내서 반환한다.
- getRear():   맨 뒤(후단)의 요소를 꺼내지 않고 반환한다.

덱은 스택과 큐의 연산들을 모두 가지고 있다.

- 덱의 addRear, deleteFront, getFront 연산은 각각 큐의 enqueue, dequeue, peek 연산과 정확히 동일하다.
- 덱의 후단(rear)을 스택의 상단(top)으로 사용한다면, 덱의 addRear, deleteRear, getRear 연산은 스택의 push, pop, peek 연산과 정확히 동일하다.

덱은 구조상 큐와 더 비슷하다. 따라서 원형 덱으로 구현하는 것이 연산들의 시간 복잡도를 O(1)로 만들 수 있는 좋은 방법이다. 주의해야 할 연산은 front와 rear를 감소시켜야 하는 deleteRear와 addFront이다. 다음 그림과 같이 인덱스를 감소시키는 것은 반대방향, 즉 반시계방향의 회전을 의미한다. front와 rear를 반대방향으로 회전시키는 코드는 다음과 같다.

- 전단 반시계방향 회전 : front ← (front-1+capacity) % capacity
- 후단 반시계방향 회전 : rear ← (rear-1+capacity) % capacity

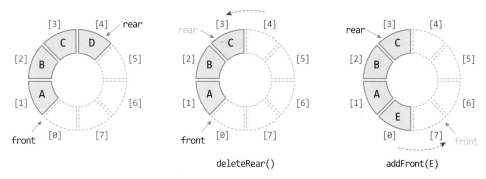

[그림 5.11] 원형 덱에서 반시계방향 회전이 필요한 연산의 예

---

1 공백상태의 덱에 다음 연산을 순서적으로 실행했을 때 마지막으로 반환되는 값은?
addFront(4), addRear(8), addRear(9), addFront(5), getRear(), deleteFront(),
deleteRear(), addRear(7), getFront(), getRear(), addRear(6), deleteFront(),
deleteFront()

2 다음 중 front나 rear를 반시계방향으로 회전시켜야 하는 원형 덱의 연산은?
① isEmpty()   ② addFront(x)   ③ deleteFront()   ④ getRear()

중간 점검

정답 1 8 2 ②

5.5 덱의 구현

■ 원형 큐를 상속하여 원형 덱 클래스를 구현하자.

원형 덱은 어떻게 구현할 수 있을까? 먼저 떠오르는 방법은 원형 큐와 같이 클래스를 만들고 각 연산을 하나씩 구현해 넣는 것이다. 그런데 좀 더 편리한 방법이 있다. 이미 만들어진 원형 큐 클래스를 **상속**해서 구현하는 것이다. 상속을 이용하려는 이유는 다음과 같다.

- 원형 덱에서 필요한 데이터는 원형 큐와 동일하다.
- 원형 덱의 isEmpty, isFull등의 연산도 원형 큐와 동일하다.
- 원형 덱의 addRear, deleteFront, getFront는 원형 큐의 enqueue, dequeue, peek 와 정확히 동일한 동작을 한다.
- 원형 덱의 deleteRear, addFront, getRear는 원형 큐에 없는 새로운 연산이다. 따라서 이 연산에만 집중하면 된다.

덱에서도 큐와 같이 front와 rear를 사용해야 되네. 포화상태와 공백상태 검사 방법도 똑같고… 인덱스를 회전시키는 것도 비슷하고…

그렇다면 원형 큐 클래스를 상속해서 원형 덱을 간단하게 구현할 수 있겠군…

즉, 이미 많은 데이터와 연산들을 원형 큐 클래스에서 처리해 놓았으므로 이들을 최대한 그대로 이용하자는 것이다. 상속은 매우 짧은 코드로 기존의 복잡한 클래스에 기능을 추가한 새로운 클래스를 만들 수 있는 매우 유용한 방법이다(2.12절 참조).

■ 원형 덱 클래스

앞에서 구현한 원형 큐 클래스 CircularQueue를 상속하여 새로운 원형 덱 클래스 **CircularDeque**을 만들어 보자. CircularQueue가 부모이고 CircularDeque이 자식 클래스이다. 상속을 한다는 것은 자식 안에 부모가 하나 들어있는 것과 비슷한데, 상속만으로 CircularDeque은 CircularQueue에서 정의한 멤버 변수와 메소드를 갖는다. 따라서 불필요한 코드의 중복이 없이 필요한 부분만 추가하면 되므로 코드가 짧고 간결해진다. 상속을 이용해 구현한 원형 덱은 코드 5.8과 같다.

클래스의 상속과 멤버 변수 초기화

CircularQueue를 상속한 CircularDeque 클래스를 정의한다. 생성자는 상속되지 않으므로 4~5행과 같이 다시 정의해야 하는데, 덱에서 추가되는 데이터 멤버가 없으므로 부모의 생성자만 호출하면 된다. 이를 위해, 5행과 같이 부모를 부르는 함수 super()를 사용하여 생성자 __init__()을 호출한다.

물려받아 사용하는 연산: isEmpty(), isFull(), size(), __str__()

공백이나 포화상태의 검사와 덱의 크기, 덱의 문자열 변환 등은 부모인 CircularQueue에서 잘 구현된 것을 그대로 사용하면 된다. 따라서 자식 클래스에서는 추가적인 코드가 필요 없이 바로 사용할 수 있다. 예를 들어, 공백상태 검사가 필요하면 self.isEmpty()를 호출하면 된다.

코드 5.8   원형 큐를 상속한 원형 덱 클래스   참고파일 ch05/CircularDeque.py

```python
01  from CircularQueue import *

02

03  class CircularDeque(CircularQueue) :

04      def __init__( self, capacity=10 ) :
05          super().__init__(capacity)

06

07      # isEmpty(), isFull(), size(), __str__()

08

09      def addRear( self, item ):
10          self.enqueue(item )

11

12      def deleteFront( self ):
13          return self.dequeue()

14

15      def getFront( self ):
16          return self.peek()

17

18      # 새로 구현이 필요한 연산들
19      def addFront( self, item ):
20          if not self.isFull():
21              self.array[self.front] = item
22              self.front = (self.front - 1 + self.capacity) % self.capacity
23          else: pass

24

25      def deleteRear( self ):
26          if not self.isEmpty():
27              item = self.array[self.rear];
28              self.rear = (self.rear - 1 + self.capacity) % self.capacity
29              return item
30          else: pass

31

32      def getRear( self ):
33          if not self.isEmpty():
34              return self.array[self.rear]
35          else: pass
```

자식 클래스

부모 클래스

덱의 생성자. super()를 이용해 부모 CircularQueue의 생성자를 호출해야 함.
추가로 정의할 데이터 멤버는 없음

CircularQueue와 동작이 동일하므로 정의할 필요 없음

동작은 같지만 이름이 달라지므로 메소드를 다시 만들어야 함. 각각 부모 클래스의 해당 연산을 호출하면 됨

전단 삽입은 덱이 포화상태가 아닌 경우 처리 가능. 현재의 front에 새로운 요소를 저장한 다음, front를 반시계 방향으로 한 칸 회전

후단 삭제는 공백이 아닌 경우 처리가능. 현재의 rear 요소를 저장한 후, rear를 반시계 방향으로 한 칸 회전. 마지막으로 저장했던 요소를 반환함

후단 참조는 현재의 rear 요소를 반환하면 됨

이름이 변경되는 연산: addRear(e), deleteFront(), getFront()

이 연산들의 동작은 원형 큐의 enqueue, dequeue, peek 연산과 정확히 같은 동작을 한다. 그렇지만 이름이 다르다. 따라서 자식 클래스에 새로운 메소드를 추가하고, 이미 구현된 부모 클래스의 해당 연산을 호출하기만 하면 된다(9~16행). deleteFront와 getFront는 전단 요소를 반환해야 하므로 원형 큐의 해당 연산의 결과를 반환하는 것에 유의하라.

새로 구현할 연산: addFront(e), deleteRear(), getRear()

덱에만 있는 기능들은 자식 클래스에서 모두 새로 구현해야 한다. 이들 중 deleteRear와 addFront는 그림 5.11과 같이 인덱스를 반시계방향으로 회전시켜야 한다. getRear는 현재 rear가 가리키는 요소를 반환하면 된다. 오버플로와 언더플로 예외에 대한 처리는 생략하였다.

■ 원형 덱의 활용

덱을 활용해 보자. 다음은 덱 객체를 생성하고, 0~8의 숫자 중에서 홀수는 전단에 짝수는 후단에 삽입한다. 다음으로 전단에서 두 번, 후단에서 세 번의 삭제를 하고, 마지막으로 전단에 5번의 삽입을 하였다. 코드와 실행 결과는 다음과 같다.

코드 5.9   **원형 덱의 테스트 프로그램**   참고파일 ch02/CircularDeque.py

```
01  dq = CircularDeque()
02
03  for i in range(9):
04      if i%2==0 : dq.addRear(i)          짝수는 후단 삽입
05      else : dq.addFront(i)              홀수는 전단 삽입
06  print("홀수->전단, 짝수->후단:", dq)
07
08  for i in range(2): dq.deleteFront()    전단 삭제 2번
09  for i in range(3): dq.deleteRear()     후단 삭제 3번
10  print(" 전단삭제x2 후단삭제x3:", dq)
11
12  for i in range(9,14): dq.addFront(i)
13  print("   전단삽입 9,10,...13:", dq)
```

> 홀수는 전단으로 삽입   짝수는 후단으로 삽입
>
> C:\WINDOWS\system32\cmd.exe
> 홀수->전단, 짝수->후단: [7, 5, 3, 1, 0, 2, 4, 6, 8]
> 전단삭제x2 후단삭제x3: [3, 1, 0, 2]
>   전단삽입 9,10,...13: [13, 12, 11, 10, 9, 3, 1, 0, 2]
>
> 9, 10, 11, 12, 13을 순서적으로 전단에 삽입

덱 연산들의 시간 복잡도를 생각해 보자.

- 이름만 바뀌는 연산들(addRear, deleteFront, getFront)은 이미 큐에서 모두 O(1)임을 확인하였다.
- getRear는 명백히 O(1)이다.
- 새로 추가한 삽입연산 addFront와 삭제연산 deleteRear에서도 항목의 이동을 발생하지 않고, 인덱스만 변경하면 된다. 따라서 시간 복잡도는 O(1)이다.

---

1 다음 중 원형 큐를 상속하여 원형 덱 클래스를 만들 때 반드시 새로 구현해야 하는 연산들은?

   ① isFull(), isEmpty()   ② addRear(), deleteFront(), getFront()

   ③ addFront(), deleteRear(), getRear()   ④ 모든 메소드

중간 점검

2 클래스의 상속에서 생성자도 자식으로 상속되므로 추가할 내용이 없으면 구현하지 않아도 된다. (   )

3 자식 클래스에서 부모를 부르는 함수는 (   )이다.

4 배열 구조의 원형 덱에서 전단 삽입 연산(addFront)의 시간 복잡도로 가장 적절한 것은?

   ① $O(1)$ ② $O(\log n)$ ③ $O(n)$ ④ $O(n^2)$

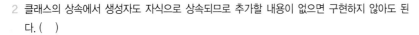

정답 1 ③ 2 X 3 super() 4 ①

5.6 우선순위 큐

소방차나 구급차와 같은 긴급 차량들은 도로 교통법에 의해 높은 우선순위를 갖기 때문에 일반 차량들은 도로에 먼저 진입했더라도 이들이 나타나면 길을 양보해야 한다. 컴퓨터에서도 우선순위의 개념이 필요할 때가 종종 있는데, 예를 들어, 운영 체제에서 시스템 프로세스는 응용 프로세스보다 더 높은 우선순위를 갖는다. 우선순위 큐는 이러한 <u>우선순위의 개념을 큐에 도입한</u> 자료구조이다. 보통의 큐는 먼저 들어온 데이터가 먼저 나가는 구조(FIFO)인데 비해, **우선순위 큐**(priority queue)는 모든 데이터가 우선순위를 가지고 있고, 들어온 순서와 상관없이 우선순위가 높은 데이터가 먼저 출력되는 구조이다.

우선순위 큐는 사실 가장 일반적인 큐로 볼 수 있는데, 이것은 "우선순위"를 어떻게 정하느냐에 따라 스택이나 큐로도 얼마든지 사용할 수 있기 때문이다. 이러한 우선순위 큐는 시뮬레이션이나 네트워크 트래픽 제어, 운영 체제에서의 작업 스케줄링, 수치 해석적인 계산 등 다양한 분야에서 활용되고 있다.

우선순위 큐 추상 자료형

우선순위 큐는 우선순위를 갖는 요소들의 모임이다. 연산은 큐와 동일하다. 우선순위 큐에서도 가장 중요한 연산은 삽입과 삭제이다. 삭제 연산에서 어떤 요소가 먼저 삭제되는가에 따라 **최대 우선순위 큐**와 **최소 우선순위 큐**로 나누어지지만, 특별한 언급이 없으면 가장 높은 우선순위의 요소가 먼저 삭제되는 최대 우선순위 큐를 의미한다. 다음은 우선순위 큐의 추상 자료형이다.

정의 5.3 Priority Queue ADT

데이터: 우선순위를 가진 요소들의 모음

연산

- isEmpty(): 우선순위큐가 비어있으면 True를 아니면 False를 반환한다.
- isFull(): 우선순위큐가 가득 차 있으면 True를 아니면 False를 반환한다.
- enqueue(e): 우선순위를 가진 요소 e를 삽입한다.
- dequeue(): 가장 우선순위가 높은 요소를 꺼내서 반환한다.
- peek(): 가장 우선순위가 높은 요소를 삭제하지 않고 반환한다.

다음은 공백상태의 우선순위 큐에 우선순위가 34, 18, 27, 45, 15인 요소들을 삽입한 후 몇 번의 삭제 연산을 하는 과정을 보여주고 있다. 삽입 순서와는 상관없이 삭제 순서는 45, 34, 27, 18이 되는데, 현재 남은 요소들 중에서 가장 우선순위가 높은 요소가 삭제된다.

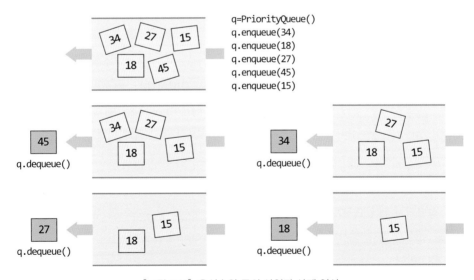

[그림 5.12] 우선순위 큐의 삽입과 삭제 연산

그림에서 항목들이 일렬로 나열되어 있지 않음에 유의하라. 우선순위 큐는 한 순간에 가장 우선순위가 높은 항목만 알 수 있으면 된다. 나머지 자료를 순서대로 정렬하고 있을 필요는 없다. 따라서 선형 자료구조로 보기는 어렵다. 실제로 가장 효율적인 우선순위 큐의 구현 방법은 트리 구조를 사용하는 힙(heap)이다. 힙 트리를 이용한 우선순위 큐는 8장에서 다룬다.

■ 정렬되지 않은 배열을 이용한 우선순위 큐의 구현

우선순위 큐를 구현하는 가장 좋은 방법은 힙을 이용하는 것이지만, 이 장에서는 보다 간단한 방법으로 우선순위 큐를 구현해 보자. 배열을 이용하는 것이다. 배열을 사용하더라고 정렬의 개념을 이용해 항목들을 우선순위 순으로 저장할 수도 있고, 정렬하지 않고 저장할 수도 있다. 여기서는 정렬하지 않은 배열을 이용한다.

우선순위 큐를 클래스로 구현해 보자. 클래스의 이름은 PriorityQueue라 한다. 큐의 요소들은 원형 큐와 같이 배열에 저장하면 된다. 큐에서는 front 와 rear가 필요했지만, 여기서는 요소의 수를 나타내는 변수 size 하나이면 충분하다. 배열을 정렬할 필요가 없으므로 새로운 요소는 배열의 맨 뒤에 삽입하는 것이 편리하다. 코드 5.10은 PriorityQueue의 구현 예이다.

생성자와 isEmpty(), isFull(), __str__()

생성자는 원형 큐와 유사하지만, front와 rear 대신에 요소의 수를 나타내는 size를 사용한다. 맨 처음에 size는 0이 되어야 한다. 공백상태는 당연히 size가 0인 경우이고, 포화상태는 size가 capacity와 같은 상태이다. 배열에서 유효한 요소는 array[0]~array[size−1]이므로 문자열 변환도 이 부분만 추출해 처리하면 된다.

새로운 요소를 삽입하는 enqueue(e)

배열이 정렬되지 않았으므로 새로운 요소는 배열의 맨 뒤에 추가하면 된다(13행). 삽입이 완료되면 size가 하나 증가한다. 오버플로 예외는 처리하지 않았다. 삽입 연산의 복잡도는 명확히 O(1)이다.

우선순위가 가장 높은 요소를 꺼내 반환하는 dequeue()

우선순위 큐에서 삭제는 항상 우선순위가 가장 높은 요소이다. 따라서 이 요소를 찾는 과정이 먼저 필요하다. 이를 위해 findMaxIndex()란 메소드를 추가하였다(16~22행).

코드 5.10 정렬되지 않은 배열을 이용한 우선순위 큐 클래스   참고파일 ch05/PriorityQueue.py

```
01  class PriorityQueue :
02      def __init__( self, capacity = 10 ) :
03          self.capacity = capacity
04          self.array = [None] * capacity
05          self.size = 0        # 요소의 수
06
07      def isEmpty( self ) : return self.size == 0
08
09      def isFull( self ) : return self.size == self.capacity
10
11      def enqueue( self, e ):
12          if not self.isFull():
13              self.array[self.size] = e
14              self.size += 1
15
16      def findMaxIndex( self ):
17          if self.isEmpty(): return -1     # 공백이면 -1 반환
18          highest = 0
19          for i in range(1, self.size) :
20              if self.array[i] > self.array[highest] :
21                  highest = i
22          return highest
23
24      def dequeue( self ):
25          highest = self.findMaxIndex()
26          if highest != -1 :
27              self.size -= 1
28              self.array[highest], self.array[self.size] = \
29                  self.array[self.size], self.array[highest]
30              return self.array[self.size]
31
32      def peek( self ):
33          highest = self.findMaxIndex()
34          if highest != -1 :
35              return self.array[highest]
36
37      def __str__(self):
38          return str(self.array[0:self.size])
```

우선순위 큐의 생성자.
정해진 용량의 배열을 이용.
size는 요소의 수를 나타냄

공백상태 조건

포화상태 조건

포화가 아니면 삽입 가능.
① 새로운 요소는 배열의 맨 뒤에 추가
② 삽입 후 size를 증가시킴

공백이 아니면 우선순위가 가장 높은
요소의 인덱스 highest를 구해 반환.
시간 복잡도는 O(n)

우선순위가 가장 높은 요소 삭제
① highest 요소를 찾고
② 이것을 마지막 요소와 교환
③ 맨 마지막 요소를 반환
size도 하나 줄여야 함

두 요소를 서로 교환(튜플 사용)

배열에서 우선순위가 가장 높은 요소를 찾아
배열에서 꺼내지 않고 참조하는 연산

문자열 변환 연산자 중복 함수

findMaxIndex()의 시간 복잡도는? 분명히 O(n)이다. 배열의 모든 요소를 검사해야 하기 때문이다.

findMaxIndex()로 가장 우선순위가 높은 요소의 인덱스 highest를 구하면, 이 요소를 꺼내고 이후의 모든 요소를 앞으로 한 칸씩 당겨야 할까? 그렇게 복잡하게 할 필요는 없다. 왜냐하면, 요소들에 순서가 없기 때문이다. 더 간단한 방법은 <u>heighest와 맨 뒤의 요소를 교환</u>하는 것이다. 이제 배열에서 맨 뒤에 있는 요소를 꺼내 반환하면 된다.

dequeue()의 시간 복잡도는? 삭제에서는 반드시 findMaxIndex()를 호출해야 하는데, 이 연산 O(n)이므로 dequeue()도 O(n)이 된다.

우선순위가 가장 높은 요소를 참조하는 peek()

peek()는 우선순위가 가장 높은 요소를 찾아야 하므로 findMaxIndex()를 호출하는데, 그 요소를 그냥 반환하면 된다. 시간 복잡도는 dequeue()와 같이 O(n)이다.

테스트 프로그램은 다음과 같다. 일련의 숫자를 enqueue한 다음 일련의 dequeue 연산을 통해 가장 큰 값이 순서대로 나오는지 확인한다.

```python
q = PriorityQueue()
q.enqueue( 34 )
q.enqueue( 18 )
q.enqueue( 27 )
q.enqueue( 45 )
q.enqueue( 15 )
print("PQueue:", q)
while not q.isEmpty() :
    print("Max Priority = ", q.dequeue() )
```

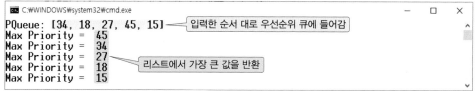

정렬되지 않은 배열을 이용한 우선순위 큐의 복잡도는 삽입 연산이 $O(1)$, 삭제 연산이

$O(n)$이다. 그렇다면 배열 요소들을 정렬해서 관리한다면 어떻게 될까?

- 삭제 연산이 매우 쉬워진다. 만약, 우선순위가 낮은 요소부터 순서대로 배열에 저장한다면, 우선순위가 가장 높은 요소는 항상 배열의 맨 뒤에 있고, 이 요소를 꺼내 반환하면 되기 때문이다.
- 반대로 삽입 연산은 복잡해진다. 무조건 맨 뒤에 추가하는 것이 아니라 요소들의 우선순위를 비교해 자신의 들어가야 할 자리를 찾아야하기 때문이다. 따라서 삽입 연산의 시간 복잡도는 $O(n)$이다.

일반적으로 우선순위 큐는 힙이라는 트리 구조를 이용해 구현한다. 삽입과 삭제 연산이 모두 $O(\log_2 n)$로 매우 뛰어나기 때문이다. 이것은 8장에서 공부한다.

중간 점검

1 우선순위 큐를 구현하는 방법으로 적절하지 않은 것은?
  ① 정렬되지 않은 배열   ② 정렬된 배열   ③ 힙트리   ④ 원형 큐
2 정렬된 배열을 이용해 우선순위 큐를 구현할 경우 삽입 연산과 삭제 연산의 시간 복잡도는 각각 어떻게 될까?
  ① O(1), O(1)   ② O(n), O(1)   ③ O(1), O(n)   ④O(logn), O(logn)
3 공백상태의 우선순위 큐에 우선순위가 23, 28, 39, 14, 55인 요소들을 삽입하였다. 세 번째로 삭제되는 요소는?
4 우선순위 큐도 선형 자료구조로 볼 수 있다. (   )

정답 1 ④ 2 ② 3 28 4 X

5.7 우선순위 큐의 응용: 전략적인 미로 탐색

미로 탐색에 좀 더 지능적인 전략을 사용해 보자. 출구의 위치를 미리 알고 있다고 생각하면 중간에 저장되는 위치들 중에서 출구와의 거리가 가장 가까운 곳부터 다시 시도해 보면 어떨까? 물론 이 방법이 최선이라는 보장은 없다. 그렇지만 무턱대고 허둥대는 것이 아니라 뭔가 "개념"있게 움직인다는 것이 좋아 보인다.

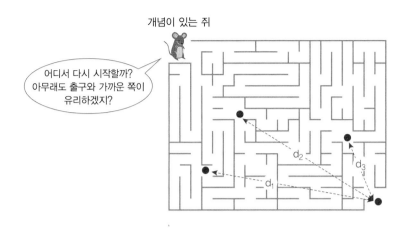

경로의 저장을 위해 우선순위 큐를 사용한다. 현재 좌표 (x,y)에서 출구까지의 거리를 d라고 하면, d가 우선순위를 결정하도록 한다.

- 우선순위 큐에는 (x, y, −d) 형태의 튜플을 저장하도록 한다.
- (x,y)는 현재 좌표이고, −d는 우선순위 값이다. <u>거리를 음수로 저장한 것은 거리가 가까울수록 더 우선순위가 높아야하기(더 큰 값이 되어야 하기)</u> 때문이다.

현재 위치에서 갈 수 있는 모든 위치를 (x,y,−d)의 형태로 우선순위 큐에 저장하고, 큐에 저장된 여러 가능한 위치 중에서 우선순위가 가장 높은 위치, 즉 출구와 가장 가까운 위치에서 다시 시작하면 된다. 이것을 구현해 보자.

먼저 (x,y)에서 출구까지의 거리를 계산하는 함수 dist()를 구현한다. 다음 코드와 같이 math 모듈에 있는 sqrt() 함수를 이용하면 두 지점 사이의 거리(Eucledian distance)를 계산할 수 있다.

```python
import math                        # math 패키지를 사용함
(ox,oy) = (5, 4)                   # 출구의 위치
def dist(x,y) :                    # 출구(ox,oy)로부터의 거리계산 함수
    (dx, dy) = (ox-x, oy-y)
    return math.sqrt(dx*dx + dy*dy)   # (x,y)와 (ox,oy)의 유클리디언 거리
```

우선순위 큐 클래스는 코드 5.10을 사용할 수 있다. 그렇지만 최대 우선순위 항목의 인덱스를 구하는 findMaxIndex()는 약간의 수정이 필요하다. 배열의 요소에 우선순위 값이

아니라 (x, y, −d)가 저장되기 때문이다. 우선순위의 비교는 이 중에서 −d를 이용해야 한다. 이를 위해, 코드 5.10의 20행을 다음과 같이 수정해야 한다.

```
20          if self.array[i][2] > self.array[highest][2] :
```

전체적인 탐색 알고리즘은 코드 5.5와 별로 차이가 없다. 차이가 있는 부분은 큐 대신에 우선순위 큐 객체를 사용하는 것과, 큐에 삽입하는 항목의 형태가 (x,y)가 아니라 (x, y, −d)가 되도록 하는 것이다. d를 계산하기 위해 앞에서 구현한 dist() 함수를 이용한다.

코드 5.11   **전략적 미로 탐색 함수**   참고파일 ch05/MazePQueue.py

```
01  def MySmartSearch() :                        # 최소거리 전략의 미로탐색
02      q = PriorityQueue()                      # 우선순위 큐 객체 생성
03      q.enqueue((0,1,-dist(0,1)))              # 튜플에 거리정보 추가
04      print('PQueue: ')
05
06      while not q.isEmpty():
07          here = q.dequeue()
08          print(here[0:2], end='->')           # (x,y,-d)에서 (x,y)만 출력
09          x,y,_ = here                         # (x,y,-d)에서->(x,y,_)
10          if (map[y][x] == 'x') : return True
11          else :
12              map[y][x] = '.'
13              if isValidPos(x, y - 1) : q.enqueue((x,y-1, -dist(x,y-1)))
14              if isValidPos(x, y + 1) : q.enqueue((x,y+1, -dist(x,y+1)))
15              if isValidPos(x - 1, y) : q.enqueue((x-1,y, -dist(x-1,y)))
16              if isValidPos(x + 1, y) : q.enqueue((x+1,y, -dist(x+1,y)))
17          print('우선순위큐: ', q)
18      return False
```

실행 결과는 다음과 같다. 현재 탐색하는 위치와 우선순위 큐의 내용을 모두 출력하고 있다. 현재 우선순위 큐에서 가장 가까운 거리의 위치가 바로 다음에 탐색되는 것을 확인하라.

```
C:₩WINDOWS₩system32₩cmd.exe                                          -  □  ×
PQueue:
(0, 1)→우선순위큐: [(1, 1, -5.0)]                    ┌─ 출구까지의 거리기 기장 가까운 위치부터 탐색 ─┐
(1, 1)→우선순위큐: [(1, 2, -4.47213595499958)]
(1, 2)→우선순위큐: [(1, 3, -4.123105625617661), (2, 2, -3.605551275463989)]
(2, 2)→우선순위큐: [(1, 3, -4.123105625617661), (3, 2, -2.8284271247461903)]
(3, 2)→우선순위큐: [(1, 3, -4.123105625617661), (3, 1, -3.605551275463989), (3, 3, -2.23606797749979)]
(3, 3)→우선순위큐: [(1, 3, -4.123105625617661), (3, 1, -3.605551275463989), (3, 4, -2.0)]
(3, 4)→우선순위큐: [(1, 3, -4.123105625617661), (3, 1, -3.605551275463989), (4, 4, -1.0)]
(4, 4)→우선순위큐: [(1, 3, -4.123105625617661), (3, 1, -3.605551275463989), (5, 4, -0.0)]
(5, 4)→ ─→ 미로탐색 성공
```

결과를 보면 이 방법이 DFS나 BFS 보다 더 빨리 출구를 찾았다. 물론 이것도 미로의 형태에 따라 다르다. 그러나 나름대로 괜찮은 "전략"을 세우고 그 전략대로 출구를 찾았다는 데서 의미가 있다.

우선순위 큐의 주요 응용

우선순위 큐의 응용은 매우 다양하다. 특히 미로탐색에서와 같이 여러 후보들 중에서 가장 우선순위가 높은 몇 개를 선택하는데 탁월하다. 우선순위 큐의 주요 응용들은 다음과 같다.

- 압축을 위한 **허프만 코딩 트리**를 만드는 과정에 우선순위 큐를 사용한다. 빈도가 가장 작은 두 노드를 선택하기 위해서이다. (8.6절)
- **Kruskal의 최소비용 신장트리 알고리즘**에서 우선순위 큐를 사용할 수 있다. 최소비용 신장트리에 포함되지 않은 간선들 중에서 가중치가 가장 작은 간선을 반복적으로 선택하기 위해서이다. (11.3절)
- **Dijkstra의 최단거리 알고리즘**에서 우선순위 큐를 사용할 수 있다. 최단거리가 찾아지지 않은 정점들 중에서 가장 거리가 가까운 정점을 선택하기 위해서이다. (11.4절)
- 인공지능의 **A* 알고리즘**에서 우선순위 큐를 사용할 수 있다. A* 알고리즘은 **상태공간트리**(state space tree)를 이용해서 해를 찾는 과정에서 가장 가능성이 높은 (promising) 경로를 먼저 선택하여 시도해 보기 위해서이다.

---

1 전략적 미로탐색(코드 5.12)은 항상 깊이우선탐색이나 너비우선탐색보다 빨리 출구를 찾을 수 있다. (   )

중간 점검

2 다음 중 우선순위 큐의 응용으로 적절하지 않은 것은?

    ① Kruskal 알고리즘   ② 병합정렬   ③ 허프만 트리   ④ 최선우선탐색

| 연습문제 |

5.1 다음 중 큐에 대한 설명이 아닌 것은?

① 입력과 출력이 각각 후단과 전단으로 제한된다.

② 함수 호출시 복귀 주소를 저장하기 위해 사용된다.

③ FIFO(First-In First-Out) 방식으로 동작한다.

④ 배열 구조와 연결된 구조로 구현이 가능하다.

5.2 다음 중 자료구조에서 큐(Queue)를 활용하는 분야로 거리가 먼 것은?

① 이진 트리의 레벨 순회   ② 그래프의 탐색에서 너비우선탐색

③ 기수 정렬   ④ 집합의 구현

5.3 스택을 이용해서 큐를 구현할 수 있다. 몇 개의 스택이 필요할까? 리스트와 같은 다른 자료
구조는 없다고 가정하라.

① 1   ② 2   ③ 3   ④ 4

5.4 원형 큐의 front 와 rear 의 값이 각각 7과 2일 때, 이 원형 큐가 가지고 있는 데이터의 개수
는? (단, 배열의 크기 capacity는 12이고, front와 rear의 초기값은 0이다.)

5.5 다음 중 원형 큐에서 공백상태를 검사할 때 사용하는 조건은? (단, capacity는 원형 큐를
위한 배열의 크기이다.)

① front ==0 and rear == 0

② front == (capacity-1) and rear == (capacity-1)

③ front == rear

④ front == (rear+1) % capacity

5.6 위 문제에서 원형 큐의 포화상태를 검사할 때 사용하는 조건은?

5.7 그림과 같은 원형 큐에서 다음의 연산을 차례로 수행한다고 하자. 각 단계가 수행될 때 큐의 상태를 그려라. 현재 front는 0이고 rear는 2라고 하자.

	[0]	[1]	[2]	[3]	[4]
		B	C		

(1) A 추가   (2) D 추가   (3) 삭제

(4) E 추가   (5) 삭제

5.8 크기가 5인 공백상태의 원형 큐에 다음 연산들이 순서대로 실행되었다. 각 단계에서의 원형 큐의 내용(배열의 내용과 front와 rear의 값)을 나타내라. 단, 맨 처음에 front와 rear는 모두 0이라고 가정하라.

enqueue(1), enqueue(2), enqueue(3), dequeue(), enqueue(4)

5.9 원형 큐에 항목들을 삽입하고 삭제하는 연산은 시간 복잡도가 어떻게 되는가?

① $O(1)$ ② $O(\log_2 n)$ ③ $O(n)$ ④ $O(n^2)$

5.10 다음 코드의 연산 결과 큐에 남아 있는 내용을 순서대로 적어라.

```
values = Queue()
for i in range( 20 ) :
    if i % 3 == 0 :
        values.enqueue( i )
```

```
values = Queue()
for i in range( 20 ) :
    if i % 3 == 0 :
        values.enqueue( i )
    elif i % 4 == 0 :
        values.dequeue()
```

5.11 덱에 대하여 올바른 설명을 모두 골라라.

① 양쪽 끝에서 추가와 삭제가 가능하다.
② 배열로 구현될 수 없다.
③ 선형 자료구조이다.
④ 삽입된 순서와 상관없이 우선순위가 높은 항목이 먼저 출력된다.

5.12 다음은 원형 덱의 연산들이다. front나 rear가 증가되어 인덱스를 시계방향으로 회전시켜야 하는 연산들을 모두 골라라.

① isEmpty()   ② isFull()   ③ addFront(x)   ④ deleteFront()

⑤ getFront()   ⑥ addRear(x)   ⑦ deleteRear()   ⑧ getRear()

5.13 위 문제에서 인덱스가 감소되어 반대방향(반시계방향)으로 회전시켜야 하는 연산들을 모두 골라라.

5.14 원형 덱에서 front를 시계방향과 반시계방향으로 회전시킬 수 있는 방법을 유사 코드(또는 파이썬 코드)로 적어라.

5.15 덱 D에 숫자 (1,2,3,4,5,6,7,8)가 순서대로 저장되어 있다. 공백상태의 큐인 Q가 있을 때 덱 D의 내용을 (8,7,6,5,4,3,2,1) 으로 바꾸는 코드를 작성하라. 단, D와 Q이외의 다른 변수는 사용할 수 없다.

5.16 위의 문제에서 이번에는 큐가 아니라 스택 S를 사용하여 동일한 결과가 나타나도록 코드를 수정하라.

5.17 우선순위 큐에 대한 설명으로 거리가 먼 것은?

① 우선순위의 개념을 큐에 도입한 자료구조

② 선형 자료구조

③ 입력 순서와 상관없이 우선순위가 높은 데이터가 먼저 출력

④ 가장 일반적인 큐

5.18 우선순위 큐를 선형 자료구조로 볼 수 없는 이유를 설명하라.

5.19* 스택이나 큐를 직접 구현할 필요 없이 파이썬의 큐 모듈을 이용해 미로탐색 프로그램을 구현할 수 있다. 5.3절의 코드를 수정하여 파이썬의 큐 모듈을 이용한 깊이우선탐색과 너비우선탐색 함수를 구현하라.

5.20* 2개의 스택을 사용하여 큐를 구현할 수 있을까? 가능하다. 입력이 들어오면 스택 #1에 넣는다. 출력 요청이 들어보면 스택 #2에서 요소를 꺼낸다. 스택 #2가 비어있을 때는 스택 #1의 모든 요소를 꺼내서 스택 #2에 넣는다. 프로그램으로 작성해보자.

5.21* 피보나치 수열을 효과적으로 계산하기 위하여 큐를 이용할 수 있다. 만일 피보나치 수열을 순환에 의하여 계산하게 되면 경우에 따라서는 많은 순환 함수의 호출에 의해 비효율적일 수 있다. 이를 개선하기 위하여 큐를 사용하는데 큐에는 처음에는 F(0)와 F(1)의 값이 들어가 있다. 다음으로 큐에서 F(0)는 꺼내고, F(1)은 참조(peek)하여 F(2)를 계산하고, 이것을 다시 큐에 넣는다. 피보나치 수열은 다음과 같이 정의되는데, 큐를 이용하여 피보나치 수열을 계산하는 프로그램을 작성하라.

$$F(0)=0, \ F(1)=1$$
$$F(n)=F(n-1)+F(n-2)$$

5.22* 회문(palindrome)이란 앞뒤 어느 쪽에서 읽어도 같은 말·구·문 등을 의미한다. 예를 들면 "eye". "madam, "radar" 등이다. 여기서 물론 구두점이나 스페이스, 대소문자 등은 무시하여야 한다. 덱을 이용하여 주어진 문자열이 회문인지 아닌지를 결정하는 프로그램을 작성하라.

5.23* 5.6절을 참고하여 정렬된 배열을 이용한 우선순위 큐를 구현하라.

CHAPTER

06

연결된 구조

학습목표
- 배열 구조와 연결된 구조의 특징과 장단점을 이해한다.
- 다양한 연결된 구조의 형태와 특징을 이해한다.
- 단순 연결 구조로 스택과 리스트를 구현할 수 있다.
- 원형 연결 구조로 큐를 구현할 수 있다.
- 덱을 이중 연결 구조로 구현하는 이유를 이해한다.

6 연결된 구조

6.1 연결된 구조란?

■ **연결된 구조는 흩어진 데이터를 링크로 연결해서 관리한다.**

많은 자료를 저장하고 관리하기 위해 **배열**이나 **연결된 구조**를 사용할 수 있다는 것은 공부했지만, 지금까지는 리스트, 스택, 큐, 덱 등 모든 자료구조를 배열로 구현하였다. 이제 연결된 구조로 자료구조를 표현하는 방법을 알아보자.

배열의 가장 큰 특징은 모든 데이터를 <u>연속된 메모리 공간에 저장</u>하는 것인데, 연결된 구조에서는 이와 같이 한군데 모아두는 것을 포기한다. 즉, 데이터가 메모리의 여기저기에 흩어져서 존재할 수 있다. 그렇다면 어떻게 흩어진 데이터를 모아서 관리할 수 있을까? 링크(link)를 이용한다. 각 자료가 다른 자료를 가리키는 하나 이상의 링크(그림 6.1에서 상자에 연결된 줄)를 갖도록 하여 전체 데이터가 하나로 연결되도록 하는 것이다.

이와 같이 데이터를 링크로 연결하여 표현하는 방법을 **연결된 구조**(linked structure)라 한다. 특히 <u>모든 자료를 링크를 이용해 일렬로 나열할 수 있는 연결된 구조</u>를 **연결 리스트**(linked list)라 부른다. 그림에서 하나의 상자를 **노드**(node)라고 하는데, 데이터와 함께 링크를 갖는다. 연결된 구조에서 링크의 수를 늘리면 선형 자료구조뿐 아니라 트리나 그래프와 같이 더 복잡한 구조도 효율적으로 표현할 수 있다. 그렇지만 배열에서와 같이 k번째 자료의 주소를 한번만에 계산할 수는 없고, 시작 요소부터 링크를 따라 k번 이동해야 한다. 모든 것에는 장점과 단점이 있다.

[그림 6.1] 배열 구조와 연결된 구조의 비교

■ 배열 구조와 연결된 구조의 장단점

• 배열과 달리 연결된 구조는 **용량이 고정되지 않는다.** 필요한 것만 필요할 때 만들어 쓰기 때문에 메모리를 효율적으로 사용하고, 컴퓨터에 메모리가 남아 있는 한 계속 자료를 넣을 수 있다.

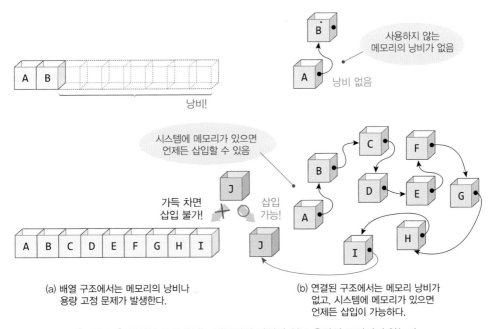

(a) 배열 구조에서는 메모리의 낭비나 용량 고정 문제가 발생한다.

(b) 연결된 구조에서는 메모리 낭비가 없고, 시스템에 메모리가 있으면 언제든 삽입이 가능하다.

[그림 6.2] 연결된 구조에서는 메모리의 낭비가 없고 용량이 고정되지 않는다.

- 중간에 자료를 **삽입하거나 삭제하는 것이 용이**하다. 배열에서는 맨 뒤가 아니라 중간에 자료를 넣거나 삭제하려면 그림 6.3과 같이 많은 항목의 이동이 필요함을 기억하라. 연결된 구조에서는 관련된 노드의 링크만 수정하면 되므로 시간 복잡도가 O(1)이다.

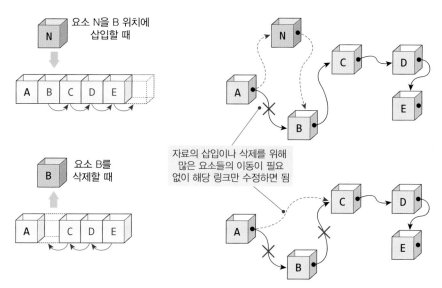

[그림 6.3] 연결된 구조에서는 중간에 데이터를 삽입하거나 삭제하는 것이 용이하다.

- 연결된 구조에서는 **n번째 요소에 접근하는데 O(n)의 시간이 걸린다.** 이것은 배열 구조의 O(1)과 비교하면 큰 단점이다. 또한 배열에 비해 상대적으로 구현이 어렵고 오류가 발생하기도 쉽다.

■ 연결된 구조의 용어

노드(node)

그림의 연결된 구조에서 하나의 상자는 컴퓨터 용어로 **노드(node)**라고 한다. 배열 구조에서 각 요소들은 데이터만을 갖는 것과 달리 노드는 **데이터 필드(data field)**와 함께 하나 이상의 **링크 필드(link field)**를 갖는다. 대표적인 노드 구조는 다음과 같다.

[그림 6.4] 연결된 구조에서의 노드

노드의 데이터 필드에는 우리가 저장하고 싶은 자료가 들어간다. 이것은 정수가 될 수도 있고 복잡한 클래스의 객체나 심지어 다른 리스트도 될 수 있다. 링크 필드는 다른 노드를 가리키는, 즉 다른 노드의 주소를 저장하는 변수이다. 이것을 이용해 연결된 다음 노드에 접근한다. 배열에 비해 링크를 위한 약간의 추가 공간이 필요하지만, 대부분의 경우 데이터 필드가 훨씬 크므로 링크를 위한 공간은 무시할 수 있다.

시작 노드와 헤드 포인터(head pointer)

연결된 구조에서는 시작 노드(첫 번째 노드)만 알면 링크로 매달려 있는 모든 노드에 순차적으로 접근할 수 있다. 따라서 시작 노드의 주소를 반드시 저장해야 한다. 연결 리스트에서 첫 번째 노드의 주소를 저장하는 변수를 헤드 포인터(head pointer)라고 한다. 마지막 노드는 더 이상 연결할 노드가 없으므로 링크의 값을 None으로 설정하여 이 노드가 마지막임을 표시한다.

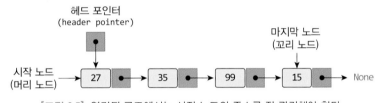

[그림 6.5] 연결된 구조에서는 시작 노드의 주소를 잘 관리해야 한다.

⭐ 참고사항 **파이썬의 변수와 포인터**

포인터(pointer)는 다른 객체를 가리키고(pointing) 있는 변수라는 의미이다. C나 C++ 등에서는 포인터가 매우 중요한데, 파이썬의 모든 변수는 C나 C++에서는 일반 변수가 아니라 포인터나 참조자(reference)와 같은 의미이다. 포인터는 복잡하지만 파이썬에서는 메모리의 해제와 같은 번거로운 작업들이 자동으로 처리되기 때문에 부담 없이 포인터를 그냥 변수로 생각하고 사용하면 된다.

■ 연결된 구조의 종류

단순 연결 구조(singly linked structure)

한 방향으로만 연결된 구조이다. 노드는 하나의 링크만을 갖는데, 이것은 다음 노드의 주소를 기억하고 있다. 마지막 노드(꼬리 노드)의 링크는 아무것도 연결되어 있지 않다는 것

을 나타내기 위해 반드시 None 값을 가져야 한다는 것을 명심하라. 6.2와 6.3절에서 스택
과 리스트를 단순 연결 구조로 다시 구현해 볼 것이다.

[그림 6.6] 단순 연결 구조의 예

원형 연결 구조(circular linked structure)

단순 연결 구조와 같은 노드를 사용하지만 맨 마지막 노드의 링크가 None이 아니라 다시
첫 번째 노드를 가리킨다. 따라서 어떤 노드에서 출발해도 다른 모든 노드를 방문할 수 있
다. 6.4절에서 큐를 원형 연결 구조로 다시 구현해 보자.

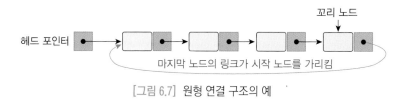

[그림 6.7] 원형 연결 구조의 예

이중 연결 구조(doubly linked structure)

하나의 노드가 이전 노드와 다음 노드를 모두 알고 있도록 설계되었다. 따라서 모든 노드
는 두 개의 링크를 갖는데, 하나는 **선행 노드**(previous node)를 다른 하나는 **후속 노드**
(next node)를 가리킨다. 이중 연결을 위한 노드 구조는 다음과 같다.

[그림 6.8] 이중 연결을 위한 노드의 구조

선행 노드를 위한 링크가 있으면 어떤 노드에서 이전 노드를 바로 찾아갈 수 있다는 장점
이 있다. 그러나 편리한 만큼 이중으로 링크를 정확히 유지해야하기 때문에 코드가 복잡하
다. 6.5절에서 덱을 이중 연결 구조로 구현해 본다.

[그림 6.9] 이중 연결 구조의 예

1 다음 중 연결된 구조의 장점으로 볼 수 없는 것은?

① 용량이 고정되어 있지 않다.

② 중간에 자료를 삽입하는 과정이 효율적이다.

③ 중간에 자료를 삭제하는 과정이 효율적이다.

④ 요소 접근의 시간 복잡도가 O(n)이다.

2 리스트의 n번째 요소를 가장 빠르게 찾을 수 있는 구현 방법은?

① 배열   ② 단순연결리스트   ③ 원형연결리스트   ④ 이중연결리스트

3 다음 중 이중연결 구조로 구현된 리스트에 대한 설명이 아닌 것은?

① 두 개의 링크를 가진 노드를 사용한다.

② 후속 노드를 O(1)에 찾아갈 수 있다.

③ 선행 노드를 O(1)에 찾아갈 수 있다.

④ 단순 연결 구조에 비해 메모리 사용이 더 효율적이다.

정답 1 ④ 2 ① 3 ④

6.2 단순 연결 구조의 응용: 연결된 스택

■ 연결된 스택의 구조

연결된 구조로 스택을 구현하자. 이런 스택을 **연결된 스택**(linked stack)이라고 한다. 그림 6.10은 배열을 이용한 스택과 연결된 스택의 구조를 비교하고 있다.

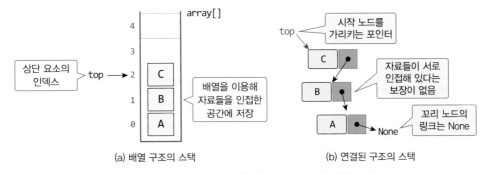

(a) 배열 구조의 스택   (b) 연결된 구조의 스택

[그림 6.10] 배열 구조의 스택(4장)과 연결된 스택의 구조 비교

• 배열 구조에서 top은 상단 요소의 인덱스이지만, 연결된 구조에서 <u>top은 시작 노드(상</u>

단 요소)를 가리키는 포인터이다.

* 배열 구조에서는 모든 요소는 인접한 공간에 저장되지만, 연결된 구조에서 자료들이 흩어져서 저장되고, 링크를 이용해 이들을 연결한다.
* 스택의 구현 방법이 달라지더라도 사용 방법은 같다. 즉, 연결된 스택을 이용해도 4장에서 공부한 괄호 검사나 미로 탐색에 그대로 활용할 수 있다.

▪ 노드 클래스

연결된 스택을 위해서는 먼저 노드가 정의되어야 한다. 스택을 위한 노드는 그림 6.4와 같이 단순연결 구조이면 충분한데, 코드 6.1과 같이 구현된다. 데이터 필드와 하나의 링크를 갖는데, 이들은 생성자에서 정의하고 초기화한다. 코드에서 link는 디폴트 값을 사용해 인수가 전달되지 않으면 None으로 초기화한다.

코드 6.1 단순연결노드 클래스　　　　　참고파일 ch06/LinkedStack.py

```
01  class Node:
02      def __init__ (self, elem, link=None):
03          self.data = elem       # 노드의 데이터
04          self.link = link       # 다음 노드를 가리키는 링크
```

노드의 생성자
link는 디폴트 값으로 None 사용

🐍 매개변수의 이름

C++이나 Java 등과는 달리 생성자의 매개변수로 데이터 멤버와 같은 이름을 사용해도 문제가 없다. 왜냐하면 클래스의 모든 멤버는 self를 통해 접근해야 하기 때문이다. 예를 들어, 코드 6.1의 생성자에서 link는 매개변수이고, self.link는 데이터 멤버이다. 이들은 정확히 구별되기 때문에 파이썬에서는 멤버와 같은 이름의 매개변수를 많이 사용한다.

▪ 연결된 스택 클래스

연결된 스택을 LinkedStack이라 하자. 단순연결구조로 구현한 스택은 코드 6.2와 같다.

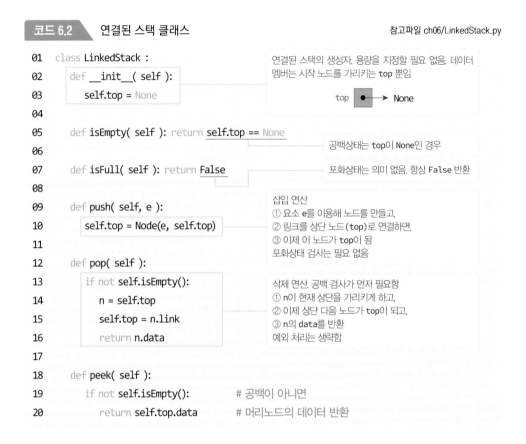

코드 6.2   연결된 스택 클래스   참고파일 ch06/LinkedStack.py

```
01  class LinkedStack :
02      def __init__( self ):
03          self.top = None
04
05      def isEmpty( self ): return self.top == None
06
07      def isFull( self ): return False
08
09      def push( self, e ):
10          self.top = Node(e, self.top)
11
12      def pop( self ):
13          if not self.isEmpty():
14              n = self.top
15              self.top = n.link
16              return n.data
17
18      def peek( self ):
19          if not self.isEmpty():              # 공백이 아니면
20              return self.top.data             # 머리노드의 데이터 반환
```

연결된 스택의 생성자. 용량을 지정할 필요 없음. 데이터 멤버는 시작 노드를 가리키는 top 뿐임

top ●→ None

공백상태는 top이 None인 경우

포화상태는 의미 없음. 항상 False 반환

삽입 연산
① 요소 e를 이용해 노드를 만들고,
② 링크를 상단 노드(top)로 연결하면,
③ 이제 이 노드가 top이 됨
포화상태 검사는 필요 없음

삭제 연산. 공백 검사가 먼저 필요함
① n이 현재 상단을 가리키게 하고,
② 이제 상단 다음 노드가 top이 되고,
③ n의 data를 반환
예외 처리는 생략함

연결된 스택을 위한 데이터

데이터 멤버는 그림 6.10(b)와 같이 시작 노드를 가리키는 변수 top이 전부이다. top은 생성자에서 정의하고 초기화하는데, 맨 처음에는 None이 되어야 한다. 배열구조에서는 요소들을 저장할 배열을 항상 준비하고 있지만, 연결된 구조에서는 포인터 변수 top만 가지고, 요소들은 필요할 때 만들어져 연결되는 것에 유의하라.

공백상태와 포화상태를 검사하는 isEmpty()와 isFull() 연산

연결된 스택의 공백상태는 top이 None을 가리키는 경우이다. 포화상태는 어떨까? 연결된 구조에서는 메모리가 남아 있으면 언제든 삽입 가능하므로 <u>포화상태의 의미가 없다</u>. 따라서 isFull()은 항상 False를 반환한다.

새로운 요소 E를 삽입하는 push(E) 연산

연결된 스택에서는 데이터를 직접 스택에 넣을 수 없고, 항상 데이터를 노드에 넣어 스택에 추가해야 한다.

① 입력 데이터 E를 이용해 새로운 노드 n을 생성함: n = Node(E)
② n의 링크가 시작 노드를 가리키도록 함: n.link = top
③ top이 n을 가리키도록 함: top = n

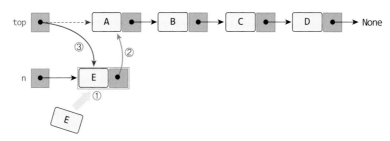

[그림 6.11] 연결된 스택에서의 삽입 과정

이를 구현한 코드는 10행과 같은데, 이 코드를 풀어서 기술하면 다음과 같다.

```python
def push( self, e ):
    n = Node(e)          # ①
    n.link = self.top    # ②
    self.top = n         # ③
```

상단 요소를 삭제하는 pop() 연산

스택의 pop()은 상단 요소를 반환하므로, 연결된 구조에서는 top이 가리키는 노드(시작 노드)를 꺼내 데이터 필드를 반환하면 된다. 연산이 끝나면 top은 다음 노드를 가리켜야 한다. 전체 과정은 다음과 같다.

① 변수 n이 시작 노드를 가리킴: n = top
② top이 다음 노드를 가리킴: top = n.link

③ n이 가리키는 노드의 데이터를 반환함: return n.data

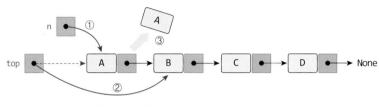

[그림 6.12] 연결된 스택에서의 삭제 과정

삭제 연산에서는 공백상태를 반드시 검사해야 하는 것에 유의하라. 언더플로 예외는 처리하지 않았다.

> ⭐ 참고사항 **메모리의 동적 해제**
>
> 연결된 구조에서 삭제 연산으로 꺼낸 노드의 메모리를 프로그래머가 직접 해제할 필요가 없음에 유의하라. 예를 들어, 그림 6.12에서 노드 A가 사용하는 메모리를 해제하는 코드가 필요 없다. 파이썬에서는 어떤 객체를 참조하는 변수가 하나도 없으면 그 객체는 자동으로 삭제되기 때문이다. 만약, C나 C++를 사용한다면 push()에 동적 할당을, pop()에 동적 해제를 담당하는 코드가 추가되어야 할 것이다.

상단 요소를 들여다보는 peek() 연산

peek는 시작 노드의 데이터를 반환하면 된다. 물론 스택이 공백이면 언더플로 오류가 발생하는데, 코드에서는 처리를 생략하였다.

추가 연산: 요소의 수를 구하는 size()

연결된 구조에서 스택의 전체 요소 개수는 어떻게 구할까? top이 가리키는 <u>시작 노드부터 링크를 따라 맨 마지막까지 따라가</u> 보아야 한다. 마지막 노드는 링크가 None인 노드이다. 시작 노드에서부터 전체 노드를 순회하여 노드의 개수를 구하는 방법은 그림 6.13과 같은데, 코드 6.3과 같이 구현할 수 있다.

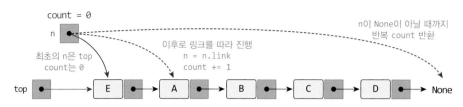

[그림 6.13] 연결된 구조에서의 순차적인 노드 방문 과정

코드 6.3   연결된 스택의 전체 요소의 수 계산   참고파일 ch06/LinkedStack.py

```
01    def size( self ):
02        node = self.top
03        count = 0
04        while not node == None :        # None이 아니면
05            node = node.link            # 다음 노드로 이동
06            count += 1                  # count 증가
07        return count                    # count 반환
```

추가 연산: 출력을 위한 문자열 변환 연산 __str__()

스택 내용을 출력하기 위해서도 그림 6.13과 같이 모든 노드를 순서대로 방문해야 한다. 따라서 코드의 구조는 size()와 비슷하다. 간편하게 처리하기 위해 먼저 공백 리스트를 하나 준비하고, 각 노드를 방문할 때마다 데이터 필드를 이 리스트에 append()한다. 마지막으로 이 리스트를 str()를 이용해 문자열로 변환해 반환한다.

코드 6.4   문자열 변환을 위한 str 연산자 중복   참고파일 ch06/LinkedStack.py

```
01    def __str__(self):
02        arr = []                        # 요소들을 저장할 공백 리스트 준비
03        node = self.top
04        while not node == None :
05            arr.append(node.data)       # 각 노드의 데이터를 리스트에 추가
06            node = node.link
07        return str(arr)                 # 리스트를 문자열로 변환해 반환
```

연결된 스택의 삽입, 삭제, 공백 검사 등 핵심 연산들의 시간 복잡도는 O(1)이다. __str__ ()은 당연히 요소의 수에 비례하는 시간인 O(n)이 필요하다. size()는 어떨까? 배열 구조에서는 O(1)이지만 연결된 구조에서는 O(n)이다. 물론 크기를 관리하기 위한 변수를 클래스에 추가하고, 삽입과 삭제 연산에서 이 변수를 잘 관리한다면 O(1)이 될 수 있다.

> ⭐ 참고사항 **노드의 수를 저장하는 count를 멤버 변수로 추가한다면?**
>
> 스택 클래스에 노드의 개수를 저장하는 count를 데이터 멤버로 추가하면 size() 연산을 O(1)에 처리할 수 있다. 그러나 이 경우 삽입이나 삭제 연산에서 count를 정확히 관리해주어야 한다. 즉, 프로그램에서 변수를 많이 사용하면 분명히 편리한 점이 있지만, 모든 함수에서 이들을 일관성 있게 잘 관리해야 한다는 부담도 생긴다.

테스트 프로그램

스택을 연결된 구조로 구현하더라도 사용 방법은 동일하다. 예를 들어, 코드 4.3의 문자열 역순 출력 프로그램에서 1행과 2행만 다음과 같이 수정하면 프로그램은 정확히 동일하게 동작된다.

```
01   from LinkedStack import LinkedStack          LinkedStack 모듈을 포함
02   s = LinkedStack()                            LinkedStack으로 새로운 객체를 생성
                                                  이제 스택의 용량을 전달할 필요는 없음
```

---

1 코드 6.3의 size() 연산은 시간 복잡도가 O(n)인데, 이를 O(1)으로 개선하기 위해서는 요소의 수를 관리하는 변수를 사용해야 한다. size() 연산의 복잡도를 O(1)으로 줄이기 위해 LnkedStack 클래스를 수정하라.

도전 코딩!

• 참고파일 ch06/LinkedStackEx.py

6.3 단순 연결 구조의 응용: 연결된 리스트

스택과는 달리 리스트는 삽입이나 삭제가 시작노드뿐만 아니라 임의의 위치에서도 가능하다. 스택보다 기능이 많으니 코드도 스택보다는 복잡해 질 것이다. 3장에서 배열로 구현한 리스트를 연결된 구조로 다시 구현해 보자.

■ 연결된 리스트의 구조

리스트 ADT를 구현하기 위해 더 복잡한 연결 구조를 사용할 수도 있지만, 여기서는 단순 연결 구조를 사용하자. 연결된 구조의 리스트를 **연결리스트**(linked list)라고 부르는데, 그림 6.14는 배열을 이용한 리스트와 연결리스트의 구조를 비교하고 있다.

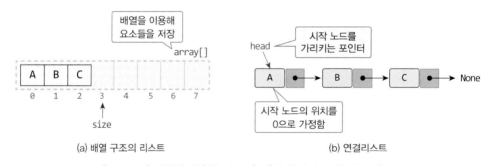

(a) 배열 구조의 리스트   (b) 연결리스트

[그림 6.14] 배열을 이용한 리스트(3장)와 연결리스트의 구조 비교

- 배열 구조에서는 리스트 요소를 저장할 배열을 미리 준비해야 하지만, <u>연결리스트는 시작 노드를 가리키는 포인터 head면 충분하다.</u>
- 배열과 달리 연결리스트에서는 자료들이 흩어져서 저장되고, 링크를 이용해 이들을 연결한다.
- 리스트의 구현 방법이 달라지더라도 사용 방법은 같다.

노드 클래스는 앞에서 사용한 코드 6.1을 그대로 사용하면 된다.

■ 연결리스트 클래스

연결리스트 클래스를 LinkedList라 하자. 단순연결 구조로 구현한 연결리스트는 코드 6.5와 같다. 연결된 구조에서도 언더플로 예외가 발생할 수 있지만 코드에서는 생략하였다.

연결된 리스트를 위한 데이터

데이터 멤버로는 시작 노드를 가리키는 head면 충분하다. head는 생성자 __init__()에서 정의하고 초기화하는데, 맨 처음에 None으로 초기화된다. 배열 구조에서는 요소들을 저장할 배열을 항상 준비하고 있지만, 연결된 구조에서는 시작 노드의 위치만을 관리하고, 요소들은 그때그때 만들어져 연결된다.

공백상태와 포화상태를 검사하는 isEmpty()와 isFull() 연산

공백상태는 head가 None인 경우이고, 연결된 구조에서 포화상태는 의미가 없다. 따라서 isFull()은 항상 False를 반환한다.

추가 연산: pos 위치의 노드를 참조(반환)하는 getNode(pos)

리스트 ADT에 정의하지 않은 연산을 하나 추가하자. pos 위치의 노드를 반환하는 것인데, 배열에서는 "노드"의 개념이 없으니 이 연산은 의미가 없고, 연결된 구조에서만 필요하다. 그렇다면 어떻게 pos 위치의 노드를 찾을 수 있을까? 시작 노드의 위치를 0이라고 하면, 시작 노드에서부터 링크를 따라 pos번 움직여야 한다. 따라서 이 연산은 pos에 비례하는 시간이 걸린다.

pos 위치의 요소를 참조(반환)하는 getEntry(pos) 연산

pos 위치의 요소를 참조하기 위해서는 먼저 getNode(pos)로 노드를 찾고, 그 노드의 데이터 필드를 반환하면 된다.

이 연산의 시간 복잡도는? 배열로 구현했을 때에는 $O(1)$이지만 연결된 구조에서는 getNode가 이미 $O(n)$이므로 getEntry도 $O(n)$일 수밖에 없다. 이것은 배열 구조보다 매우 비효율적이지만, 데이터가 메모리에 흩어져 있으므로 다른 뾰족한 방법이 없다.

코드 6.5　연결리스트 클래스　　　　　　　　　　　　참고파일 ch06/LinkedList.py

```python
01  class LinkedList:
02      def __init__( self ):
03          self.head = None
04
05      def isEmpty( self ): return self.head = None
06      def isFull( self ): return False
07
08      def getNode(self, pos) :
09          if pos < 0 : return None
10          node = self.head;
11          while pos > 0 and node != None :
12              node = node.link
13              pos -= 1
14          return node
15
16      def getEntry(self, pos) :
17          node = self.getNode(pos)
18          if node == None : return None
19          else : return node.data
20
21      def insert(self, pos, elem) :
22          before = self.getNode(pos-1)
23          if before == None :
24              self.head = Node(elem, self.head)
25          else :
26              node = Node(elem, before.link)
27              before.link = node
28
29      def delete(self, pos) :
30          before = self.getNode(pos-1)
31          if before == None :
32              if self.head is not None :
33                  self.head = self.head.link
34          elif before.link != None :
35              before.link = before.link.link
```

연결리스트의 생성자. 용량을 지정할 필요 없고, 데이터 멤버로 시작 노드를 가리키는 head를 가짐

head가 None이면 공백상태

포화상태가 될 수는 없음

시작 노드에서부터 pos번 링크를 따라 움직이면 pos 위치의 노드에 도착

pos 위치의 노드를 먼저 구한 후, 그 노드의 데이터 필드를 반환함

pos-1 위치의 노드 before를 먼저 구함

시작 위치에 삽입하는 상황

①, ② 삽입할 노드 node를 만들고, 링크가 before 다음 노드를 가리킴
③ 이전 노드 before가 새로운 노드 node를 가리킴

pos-1 위치의 노드 before를 먼저 구함

시작 노드를 삭제하는 상황

① before의 link가 삭제할 노드의 다음 노드를 가리키도록 함

pos 위치에 새로운 요소 E를 삽입하는 insert(pos,E) 연산

요소 E를 삽입하려면 먼저 E를 이용해 새로운 노드 n을 만들어야 한다. 그림 6.15는 노드 C 위치에 노드 n을 삽입하는 과정을 보여준다. 중요한 점은 <u>C 위치에 새로운 노드를 넣으려면 C가 아니라 이전 노드인 B의 링크 값이 수정되어야 한다는 것이다.</u> 즉, pos 위치에 새로운 노드를 삽입하려면 선행 노드(before), 즉 pos-1 위치의 노드를 찾아야 한다. before는 getNode(pos-1) 연산을 통해 구할 수 있다. 삽입 과정은 다음과 같다.

① E를 이용해 새로운 노드 n을 만듦: n = Node(E, None)
② n의 다음 노드가 before의 다음 노드가 됨: n.link = before.link
③ before의 다음 노드가 n이 됨: before.link = n

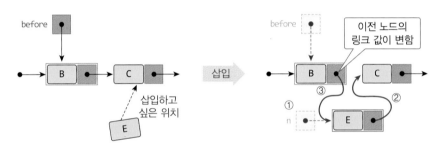

[그림 6.15] 단순연결리스트의 삽입 연산

이 과정을 구현한 코드에서 26행은 ①과 ② 과정을 한꺼번에 처리한 것이다. 리스트의 맨 앞에 삽입하는 경우는 약간의 특별한 처리가 필요하다. 왜냐하면, 시작 노드가 변경되므로 24행과 같이 head를 수정해야 하기 때문이다.

삽입 연산의 시간 복잡도는? before를 구하기 위해 22행에서 getNode(pos-1)를 처리해야 하므로 O(n)인데, 이것은 배열 구조와 차이가 없다. 그렇지만, <u>만약 before를 알고 있다면? 링크만 조정하면 되므로 O(1)에 처리된다.</u> 배열구조에서는 삽입 위치를 알더라도 요소들의 이동을 위해 반드시 O(n)이 필요한 것에 비하면 훨씬 효율적이다.

만약 before가 아니라 삽입할 위치의 노드만 알고 있다면 어떻게 될까? 단순 연결 구조의 노드에는 선행노드에 대한 정보가 없다. 따라서 시작 노드부터 하나씩 검사해서 선행 노드를 찾아야 한다. 즉, before를 찾기 위해 O(n)의 시간이 필요하다. 만약 이중 연결 구조를 이용한다면 선행 노드를 바로 알 수 있으므로 처리 시간을 O(1)으로 개선할 수 있다.

pos 위치의 요소를 삭제하는 delete(pos) 연산

삭제에서도 삭제할 pos 위치의 노드가 아니라 before 노드가 필요하다. 따라서 getNode (pos−1)를 이용해 before를 먼저 구해야 한다. before가 구해지면 삭제 연산은 다음과 같이 간단히 처리된다.

① before의 다음 노드가 삭제할 노드의 다음 노드가 됨 : bofore.link = before.link. link

[그림 6.16] 단순연결리스트의 삭제 연산

삭제 연산에서도 특별한 처리가 필요한 상황이 있다. 머리 노드를 삭제하는 경우인데, head가 변경되어야 하므로 32~33행과 같이 특별하게 처리해 주어야 한다.

삭제 연산도 getNode(pos−1)를 사용하므로 O(n)이다. 만약 <u>before 노드를 알고 있다면 O(1)에 삭제를 완료할 수 있는데</u>, 이것도 배열구조에 비해 우월한 점이다.

만약 before가 아니라 삭제할 노드만 알고 있다면 before를 찾기 위해 O(n)의 시간이 필요하다. 그렇지만 이중연결 구조를 이용한다면 삭제할 노드에서 before를 바로 찾을 수 있고, 따라서 O(1)에 처리될 수 있다.

단순화를 위해 29~35행에서는 요소를 리스트에서 삭제만 하고 반환하지는 않았다. 만약 요소를 반환하려면 약간의 코드가 추가되어야 한다.

추가 연산: 요소의 수를 구하는 size()와 문자열 변환 연산 __str__()

연결리스트에서 요소의 수를 구하는 과정은 코드 6.3의 연결된 스택에서와 동일하다. 코드 6.3의 23행에서 top을 head로 바꾸기만 하면 된다.

리스트의 내용을 출력하기 위한 연산자 중복함수 __str__()도 마찬가지이다. 코드 6.4의 31행에서 top을 head로만 바꾸면 된다.

테스트 프로그램

연결리스트를 이용하더라도 사용 방법은 배열의 경우와 동일하다. 예를 들어, 코드 3.4의 테스트 프로그램에서 1행과 2행만 다음과 같이 수정하면 된다. 연결된 구조로 구현되면 용량을 전달할 필요가 없다. 실행 결과는 동일하다.

```
01    from LinkedStack import LinkedStac ────────── 이제 LinkedList 모듈을 포함
02    s = LinkedStack() ──────────────────── LinkedList로 새로운 객체를 생성. 용량을 전달할 필요
                                             없음
```

1 배열 구조에서와는 달리 연결된 구조로 구현된 리스트의 삽입 연산에서는 리스트의 포화상태를 먼저 검사할 필요가 없다. (   )

2 연결된 구조의 리스트에서 항목 접근의 시간 복잡도는 O(1)이다. (   )

3 단순연결리스트의 노드들을 변수 p로 방문하고자 한다. 현재 p가 가리키는 노드에서 다음 노드로 가려면 어떤 코드를 사용해야 하는가?

① p++   ② p--   ③ p=p.link   ④ p=p.data

중간 점검

정답 1 O 2 X 3 ③

6.4 원형 연결 구조의 응용: 연결된 큐

큐도 연결된 구조로 구현할 수 있는데, 이러한 큐를 **연결된 큐**(linked queue)라고 한다. 연결된 큐도 크기가 제한되지 않고 필요한 메모리만 사용한다는 장점과, 코드가 더 복잡하고 링크 필드 때문에 메모리 공간을 조금 더 사용하는 단점이 있다. 연결된 큐를 구현하는 가장 간단한 방법은 다음과 같이 단순 연결 구조를 사용하는 것으로, 맨 앞과 뒤에 있는 노드를 front와 rear가 가리키는 구조이다. 물론 삽입은 후단(rear), 삭제는 전단(front)에서 이루어져야 한다.

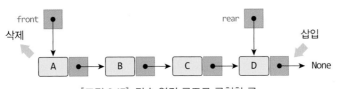

[그림 6.17] 단순 연결 구조로 구현한 큐

약간 더 복잡한 구조를 생각할 수 있다. 다음과 같이 꼬리 노드(마지막 노드) 링크가 머리 노드를 가리키는 **원형 연결 구조**를 이용하는 것이다.

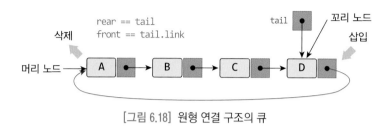

[그림 6.18] 원형 연결 구조의 큐

원형 연결 구조의 큐에서는 머리 노드와 꼬리 노드를 모두 저장하고 있을 필요가 없다. 꼬리 노드인 tail(또는 rear)만 저장하고 있으면 되는데, 머리 노드는 꼬리 노드의 바로 다음 노드이기 때문이다. 즉, tail.link가 front이다.

만약 꼬리 노드가 아니라 머리 노드 head(또는 front)만을 저장하면 어떻게 될까? 문제가 있다. head에서 꼬리 노드를 바로 알 수 없기 때문이다. 링크를 따라 후속 노드 전체를 끝까지 이동해야 드디어 rear에 도착한다. 따라서 tail을 저장하는 것이 rear와 front에 바로 접근할 수 있다는 점에서 훨씬 효율적이다.

연결된 큐를 원형연결리스트로 구현할 때 필요한 멤버 변수는 꼬리 노드의 주소를 저장할 tail뿐이다. 후단은 rear==tail이고, 전단은 front==tail.link이므로 모두 O(1)만에 접근할 수 있다.

원형으로 연결된 큐 클래스를 LinkedQueue라 하면, 코드 6.6과 같이 구현할 수 있다. 연결된 구조에서도 언더플로 예외는 발생할 수 있지만 코드에서는 생략하였다.

연결된 큐를 위한 데이터

데이터 멤버는 그림 6.18과 같이 tail만 있으면 된다. tail은 생성자에서 정의하고 초기화하는데, 맨 처음에는 None이 되어야 한다.

공백상태와 포화상태를 검사하는 isEmpty()와 isFull() 연산

공백상태는 tail이 None인 경우이고, 포화상태는 의미가 없으므로 isFull()은 항상 False를 반환한다.

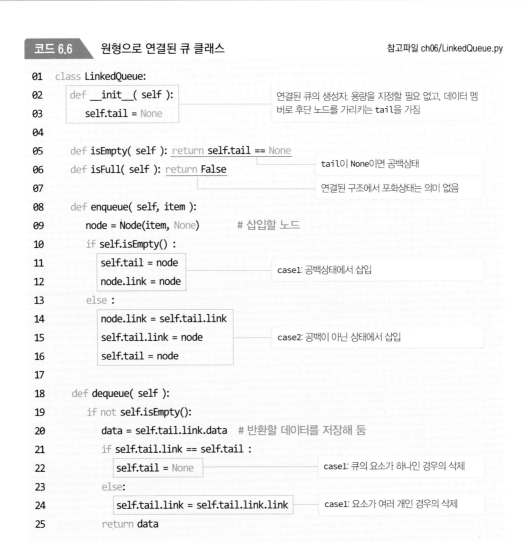

| 코드 6.6 | 원형으로 연결된 큐 클래스 | 참고파일 ch06/LinkedQueue.py |

```
01  class LinkedQueue:
02      def __init__( self ):
03          self.tail = None
04
05      def isEmpty( self ): return self.tail == None
06      def isFull( self ): return False
07
08      def enqueue( self, item ):
09          node = Node(item, None)      # 삽입할 노드
10          if self.isEmpty() :
11              self.tail = node
12              node.link = node
13          else :
14              node.link = self.tail.link
15              self.tail.link = node
16              self.tail = node
17
18      def dequeue( self ):
19          if not self.isEmpty():
20              data = self.tail.link.data   # 반환할 데이터를 저장해 둠
21              if self.tail.link == self.tail :
22                  self.tail = None
23              else:
24                  self.tail.link = self.tail.link.link
25              return data
```

연결된 큐의 생성자. 용량을 지정할 필요 없고, 데이터 멤버로 후단 노드를 가리키는 tail을 가짐

tail이 None이면 공백상태

연결된 구조에서 포화상태는 의미 없음

case1: 공백상태에서 삽입

case2: 공백이 아닌 상태에서 삽입

case1: 큐의 요소가 하나인 경우의 삭제

case1: 요소가 여러 개인 경우의 삭제

새로운 요소 E를 삽입하는 enqueue(E) 연산

삽입은 큐의 후단을 통해 이루어지는데, 큐가 공백상태인 경우와 그렇지 않은 경우가 약간 다르다. 공백상태가 쉬운데, 삽입 과정은 다음과 같다.

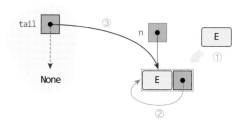

Case1: 큐가 공백상태인
경우의 십입연산

① 입력 데이터 E를 이용해 새로운 노드 n을 생성함: n = Node(E,None)

② n의 링크가 자신을 가리키도록 함: n.link = n

③ tail이 n을 가리키도록 함: tail = n

만약 공백상태가 아니면 다음과 같이 약간 더 복잡해진다.

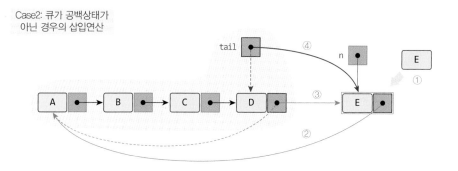

Case2: 큐가 공백상태가
아닌 경우의 삽입연산

① 입력 데이터 E를 이용해 새로운 노드 n을 생성함: n = Node(E,None)

② n의 링크가 front를 가리키도록 함: n.link = tail.link

③ tail의 링크가 n을 가리키도록 함: tail.link = n

④ tail이 n을 가리키도록 함: tail = n

전단 요소를 삭제하는 dequeue() 연산

삭제연산은 front(또는 tail.link)를 연결구조에서 꺼내고 데이터 필드를 반환하는 것이다. 물론 공백이 아니어야 삭제가 가능하다. 큐가 항목을 하나만 가지고 있는 경우는 삭제하고 나면 공백상태가 되므로 일반적인 경우와 분리해서 처리해야 한다.

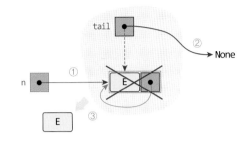

Case1: 큐가 하나의 항목을
갖는 경우의 삭제연산

① n이 전단노드(front)를 가리키도록 함: n = tail.link

② tail이 None을 가리키도록 함: tail = None

③ n이 가리키는 노드의 데이터를 반환함: return n.data

큐가 두 개 이상의 항목을 갖는 경우의 삭제는 다음과 같다.

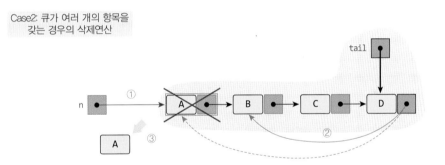

Case2: 큐가 여러 개의 항목을
갖는 경우의 삭제연산

① n이 전단노드(front)를 가리키도록 함: n = tail.link

② tail의 링크가 front의 링크를 가리키도록 함: tail.link = n.link

③ n이 가리키는 노드의 데이터를 반환함: return n.data

추가 연산: 항목의 수를 구하는 size()

큐의 크기를 구하거나 큐의 내용을 출력하기 위해서는 tail부터 노드를 따라가면서 한 바퀴 돌아와야 한다. size 연산을 위한 순회 방법은 그림과 같다.

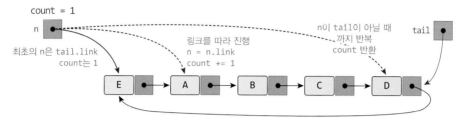

[그림 6.19] 원형연결리스트에서의 전체 노드의 수 계산 과정

원형으로 연결된 큐의 요소의 수 계산   참고파일 ch06/LinkedQueue.py

```
27    def size( self ):
28        if self.isEmpty() : return 0
29        else :
30            count = 1
31            node = self.tail.link          # node는 front노드
32            while not node == self.tail :   # 반복문 종료 조건
33                node = node.link            # 다음 노드로 진행
34                count += 1
35            return count
```

추가 연산: 출력을 위한 문자열 변환 연산 __str__()

이러한 방문 방법은 문자열 변환 중복함수에서도 동일하게 적용되는데, 반복문의 종료 조건에 주의해야 한다. 다음은 파이썬 리스트에 큐의 모든 요소를 저장한 후 str()를 이용해 문자열로 변환해 반환하는 코드이다.

문자열 변환을 위한 str 연산자 중복   참고파일 ch06/LinkedStack.py

```
36    def __str__( self ):
37        arr = []
38        if not self.isEmpty() :
39            node = self.tail.link          # node는 front노드
40            while not node == self.tail :   # 반복문 종료 조건
41                arr.append(node.data)       # 노드의 데이터를 리스트에 추가
42                node = node.link            # 다음 노드로 진행
43            arr.append(node.data)           # 마지막으로 rear의 데이터 추가
44        return str(arr)                     # 리스트를 문자열로 변환해 반환
```

연결된 큐에서도 삽입, 삭제, 공백 검사 등 핵심 연산들은 모두 O(1)이다. size()와 __str__()은 모든 노드를 방문해야 하므로 O(n)이 필요하다. 연결된 큐의 사용 방법도 5장의 배열로 구현한 원형 큐와 같다. 특히 원형 큐에서는 용량이 제한되었지만, 연결된 구조에서는 이런 제한이 없다.

---

1 이중 연결 구조의 리스트나 큐는 원형으로 구현할 수 없다. (   )

2 단순 연결 구조의 노드를 이용해 원형 연결 구조의 큐를 구현할 때 꼬리(tail)보다는 머리(head) 노드를 포인터로 관리하는 것이 유리하다. (   )

중간 점검

정답 1 X 2 X

6.5 이중 연결 구조의 응용: 연결된 덱

연결된 구조로 덱을 구현해 보자. 이러한 덱을 연결된 덱(linked deque)이라 한다. 먼저 덱을 단순 연결 구조로도 구현할 수 있다. 그림과 같이 전단과 후단을 각각 front와 rear가 가리키고, 양쪽에서 모두 삽입과 삭제가 가능한 구조이다.

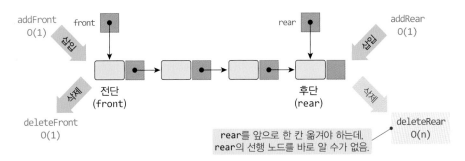

[그림 6.20] 단순 연결 구조로 구현한 덱의 문제점

그런데 이 구조는 deleteRear 연산에서 문제가 발생한다. 다른 연산들과 달리 O(1)에 처리가 불가능한 것이다. 왜 그럴까? 후단을 삭제하고 나면 rear가 한 칸 앞으로 움직여야 한다. 그런데 단순 연결 구조의 노드에는 선행 노드의 정보가 없다. 따라서 front부터 시작하여 후단의 바로 앞 노드를 찾기 위해 전체 노드를 탐색해야 하고, 이것은 O(n)이 소요되는 작업이다.

이 문제를 해결하는 방법은 그림 6.21과 같이 이중 연결 구조를 사용하는 것이다. 모든 노드가 선행 노드와 후속 노드를 알고 있다면 deleteRear도 O(1)에 처리가 가능하기 때문이다. 따라서 연결된 덱은 반드시 이중 연결 구조로 구현하는 것이 좋다.

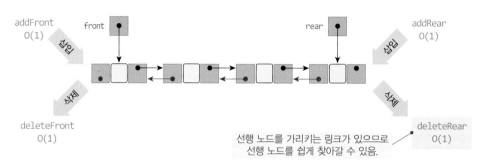

[그림 6.21] 이중 연결 구조로 구현한 덱의 구조

이중 연결 구조는 노드마다 2개의 링크를 관리해야 하므로 단순 연결 구조보다 훨씬 복잡하고, 따라서 코드에 오류가 발생하기도 쉽다. 그러나 덱이나 리스트와 같은 선형 자료구조의 연산들을 가장 효율적으로 구현할 수 있다는 장점이 있다.

이중 연결 구조의 노드 클래스 DNode

이중 연결을 위한 노드는 두 개의 링크를 갖는다. 이들을 각각 prev, next라 하자. 노드 클래스의 이름은 DNode로 하고, 생성자에 디폴트 인자를 적용한 구현 예는 다음과 같다.

| 코드 6.9 | 이중 연결 구조의 노드 클래스 | 참고파일 ch06/DoublyLinkedDeque.py |

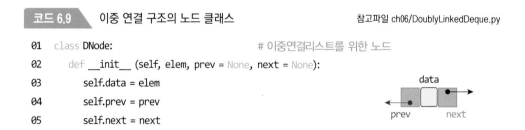

```
01   class DNode:                              # 이중연결리스트를 위한 노드
02      def __init__ (self, elem, prev = None, next = None):
03         self.data = elem
04         self.prev = prev
05         self.next = next
```

연결된 덱 클래스 DoublyLinkedDeque

연결된 덱 클래스를 DoublyLinkedDeque라 하자. 전단과 후단을 위해 front와 rear를 데이터로 갖는다. 공백상태는 전단이나 후단이 None인 경우인데, 전단을 기준으로 하자. self.front==None이면 공백상태이다. 초기화는 양단을 모두 None으로 처리하면 확실하다.

이중 연결 구조를 사용하더라도 size나 문자열 변환 연산은 단순 연결 구조에서와 동일하다. 따라서 연결된 스택의 코드를 많은 부분 이용할 수 있다. getFront와 getRear 연산도 front와 rear가 가리키는 노드의 데이터를 반환하면 된다. 여기서는 삽입과 삭제 연산만을 자세히 살펴보자. 이중 연결 구조로 구현한 덱은 코드 6.9와 같다.

삽입 연산 addFront(E)과 addRear(E)

전단을 통한 삽입을 먼저 알아보자.

① 새로운 노드 n 생성 및 링크 초기화: n = DNode(E, None, front)

② 머리 노드가 선행 노드로 n을 가리킴: front.prev = n

③ 이제 front가 n을 가리킴: front = n

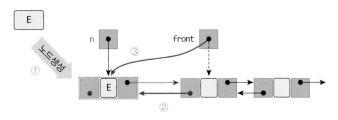

[그림 6.22] 연결된 덱의 전단 삽입 과정

첫 번째 단계에서 노드의 생성자를 이용해 링크를 초기화한다. 전단에 삽입(addFront)되는 노드의 경우 prev는 None이 되어야 하고, next는 현재의 전단, 즉 front가 되어야 한다. 만약 공백이라면 front와 rear가 n을 가리키도록 한다.

후단 삽입도 비슷하다. 노드를 만들어 rear의 다음 노드로 연결하고 rear가 새로운 노드를 가리키면 된다. 전후단 삽입의 시간 복잡도는 모두 O(1)이다.

삭제 연산 deleteFront(), deleteRear()

전단 삭제를 알아보자.

① 삭제할 노드(front)의 데이터 복사: data = front.data

② front를 다음으로 옮김: front = front.next

③ front의 이전 노드는 None: front.prev = None

④ 데이터를 반환: return data

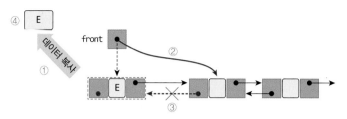

[그림 6.23] 연결된 덱의 전단 삭제 과정

만약 노드가 하나뿐이라면 rear도 None으로 설정해야 함에 유의하라. 후단 삭제 deleteRear도 거의 비슷하게 처리된다.

코드 6.10   이중 연결 구조로 구현한 덱   참고파일 ch06/DoublyLinkedDeque.py

```
01   class DoublyLinkedDeque:
02       def __init__( self ):
03           self.front = None
04           self.rear = None
05           ...
06
07       def addFront( self, item ):
08           node = DNode(item, None, self.front)      # ①
09           if( self.isEmpty()):
10               self.front = self.rear = node
11           else :
12               self.front.prev = node                # ②
13               self.front = node                     # ③
14
15       def addRear( self, item ):
16           node = DNode(item, self.rear, None)
17           if( self.isEmpty()):
18               self.front = self.rear = node
19           else :
20               self.rear.next = node
21               self.rear = node
22
23       def deleteFront( self ):
24           if not self.isEmpty():
25               data = self.front.data                # ①
26               self.front = self.front.next          # ②
```

이중으로 연결된 덱의 생성자. 전단과 후단을 가리키는 front와 rear를 가짐

전단 삽입

전단 삭제

```
27          if self.front==None :
28              self.rear = None
29          else:
30              self.front.prev = None          # ③
31          return data                         # ④
32
33  def deleteRear( self ):
34      if not self.isEmpty():
35          data = self.rear.data
36          self.rear = self.rear.prev
37          if self.rear==None :
38              self.front = None
39          else:
40              self.rear.next = None
41          return data
```

> 이 코드가 가능하기 때문에 시간 복잡도가 O(1)으로 줄어듦

전후단 삭제의 시간 복잡도는 모두 O(1)이다. 만약 단순연결리스트를 사용한다면 deleteRear는 O(n)으로 구현할 수밖에 없다. 테스트를 위한 코드는 5장의 원형 덱과 동일하며, 다음과 같이 연결된 덱 객체를 만들어 사용하면 된다. 실행 결과는 동일하다.

```
dq = DoublyLinkedDeque()            # 연결된 덱 만들기
```

---

1 덱을 구현할 때 이중 연결 구조가 단일 연결 구조에 비해 유리한 삽입이나 삭제 연산은?

중간 점검

| 연습문제 |

6.1 다음 중 연결된 구조의 리스트에 대한 설명이 아닌 것은?

① 항목들이 메모리에 연속적으로 저장되어 있지 않다.
② 링크를 사용해 다음 항목을 찾는다.
③ 시작 항목을 알면 k번째 항목의 위치를 바로 계산할 수 있다.
④ 용량이 고정되어 있지 않다.

6.2 다음 중 원형 연결 리스트의 특징으로 가장 적절한 것은?

① 마지막 노드의 링크가 첫 노드를 가리킨다.
② 반드시 두 개의 링크를 가진 노드를 사용해야 한다.
③ 선행 노드를 바로(O(1)) 찾아갈 수 있다.
④ NULL (또는 None) 링크가 존재한다.

6.3 n개의 자료로 구성된 리스트를 단순 연결 구조로 표현하려고 한다. 다음 중 시간 복잡도가 가장 낮은 연산은?

① 리스트의 길이 출력
② 어떤 노드의 다음 노드를 리스트에서 삭제
③ 어떤 노드의 바로 앞에 새로운 노드를 추가
④ 마지막 노드의 데이터를 출력

6.4 연결된 구조로 구현한 리스트에 대한 설명으로 가장 거리가 먼 것은?

① 노드의 삽입과 삭제가 쉽다.
② 노드들이 링크로 연결되어 있어 탐색이 빠르다.
③ 링크를 위한 추가 공간이 필요하다
④ 연결 중간에 링크가 끊어지면 그 다음 노드를 찾기 어렵다.

6.5 다음은 연결된 스택을 표현한 것이다. 이에 대한 설명으로 옳지 않은 것은?

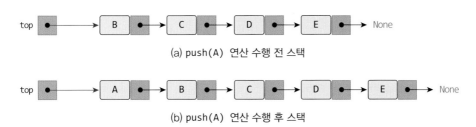

(a) push(A) 연산 수행 전 스택

(b) push(A) 연산 수행 후 스택

① 스택에 가장 최근에 입력된 자료는 top이 가리킨다.
② 스택에 입력된 자료 중 E가 가장 오래된 자료이다.
③ (b)에서 자료 C를 가져오려면 pop 연산이 2회 필요하다.
④ (a)에서 자료가 입력된 순서는 E, D, C, B이다.

6.6 다음과 같은 연결 리스트에 아래와 같은 코드를 실행한다고 하자. 실행이 끝난 후에 포인터 p가 가리키는 노드는 어떤 노드인가?

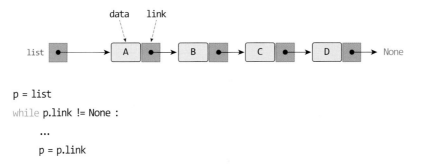

```
p = list
while p.link != None :
    ...
    p = p.link
```

6.7 연결 리스트(linked list)의 "preNode" 노드와 그 다음 노드 사이에 새로운 "newNode" 노드를 삽입하려고 한다. 빈 칸에 들어갈 문장으로 옳은 것은?

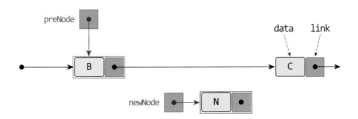

```
...
newNode = Node(N, None)

preNode.link = newNode
```

① newNode.link = preNode

② newNode.link = preNode.link

③ newNode.link.link = preNode

④ newNode = preNode.link

6.8 덱은 삽입과 삭제가 양끝에서 임의로 수행되는 자료구조이다. 다음 그림과 같이 단순 연결 리스트로 덱을 구현한다고 할 때 O(1) 시간 내에 수행할 수 없는 연산은? (단, first와 last는 각각 덱의 첫 번째 원소와 마지막 원소를 가리킨다.

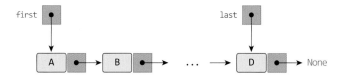

① addFirst 연산: 덱의 첫 번째 원소로 삽입

② addLast 연산: 덱의 마지막 원소로 삽입

③ deleteFirst 연산: 덱의 첫 번째 원소를 삭제

④ deleteLast 연산: 덱의 마지막 원소를 삭제

6.9 다음은 연결 리스트를 역순으로 변환하는 함수이다. 빈칸에 들어가야 하는 코드를 적으시 오. 아래 그림을 참고하라.

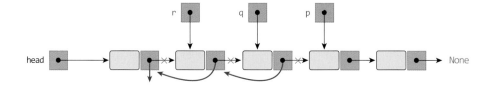

```
# (e₂, e₂, ⋯, eₙ)을 (eₙ, eₙ₋₁, ⋯, e₁)로 변환
def reverse(head) :
    p = head                # p는 역순으로 만들 리스트
    q = None                # q는 역순으로 만들 노드
    while p != NULL :
        r = q               # r은 역순으로 된 리스트. r은 q, q는 p를 차례로 따라간다.
        q = p
        p = p.link
        _____          # q의 링크 방향을 바꾼다.
    return q                # q는 역순으로 된 리스트의 헤드 포인터
```

6.10 연결 리스트에서 어떤 노드를 삭제하려고 한다. 만약 삭제할 노드를 알고 있다면 삭제 연산의 시간 복잡도는 어떻게 되는가? 리스트를 단순 연결 구조로 구현한 경우와 이중 연결 구조로 구현한 경우에 대해 각각 시간 복잡도와 이유를 설명하라.

6.11 연결된 큐를 원형 연결 구조로 구현할 때 큐 클래스의 데이터 멤버로 head가 아니라 tail을 사용하는 이유를 설명하라.

6.12 연결 리스트 클래스 LinkedList(코드 6.5)에 모든 요소를 순서대로 화면에 출력하는 printForward() 연산을 추가하라.

6.13* 연결 리스트 클래스 LinkedList(코드 6.5)에 모든 요소를 역순으로 화면에 출력하는 printReverse() 연산을 추가하라. 단, 순환을 이용해야 한다.

6.14 연결 리스트 클래스 LinkedList(코드 6.5)에 리스트의 맨 끝에 새로운 요소를 추가하는 append() 연산을 추가하라.

6.15* 연결 리스트 클래스 LinkedList(코드 6.5)에 merge() 연산을 구현하라. 연결 리스트 A와 B가 있을 때, A.merge(B)는 연결 리스트 A의 맨 뒤에 B를 추가하는 연산이다. 연산 결과 A의 길이는 늘어나고, B의 길이는 0이 되도록 하라.

6.16* 회문(palindrome)이란 앞뒤 어느 쪽에서 읽어도 같은 말·구·문 등을 의미한다. 예를 들면 "eye", "madam, "radar" 등이다. 여기서 물론 구두점이나 스페이스, 대소문자 등은 무시하여야 한다. 이번 장에서 학습한 연결된 스택을 이용하여 주어진 문자열이 회문인지 아닌지를 결정하는 프로그램을 작성하라.

6.17* 다음 그림과 같이 단순연결리스트를 이용한 연결된 큐 클래스를 구현하라. 데이터 멤버로는 전단을 가리키는 front와 후단을 가리키는 rear를 사용한다. 삽입은 후단을 통해, 삭제는 전단을 통해 이루어지도록 하라.

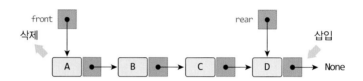

6.18** 연결 리스트 클래스 LinkedList(코드 6.5)를 이중 연결 구조로 다시 구현하라. 노드는 6.5절의 DNode 클래스를 사용하면 된다.

6.19*** $10x^{100} + 6$ 과 같은 다항식을 생각해 보자. 차수가 100으로 매우 큰데 비해 계수가 0이 아닌 항은 2개뿐이다. 이와 같이 대부분 항의 계수가 0인 다항식을 **희소 다항식 (Sparse Polynomial)**이라 한다. 3장의 연습문제 3.15에서 구현한 다항식 프로그램으로 희소 다항식을 표현하면 어떻게 될까? 메모리의 낭비가 심할 것이다. 예를 들어 $10x^{100} + 6$ 에서는 101개의 항의 계수를 저장하기 위한 공간 중에서 실제로 2개만 사용되고 나머지는 모두 0으로 채워진다. 낭비를 줄이기 위해 다른 방법을 사용할 수 있다. 다항식의 모든 계수를 저장하는 것이 아니라 계수가 0이 아닌 항의 정보만을 (계수, 지수)의 형식으로 저장하는 것이다. 예를 들어, $10x^{100} + 6$ 은 ((10, 100), (6, 0))으로 표시하고, $10x^5 + 6x + 3$ 은 ((10, 5), (6, 1), (3, 0))으로 나타내는 것이다. 희소 다항식 처리를 위한 SparsePoly 클래스를 구현하라. 단, 다항식을 표현하기 위해 6.3절에서 구현한 연결 리스트 클래스 LinkedList를 상속하여 사용하라. 유효한 하나의 항을 표현하기 위해 다음과 같은 클래스를 이용하라.

```
class Term :                          # 다항식의 항을 나타내는 클래스
    def __init__( self, expo, coef ):
        self.expo = expo              # 항의 지수
        self.coef = coef              # 항의 계수
```

사용자로부터 두 개의 다항식을 입력받고, 두 다항식의 합을 구하고, 화면에 보기 좋게 출력하는 다음 멤버 함수들을 구현해야 한다.

```
class SparsePoly(LinkedList) :              # 희소 다항식 클래스
    ...
    def read( self ): ...                   # 사용자 입력 함수
    def display( self ): ...                # 화면 출력 함수
    def add( self, polyB ): ...             # 다항식 덧셈 함수
```

프로그램의 동작 예는 다음 그림과 같다.

```
C:\WINDOWS\system32\cmd.exe                                    ↔   —   □   ×
계수 차수 입력(종료:-1): 3 12
계수 차수 입력(종료:-1): 2 8
계수 차수 입력(종료:-1): 1 0
계수 차수 입력(종료:-1): -1 -1
      입력 다항식:   3.0 x^12 +    2.0 x^8 +    1.0 x^0 +
계수 차수 입력(종료:-1): 8 12
계수 차수 입력(종료:-1): -3 10
계수 차수 입력(종료:-1): 10 6
계수 차수 입력(종료:-1): -1 -1
      입력 다항식:   8.0 x^12 +   -3.0 x^10 +   10.0 x^6 +
        A =    3.0 x^12 +    2.0 x^8 +    1.0 x^0 +
        B =    8.0 x^12 +   -3.0 x^10 +   10.0 x^6 +
      A+B=   11.0 x^12 +   -3.0 x^10 +    2.0 x^8 +   10.0 x^6 +    1.0 x^0 +
계속하려면 아무 키나 누르십시오 . . . ▪
```

CHAPTER

정렬과 탐색

학습목표
- 정렬의 개념과 기본적인 정렬 알고리즘의 동작 원리를 이해한다.
- 정렬을 이용해 집합 관련 연산의 효율을 향상시키는 방법을 이해한다.
- 탐색의 개념과 기본적인 탐색 알고리즘의 동작 원리를 이해한다.
- 해싱의 개념과 해시 함수, 오버플로의 개념을 이해한다.
- 해싱의 오버플로 해결 방법을 이해한다.

7 정렬과 탐색

7.1 정렬이란?

정렬(sorting)은 데이터를 순서대로 재배열하는 작업이다. 예를 들어, 사전에는 단어들이 알파벳 순서대로 나열되어 있고, 교수님은 학생들의 성적을 순서대로 정렬하여 학점을 부여한다. 인터넷 쇼핑몰에서는 상품들을 '평점순'이나 '신상품순' 등으로 나열하여 구매할 물건을 선택한다. 이처럼 정렬은 컴퓨터 공학에서 가장 기본적이고 중요한 응용의 하나로, 효율적인 정렬을 위해서는 적절한 자료구조가 반드시 요구된다.

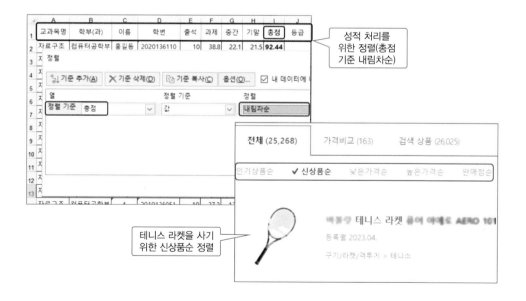

정렬을 위해서는 사물들을 서로 **비교**할 수 있어야 하고, 비교할 수 있는 모든 속성들은

정렬의 기준이 될 수 있다. 예를 들어, 성적은 총점 순으로 정렬할 수 있지만, 과제나 기말성적 순으로 정렬할 수도 있다. 이때 순서에는 **오름차순**(ascending order)과 **내림차순**(descending order)이 있다.

정렬은 자료의 탐색에서도 매우 중요하다. 사전에서 우리가 단어를 쉽게 찾을 수 있는 것은 단어들이 **알파벳순**으로 정렬되어 있기 때문인데, 만약 사전이 정렬되어 있지 않다면 어떤 단어를 빨리 찾는 것은 거의 불가능할 것이다. 컴퓨터도 마찬가지이다. 정렬되어 있지 않은 자료에 대해서는 탐색의 효율이 크게 떨어진다.

정렬시켜야 될 대상을 **레코드**(record)라고 부른다. 또한 레코드는 여러 개의 **필드**(field)로 이루어진다. 예를 들어, 경주마에는 번호, 이름, 키, 나이, 품종, 연락처 등의 속성들이 있는데, 이들이 필드가 된다. 또한, 이들 중에서 정렬의 기준이 되는 필드를 **키**(key) 또는 **정렬 키**(sort key)라고 한다. 결국 정렬이란 레코드들을 키(key)의 순서로 재배열하는 것이다.

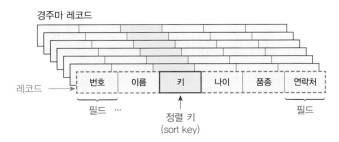

[그림 7.1] 정렬의 대상인 레코드와 필드, 키의 개념

지금까지 개발된 정렬 알고리즘은 매우 많지만, 모든 경우에 최상의 성능을 보이는 최적 알고리즘은 존재하지 않는다. 따라서 주어진 문제의 특성과 수행 환경에 가장 효율적인 알고리즘을 선택해야 한다. 정렬 방법들은 특징에 따라 분류하는 방법이 여러 가지가 있다.

복잡도와 효율성에 따른 분류

알고리즘이 단순하면 비효율적이기 마련인데, 이것은 정렬에서도 마찬가지이다. 단순하지만 비효율적인 방법으로는 삽입 정렬, 선택 정렬, 버블 정렬 등이 있다. 이에 비해, 퀵 정렬, 병합 정렬, 기수 정렬, 팀 정렬 등은 효율적이지만 복잡하다.

비교 기반 정렬

대부분의 정렬 방법들은 레코드의 킷값을 비교하여 정렬하는데, 그렇지 않은 방법들도 있다. 기수 정렬, 카운팅 정렬 등이 대표적인 예인데, 빠르게 정렬할 수는 있지만 적용할 수 있는 킷값이 제한된다는 문제가 있다.

내부 정렬과 외부 정렬

모든 데이터가 메모리에 올라와 정렬이 수행되는 것을 내부(internal) 정렬이라 한다. 만약 데이터가 너무 크면 이렇게 할 수 없고, 일부만을 메모리에 올려 정렬해야 하는데, 이것을 외부(external) 정렬이라 한다. 이 책에서는 내부 정렬만을 다룬다.

안정성에 따른 분류

안정성(stability)이란 동일한 킷값을 갖는 레코드가 여러 개 존재할 경우, 정렬 후에도 이들의 상대적인 위치가 바뀌지 않는 성질이다. 예를 들어, 그림 7.2는 동일한 킷값을 가진 두 레코드 위치가 정렬 후에 바뀌므로 안정성을 충족하지 않은 정렬이다. 안정성을 충족하는 정렬에는 삽입 정렬, 버블 정렬, 병합 정렬 등이 있다.

[그림 7.2] 안정성을 충족하지 않는 정렬의 예

제자리 정렬

입력 배열 이외에 추가적인 공간을 사용하지 않는 방법을 제자리 정렬(in-place sorting)이라 한다. 많은 알고리즘이 제자리 정렬이지만, 병합 정렬은 반드시 추가적인 배열이 필요한 대표적인 예이다.

이 장에서는 몇 가지 간단한 정렬 방법을 다루는데, 복잡한 알고리즘은 12장에서 공부한다. 설명의 단순화를 위해 레코드 자체가 하나의 숫자라고 가정한다. 즉, 제멋대로 나열된 숫자의 리스트를 오름차순으로 정렬하는 것이다. 물론 필드가 많은 복잡한 레코드를 정렬하거나, 내림차순으로 정렬하더라고 알고리즘이 달라지는 것은 아니다.

1 다음 중 정렬 알고리즘을 선택할 때 고려할 사항으로 가장 거리가 먼 것은?

   ① 정렬할 키의 종류(정수, 실수 등)   ② 정렬 작업에 걸리는 시간

   ③ 정렬에 필요한 메모리의 크기   ④ 정렬할 값의 크기

2 비교가 아닌 분배에 의한 정렬 방식에 해당하는 것은?

   ① 퀵 정렬   ② 기수 정렬   ③ 버블 정렬   ④ 힙 정렬

3 삽입 정렬은 안정성을 충족한다. ( )

4 병합 정렬은 제자리 정렬이다. ( )

7.2 기본적인 정렬 알고리즘

■ 선택 정렬(selection sort)

선택 정렬은 가장 단순한 전략을 사용한다. 정렬이 크기 순으로 나열하는 작업이므로 단순하게 <u>가장 작은 요소를 꺼내서 순서대로 출력</u>하는 것이다. 다음은 선택 정렬의 예를 보여주는데, 입력 배열에서 가장 작은 숫자를 선택하여 출력 배열의 맨 뒤로 이동하는 작업을 반복한다. 이 과정을 입력 배열이 공백상태가 될 때까지 반복하면 정렬이 끝난다.

정렬 된(왼쪽) 리스트	정렬 안 된(오른쪽) 리스트	설명
[ ]	[5,3,8,4,9,1,6,2,7]	초기상태
[1]	[5,3,8,4,9,6,2,7]	1 선택 및 이동
[1,2]	[5,3,8,4,9,6,7]	2 선택 및 이동
[1,2,3]	[5,8,4,9,6,7]	3 선택 및 이동
…	…	4~8 선택 및 이동
[1,2,3,4,5,6,7,8,9]	[ ]	9 선택 및 이동

이 방법은 출력 배열이 추가로 필요한 것처럼 보이지만, 입력 배열만으로 처리되도록 개선할 수 있다. <u>최솟값이 선택되면 이것을 맨 앞의 요소와 교환하는 전략</u>을 사용하는 것이다. 예를 들어, 그림 7.3에서 최솟값 1과 첫 번째 요소 5를 교환하면 입력 배열은 정렬된 부분

과 되지 않은 부분으로 나뉜다. 다음에는 두 번째 요소부터 나머지들 중에서 최솟값을 선택하고, 이 값을 두 번째 요소와 교환한다. 전체 요소의 개수가 n이면 이 절차를 n−1번 반복하면 전체 배열이 정렬된다.

[그림 7.3] 선택 정렬의 과정

알고리즘은 다음과 같다. 최소 항목을 찾는 범위와(5행) 튜플을 이용해 배열의 두 항목을 서로 교환하는(8행) 코드에 유의하라.

코드 7.1   선택 정렬 알고리즘   참고파일 ch07/basic_sort.py

```
01   def selection_sort(A) :                # 선택 정렬
02       n = len(A)                          # n: 리스트 A의 길이
03       for i in range(n-1) :              # 0, 1, 2, ... n-2 [외부루프]
04           least = i;
05           for j in range(i+1, n) :       # i+1,...,n-1 [내부루프]
06               if (A[j]<A[least]) :        # 비교연산
07                   least = j               # 최소항목 갱신
08           A[i], A[least] = A[least], A[i]  # 배열 항목 교환
09           printStep(A, i + 1)            # 중간 과정 출력용 문장
```

9행은 정렬의 각 단계에서 배열의 변화를 출력하기 위한 함수로 다음과 같이 구현된다.

```
def printStep(arr, val) :                          # 중간 과정 출력용 함수
    print(" Step %2d = " % val, end='')
    print(arr)
```

테스트 프로그램과 실행 결과는 다음과 같다. 입력 배열의 정렬 전과 후의 상태와 함께, 각 단계별 배열의 상태를 출력하고 있다.

```
data = [ 5, 3, 8, 4, 9, 1, 6, 2, 7 ]
print("Original  : ", data)
selection_sort(data)
print("Selection : ", data)
```

```
C:\WINDOWS\system32\cmd.exe                                    —   □   ×
Original  : [5, 3, 8, 4, 9, 1, 6, 2, 7]          정렬 안 된 부분
 Step  1 = [1, 3, 8, 4, 9, 5, 6, 2, 7]
 Step  2 = [1, 2, 8, 4, 9, 5, 6, 3, 7]
 Step  3 = [1, 2, 3, 4, 9, 5, 6, 8, 7]
 Step  4 = [1, 2, 3, 4, 9, 5, 6, 8, 7]
 Step  5 = [1, 2, 3, 4, 5, 9, 6, 8, 7]
 Step  6 = [1, 2, 3, 4, 5, 6, 9, 8, 7]
 Step  7 = [1, 2, 3, 4, 5, 6, 7, 8, 9]
 Step  8 = [1, 2, 3, 4, 5, 6, 7, 8, 9]
Selection : [1, 2, 3, 4, 5, 6, 7, 8, 9]          정렬된 부분
```

코드 7.1은 입력 배열 이외의 추가적인 배열을 사용하지 않으므로 제자리 정렬이다.

시간 복잡도를 분석해 보자. 정렬 함수에서 이중 루프가 사용되는데, 내부 루프(5행)는 $i+1 \sim n-1$까지($n-1-i$번) 반복한다. 외부 루프(3행)에서 i는 $0 \sim n-2$까지 순서대로 대입되므로 6행의 비교연산 실행 횟수는 다음과 같다.

$$(n-1)+(n-2)+\cdots+1=n(n-1)/2=O(n^2)$$

결국, 선택 정렬은 시간 복잡도가 $O(n^2)$으로 효율적인 알고리즘도 아니고 안정성을 만족하지도 않는다. 그러나 알고리즘이 간단하고, 입력 자료의 구성과 상관없이 자료 이동 횟수가 결정된다는 장점을 갖는다.

■ 삽입 정렬(insertion sort)

삽입 정렬은 카드를 정렬하는 방법과 유사하다. 손 안에 정렬된 카드가 있고, 카드를 추가로 한 장씩 더 받을 때 마다 그 카드를 순서대로 끼워 넣는 것이다. 물론 삽입 후에도 전체 카드는 정렬이 되어 있어야 한다. 이 과정을 새로 받는 모든 카드에 대해 수행하면 전체 카드가 정렬된다.

[그림 7.4] 삽입 정렬의 원리

배열에서도 마찬가지이다. 정렬이 안 된 부분의 숫자를 하나씩 정렬된 부분의 적절한 위치를 찾아 끼워 넣는 과정을 반복한다. 한 번의 삽입이 끝나면 정렬이 안 된 부분의 크기가 하나 줄어드는데, 이 과정을 정렬되지 않은 요소가 하나도 없을 때까지 반복하면 정렬이 끝난다. 그런데, 숫자를 끼워 넣는 과정이 문제이다. 예를 들어, 그림에서 4를 3과 5 사이에 삽입하기 위해서는 4보다 큰 항목들(8,5)을 모두 한 칸씩 뒤쪽으로 이동해야 한다. 그림 7.5는 입력 배열 [5, 3, 8, 4, 9, 1, 6, 2, 7]을 삽입 정렬하는 과정을 보여준다.

[그림 7.5] 삽입 정렬의 과정

삽입 정렬 알고리즘과 실행 결과는 다음과 같다.

코드 7.2 삽입 정렬 알고리즘   참고파일 ch07/basic_sort.py

```python
01  def insertion_sort(A) :          # 선택 정렬
02      n = len(A)
03      for i in range(1, n) :       # 외부 루프: 1, 2, ... n-1
04          key = A[i]
05          j = i-1
06          while j>=0 and A[j] > key :
07              A[j + 1] = A[j]
08              j -= 1
09          A[j + 1] = key
10          printStep(A, i)
```

> 정렬된 부분의 맨 뒤에서 앞으로 가면서 key보다 큰 요소
> 는 모두 한 칸씩 뒤로 이동함.
> 이동이 멈춘 위치에 원래의 A[i]를 저장(끼워 넣음)

```
C:\WINDOWS\system32\cmd.exe                                    —  □  ×
Original  : [5, 3, 8, 4, 9, 1, 6, 2, 7]        정렬 안 된 부분
  Step  1 = [3, 5, 8, 4, 9, 1, 6, 2, 7]
  Step  2 = [3, 5, 8, 4, 9, 1, 6, 2, 7]
  Step  3 = [3, 4, 5, 8, 9, 1, 6, 2, 7]
  Step  4 = [3, 4, 5, 8, 9, 1, 6, 2, 7]
  Step  5 = [1, 3, 4, 5, 8, 9, 6, 2, 7]
  Step  6 = [1, 3, 4, 5, 6, 8, 9, 2, 7]
  Step  7 = [1, 2, 3, 4, 5, 6, 8, 9, 7]
  Step  8 = [1, 2, 3, 4, 5, 6, 7, 8, 9]
Insertion : [1, 2, 3, 4, 5, 6, 7, 8, 9]        정렬된 부분
```

삽입 정렬의 복잡도는 입력 자료의 구성에 따라서 달라진다. 먼저, 최선의 상황은 입력 배열이 이미 정렬되어 있는 경우이다. 6행의 while문의 반복 조건 중에서 A[j]>key가 항상 False이므로 항상 바로 빠져나오게 된다. 3행의 외부루프는 $n-1$번 반복하는데, while문의 루프 내부가 $O(1)$이므로 전체 복잡도는 $O(n)$이 된다.

최악의 상황은 어떤 경우일까? 입력 배열이 역순으로 정렬된 경우이다. 항상 맨 앞에 끼워 넣어야 하고, 따라서 while문은 항상 i번 반복한다. 따라서 전체 복잡도는 다음과 같다.

$$\sum_{i=0}^{n-1} i = 1 + 2 + \cdots + (n-1) = \frac{n(n-1)}{2} = O(n^2)$$

삽입 정렬은 시간 복잡도가 $O(n^2)$인데, 특히 많은 레코드의 이동을 포함하므로 레코드가 크고, 양이 많은 경우 효율적이지 않다. 반면에 알고리즘이 간단하고, 안정성도 충족한다. 특히 대부분의 레코드가 이미 정렬되어 있는 경우 효율적으로 사용될 수 있다.

■ 버블 정렬(bubble sort)

인접한 2개의 레코드를 비교하여 크기가 순서대로가 아니면 서로 교환하는 방법을 사용한다. 이러한 **비교-교환 과정**은 배열의 왼쪽 끝에서 시작하여 오른쪽 끝까지 진행한다. 비교-교환 과정이 한번 완료되면(한 번의 스캔) 가장 큰 레코드가 리스트의 오른쪽 끝으로 이동한다. 이것은 마치 물속에서 거품(bubble)이 보글보글 떠오르는 것과 유사하여 버블 정렬이라 불리는데, 비교-교환 과정은 더 이상 교환이 일어나지 않을 때까지 계속된다.

그림 7.6은 버블 정렬의 한 번의 스캔 과정을 보여준다. 먼저 5와 3을 비교하면 5가 더 크므로 서로 교환하고, 다음으로 5와 8을 비교하면 8이 더 크므로 교환 없이 다음 단계로 진행한다. 이러한 과정이 반복되면 배열에서 가장 큰 값인 9가 오른쪽 끝으로 이동하게 된다.

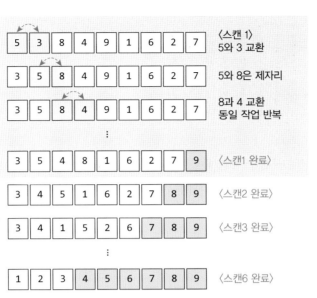

[그림 7.6] 버블 정렬의 과정

리스트를 한번 스캔하면 오른쪽 끝에 가장 큰 레코드가 위치하게 되고 전체 리스트는 오른쪽의 정렬된 부분과 정렬이 안 된 왼쪽 부분으로 나누어진다. 이러한 스캔 과정은 정렬되지 않은 부분에 대해 더 이상 교환이 일어나지 않을 때까지 수행된다. 그림에서는 6번의 스캔 만에 교환이 발생하지 않는 상황이 되었고, 정렬이 완료되었다. 버블 정렬 알고리즘과 실행 결과는 다음과 같다.

코드 7.3   버블 정렬 알고리즘   참고파일 ch07/basic_sort.py

```
01   def bubble_sort(A) :                          # 버블 정렬
02       n = len(A)
03       for i in range(n-1, 0, -1) :              # 외부 루프: n-1, n-2, ... 2, 1
04           bChanged = False
05           for j in range (i) :                  # 내부 루프: 0, 1, ... I-1
06               if (A[j]>A[j+1]) :                 # 순서가 맞지 않으면
07                   A[j], A[j+1] = A[j+1], A[j]    # 교환! 코드에 유의할 것
08                   bChanged = True                # 교환이 발생했음
09
10           if not bChanged: break                # 교환이 없으면 종료
11           printStep(A, n - i);                  # 중간 과정 출력용 문장
```

버블 정렬도 입력의 구성에 따라 복잡도가 달라진다. 최선의 경우는 입력 배열이 이미 정렬되어 있는 경우이다. 첫 번째 스캔에서부터 교환이 발생하지 않고, 따라서 10행의 조건에 따라 외부 반복문을 바로 빠져 나온다. 한 번의 스캔이 $O(n)$이므로 최선의 복잡도는 $O(n)$이다.

최악의 경우는 언제일까? 입력 배열이 역순으로 정렬된 경우이다. 3행의 외부 루프가 $n-1$번 반복하고, 따라서 이 만큼의 스캔이 필요하다. 결국, 버블 정렬은 최악의 입력에서 $O(n^2)$의 복잡도를 갖는다.

버블 정렬은 알고리즘이 단순하고 안정성을 충족하지만 효율적이지는 않다. 그렇지만 입력 배열이 어느 정도 정렬된 경우라면 효과적으로 사용될 수도 있다.

---

1 리스트 [8, 3, 4, 9, 7]를 <u>선택 정렬</u>을 이용해 오름차순으로 정렬할 때, <u>PASS 3</u>의 결과는?

2 리스트 [8, 3, 4, 9, 7]를 <u>삽입 정렬</u>을 이용해 오름차순으로 정렬할 때, <u>PASS 3</u>의 결과는?

3 리스트 [8, 3, 4, 9, 7]를 <u>버블 정렬</u>을 이용해 오름차순으로 정렬할 때, <u>PASS 1</u>의 결과는?

중간 점검

4 다음 중 입력 자료의 구성과 상관 없이 자료 이동 횟수가 결정되는 정렬 알고리즘?
　① 선택 정렬　　　　② 삽입 정렬　　　　③ 버블 정렬　　　　④ 퀵 정렬

5 선택 정렬이 안정성을 만족하지 않는 경우를 제시하라.

6 역순으로 정렬된 데이터는 삽입 정렬 알고리즘에 대한 최악의 입력이다. (　)

7 이미 정렬된 데이터는 버블 정렬 알고리즘에 대한 최악의 입력이다. (　)

7.3 정렬 응용: 집합 다시보기

3장에서 리스트와 함께 집합을 공부했다. 이제 집합을 약간 다른 방법으로 구현해 보자. 정렬의 개념을 사용하는 것이다.

■ 정렬된 배열을 이용한 집합

3.6절의 ArraySet은 그림 7.7(a)와 같이 집합의 원소들을 마음대로 저장했지만, 이제 (b) 와 같이 원소를 오름차순으로 정렬된 상태로 배열에 저장하자. 이를 위해 필요한 데이터는 ArraySet과 같고, 달라지는 것은 연산들 뿐이다. 원소들이 정렬된 상태를 유지하면 집합의 연산들이 어떻게 달라질까?

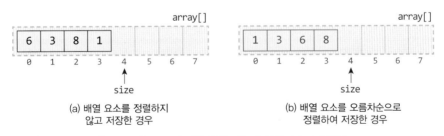

[그림 7.7] 배열에 집합의 원소를 저장하는 두 가지 방법

- 원소를 삽입할 때 항상 자신의 자리를 찾아 저장해야 한다. 따라서 삽입 연산 insert() 는 좀 복잡해진다.
- 원소가 집합에 포함되어 있는지를 검사하는 contains() 연산은 더 효율적으로 구현할 수 있다. 이것은 7.5절의 이진 탐색에서 다시 다룬다.

- 원소들이 정렬되어 있으면 집합의 비교나 합집합, 차집합, 교집합 등을 훨씬 효율적으로 구현할 수 있다.

즉, 정렬을 사용하면 데이터의 관리는 좀 복잡하지만 연산들의 효율을 높일 수 있다는 큰 장점이 있다. 몇 가지 연산들을 살펴보자.

새로운 원소를 삽입하는 insert() 연산

원소를 삽입하려면 중복 검사를 먼저 해야 한다. 중복이 아니고 원소를 정렬하지 않는다면 배열의 맨 뒤에 추가하면 된다. 그런데, 정렬을 이용한다면 먼저 원소를 삽입할 위치를 찾아야 한다. 위치를 찾으면 삽입 정렬의 끼워 넣기 과정과 같은 방법으로 새로운 요소를 배열에 넣어야 한다.

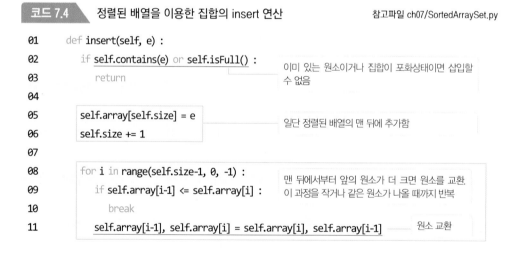

코드 7.4 정렬된 배열을 이용한 집합의 insert 연산 참고파일 ch07/SortedArraySet.py

```
01    def insert(self, e) :
02        if self.contains(e) or self.isFull() :
03            return
04
05        self.array[self.size] = e
06        self.size += 1
07
08        for i in range(self.size-1, 0, -1) :
09            if self.array[i-1] <= self.array[i] :
10                break
11            self.array[i-1], self.array[i] = self.array[i], self.array[i-1]
```

이미 있는 원소이거나 집합이 포화상태이면 삽입할 수 없음

일단 정렬된 배열의 맨 뒤에 추가함

맨 뒤에서부터 앞의 원소가 더 크면 원소를 교환 이 과정을 작거나 같은 원소가 나올 때까지 반복

원소 교환

이 연산의 복잡도는 $O(n)$으로 코드 3.6의 정렬하지 않은 배열을 이용하는 ArraySet의 삽입 연산과 같다. 원소를 제자리에 끼워 넣는 과정이 추가되지만, 중복 검사가 반드시 필요하기 때문에 정렬과 관계없이 삽입 연산의 복잡도는 모두 $O(n)$이다.

원소를 삭제하는 delete() 연산

삭제를 위해서는 먼저 삭제할 원소를 찾아야 한다. 코드 3.6에서는 삭제할 원소를 찾은 후

이 위치에 배열의 마지막 원소를 복사했지만 이제 이렇게 할 수 없다. 정렬 상태가 깨지기 때문이다. 따라서 귀찮더라도 <u>삭제할 위치 이후의 모든 원소들을 앞으로 한 칸씩 옮겨야</u> 한다. 삭제 연산도 코드는 좀 더 복잡해지지만 시간 복잡도에는 차이가 없다. O(n)에 삭제가 완료된다.

두 집합을 비교하는 연산자 중복함수 __eq__()

두 집합이 같은 집합인지는 어떻게 비교할 수 있을까? 일단, 두 집합의 <u>원소 개수가 같아야</u> 가능성이 있다. 만약 정렬되지 않은 두 집합 A와 B가 같은지 == 연산자로 비교할 수 있으려면 __eq__() 메소드를 구현해야 하는데, 크기를 먼저 비교한 후 A의 모든 원소가 B에 있는지를 검사해야 한다. 코드는 다음과 같다.

| 코드 7.5 | 정렬되지 않은 배열을 이용한 집합의 == 연산 | 참고파일 ch07/SortedArraySet.py |

```
01    def __eq__( self, setB ):
02        if self.size != setB.size :        ── 원소의 개수가 다르면 같은 집합이 될 수 없음
03            return False
04
05        for i in range(self.size) :
06            if not setB.contains(self.array[i]) :    ── setB가 self의 원소 중에서 하나라도 포함하
07                return False                             지 않은 것이 있으면 다른 집합
08        return True
```

이 연산은 얼마나 효율적일까? 만약 모든 집합의 원소의 개수가 n이라고 가정하면, 6행의 contains()가 n번 수행된다. 그런데 contains()의 시간 복잡도가 이미 $O(n)$이므로 이 알고리즘은 $O(n^2)$이다.

만약 집합의 원소들이 정렬되어 있다면 어떻게 될까? 당연히 <u>배열에서 순서대로 같은 원소를 가져야</u> 한다. 즉, 가장 작은 원소부터 하나씩 끝까지 서로 비교하여 모두 같아야 같은 집합이다. 따라서 코드 7.5의 6행은 다음과 같이 수정된다.

```
06        if self.array[i] != setB.array[i] :    ── 해당 원소끼리만 비교하면 됨
```

$O(n)$이 걸리는 contains()를 사용하지 않고, 해당 원소만 비교하면 되고, 따라서 복잡도는 $O(n)$이 된다. $O(n^2)$이 $O(n)$으로 줄었다. 정렬을 이용한 엄청난 개선이다.

합집합을 구하는 union 연산

합집합을 구하는 연산도 개선이 가능하다. 원소들이 크기순으로 정렬되어 있으면 두 집합의 가장 작은 원소부터 시작해 전체 원소를 한 번씩만 스캔하여 합집합을 구할 수 있다. 이를 구현한 코드 7.6이 좀 복잡해 보이지만 핵심은 다음과 같다.

- 두 집합의 원소들이 크기순으로 정렬되어 있으므로, 가장 작은 원소들부터 비교하여 더 작은 원소를 새로운 집합에 넣고 그 집합의 인덱스를 증가시킨다.
- 만약 두 집합의 현재 원소가 같으면 하나만을 새 집합에 넣으면 된다. 인덱스는 모두 증가시킨다.
- 한쪽 집합이 모두 처리되면 나머지 집합의 남은 모든 원소를 순서대로 새 집합에 넣는다.

| 코드 7.6 | 정렬된 배열을 이용한 집합의 union 연산 | 참고파일 ch07/SortedArraySet.py |

```
01    def union( self, setB ):
02        setC = SortedArraySet()    # 합집합을 저장할 공백 집합
03        i = 0                       # 집합 self의 원소의 인덱스. 0부터 시작
04        j = 0                       # 집합 setB의 원소의 인덱스. 0부터 시작
05        while i < self.size and j < setB.size :
06            a = self.array[i]
07            b = setB.array[j]
08            if a == b:
09                setC.append(a)
10                i += 1
11                j += 1
12            elif a < b:
13                setC.append(a)
14                i += 1
15            else :
16                setC.append(b)
17                j += 1
18
19        while i < self.size :
```

어느 한쪽 배열이 끝나기 전까지 반복

두 집합의 원소가 같으면 그 원소를 합집합의 맨 뒤에 추가하고 두 집합의 인덱스를 모두 증가

만약, 집합 self의 해당 원소가 setB 보다 작으면 이 원소를 합집합에 추가하고, self의 인덱스를 증가

그렇지 않으면 setB의 원소를 합집합에 추가하고, setB의 인덱스를 증가

self의 원소가 아직 남았으면, 남은 모든 원소를 합집합에 추가

```
20          setC.append(self.array[i])
21          i += 1
22      while j < setB.size :
23          setC.append(setB.array[j])
24          j += 1
25
26      return setC          # 최종 합집합을 반환
```

> setB의 원소가 아직 남았으면, 남은 모든 원소를 합집합에 추가

이 연산의 시간 복잡도는? 두 집합의 원소의 개수 합에 비례하는 비교가 필요하다. 만약 두 집합의 크기를 n이라고 한다면 이 연산의 시간 복잡도는 $O(n)$이다. 이것은 3.6절에서 구현한 동일한 연산의 $O(n^2)$에 비해 엄청난 개선이다. 교집합이나 차집합도 같은 방법으로 구현할 수 있다.

다음 표는 이들 연산에 대한 시간 복잡도를 비교하고 있다. 결국, 정렬을 사용하면 삽입이 약간 번거롭기는 하지만 집합의 여러 연산들을 훨씬 효율적으로 처리할 수 있다.

[표 7.1] 정렬되지 않은 리스트와 정렬된 리스트로 구현한 집합에서의 복잡도 비교

집합의 연산	정렬되지 않은 리스트	정렬된 리스트
insert(e)	$O(n)$	$O(n)$
__eq__(setB)	$O(n^2)$	$O(n)$
union(setB)	$O(n^2)$	$O(n)$
intersect(setB)	$O(n^2)$	$O(n)$
difference(setB)	$O(n^2)$	$O(n)$
contains(e)	$O(n)$, 순차탐색	$O(\log n)$, 이진탐색

1 코드 7.6의 합집합 연산을 참고하여 정렬된 배열로 구현된 두 집합의 교집합 연산을 구현하라.
2 코드 7.6의 합집합 연산을 참고하여 정렬된 배열로 구현된 두 집합의 차집합 연산을 구현하라.

도전 코딩!

• 참고파일 ch07/SortedArraySet.py

7.4 탐색과 맵 구조

우리는 매일 인터넷에서 원하는 상품을 찾고, 특정한 단어나 문장이 들어있는 웹 사이트를 검색한다. 이러한 모든 작업들이 모두 탐색이다. 효율적인 탐색을 위해서는 무엇이 필요할까? 미리 물건들을 일정한 규칙에 따라 잘 정리해 두어야 할 것이다. 자료를 효율적으로 탐색하기 위해 데이터를 잘 정리하는 방법을 살펴보자.

탐색은 **레코드**(record)의 집합에서 원하는 레코드를 찾는 작업이다. 보통 이러한 레코드들의 집합을 **테이블**(table)이라고 부른다. 레코드들은 서로를 구별하여 인식할 수 있는 키(key)를 가지고 있는데, 이것을 **탐색키**(search key)라고 한다. 결국 탐색은 테이블에서 원하는 탐색키를 가진 레코드를 찾는 작업이다. 이때, 테이블은 여러 가지로 구성할 수 있는데, 구성 방법에 따라 탐색의 효율이 달라진다.

맵(map)은 탐색을 위한 자료구조이다. 맵은 (키, 값) 쌍의 집합인데, 키와 관련된 값을 동시에 저장하는 자료구조이다. 맵은 사전 또는 **딕셔너리**(dictionary)라고도 불리고, (키, 값) 쌍을 보통 **엔트리**(entry)라고 한다.

맵을 구현한 대표적인 예가 파이썬의 딕셔너리(dictionary)이다. 다음은 딕셔너리의 사용 예인데, 컬러 테이블에 몇 가지 색을 키(색상 이름)와 값(색상의 R,G,B 값)으로 저장하고 있다. 파이썬 딕셔너리는 2.6절을 복습하라.

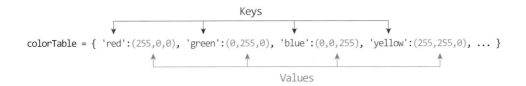

리스트가 위치에 의해 관리되는 자료구조인데 비해 맵은 오직 키에 의해서만 관리된다. 엔트리가 반드시 정렬되어 있을 필요도 없다. 단지 키로 검색할 수 있고, 엔트리를 넣거나 뺄 수 있으면 된다. 맵의 추상 자료형은 다음과 같다.

정의 7.1 Map ADT

> 데이터: 키를 가진 레코드(엔트리)의 집합
> 연산
> • search(key): 탐색키 key를 가진 레코드를 찾아 반환한다.
> • insert(entry): 주어진 entry를 맵에 삽입한다.
> • delete(key): 탐색키 key를 가진 레코드를 찾아 삭제한다.

맵에서는 유일한 탐색키를 사용하기도 하고, 동일한 탐색키를 허용하기도 한다. 예를 들어, 학생생활 기록부에서는 '학번'과 같은 유일한 탐색키를 반드시 사용해야 할 것이다. 그러나 영어 사전에서는 철자가 동일한 여러 단어가 있으므로 탐색키의 중복을 허용해야 할 것이다. 맵을 효율적으로 구현하기 위해서는 탐색과 삽입, 삭제를 효율적으로 할 수 있도록 테이블을 구성해야 한다.

• 가장 간단한 방법은 리스트를 이용하는 것인데, 킷값으로 엔트리를 정렬하여 저장할 수도 있고 정렬하지 않을 수도 있다.
• 탐색과 함께 삽입과 삭제 연산의 성능을 향상하고자 한다면 이진탐색트리를 사용할 수 있다. 9장에서 다룬다.
• 맵을 구현하는 가장 좋은 방법은 해싱(hashing)이다. 이 장에서 공부한다.

1 정렬되지 않은 테이블에서도 원하는 레코드를 찾을 수 있는 것은?

   ① 순차 탐색   ② 이진 탐색   ③ 보간 탐색   ④ 해싱

중간 점검

2 다음 중 맵을 구현하는 방법으로 적절하지 않은 것은?

   ① 정렬된 리스트   ② 이진 탐색 트리   ③ 해싱   ④ 가중치 그래프

3 맵 또는 딕셔너리는 (   )을 위한 자료구조이다.

4 파이썬의 딕셔너리는 자료구조 맵을 구현한 사례이다. (   )

정답 1 ① 2 ④ 3 탐색 4 O

7.5 기본적인 탐색 알고리즘

■ 순차 탐색(sequential search)

순차 탐색은 정렬되지 않은 테이블에서도 원하는 레코드를 찾을 수 있는 가장 단순하고 직관적인 방법으로, 테이블의 레코드를 처음부터 하나씩 순서대로 검사하여 원하는 자료를 찾는다. 탐색을 위한 레코드들이 리스트에 저장되어 있다고 하자. 탐색 함수는 탐색 대상인 리스트 A와 탐색 키 key, 그리고 리스트에서의 탐색 범위 low, high를 매개변수로 전달받는다. 리스트의 low 위치에서부터 탐색을 시작하여 탐색이 성공하면 항목의 위치를 반환한다. 만약 high까지도 원하는 레코드가 나타나지 않으면 -1을 반환한다. 순차탐색 함수는 다음과 같다.

코드 7.7   순차 탐색 알고리즘   참고파일 ch07/basic_search.py

```
01  def sequential_search(A, key, low, high) :
02      for i in range(low, high+1) :
03          if A[i] == key :
04              return i
05      return -1
```

02 ─ A[low]부터 A[high]까지 순서대로 비교하여 key가 있으면 인덱스 반환

03 ─ 레코드 자체가 키라고 가정한 경우
(레코드의 key 필드로 탐색한다면 A[i].key == key)

05 ─ 탐색 실패

엔트리의 킷값이 정수라고 가정하고, 그림 7.8의 리스트에서 8과 2를 찾는 경우를 생각해 보자. 8을 찾는 경우는 세 번만에 탐색에 성공하여 인덱스 2를 반환하고, 2를 찾는 경우는 탐색에 실패하여 −1을 반환한다.

[그림 7.8] 순차 탐색의 예: 8과 2의 탐색

순차 탐색은 상황에 따라 성능이 다르다. <u>최선의 경우는 찾는 항목이 맨 앞에 있는 경우(1번 비교)이고, 맨 뒤에 있거나 리스트에 없는 키를 찾는 경우(n번 비교)가 최악</u>이다. 모든 키가 탐색될 확률이 동일하다고 가정하면 평균 비교 횟수는 다음과 같다.

$$(1+2+3+\cdots+n)/n = (n+1)/2$$

결국 평균적인 경우의 복잡도도 $O(n)$이다. 이 방법은 간단하고 구현하기 쉽지만 효율적이지는 않다. 그러나 테이블이 정렬되어 있지 않다면 순차 탐색 이외에 별다른 대안은 없다.

▪ 이진 탐색(binary search)

만약 테이블이 킷값을 기준으로 정렬되어 있다면 보다 개선된 탐색이 가능하다. **이진 탐색**은 테이블의 중앙에 있는 값을 조사하여 찾는 항목이 왼쪽에 있는지 오른쪽에 있는지를 판단한다. 찾는 항목이 왼쪽에 있다면 이제 오른쪽은 탐색할 필요가 없고, 따라서 매 단계마다 검색해야 할 항목수가 거의 반으로 줄어든다.

이진 탐색은 우리가 이미 일상생활에서 많이 사용하고 있다. 예를 들어, 사전에서 단어를 찾는 과정을 생각해 보자. 사전을 펼쳐 찾고자 하는 단어가 현재 페이지보다 앞에 있는지 뒤에 있는지를 확인하고 단어가 있는 부분만을 다시 검색한다. 이것이 이진 탐색이다. 다음은 정렬된 배열에서 숫자 34를 이진 탐색으로 찾는 과정을 보여주고 있다.

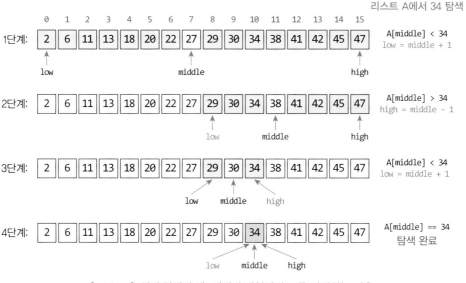

[그림 7.9] 이진 탐색의 예: 정렬된 배열에서 34를 탐색하는 경우

① 최초의 탐색범위는 low=0, high=15이다. 중앙 위치 middle을 계산하고, 이 위치의 값(27)이 킷값(34)보다 작으므로 low~middle 사이에는 34가 없다. 이제 low는 middle+1=8이 된다. 탐색범위가 반으로 줄었다.

② 새로 계산한 middle 위치의 값(38)이 킷값보다 크다. 따라서 middle~high 사이에는 찾는 값이 없다. 이제 high가 middle-1이 되고, 탐색범위는 다시 줄어든다.

③ middle 위치의 값(30)이 킷값보다 작다. 따라서 다시 low가 middle+1이 된다.

④ middle 위치의 값(34)이 찾는 값이다. 탐색은 성공적으로 끝났다.

만약 찾는 값이 34가 아니라 33이었다면 어떻게 될까? 4단계에서 다시 high가 middle−1이 된다. 그런데 문제가 발생한다. <u>low와 high가 역전</u>되는 것이다. 이것은 찾는 값이 없다는 것을 의미한다.

이진탐색 알고리즘을 구현해 보자. 탐색 방법이 순환적이므로 다음과 같이 순환 구조로 기술할 수 있다.

| 코드 7.8 | 이진 탐색 알고리즘(순환 구조) | 참고파일 ch07/basic_search.py |

```
01  def binary_search(A, key, low, high) :
02      if (low > high) :                              순환의 종료 조건: 탐색할 항목이 하나도 없으면 탐색 실
03          return -1                                  패. -1 반환
04
05      middle = (low + high) // 2
06                                                     중앙 위치 middle 계산
07      if (key == A[middle]) :                        탐색 성공. middle 반환
08          return middle
09      elif (key < A[middle]) :                       key가 A[middle]보다 작으면, 찾
10          return binary_search(A, key, low, middle - 1)   는 값은 왼쪽에 있음. 탐색 범위
11      else :                                         low~middle-1을 순환 호출
12          return binary_search(A, key, middle + 1, high)  A[middle]이 킷값보다 작으면, 찾
                                                       는 값은 오른쪽에 있음. 탐색 범위
                                                       middle+1~high를 순환 호출
```

알고리즘은 순환적으로 기술지만 이를 반복 구조로도 구현할 수 있다. 이진 탐색을 반복 구조로 구현한 코드는 다음과 같다.

| 코드 7.9 | 이진 탐색 알고리즘(반복 구조) | 참고파일 ch07/basic_search.py |

```
01  def binary_search_iter(A, key, low, high) :
02      while (low <= high) :                          반복의 조건: 탐색할 항목이 하나 이상인 경우
03          middle = (low + high) // 2
04
05          if key == A[middle]:
```

```
06          return middle
07      elif (key > A[middle]):
08          low = middle + 1
09      else:
10          high = middle - 1
11      return -1
```

킷값이 A[middle]보다 크면, 찾는 값은 오른쪽에 있음.
low 인덱스를 갱신하고 while문을 반복

킷값이 A[middle]보다 작으면, 찾는 값은 왼쪽에 있음.
high 인덱스를 갱신하고 while문을 반복

이진 탐색은 각 단계에서 탐색 범위가 반으로 줄어든다. 탐색 범위가 n에서 $n/2$, $n/4$와 같이 줄어서 1이 될 때의 탐색 횟수를 k라 하자. 만약 n이 2의 거듭제곱이라면 $n = 2^k$이다. 즉, $k = \log_2 n$이므로 k번의 순환 호출이 필요한 이진탐색의 시간 복잡도는 $O(\log_2 n)$이다. 만약 10억 명이 정렬된 배열에서 순차 탐색으로 특정한 이름을 찾는다면 평균 5억 번의 비교가 있어야 되지만, 이진 탐색을 이용하면 단지 30여 번의 비교만으로 탐색이 완료된다! 이것은 엄청난 차이이다.

이진 탐색은 매우 효율적인 탐색 방법이지만 탐색하기 전에 반드시 배열이 정렬되어 있어야 한다는 전제조건이 있다. 그런데, 정렬된 배열에서의 삽입과 삭제는 O(n)으로 많은 자료의 이동이 필요한 비효율적인 연산이다. 따라서 이진 탐색은 데이터의 삽입이나 삭제가 빈번한 응용에는 적합하지 않다.

■ 보간 탐색(interpolation search)

보간탐색은 이진탐색의 일종으로 우리가 사전에서 단어를 찾을 때와 같이 탐색키가 존재할 위치를 예측하여 탐색하는 방법이다. 예를 들어, 'ㅎ'으로 시작하는 단어는 사전의 뒷부분에서 찾고 'ㄱ'으로 시작하는 단어는 앞부분에서 찾는 것과 같은 원리이다.

이진 탐색에서 탐색 위치 middle은 (low+high)/2로 항상 리스트를 반으로 분할했지만, 보간 탐색에서는 찾고자하는 킷값과 현재의 low, high 위치의 값을 고려하여 다음과 같이 다음 탐색위치를 결정한다.

$$탐색위치 = low + (high - low) \cdot \frac{k - A[low]}{A[high] - A[low]}$$

여기에서 k는 찾고자 하는 킷값을, low과 high는 각각 탐색할 범위의 최소, 최대 인덱스를 나타낸다. 이 식은 다음 그림과 같이 탐색 값과 위치는 비례한다는 가정을 바탕으로 탐색 위치가 킷값이 있는 곳에 근접하도록 가중치를 주는 방법이다.

$$(A[high] - A[low]) : (k - A[low]) = (high - low) : (탐색위치 - low)$$

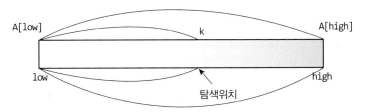

[그림 7.10] 보간 탐색은 찾는 값과 위치가 비례한다고 가정한다.

코드는 이진탐색 함수(코드 7.8, 7.9)에서 `middle` 계산 코드만 다음과 같이 수정하면
된다.

```
05      middle = int(low + (high-low) * (key-A[low]) / (A[high]-A[low]))
```

위치의 비율을 계산하기 위해 실수 계산이 사용되지만 마지막에 인덱스로 변경할 때에는
반드시 정수로 변환해야하는 것에 유의하라. 이를 위해, 파이썬 내장함수 int()를 사용하
였다. 보간 탐색은 이진 탐색과 같은 $O(\log_2 n)$의 시간 복잡도를 갖지만 많은 데이터가 비
교적 균등하게 분포되어 있는 자료의 경우 훨씬 효율적인 방법이다.

---

1 정렬된 배열 [1, 2, 4, 5, 6, 7, 8, 10]을 킷값 7로 순차 탐색하는 경우 비교 횟수는?

2 정렬된 배열 [1, 2, 4, 5, 6, 7, 8, 10]을 킷값 3으로 순차 탐색하는 경우 비교 횟수는?

3 정렬된 배열 [1, 2, 4, 5, 6, 7, 8, 10]을 킷값 7로 이진 탐색하는 경우 비교 횟수는?

4 정렬된 배열 [1, 2, 4, 5, 6, 7, 8, 10]을 킷값 3으로 이진 탐색하는 경우 비교 횟수는?

5 정렬된 배열 [1, 2, 4, 5, 6, 7, 8, 10]을 킷값 7로 보간 탐색하는 경우 비교 횟수는?

6 정렬된 배열 [1, 2, 4, 5, 6, 7, 8, 10]을 킷값 3으로 보간 탐색하는 경우 비교 횟수는?

7 보간 탐색은 테이블이 정렬되어 있지 않아도 적용할 수 있다. (   )

중간 점검

정답 1 6번 2 8번 3 2번 4 3번 5 2번 6 2번 7 X

7.6 고급 탐색 구조: 해싱

■ 해싱이란?

생각하기는 싫지만 아파트 단지에서 모든 택배나 우편물을 단 하나의 우편물 함에 모아둔다면 어떻게 될까? 자신의 집으로 배달된 것을 찾기 위해 수많은 우편물들을 뒤져야 할 것이다. 다행히 대부분의 아파트에는 각 호실별로 우편함이 있어 우편물이 분리되어 저장되고, 우리는 세대별 우편물을 고생하지 않고 금방 찾아갈 수 있다. 물론 이를 위해서는 세대별로 우편함을 만들어야 하므로 공간과 비용이 필요하다.

해싱은 세대별 우편함과 비슷하다. 지금까지의 탐색 방법들은 탐색키와 각 레코드의 킷값을 **비교**하여 원하는 항목을 찾았는데, 해싱은 완전히 다른 방법을 사용한다. 비교하는 것이 아니라 킷값에 산술적인 연산을 적용하여 레코드가 저장되어야 할 위치를 직접 계산하는 것이다. 따라서 탐색은 테이블에 있는 레코드를 하나씩 비교하는 것이 아니라 탐색키로부터 레코드가 있어야 할 위치를 계산하고, 그 위치에 레코드가 있는지를 확인만 하면 된다. 이것은 우리집 우편함에 온 편지가 있는지를 확인하는 것과 동일하다. 해싱에서 킷값으로부터 레코드가 저장될 위치를 계산하는 함수를 **해시 함수**(hash function)라 한다. 또한 해시 함수에 의해 계산된 위치에 레코드를 저장한 테이블을 **해시 테이블**(hash table)이라 한다.

예를 들어, 탐색키가 모두 1~1000사이의 정수라고 가정하자. 가장 빠르게 탐색할 수 있는 방법은 1000개의 항목을 가지는 배열(우편함)을 만드는 것이다. 자료의 삽입과 탐색은 탐색키를 인덱스로 생각하고 그 위치에 저장하거나 읽어오면 된다. 이 경우의 해시 함수는 $h(key) = key$ 가 된다. 이들 연산은 명백하게 $O(1)$이다. 이것이 해싱의 기본 아이디어이다. 빠르게 탐색할 수는 있지만 이를 위해 1000개의 우편함이 필요함에 유의하라.

만약 탐색키가 문자열이거나 실수, 또는 굉장히 큰 정수라면 문제가 발생한다. 이것은 아파트에 세대수가 너무 많아 세대별 우편함을 만들 공간이 부족한 상황이다. 메모리가 부족하면 보다 작은 배열을 사용해야 하고, 탐색키를 더 이상 직접 배열의 인덱스로 사용할 수 없다. 대신에 탐색키를 작은 정수로 대응시키는 해시 함수가 필요하다. **해시 함수**는 탐색키를 입력받아 **해시 주소**(hash address)를 계산하는데, 삽입이나 삭제, 탐색 연산은 모두 이 주소에서 이루어진다.

해싱과 오버플로

해시 테이블은 M개의 **버킷**(bucket)으로 이루어지는 테이블이고, 하나의 버킷은 여러 개의 슬롯(slot)을 가지는데, 하나의 슬롯에는 하나의 레코드가 저장된다. 단순화를 위해 슬롯이 하나라고 가정하자.

킷값 key 가 입력되면 해시 함수로 연산한 결과 $h(key)$ 가 **해시 주소**가 되고, 이를 인덱스로 사용하여 항목에 접근한다. 그런데 버킷이 충분하지 않으면 경우에 따라 서로 다른 키가 해시 함수에 의해 같은 주소로 계산되는 상황이 발생한다. 이것을 **충돌**(collision)이라고 하고, 충돌을 일으키는 키들을 **동의어**(synonym)라 한다. 다음은 해싱의 예를 보여주는데, 각 탐색키에 대한 해시 함수의 계산 결과는 다음과 같다고 가정하자.

$$h(홍길동) \Rightarrow 3, \quad h(이순신) \Rightarrow 2, \quad h(장영실) \Rightarrow 5, \quad h(임꺽정) \Rightarrow 3$$

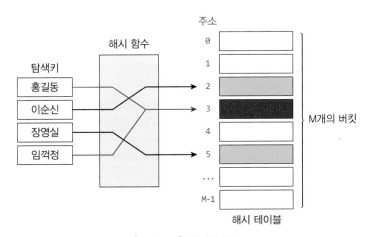

[그림 7.11] 해싱의 구조

'홍길동'과 '임꺽정'이 같은 주소로 계산되어 충돌이 발생하였다. 즉, '홍길동'과 '임꺽정'은 동의어이다. 충돌이 발생하면 어떻게 할까? 만약 버킷에 여러 개의 슬롯이 있다면 서로 다른 슬롯에 저장하면 된다. 그러나 충돌이 슬롯 수보다 더 많이 발생할 수도 있다. 이러한 상황을 **오버플로(overflow)**라 하는데, 해당 버킷에 더 이상 항목을 저장할 수 없게 된다. 따라서 해싱에서는 오버플로를 반드시 해결해야 한다.

이상적인 해싱은 충돌이 절대 일어나지 않는 경우로, 해시 테이블의 크기를 충분히 크게 하면 가능하지만 메모리가 지나치게 많이 필요하다. 따라서 실제의 해싱에서는 테이블의 크기를 적절히 줄이고, 해시 함수를 이용해 주소를 계산한다. 이러한 **실제의 해싱**에서는 충돌과 오버플로가 빈번하게 발생하므로 시간 복잡도는 이상적인 경우의 $O(1)$보다는 떨어지게 된다. 오버플로 처리 방안을 살펴보기 전에 먼저 해시 함수에 대해 좀 더 자세히 살펴보자.

■ 해시 함수

좋은 해시 함수는 충돌이 적어야 하고, 주소가 테이블에서 고르게 분포되어야 하며, 계산이 빨라야 한다. 예를 들어, 영어 단어의 첫 문자만을 취하여 해시 주소를 만드는 것은 좋지 않다. 왜냐하면 'x'나 'z'로 시작하는 단어는 별로 없으므로 해시 테이블을 고르게 사용하지 못한다. 먼저 탐색키가 정수라고 가정하고 해시 함수들을 살펴보자.

제산 함수

가장 일반적인 방법이 나머지 연산 %(modular)을 이용하는 것이다. 테이블의 크기가 M일 때 탐색키 k에 대하여 해시 함수는 다음과 같다.

$$h(k) = k \bmod M$$

이때, 가능하면 해시 테이블의 크기 M은 소수(prime number)를 선택한다. 즉, 1과 자기 자신만을 약수로 가지는 수라면 $k \% M$이 0에서 $M-1$을 골고루 사용하는 값을 만들어낼 수 있기 때문이다.

폴딩 함수

탐색키가 해시 테이블의 크기보다 더 큰 정수일 경우에 사용된다. 예를 들어 탐색키가 32비트이고 해시 테이블의 인덱스가 16비트라고 생각해 보자. 만약 탐색키의 일부만을(예를 들어 뒤쪽 16비트) 사용한다면 많은 충돌이 발생할 수 있다. 보다 좋은 방법은 탐색키를 몇 개의 부분으로 나누어 이를 더하거나 비트별 XOR와 같은 부울 연산을 이용하는 것인데, 이를 **폴딩**(folding)이라고 한다.

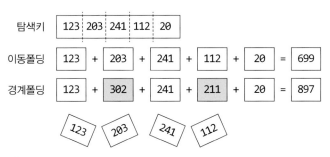

[그림 7.12] 탐색키에 대한 다양한 폴딩의 예: 이동폴딩과 경계 폴딩

폴딩 함수에서 탐색키를 나누고 더하는 방법에는 **이동 폴딩**(shift folding)과 **경계 폴딩** (boundary folding)이 대표적이다. 이동 폴딩은 탐색키를 여러 부분으로 나눈 값들을 더하고, 경계 폴딩은 이웃한 부분을 거꾸로 더해 해시 주소를 얻는다.

중간 제곱 합수

탐색키를 제곱한 다음, 중간의 몇 비트를 취해서 해시 주소를 생성하는 방법이다. 제곱한 값의 중간 비트들은 대개 탐색키의 모든 자리의 숫자들과 관련이 있다. 따라서 두 킷값에서 몇 개의 자리가 같더라도 서로 다른 해싱 주소를 갖게 된다. 탐색키를 제곱한 값의 중간 비트들은 보통 비교적 고르게 분산된다.

비트 추출 방법

해시 테이블의 크기가 $M=2^k$일 때 탐색키를 이진수로 간주하여 임의의 위치의 k개의 비트를 해시 주소로 사용하는 것이다. 이 방법은 간단하지만 탐색키의 일부 정보만을 사용하므로 해시 주소의 집중 현상이 일어날 가능성이 많다.

숫자 분석 방법

이 방법은 숫자로 구성된 키에서 각 위치마다 수의 특징을 미리 알고 있을 때 유용하다. 키의 각 위치에 있는 숫자 중에서 편중되지 않는 수들을 해시 테이블의 크기에 적합한 만큼 조합하여 해시 주소로 사용하는 방법이다. 예를 들면, 학생의 학번이 201912345와 같이 부여되면 입학년도를 의미하는 앞의 4 자릿수는 편중되므로 사용하지 않고 나머지 자리의 수들을 조합하여 해시 주소로 사용한다.

탐색키가 문자열인 경우

탐색키가 문자열인 경우는 보통 각 문자에 정수를 대응시켜 바꾸게 된다. 예를 들면 'a'부터 'z'에 1부터 26을 할당할 수도 있고, 각 문자의 아스키 코드나 유니코드 값을 그대로 이용할 수 있다. 가능하면 문자열안의 모든 문자를 골고루 사용하는 것이 좋을 것이다. 다음은 문자열 key를 받아 각 문자의 코드 값을 모두 더하고 이를 테이블 크기 M으로 나머지 연산하여 주소를 계산하는 해시 함수의 예이다.

코드 7.10 문자열을 위한 해시 함수 예   참고파일 ch07/HashFnStr.py

```
01  def hashFn(key, M) :
02      sum = 0
03      for c in key :                    # 문자열의 모든 문자에 대해
04          sum = sum + ord(c)            # 그 문자의 아스키 코드 값을 sum에 더함
05      return sum % M
```

 문자의 아스키 코드 값

파이썬에서 ord()는 문자를 아스키 코드 값으로 바꿔주는 함수이다. 만약 'a'부터 'z'까지를 0~25로 할당하려면 ord(c) - ord('a')를 사용하면 된다.

중간 점검

1 다음 중 가장 빠르게 테이블에서 원하는 레코드를 찾을 수 있는 탐색 방법은?
① 순차 탐색   ② 이진 탐색   ③ 보간 탐색   ④ 해싱

2 크기가 13인 해시 테이블에서 입력 자료 27과 130은 어떤 인덱스로 대응되는가? 해시 함수는 h(key)=key%13라고 하자.

3 해싱에서 해시 충돌이 발생하는 상황은?
① 키가 같은 경우   ② 같은 해시 함수를 사용하는 경우
③ 해시 함수의 값이 같은 경우   ④ 키가 문자열로 이루어진 경우

4 이상적인 해싱의 시간 복잡도는 O(1)이다. (   )

정답 1④ 2 1 0 3 ③ 4 ○

7.7 해싱의 오버플로 해결 방법

해싱에서는 오버플로 문제를 반드시 처리해야 한다. 이를 위해 두 가지 전략을 사용할 수 있다.

- **개방 주소법(open addressing)**: 오버플로가 일어나면 그 항목을 <u>해시 테이블의 다른 위치</u> <u>(주소)에</u> 저장한다. 선형 조사법, 이차 조사법, 이중 해싱법 등 이에 해당한다.
- **체이닝(chaining)**: 해시 테이블의 <u>하나의 위치에 여러 개의 항목을 저장할</u> 수 있도록 테이블의 구조를 변경한다.

각 방법을 자세히 살펴보자. 설명의 단순화를 위해 테이블에 저장될 레코드는 하나의 정수 킷값만 갖고, 해시 함수는 제산 함수를 사용한다. 테이블의 크기 M이 13이라면 해시 테이블 table은 다음과 같이 전역 변수로 선언하고 None으로 초기화한다. 제산 함수 hashFn()은 key를 M으로 나눈 나머지를 반환한다.

코드 7.11　　해시 테이블 및 해시 함수 준비　　　　　　　　참고파일 ch07/HashLinearProb.py

```
01   M = 13                    # 해시 테이블의 크기
02   table = [None]*M          # 해시 테이블. 모든 항목은 None으로 초기화
03   def hashFn(key) :         # 해시 함수로는 제산 함수 사용
04       return key% M
```

■ 선형 조사법을 이용한 오버플로 처리

개방 주소 전략의 대표적인 방법인 **선형 조사법(linear probing)**은 해시 함수로 계산된 버킷에 빈 슬롯이 없으면 <u>그다음 버킷에서 빈 슬롯이 있는지를</u> 찾는 방법이다. 이때, 빈 곳을 찾는 것을 **조사(probing)**라고 한다. 선형 조사법은 해시 테이블의 k번째 위치인 table[k]에서 충돌이 발생했다면 다음 위치인 table[k+1]부터 순서대로 비어있는지를 살피고(조사), 빈 곳이 있으면 저장한다. 이 과정은 비어있는 공간이 나올 때까지 계속된다. 만약 테이블의 끝에 도달하면 다시 테이블의 처음으로 간다. 만약 조사 과정에서 처음 충돌이 발생한 곳으로 다시 돌아왔다면 테이블이 가득 찬 상태이다.

선형 조사법의 삽입 연산

해시 테이블에 킷값이 각각 45, 27, 88, 9, 71, 60, 46, 38, 24 인 레코드를 저장해 보자.

테이블의 크기 M=13이고, 제산 함수 $h(k) = k \% M$를 해시 함수로 사용하면 각 키에 대한 해시 주소가 다음과 같이 계산된다.

key	45	27	88	9	71	60	46	38	24
h(key)	6	1	10	9	6	8	7	12	11

이제 레코드들을 선형 조사법으로 저장해 보자.

① 45, 27, 88, 9까지의 삽입은 문제없다. 해당 주소가 비어있기 때문이다.

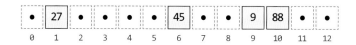

② 71의 삽입에서 충돌이 발생한다. 선형 조사법에서는 다음의 비어있는 공간을 찾는다. 따라서 다음 위치인 7에 71을 저장한다.

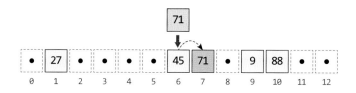

③ 60의 삽입은 문제없다. 8 위치에 저장하면 된다.

④ 46의 삽입에서 다시 충돌이 발생한다. 비어있는 공간을 찾아 여러 번 움직여야 11 위치를 찾을 수 있고, 여기에 46을 저장할 수 있다.

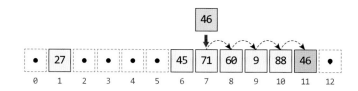

⑤ 38은 충돌 없이 12위치에 저장된다. 마지막으로 24는 충돌이 발생한다. 그런데 뒤쪽으로 남은 버킷이 없다. 이 경우 다시 처음으로 돌아가 검사한다.

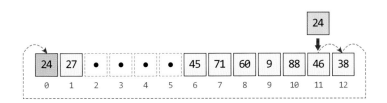

그림을 보면 한번 충돌이 발생한 위치에서 항목들이 집중되는 현상을 볼 수 있는데, 이것을 **군집화**(clustering) 현상이라고 한다. 선형 조사법은 간단하지만 오버플로가 자주 발생하면 군집화 현상에 따라 탐색의 효율이 크게 저하될 수 있다.

코드 7.12 선형 조사법의 삽입 연산 참고파일 ch07/HashLinearProb.py

```
01  def insert(key) :
02      i = hashFn(key)          # 해시 주소 계산
03      count = M
04      while count>0 :
05          if table[i] == None :
06              break            # 삽입 위치 발견
07          i = (i + 1) % M       # 다음 조사 위치
08          count -= 1
09
10      if count > 0 :            # 삽입할 곳이 있으면 삽입
11          table[i] = key
```

선형 조사법의 탐색 연산

탐색은 삽입과 비슷한 과정을 거친다. 탐색키가 입력되면 해시주소를 계산하고, 해당 주소에 같은 키의 레코드가 있으면 탐색은 성공이다. 없으면 어떻게 할까? 삽입과 같은 방법으로 계속 다음 버킷을 검사해야 한다. 이 과정은 해당 키의 레코드를 찾거나, 레코드가 없는 버킷을 만나거나 모든 버킷을 다 검사할 때 까지 진행된다. 예를 들어, 그림 7.13에서 46은 탐색에 성공하지만 39는 다음 버킷 27의 다음 버킷이 비었으므로 탐색은 실패로 끝난다.

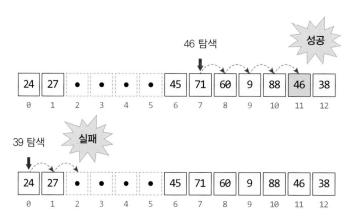

[그림 7.13] 선형 조사법으로 구현된 해싱에서의 탐색 과정 예(46과 39 탐색)

이 과정은 다음과 같이 구현할 수 있다. 탐색에 성공하면 테이블의 레코드를, 실패하면 None을 반환한다.

코드 7.13   선형 조사법의 탐색 연산   참고파일 ch07/HashLinearProb.py

```
01   def search(key) :
02      i = hashFn(key)              # 해시 주소 계산
03      count = M
04      while count>0 :
05          if table[i] == None :    # 탐색 실패. None 반환
06              return None
07          if table[i] == key :     # 탐색 성공. 레코드 반환
08              return table[i]
09          i = (i + 1) % M          # 다음 조사 위치
10          count -= 1
11
12      return None                  # 탐색 실패. None 반환
```

선형 조사법의 삭제 연산

선형 조사법에서 항목이 삭제되면 탐색이 불가능해질 수가 있다. 앞의 예에서 인덱스 8에 저장된 60을 먼저 삭제했다고 하자. 이 상태에서 46을 탐색하려고 한다. 문제는 60이 있던 위치가 이제는 비어 있기 때문에 46의 위치로 갈수가 없다. 이 문제를 어떻게 해결할

수 있을까? 빈 버킷을 두 가지로 분류해야 한다. 즉 한 번도 사용하지 않은 것(●)과, 사용
되었다가 삭제되어 현재 비어있는 버킷(△)으로 나누어야 한다. 탐색과정은 한 번도 사용이
안 된 버킷을 만나야만이 중단되도록 한다.

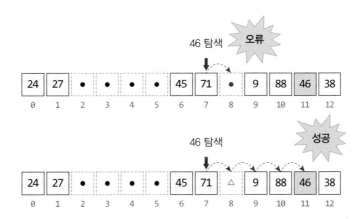

[그림 7.14] 선형조사로 구현된 해싱에서의 삭제 문제(빈 버킷을 두 가지로 분류해야 함)

삭제 연산은 다음과 같이 구현할 수 있다. 삭제할 위치(table[i]==key)가 발견되면 36행과
같이 그 버킷에 None이 아니라 −1을 저장하는 코드에 유의하라.

코드 7.14   선형 조사법의 삭제 연산   참고파일 ch07/HashLinearProb.py

```
01  def delete(key) :
02      i = hashFn(key)                # 해시 주소 계산
03      count = M
04      while count>0 :
05          if table[i] == key :       # 삭제할 위치 발견: i
06              table[i] = -1          # -1을 저장. 사용되었다가 삭제된 경우임
07              return
08          if table[i] == None :      # None은 테이블에 삭제할 레코드 없다는 것을 의미
09              return
10          i = (i + 1) % M            # 다음 조사 위치
11          count -= 1
```

삭제되는 버킷에 None이 아니라 −1을 저장하면, 삽입 연산에서도 이를 반영해야 한다. 이제 삽입 연산에서는 테이블이 None이거나 −1인 경우에도 삽입할 수 있으므로, 10행은 다음과 같이 수정되어야 한다.

```
10              if table[i] == None or table[i] == -1 :
```

테스트 프로그램

선형 조사법의 테스트 프로그램은 다음과 같다. 9개의 숫자를 순서대로 삽입하면서 해시테이블의 변화를 출력한다. 다음으로 46과 39를 탐색하고, 60을 삭제한 후 46을 삭제하였다.

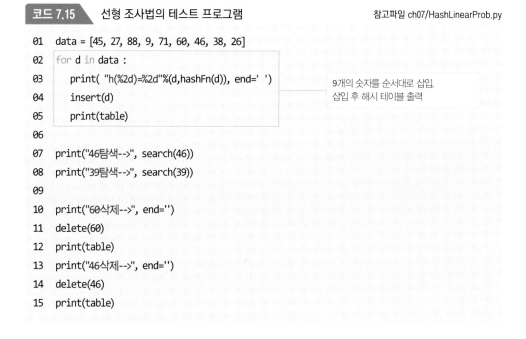

코드 7.15 선형 조사법의 테스트 프로그램   참고파일 ch07/HashLinearProb.py

```
01  data = [45, 27, 88, 9, 71, 60, 46, 38, 26]
02  for d in data :
03      print( "h(%2d)=%2d"%(d,hashFn(d)), end=' ')        9개의 숫자를 순서대로 삽입.
04      insert(d)                                          삽입 후 해시 테이블 출력
05      print(table)
06
07  print("46탐색-->", search(46))
08  print("39탐색-->", search(39))
09
10  print("60삭제-->", end='')
11  delete(60)
12  print(table)
13  print("46삭제-->", end='')
14  delete(46)
15  print(table)
```

```
C:\WINDOWS\system32\cmd.exe                                              —  □  ×
h(45)= 6 [None, None, None, None, None, None, 45, None, None, None, None, None, None]
h(27)= 1 [None, 27, None, None, None, None, 45, None, None, None, None, None, None]
h(88)=10 [None, 27, None, None, None, None, 45, None, None, None, 88, None, None]
h( 9)= 9 [None, 27, None, None, None, None, 45, None, None, 9, 88, None, None]
h(71)= 6 [None, 27, None, None, None, None, 45, 71, None, 9, 88, None, None]
h(60)= 8 [None, 27, None, None, None, None, 45, 71, 60, 9, 88, None, None]
h(46)= 7 [None, 27, None, None, None, None, 45, 71, 60, 9, 88, 46, None]
h(38)=12 [None, 27, None, None, None, None, 45, 71, 60, 9, 88, 46, 38]
h(24)=11 [24, 27, None, None, None, None, 45, 71, 60, 9, 88, 46, 38]
46탐색--> 46
39탐색--> None
60삭제-->[24, 27, None, None, None, None, 45, 71, -1, 9, 88, 46, 38]
46삭제-->[24, 27, None, None, None, None, 45, 71, -1, 9, 88, -1, 38]
```

선형 조사법에서는 한번 충돌이 발생한 위치에서 항목들이 집중되는 군집화 현상이 흔히 발생하는데, 이를 개선하기 위해 이차 조사법이나 이중 해싱법을 사용할 수 있다.

이차 조사법(quadratic probing)

충돌이 발생하면 다음에 조사할 위치를 다음 식에 의해 결정하는 방법이다.

$$(h(k)+i*i) \% M \quad \text{for} \quad i = 0, 1, \cdots, M-1$$

즉, 조사되는 위치가 $h(k)$, $h(k)+1$, $h(k)+4$, $h(k)+9$와 같이 움직인다. 물론 계산된 주소에 나머지 연산($\%M$)을 적용해야 한다. 이 방법은 군집화 현상을 완화시킬 수 있는데, 물론 2차 집중 문제를 일으킬 수는 있지만 1차 집중처럼 심각한 것은 아니다. 2차 집중의 이유는 같은 주소로 계산되는 여러 탐색키들이 같은 순서에 의하여 빈 버킷을 조사하기 때문이다. 이것은 이중 해싱법으로 해결할 수 있다.

이중 해싱법(double hashing)

재해싱(rehashing)이라고도 불리는 이 방법은 충돌이 발생해 저장할 다음 위치를 결정할 때, 원래 해시 함수와 다른 별개의 해시 함수를 이용하는 방법이다. 선형 조사법과 이차 조사법은 충돌이 발생하면 해시 함수 값에 각각 1 또는 j^2를 더해서 다음 위치를 계산하므로 해시 함수 값이 같으면 다음 위치도 같게 된다. 이중 해싱법은 해시 함수 값이 같더라도 탐색키가 다르면 서로 다른 조사 순서를 갖도록 하여 2차 집중을 완화할 수 있다.

■ 체이닝에 의한 오버플로 처리

체이닝(chhaining)은 하나의 버킷에 여러 개의 레코드를 저장할 수 있도록 하는 방법이다. 레코드를 저장하기 위해 리스트를 사용하는데, 보통 연결된 구조의 리스트(연결 리스트)를 사용한다. 물론 파이썬에서는 파이썬 리스트를 사용할 수 있고, 이 경우 연산들을 파이썬 리스트의 연산들을 이용해 간단한 코드로 처리할 수 있을 것이다. 여기서는 연결 리스트를 사용해 보자.

체이닝을 이용해 크기가 7인 해시 테이블에 $h(k)=k\%7$의 해시 함수를 이용하여 8, 1, 9, 6, 13을 삽입하는 과정을 살펴보자. 킷값이 주어지면 해시 주소를 구하고, 그 주소의 연결 리스트에 레코드를 저장한다. 그 버킷이 None이면 시작 노드로 저장하면 되고, None이 아니면 링크를 따라 움직여 비킷의 맨 뒤에 새로운 노드를 저장한다. 과정은 다음과 같다.

① 8 저장 : h(8) = 8 % 7 = 1 ⇒ 저장
② 1 저장 : h(1) = 1 % 7 = 1 ⇒ 충돌 ⇒ 맨 끝에 저장
③ 9 저장 : h(9) = 9 % 7 = 2 ⇒ 저장
④ 6 저장 : h(6) = 6 % 7 = 6 ⇒ 저장
⑤ 13저장 : h(13) = 13 % 7 = 6 ⇒ 충돌 ⇒ 맨 끝에 저장

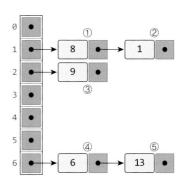

사실 체이닝을 연결 리스트로 구현할 때 새로 삽입하는 노드를 리스트의 맨 끝이 아니라 시작 노드로 추가하는 것이 훨씬 효율적이다. 연결된 구조에서 맨 끝에 추가하려면 링크를 따라 끝까지 움직여야 하기 때문이다. 코드 7.16은 체이닝을 위한 삽입, 탐색 및 삭제 연산을 보여주고 있다. 단순연결구조의 리스트에 대한 연산들은 6장을 참고하라.

코드 7.16 체이닝을 이용한 오버플로 처리   참고파일 ch07/HashChaining.py

```
01  def insert(key) :
02      k = hashFn(key)          # 해시 주소 계산
03      n = Node(key)            # 새로운 노드 생성
04      n.link = table[k]        # 새로운 노드의 다음 노드로 시작 노드 연결
05      table[k] = n             # 이제 새로운 노드가 그 버킷의 시작 노드가 됨
```

```
06
07   def search(key) :
08       k = hashFn(key)
09       n = table[k]              # 시작 노드
10       while n is not None:
11           if n.data == key :    # 탐색 성공
12               return n.data
13           n = n.link            # 다음 노드로 진행
14       return None               # 탐색 실패. None 반환
15
16   def delete(key) :
17       k = hashFn(key)
18       n = table[k]              # 시작 노드
19       before = None             # 이전 노드
20       while n is not None:
21           if n.data == key :    # 삭제할 레코드 찾음
22               if before == None :    # 시작 노드 삭제
23                   table[k] = n.link
24               else :                 # 이후 노드 삭제
25                   before.link = n.link
26               return
27           before = n
28           n = n.link
```

해당 버킷의 시작 노드부터 모든 노드를 검사하여 찾는 레코드가 있으면 반환

시작 노드를 삭제하는 경우: 시작 노드의 다음 노드가 새로운 시작 노드가 됨. 그렇지 않은 경우: 이전 노드의 다음 노드가 n의 다음 노드가 됨

체이닝은 해시 테이블을 연결 리스트로 구성하므로 필요한 만큼의 메모리만 사용하게 되어 공간적 사용 효율이 매우 우수하다. 또한, 오버플로가 발생할 경우에도 해당 버킷에 할당된 연결 리스트만 처리하게 되므로 수행 시간 면에서도 효율적이다.

■ 탐색 방법들의 성능 비교

해싱의 시간 복잡도는 $O(1)$이다. 그러나 이것은 충돌이 전혀 일어나지 않는 상황에서만 가능하다. 따라서 실제 해싱의 탐색 연산은 $O(1)$보다는 느리다. 해싱의 성능을 분석하기 위해 해시 테이블이 얼마나 채워져 있는지를 나타내는 **적재 밀도**(loading density) 또는 **적재 비율**(loading factor)을 다음과 같이 정의한다.

$$\alpha = \frac{저장된\ 항목의\ 개수}{해시테이블의\ 버킷의\ 개수} = \frac{n}{M}$$

α가 0이면 해시 테이블은 비어있다. α의 최댓값은 충돌 해결 방법에 따라 달라진다. 선형 조사법에서는 테이블이 가득차면 모든 버킷에 하나의 항목이 저장되므로 1이 된다. 체인법에서는 저장할 수 있는 항목의 수가 해시 테이블의 크기를 넘어설 수 있기 때문에 α는 최댓값을 가지지 않는다.

다음 표는 여러 가지 탐색 방법들의 시간 복잡도를 보여주고 있다. 가장 단순한 순차 탐색은 탐색 시간이 가장 많이 걸린다. 테이블의 정렬이 필요한 **이진 탐색**은 효율적이지만 레코드의 삽입과 삭제에 대한 처리가 복잡하다. 이에 비해 9장에서 공부할 **이진탐색트리**는 탐색의 시간 복잡도는 같지만 삽입이나 삭제가 효율적이다.

[표 7.2] 다양한 탐색 방법의 성능 비교

탐색방법		탐색	삽입	삭제
순차탐색		$O(n)$	$O(1)$	$O(n)$
이진탐색		$O(\log_2 n)$	$O(n)$	$O(n)$
이진탐색트리	균형트리	$O(\log_2 n)$	$O(\log_2 n)$	$O(\log_2 n)$
	경사트리	$O(n)$	$O(n)$	$O(n)$
해싱	최선의 경우	$O(1)$	$O(1)$	$O(1)$
	최악의 경우	$O(n)$	$O(n)$	$O(n)$

이상적인 경우 **해싱**이 가장 효율적인 방법이다. 물론 단점도 있다. 해싱은 그야말로 순서가 없다. 따라서 정렬된 배열이나 이진탐색트리와 같이 어떤 항목의 이전 항목이나 다음 항목을 쉽게 찾을 수 없다. 또한 해시 테이블의 크기를 결정하는 것이 불명확하다. 또한 최악의 경우, 즉 모든 키가 하나의 버킷으로 집중되면 시간 복잡도는 $O(n)$이 된다.

해싱은 인터넷 검색 엔진과 같이 데이터의 양이 방대한 응용에서 널리 사용된다. 또한 컴파일러에서 심볼 테이블을 구현하는 데도 사용되는데, 소스 파일에서 변수나 함수의 이름과 같이 사용자가 정의한 많은 심볼을 빨리 찾기 위해서이다. 이 외에도 데이터베이스 시스템의 인덱싱 등 많은 데이터를 관리하는 다양한 분야에서 널리 사용된다.

1 선형 조사법에서 탐색이 종료(성공 또는 실패)되는 상황이 아닌 것은?

① 레코드를 찾은 경우   ② 레코드가 없는 버킷을 만나는 경우

③ 모든 버킷을 다 검사한 경우   ④ 테이블의 맨 마지막 버킷에도달한 경우

중간 점검

2 선형 조사법의 적재 밀도의 범위는?

3 오버플로가 일어나면 그 항목을 해시 테이블의 다른 위치(주소)에 저장하는 방법을 (   )라 한다.

4 체이닝에서 어떤 엔트리를 삭제하는 시간은 무엇에 비례하는가?

| 연습문제 |

7.1 다음 중 최선의 입력과 최악의 입력에 대한 선택 정렬의 시간 복잡도는?

① 최선: $O(n)$, 최악: $O(n^2)$　　　　　② 최선: $O(n\log n)$, 최악: $O(n^2)$

③ 최선: $O(n^2)$, 최악: $O(n^2)$　　　　　④ 최선: $O(n^2)$, 최악: $O(n^3)$

7.2 다음 중 최선의 입력과 최악의 입력에 대한 삽입 정렬의 시간 복잡도는?

① 최선: $O(n)$, 최악: $O(n^2)$　　　　　② 최선: $O(n\log n)$, 최악: $O(n^2)$

③ 최선: $O(n^2)$, 최악: $O(n^2)$　　　　　④ 최선: $O(n^2)$, 최악: $O(n^3)$

7.3 다음 중 정렬되지 않은 배열로 집합을 구현하는 경우에 비해 정렬된 배열을 이용할 경우 더 효율적인 알고리즘이 가능한 집합의 연산이 아닌 것은?

① 삽입 연산　　　　② 집합의 비교　　　③ 합집합　　　　④ 차집합

7.4 다음 중 순차 탐색에 대한 설명으로 옳은 것은?

① 정렬되지 않은 테이블에서도 동작한다.

② 최선과 최악의 입력에 대해 시간 복잡도 차이가 없다.

③ 리스트를 균등하게 분할하여 탐색한다.

④ 탐색 값과 위치가 비례한다고 가정한다.

7.5 다음 중 이진 탐색의 응용 분야로 적절하지 않은 경우는?

① 효율적인 탐색이 필요할 때　　　　② 테이블이 정렬되어 있을 때

③ 데이터의 입력과 삭제가 빈번할 때　　④ 탐색이 매우 빈번하게 발생할 때

7.6 다음 중 보간 탐색에 대한 설명으로 적절하지 않은 것은?

① 이진 탐색의 개선된 알고리즘이다

② 탐색키가 존재할 위치를 예측하여 탐색한다.

③ 리스트를 균등하게 분할하여 탐색한다.

④ 탐색 값과 위치가 비례한다고 가정한다.

7.7 다음 중 좋은 해시 함수의 조건이 아닌 것은?

① 코드가 간단해야 한다.
② 충돌이 적어야 한다.
③ 주소가 테이블에 고르게 분포되어야 한다.
④ 계산이 빨라야 한다.

7.8 다음은 해싱에서의 오버플로 처리 방법들이다. 나머지와 다른 하나는?

① 선형 조사법   ② 이차 조사법   ③ 이중 해싱법   ④ 체이닝

7.9 다음은 항목을 오름차순으로 정렬하는 삽입 정렬 함수이다. 빈 칸을 채워라.

```
def insertion_sort(A) :
    n = len(A)
    for i in range(1, n) :
        key = A[i]
        j = i-1
        while j>=0 and _____ :
            _____
            j -= 1
        A[j + 1] = key
```

7.10 다음의 정렬기법을 이용하여 정수 배열을 오름차순으로 정렬하라. 각 단계에서의 배열의
내용을 나타내어라.

7	4	9	6	3	8	7	5

(1) 선택 정렬
(2) 삽입 정렬
(3) 버블 정렬

7.11 삽입 정렬이 안정성을 만족하는 이유를 설명해 보라.

7.12 삽입 정렬을 위한 최선의 입력과 최악의 입력을 시간 복잡도를 이용해 설명하라.

7.13 키 값 28을 가지고 아래의 리스트를 탐색할 때 다음의 탐색 방법에 따른 탐색 과정을 그리고 탐색 시에 필요한 비교 연산 횟수를 구하여라.

0	1	2	3	4	5	6	7	8	9	10	11	12	13	14	15
8	11	12	15	16	19	20	23	25	28	29	31	33	35	38	40

(1) 순차 탐색　　　　(2) 이진 탐색　　　　(3) 보간 탐색

7.14 크기가 11인 해시 테이블을 가정하자. 해시 함수로는 다음을 사용한다.

$$h(k) = k \bmod 11$$

입력 자료가 다음과 같은 순서로 입력된다고 하면 아래의 각 경우에 대하여 해시 테이블의 내용을 그려라.

$$12, 44, 13, 88, 23, 94, 11, 39, 20, 16, 5$$

(1) 충돌을 선형 조사법을 사용하여 처리한다.
(2) 충돌을 이차 조사법을 사용하여 처리한다.
(3) 충돌을 다음과 같은 이중 해시법을 사용하여 처리한다.

$$h'(k) = 7 - (j \bmod 7)$$

(4) 충돌을 체인법을 사용하여 처리한다.

7.15 선형 조사법에서 삭제 연산에서 발생할 수 있는 문제와 해결 방법을 설명하라.

7.16 선형 조사법에서 탐색이 종료(성공 또는 실패)되는 모든 상황을 설명하라.

7.17** 6.3절의 연결된 리스트 클래스 LinkedList에 정렬 연산 sort()를 추가하라. 정렬 알고리즘으로는 7.2절의 버블 정렬을 이용하라.

7.18* 정렬된 리스트로 집합을 구현하는 경우 원소의 포함 여부를 검사하는 contains() 연산을 보다 효율적으로 처리할 수 있다. 코드 3.6의 ArraySet의 원소들이 7.3절과 같이 오름차순으로 정렬되어 있다고 가정하고, 개선된 contains() 연산을 구현해 보라. 이진 탐색을 사용할 수 있을 것이다.

CHAPTER

08

트리

학습목표
- 트리의 개념과 용어들을 이해한다.
- 이진트리의 표현 방법을 이해한다.
- 이진트리의 다양한 순회 방법과 연산들을 이해한다.
- 힙의 동작 원리와 효율성을 이해한다.
- 배열 구조를 이용한 힙의 구현 방법을 이해한다.
- 이진트리와 힙을 문제 해결에 활용할 수 있다.

8 트리

8.1 트리란?

■ 계층적인 자료의 표현에 적합한 자료구조

리스트나 스택, 큐, 덱 등은 모두 자료들이 일렬로 나열된 형태인 선형 자료구조이다. 만약 자료들이 선형이 아니라 **계층적인 구조**(hierarchical structure)를 가지고 있다면 어떻게 표현할 수 있을까? 예를 들어, 직장의 조직도, 가족의 가계도, 컴퓨터의 폴더 구조나 등과 같이 계층적인 관계를 가진 자료의 표현에 유용한 자료구조가 **트리**(tree)이다. 그림 8.1은 전형적인 계층적 자료의 예를 보여주는데, 이러한 구조를 트리라고 부르는 이유는 이들이 마치 실제 나무를 거꾸로 엎어놓은 것과 비슷한 모양을 하고 있기 때문이다.

컴퓨터에서도 트리는 다양한 응용을 갖는다. 폴더 구조를 표현하는 것은 물론이고, 효율적인 탐색을 위한 탐색트리, 우선순위 큐를 위한 힙 트리, 인공지능 문제에서 의사결정 구조를 표현하기 위한 **결정트리**(decision tree) 등 매우 광범위하게 활용된다.

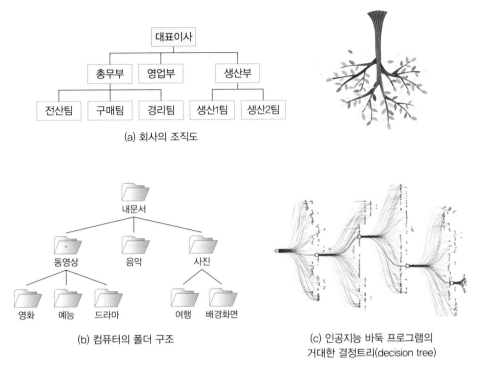

(a) 회사의 조직도

(b) 컴퓨터의 폴더 구조

(c) 인공지능 바둑 프로그램의
거대한 결정트리(decision tree)

[그림 8.1] 다양한 트리의 응용 분야

트리의 용어

트리는 한 개 이상의 **노드**(node)로 이루어진다. 트리 용어들을 살펴보자.

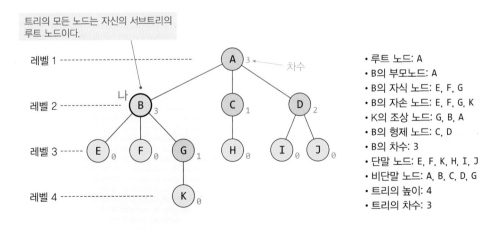

트리의 모든 노드는 자신의 서브트리의
루트 노드이다.

레벨 1

레벨 2

레벨 3

레벨 4

나

차수

- 루트 노드: A
- B의 부모노드: A
- B의 자식 노드: E, F, G
- B의 자손 노드: E, F, G, K
- K의 조상 노드: G, B, A
- B의 형제 노드: C, D
- B의 차수: 3
- 단말 노드: E, F, K, H, I, J
- 비단말 노드: A, B, C, D, G
- 트리의 높이: 4
- 트리의 차수: 3

[그림 8.2] 트리와 관련된 용어들

- 루트(root) 노드: 계층적인 구조에서 가장 높은 곳에 있는 노드. 트리에서 모든 노드는 자신의 서브트리의 루트 노드이다.
- 간선 또는 에지(edge): 노드와 노드를 연결하는 선
- 부모(parent) 노드와 자식(child) 노드: 간선으로 직접 연결된 노드 중에 상위노드와 하위노드
- 형제(sibling) 노드: 동일한 부모 노드를 가진 노드
- 조상(ancestor) 노드와 자손(descendent) 노드: 어떤 노드에서 루트 노드까지의 경로상에 있는 모든 노드들과, 어떤 노드 하위에 연결된 모든 노드
- 단말(terminal, leaf) 노드: 자식 노드가 없는 노드. 자식이 있으면 비단말 노드
- 노드의 차수(degree): 어떤 노드가 가지고 있는 자식의 수
- 트리의 차수: 트리가 가지고 있는 노드의 차수 중에서 가장 큰 차수
- 레벨(level): 트리의 각층에 번호를 매기는 것. 루트의 레벨은 1이 되고 한 층씩 내려갈수록 1씩 증가
- 트리의 높이(height): 트리가 가지고 있는 최대 레벨
- 포리스트(forest): 트리들의 집합

트리는 순환적으로 정의되는데, 트리의 모든 노드는 자신의 서브트리의 루트 노드이다. 즉 결국 각 노드가 하나의 서브트리를 대표한다고 볼 수 있다. 이러한 특징에 의해 트리에서는 순환 알고리즘이 흔히 사용된다.

■ 일반 트리의 표현 방법

트리를 표현하는 가장 일반적인 방법은 트리 노드를 6장에서 공부한 연결된 구조에서의 노드 형태로 표현하는 것이다. 이때, 노드는 항목 값을 저장하는 **데이터 필드**와 자식 노드를 가리키는 여러 개의 **링크**를 갖는다. 그렇다면 링크는 몇 개가 되어야 할까? 자식 노드의 수에 따라 다르다. 즉 노드의 차수만큼의 링크가 필요하다. 노드들이 임의의 개수의 자식을 가질 수 있는 트리를 **일반 트리**라 하는데, 일반 트리에서는 노드마다 링크의 수가 다르고, 따라서 이들 링크를 리스트와 같이 복잡한 형태로 관리해야 한다.

[그림 8.3] 임의의 개수의 자식을 가질 수 있는 일반 트리의 노드 구조

노드의 형태를 더 단순화하여 일반 트리를 표현할 수도 있다. 그림과 같이 두 개의 링크를 갖도록 하는 방법인데, 하나는 첫 번째 자식(child)을 가리키고, 다른 하나는 다음 형제(sibling)를 가리키기 위해 사용하는 것이다. 이 방법은 그림 8.4와 같이 임의의 일반 트리를 표현할 수 있지만, 복잡하고 특히 루트인 A에서 G까지 찾아가기 위해 필요 없이 많은 노드를 거쳐야 하는 문제가 있다.

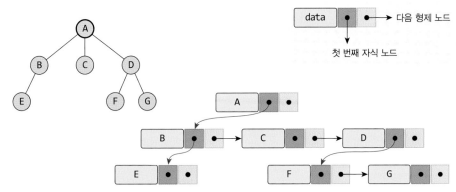

[그림 8.4] 두 개의 링크를 갖는 노드 구조로 일반 트리를 표현한 경우. 매우 복잡함

다행히 실제로는 좀 더 단순한 형태의 트리인 이진트리를 많이 사용한다. **이진트리**(binary tree)는 자식 노드의 개수가 항상 2개 이하인 트리를 말한다. 왼쪽 자식과 오른쪽 자식은 정확히 구별되는데, 부모는 왼쪽과 오른쪽 자식에 바로 접근할 수 있다. 이진트리는 가장 많이 사용되는 트리의 형태로 이 책에서는 앞으로 이진트리만을 다루기로 한다.

---

* 오른쪽 트리에 대한 다음 물음에 답하라.

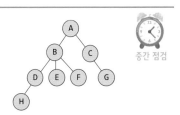

1 단말 노드의 수 :

2 트리의 차수 :

3 트리의 높이 :

4 다음 중 트리 구조로 나타내기에 적합하지 않은 자료는?

　① 회사의 조직도　　② 가족의 가계도　　③ 수식의 연산 관계　　④ 행렬

5 어떤 노드가 가지고 있는 자식의 수를 그 노드의 (　　　)라고 한다.

6 두 개의 링크를 갖는 노드 구조로는 임의의 개수의 자식을 가질 수 있는 일반적인 트리를 표현
　할 수 없다. (　　)

8.2 이진트리

■ 이진트리는 순환적으로 정의된다.

이진트리(binary tree)는 모든 노드가 2개의 서브트리를 갖는 트리이다. 이때 서브트리는 공집합일 수도 있다. 모든 노드의 차수가 2 이하로, 최대 2개까지의 자식 노드를 가질 수 있는데, 자식들 사이에도 순서가 존재하므로 <u>왼쪽 자식과 오른쪽 자식은 반드시 구별</u>되어야 한다. 이진트리는 다음과 같이 순환적으로 정의된다.

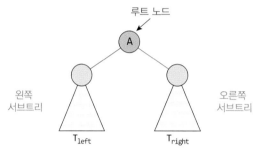

[그림 8.5] 이진트리의 구조

정의 8.1 **이진트리의 정의**

(1) 공집합이거나
(2) 루트와 왼쪽 서브트리, 오른쪽 서브트리로 구성된 노드들의 집합. 이진트리의 서브트리들은 모두 이진트리이어야 함.

이 정의를 바탕으로 다음 트리가 이진트리인지를 살펴보자.

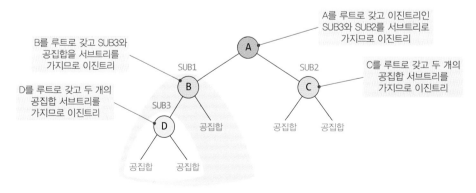

[그림 8.6] 이진트리의 검증 과정

노드 D, B, C, A의 순서로 살펴보면 모든 서브트리가 이진트리이므로 전체 트리는 이진트리이다.

■ 이진트리의 종류와 성질

이진트리의 종류

- **포화이진트리(full binary tree)**는 트리의 각 레벨에 노드가 꽉 차있는 이진트리를 말한다. 높이 k인 포화이진트리의 노드의 수는 다음과 같이 레벨별 노드 수의 합이다.

$$\text{전체 노드 개수 : } 2^{1-1}+2^{2-1}+2^{3-1}+\cdots+2^{k-1}=\sum_{i=0}^{k-1}2^i=2^k-1$$

포화이진트리에서는 각 노드에 순서대로 번호를 붙일 수 있다. 레벨 단위로 왼쪽에서 오른쪽으로 순서대로 번호를 붙이면 되는데, 이 번호는 항상 일정하다. 예를 들어, 루트 노드의 번호는 항상 1이며, 루트 노드의 오른쪽 자식 노드의 번호는 항상 3이다.

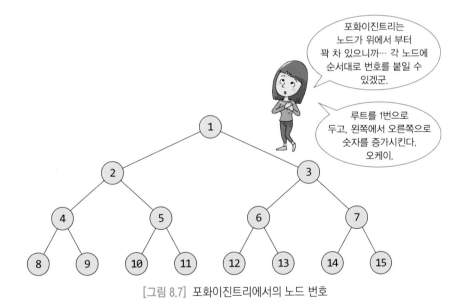

[그림 8.7] 포화이진트리에서의 노드 번호

- **완전이진트리(complete binary tree)**는 높이가 k인 트리에서 레벨 1부터 $k-1$까지는 노드가 모두 채워져 있고 마지막 레벨 k에서는 왼쪽부터 오른쪽으로 노드가 순서대로 채워져 있는 이진트리를 말한다. 마지막 레벨에서는 노드가 꽉차있지 않아도 되지만 중간

에 빈곳이 있으면 안 된다. 따라서 포화이진트리는 완전이진트리이지만 그 역은 항상 성립하지는 않는다. **힙(heap)**은 완전이진트리의 대표적인 예이다.

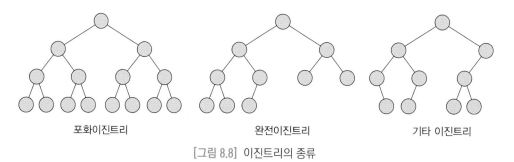

[그림 8.8] 이진트리의 종류

이진트리의 성질

• n개의 노드를 가진 트리는 $n-1$개의 간선을 가진다. 그 이유는 루트를 제외한 트리의 모든 노드가 하나의 부모 노드를 가지기 때문이다. 부모와 자식 간에는 하나의 간선만이 존재한다.

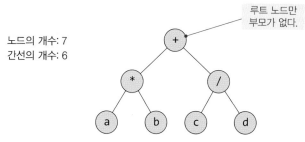

[그림 8.9] 트리에서 노드의 개수와 간선의 개수의 관계

• 높이가 h인 이진트리는 h개 이상, 2^h-1개 이하의 노드를 가진다. 한 레벨에는 적어도 하나의 노드는 존재해야 하므로 높이가 h인 이진트리는 최소한 h개의 노드를 가져야 한다. 또한 하나의 노드는 최대 2개의 자식을 가질 수 있으므로 레벨 i에서의 노드의 최대개수는 2^{i-1}이 된다. 따라서 높이가 h인 이진트리의 최대 노드 개수는

$$\sum_{i=1}^{h} 2^{i-1} = 2^h - 1$$ 이 된다.

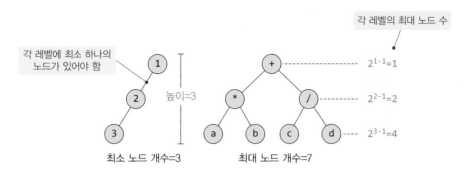

[그림 8.10] 같은 높이의 이진트리에서의 최소와 최대 노드 개수

- n개의 노드를 가지는 이진트리의 높이는 $\lceil \log_2(n+1) \rceil$ 이상이고 n 이하이다. 먼저, 한 레벨에서 최소한 하나의 노드는 있어야 하므로 높이가 n을 넘을 수는 없다. 앞의 성질에서 높이 h의 이진트리가 가질 수 있는 노드의 최댓값은 $2^h - 1$이다. 따라서 $n \leq 2^h - 1$의 부등식이 성립하고 양변에 log를 취하면 $h \geq \log_2(n+1)$이 된다. h는 정수이므로 $h \geq \lceil \log_2(n+1) \rceil$이 된다.

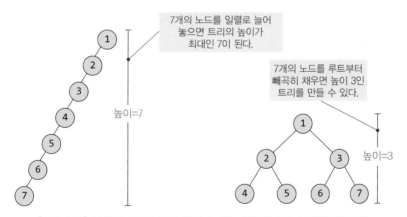

[그림 8.11] 같은 개수의 노드로 만들 수 있는 최대와 최소 높이의 이진트리

■ 이진트리의 표현 방법

배열 표현법

앞에서 포화이진트리에서 노드에 번호를 붙이는 방법을 공부했는데, 이 번호를 배열의 인덱스로 사용하면 이진트리를 배열 구조로 표현할 수 있다. 과정은 다음과 같다.

① 트리의 높이를 구해 배열을 할당한다. 예를 들어, 높이가 k이면 길이가 2^k-1인 배열이 필요하다.
② 포화이진트리의 번호를 인덱스로 사용하여 배열에 노드들을 저장한다.

보통 루트 노드의 번호를 1로 하는데, 계산의 편의를 위해 인덱스 0은 사용하지 않는다. 이 번호를 배열의 인덱스로 사용하면 각 노드에 대한 위치가 결정된다. 이러한 방법은 포화이진트리나 완전이진트리에 가장 적합한데 배열 항목 사이에 빈칸이 발생하지 않기 때문이다. 배열 표현법으로 다음 그림과 같이 일반 이진트리도 표현할 수 있다. 그러나 트리가 심한 경사를 나타내는 경우에는 배열 항목 사이에 사용하지 않는 빈칸이 많이 발생하여 메모리의 낭비가 심해질 수 있다.

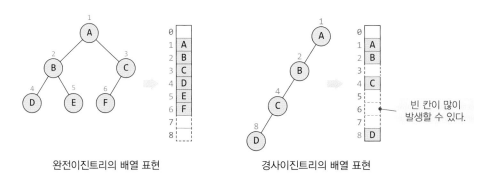

완전이진트리의 배열 표현   경사이진트리의 배열 표현

[그림 8.12] 이진트리의 배열 표현 방법: 완전이진트리와 경사이진트리의 예

배열 표현법에서 어떤 노드의 인덱스를 알면 그 노드의 부모나 자식 노드의 인덱스를 다음과 같이 계산할 수 있다.

- 노드 i의 부모 노드 인덱스 = i/2
- 노드 i의 왼쪽 자식 노드 인덱스 = 2i
- 노드 i의 오른쪽 자식 노드 인덱스 = 2i+1

> 파이썬에서는 나눗셈 연산자가
> /와 //로 구분되어 있다.
> 정수 나눗셈을 위해서는
> i//2를 써야 한다.

부모 노드의 인덱스 계산에 정수간의 나눗셈이 사용되어야 하는 것에 유의하라. 배열 표현법은 간단하지만 기억공간의 낭비와 함께 표현할 수 있는 트리의 높이가 배열의 크기에 따라 제한되는 단점이 있다.

링크 표현법

연결된 구조로도 이진트리를 표현할 수 있다. 이진트리를 위한 노드의 구조는 다음과 같은데, 두 개의 링크 필드가 필요하다. 이들은 각각 왼쪽과 오른쪽 자식 노드를 가리킨다. 좌우 링크가 반드시 구별되어야 하는 것에 유의하라.

[그림 8.13] 연결된 구조의 이진트리를 위한 노드의 구조

다음은 링크 표현법으로 이진트리를 표현하는 예를 보여주고 있다. 트리 표현에서 부모와 자식의 관계를 나타내기 위해서는 간선을 화살표로 나타내는 것이 더 정확하다. 그러나 화살표가 없이 연결된 경우 위쪽을 부모 노드, 아래쪽을 자식 노드로 생각하면 된다.

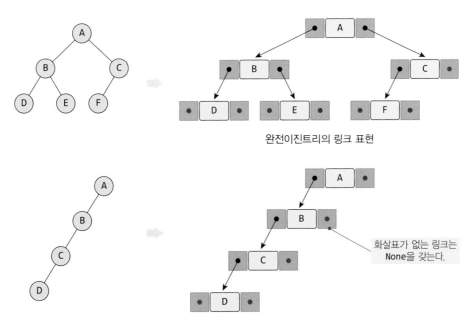

[그림 8.14] 이진트리의 링크 표현 방법: 완전이진트리와 경사이진트리의 예

이진트리의 노드 구조를 클래스로 나타내 보자. 노드 클래스 TNode는 다음과 같이 표현할

수 있다. 생성자에서 트리 노드를 위한 데이터와 왼쪽 자식 및 오른쪽 자식에 대힌 링크를 생성하고 초기화한다.

코드 8.1 이진트리를 위한 노드 클래스   참고파일 ch08/BinaryTree.py

```
01   class TNode:                                # 이진트리를 위한 노드 클래스
02       def __init__ (self, data, left, right):  # 생성자
03           self.data = data                     # 노드의 데이터
04           self.left = left                     # 왼쪽 자식을 위한 링크
05           self.right = right                   # 오른쪽 자식을 위한 링크
```

---

1 다음 중 배열 구조로 표현할 때 메모리의 낭비가 가장 큰 트리는?
   ① 경사트리   ② 이진트리   ③ 포화이진트리   ④ 완전이진트리

2 어떤 이진트리의 높이가 5라면 최소와 최대로 몇 개의 노드를 가질 수 있나?

3 이진트리에서 간선의 수 E와 노드의 수 N의 관계는?

4 이진트리를 배열로 표현했을 때 인덱스가 10번인 노드의 왼쪽 자식과 오른쪽 자식의 위치는?
   단, 0번 인덱스는 사용하지 않는다.

5 이진트리의 링크 표현법에서 노드 수가 N인 이진트리의 None 링크의 수는?

정답 1 ① 2 5~31개 3 N=E+1 4 20, 21 5 N+1

8.3 이진트리의 연산

■ 트리의 모든 노드를 방문하는 방법

트리를 **순회**(traversal)한다는 것은 트리에 속하는 모든 노드를 한 번씩 방문하여 노드의 데이터를 목적에 맞게 처리하는 것을 의미한다. 예를 들어, 트리의 모든 노드들을 화면에 출력하기 위해서는 순회가 필요하다. 이와 같이 순회는 트리에서 가장 기본적인 연산이다.

다음은 선형 자료구조에서의 순회와 트리에서의 순회를 비교하고 있다. 선형 자료구조에서는 항목들이 일렬로 저장되어 있으므로 순회 방법이 단순하다. 그러나 트리에서는 그렇게 단순하지 않다. 그림과 같이 동일한 트리에 대해서도 다양한 순서로 노드들을 방문할 수 있다.

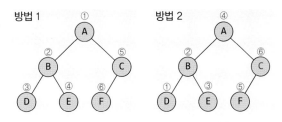

[그림 8.15] 선형 자료구조와 트리의 순회방법 비교

이진트리의 표준 순회에는 전위, 중위, 후위의 3가지 방법이 있다. 이들은 루트와 왼쪽 서브트리, 오른쪽 서브트리를 각각 어떤 순서로 방문하느냐에 따라 구분된다. 루트를 방문하는 작업을 V, 왼쪽과 오른쪽 서브트리를 방문하는 작업을 각각 L과 R이라 하자. 이진트리의 기본 순회 방법들은 다음과 같다.

- 전위순회(preorder traversal) : VLR
- 중위순회(inorder traversal) : LVR
- 후위순회(postorder traversal) : LRV

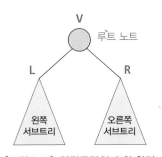

[그림 8.16] 이진트리의 순회 환경

그러면 각 서브트리의 노드들은 또 어떤 식으로 방문할까? 이진트리에서는 각각의 서브트리도 이진트리이다. 따라서 동일한 순회 방법이 적용되어야 한다. 예를 들어, 전위 순회의 경우 서브트리에 들어 있는 모든 노드들도 VLR의 순서대로 순회하여야 한다.

트리에서는 순환 기법이 많이 사용된다. 다음 그림을 보면 전체 트리나 서브트리나 기본 구조는 완전히 동일한 것을 알 수 있다. 따라서 전체 트리 순회에 사용된 알고리즘을 똑같이 서브트리에 적용할 수 있다. 물론 문제의 크기는 작아진다. 따라서 순환이 최선의 해결책이다.

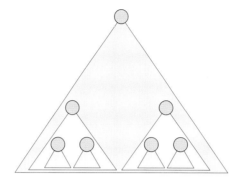

[그림 8.17] 전체 트리와 서브트리의 구조가 동일하다.

전위순회(preorder)

전위순회는 루트를 먼저 방문하고 그 다음에 왼쪽 서브트리를 방문하고 오른쪽 서브트리를 마지막으로 방문하는 것이다. 구현된 함수는 다음과 같다.

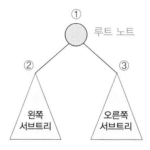

| 코드 8.2 | 이진트리의 전위순회 | 참고파일 ch08/BinaryTree.py |

```python
01   def preorder(n) :                  # 전위순회 함수
02      if n is not None :
03          print(n.data, end=' ')      # 먼저 루트노드 처리(화면 출력)
04          preorder(n.left)            # 왼쪽 서브트리 처리
05          preorder(n.right)           # 오른쪽 서브트리 처리
```

전위순회에서 루트노드의 방문을 마쳤다고 가정하자. 그러면 왼쪽 서브트리를 방문할 차례이다. 그러면 왼쪽 서브트리의 어떤 노드를 먼저 방문하여야 할까? 왼쪽 서브트리도 하나의 이진트리이다. 따라서 전체트리와 똑같은 방식으로 서브트리를 방문하면 된다. 즉 왼쪽 서브트리의 루트를 먼저 방문하고 왼쪽 서브트리의 왼쪽 서브트리를 그 다음에, 마지막

으로 왼쪽 서브트리의 오른쪽 서브트리를 방문하면 된다. 즉 모든 서브트리에 같은 알고리즘을 반복한다.

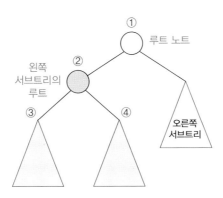

중위순회(inorder)

중위순회에서는 왼쪽 서브트리, 루트, 오른쪽 서브트리 순으로 방문한다.

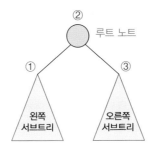

코드 8.3 이진트리의 중위순회   참고파일 ch08/BinaryTree.py

```
01  def inorder(n) :                    # 중위순회 함수
02      if n is not None :
03          inorder(n.left)             # 왼쪽 서브트리 처리
04          print(n.data, end=' ')      # 루트노드 처리(화면 출력)
05          inorder(n.right)            # 오른쪽 서브트리 처리
```

후위순회(postorder)

후위순회는 왼쪽 서브트리, 오른쪽 서브트리, 루트 순으로 방문한다.

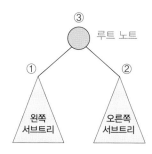

| 코드 8.4 | 이진트리의 후위순회 | 참고파일 ch08/BinaryTree.py |

```python
01  def postorder(n) :
02      if n is not None :
03          postorder(n.left)
04          postorder(n.right)
05          print(n.data, end=' ')
```

순회 방법의 선택

다음은 동일한 트리의 노드들을 전위, 중위, 후위순회 방식으로 방문한 순서를 숫자로 표시하고 있다.

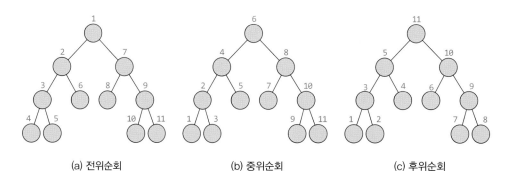

[그림 8.18] 전위, 중위, 후위순회에 따른 노드 방문 순서 비교

트리와 관련된 문제들 중에는 순회 알고리즘만 이용해도 해결되는 것들이 많다. 그렇다면 어떤 순회 방법을 사용해야 할까?

- 순서는 중요하지 않고 노드를 전부 방문하기만 하면 된다면 3가지의 방법 중에 어떤 것이든지 관계없다. 예를 들어, 트리의 모든 노드 값을 순서와 상관없이 출력해야 한다면 순회 방법은 중요하지 않다.
- 자식 노드를 처리한 다음에 부모 노드를 처리해야 하는 문제라면 당연히 후위순회를 사용하여야 한다. 예를 들어, 컴퓨터에서 각 폴더의 용량을 계산하려면 후위순회를 사용하여야 한다. 하위 폴더의 용량이 계산되어야 이를 이용해 현재 폴더의 용량을 계산할 수 있기 때문이다.
- 부모 노드를 처리한 다음에 자식 노드를 처리해야 한다면 전위순회를 사용하여야 한다. 예를 들어, 모든 노드에서 레벨을 계산하기 위해서는 전위순회를 사용해야 한다. 루트 노드의 레벨이 1이 되고, 모든 노드들은 부모 노드의 레벨보다 1이 크기 때문이다.

레벨 순회

레벨 순회(level order)는 각 노드를 레벨 순으로 검사하는 방법이다. 루트 노드의 레벨이 1이고 아래로 내려갈수록 레벨이 증가한다. 동일한 레벨에서는 좌에서 우로 방문한다. 이러한 레벨 순회에는 큐가 사용된다.

알고리즘을 생각해 보자. 레벨 순회는 큐에서 노드를 하나 꺼내 방문하고 그 자식들을 큐에 삽입한다. 삽입에도 순서가 있다. 먼저 왼쪽 자식을 삽입하고 오른쪽 자식을 삽입해야 한다. 물론 자식이 없으면 삽입하지 않는다. 이 과정은 큐가 공백상태가 될 때 까지 반복한다. 맨 처음에는 큐에 루트 노드만 들어 있다.

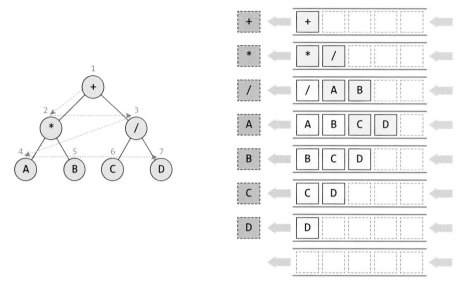

[그림 8.19] 레벨 순회의 예

그림 8.19를 예로 들어 보자. 먼저 루트 노드인 +가 큐에 입력된 상태에서 순회가 시작된다. 큐에서 하나를 삭제하면 +가 나오게 되고, 노드 +를 방문하고 왼쪽 자식 *와 오른쪽 자식 /를 순서대로 큐에 삽입한다. 다시 큐에서 하나(*노드)를 꺼내고 같은 과정을 반복한다. 그림은 트리를 레벨 순회로 방문하는 전체 순서를 보여주고 있다. 이제 레벨 순회를 구현해 보자. 순환은 사용되지 않는다.

코드 8.5　　이진트리의 레벨 순회　　　　　　　　　　　　참고파일 ch08/BinaryTree.py

```
01  def levelorder(root) :
02      queue = CircularQueue()              # 큐 객체 초기화
03      queue.enqueue(root)                  # 최초에 큐에는 루트 노드만 들어있음.
04      while not queue.isEmpty() :          # 큐가 공백상태가 아닌 동안,
05          n = queue.dequeue()             # 큐에서 맨 앞의 노드 n을 꺼냄
06          if n is not None :
07              print(n.data, end=' ')      # 먼저 노드의 정보를 출력
08              queue.enqueue(n.left)       # n의 왼쪽 자식 노드를 큐에 삽입
09              queue.enqueue(n.right)      # n의 오른쪽 자식 노드를 큐에 삽입
```

레벨 순회 결과를 보면 루트 노드부터 각 레벨별로 순차적으로 노드를 출력하는 것을 알

수 있다. 이것은 트리의 노드를 위에서 아래로, 좌에서 우로 출력하므로 다른 순회 방법에 비해 출력 결과를 이해하기가 쉽다.

■ 트리의 전체 노드 개수, 단말 노드의 수, 높이 계산

노드 개수 구하기

이진트리에서 전체 노드의 개수를 세기 위해서는 모든 노드들을 한 번씩 방문해야 한다. 어떤 방법이 있을까? 역시 순환을 사용하면 쉬워진다. 어떤 노드를 루트로 하는 이진트리 의 노드의 개수는 왼쪽 서브트리의 노드 수와 오른쪽 서브트리의 노드 수에 루트 노드의 수(1)를 더하면 된다. 이것은 후위순회 방식의 순환호출이다.

| 코드 8.6 | 이진트리의 노드 수 계산 | 참고파일 ch08/BinaryTree.py |

```
01  def count_node(n) :          # 순환을 이용해 트리의 노드 수를 계산하는 함수
02      if n is None :           # n이 None이면 공백 트리 --> 0을 반환
03          return 0
04      else :                   # 좌우 서브트리의 노드 수의 합 + 1을 반환 (순환이용)
05          return 1 + count_node(n.left) + count_node(n.right)
```

좌우 서브트리의 노드 수를 각각 순환으로 구한 후 이들의 합에 1을 더하는 코드에 유의 하라.

사실 약간은 무식하지만 다른 방법도 가능하다. 예를 들어 전역변수로 count를 선언해 0 으로 초기화하고, 임의(전위, 중위, 후위, 레벨)의 방법으로 노드들을 순회하면서 count를 증가시키는 것이다. 순회가 끝나면 노드 수는 전역변수 count에 저장되어 있을 것이다. 물 론 코드 8.6과 같은 방법이 훨씬 좋다.

단말 노드 개수 구하기

비슷한 방법으로 단말 노드의 수도 구할 수 있다. 단말 노드는 왼쪽 자식과 오른쪽 자식이 모두 None인 노드이다. 만약 노드 n이 단말 노드이면 1을 반환하면 된다. 단말 노드가 아 니면 자신의 두 서브트리의 단말 노드 개수를 순환 호출을 통해 각각 계산하고, 계산된 두 값의 합이 전체 단말 노드의 개수이므로 이를 반환하면 된다.

이진트리의 단말 노드 수 계산 참고파일 ch08/BinaryTree.py

```
01  def count_leaf(n) :
02      if n is None :                              # 공백 트리 --> 0을 반환
03          return 0
04      elif n.left is None and n.right is None :   # 단말 노드 --> 1을 반환
05          return 1
06      else :                                      # 비단말 노드: 좌우 서브트리의 결과 합을 반환
07          return count_leaf(n.left) + count_leaf(n.right)
```

트리의 높이 구하기

트리의 높이를 구하는 알고리즘도 순환을 이용하여 해결할 수 있다. 트리의 높이도 후위
순회 구조를 사용해야 한다. 루트 노드의 높이를 구하려면 먼저 좌우 서브트리의 높이를
구해야 한다. 루트노드를 포함한 현재 <u>트리의 높이는 좌우 서브트리의 높이 중에서 더 높
은 값에 1을 더한 값</u>이다.

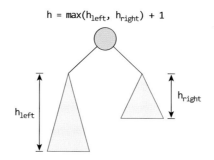

$$h = \max(h_{left}, h_{right}) + 1$$

h_{left}

h_{right}

[그림 8.20] 이진트리의 높이를 구하는 방법

서브트리의 높이 계산을 위해 순환 호출이 사용된다. 다음은 순환으로 구현된 트리의 높
이를 구하는 함수이다. 순환 호출의 반환 값을 서로 더하는 것이 아닌 것에 유의하라.

이진트리의 높이 계산 참고파일 ch08/BinaryTree.py

```
01  def calc_height(n) :
02      if n is None :                              # 공백 트리 --> 0을 반환
03          return 0
```

```
04      hLeft = calc_height(n.left)       # 왼쪽 트리의 높이 --> hLeft
05      hRight = calc_height(n.right)      # 오른쪽 트리의 높이 --> hRight
06      if (hLeft > hRight) :             # 더 높은 높이에 1을 더해 반환
07          return hLeft + 1
08      else:
09          return hRight + 1
```

테스트 프로그램

지금까지 구현한 트리의 여러 가지 연산들을 테스트해 보자. 먼저 그림과 같은 이진트리를 만들어야 한다. 이를 위해 TNode의 생성자를 이용하여 링크를 하나씩 연결해야 한다. 테스트 코드는 다음과 같은데, root가 트리의 루트 노드 A를 가리킨다. 트리를 생성한 후 3가지 기본 순회와 레벨 순회 결과를 출력하고, 트리의 노드 수, 단말 노드의 개수 및 트리의 높이를 계산해 출력하였다.

코드 8.9 이진트리 연산 테스트 프로그램   참고파일 ch08/BinaryTree.py

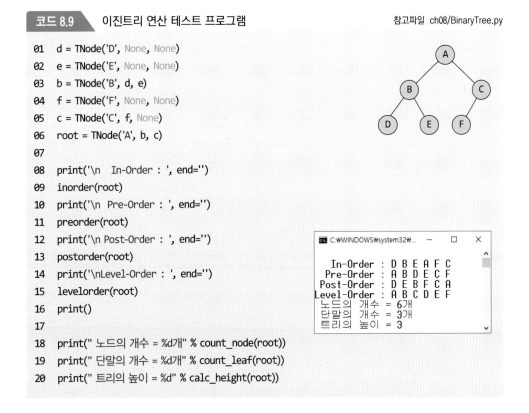

```
01  d = TNode('D', None, None)
02  e = TNode('E', None, None)
03  b = TNode('B', d, e)
04  f = TNode('F', None, None)
05  c = TNode('C', f, None)
06  root = TNode('A', b, c)
07
08  print('\n  In-Order : ', end='')
09  inorder(root)
10  print('\n Pre-Order : ', end='')
11  preorder(root)
12  print('\n Post-Order : ', end='')
13  postorder(root)
14  print('\nLevel-Order : ', end='')
15  levelorder(root)
16  print()
17
18  print(" 노드의 개수 = %d개" % count_node(root))
19  print(" 단말의 개수 = %d개" % count_leaf(root))
20  print(" 트리의 높이 = %d" % calc_height(root))
```

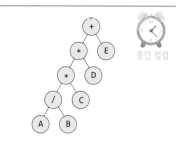

* 오른쪽 드리에 대한 다음 물음에 답하라.

1 전위 순회 결과는?

2 중위 순회 결과는?

3 후위 순회 결과는?

4 레벨 순회 결과는?

5 단말 노드의 수는?

6 어떤 노드를 루트로 하는 이진트리의 높이는 그 노드의 좌우 서브트리의 높이 중 큰 값에 1을 더한 값이다. (   )

정답 1 +**/ABCDE 2 A/B*C*D+E 3 AB/C*D+E 4 +*E*D/CAB 5 5개 6 O

8.4 이진트리의 응용: 모스 코드 결정트리

모스 부호는 도트(점)와 대시(선)의 조합으로 구성된 메시지 전달용 부호로 1830년대에 미국의 사뮤엘 모스(Samuel Morse)에 의해 고안되었다. 이 코드는 메시지를 전선을 통해 장거리로 전송할 수 있도록 하여 통신에 혁명을 일으켰으며, 미국 철도 회사들에서 광범위하게 사용되었다. 가장 유명한 모스 코드로는 SOS를 나타내는 …　---　…이 있는데, 각 알파벳들에 대해 다음과 같이 점과 선으로 이루어진 코드가 부여되어 있다.

[표 8.1] 영문 대문자에 대한 모스 코드 표

A .-	B -...	C -.-.	D -..	E .	F ..-.
G --.	H	I ..	J .---	K -.-	L .-..
M --	N -.	O ---	P .--.	Q --.-	R .-.
S ...	T -	U ..-	V ...-	W .--	X -..-
Y -.--	Z --..				

인코딩: 알파벳에서 모스 코드로 변환

알파벳을 모스 부호로 변환(encoding)하는 방법은 간단하다. 표에서 찾아 해당 코드를 적으면 되기 때문이다. 예를 들어 'PYTHON'의 모스 코드는 다음과 같다.

.--.　-.--　-　....　---　-.

만약 표에 모스 부호가 알파벳 'A'부터 순서대로 들어 있다면 각 알파벳에 대한 모스 부호는 바로 찾을 수 있다. 예를 들어, 'P'에 대한 모스 부호는 표의 'P'-'A' 위치에 있을 것이기 때문이다. 다음은 모스 코드 표와, 이를 이용해 알파벳을 모스 코드로 변환하는 인코딩 알고리즘을 보여준다.

코드 8.10 모스 코드 표와 인코딩 알고리즘 참고파일 ch08/MorseCode.py

```
01  table =[('A', '.-'),    ('B', '-...'),   ('C', '-.-.'),   ('D', '-..'),
02         ('E', '.'),     ('F', '..-.'),   ('G', '--.'),    ('H', '....'),
03         ('I', '..'),    ('J', '.---'),   ('K', '-.-'),    ('L', '.-..'),
04         ('M', '--'),    ('N', '-.'),     ('O', '---'),    ('P', '.--.'),
05         ('Q', '--.-'),  ('R', '.-.'),    ('S', '...'),    ('T', '-'),
06         ('U', '..-'),   ('V', '...-'),   ('W', '.--'),    ('X', '-..-'),
07         ('Y', '-.--'),  ('Z', '--..') ]
08
09  def encode(ch):
10      idx = ord(ch)-ord('A')      # 리스트에서 해당 문자의 인덱스
11      return table[idx][1]        # 해당 문자의 모스 부호 반환
```

10행의 ord()는 문자의 아스키 코드 값을 반환하는 파이썬 내장 함수이다. 알파벳에서 모스 코드를 찾는 encode()는 시간 복잡도는 명백히 $O(1)$이다.

디코딩: 모스 코드에서 알파벳 변환

반대로 모스 코드가 있을 때 알파벳을 추출(decoding)하는 방법을 생각해 보자. 예를 들어, 위의 코드에서 .--. 에 대한 알파벳을 찾는 것이다. 어떻게 찾아야 할까? 이 경우는 앞에서와 같이 모스 코드 .--.의 주소를 바로 계산할 수 없다. 어쩔 수 없이 표의 모든 항목을 조사하여 모스 코드 .--. 가 있는지 검사하여야 한다. 이것은 순차탐색이고, 탐색의 시간 복잡도는 $O(n)$이다. 만약 숫자와 특수기호 등 더 많은 알파벳에 대해 모스 코드를 부여해 사용한다면 표가 더 커질 것이고, 더 많은 시간이 걸릴 것이다.

코드 8.11   **모스 코드 디코딩(순차탐색)**   참고파일 *ch08/MorseCode.py*

```
01    def decode_slow(code):
02        for e in table:
03            if code == e[1] :
04                return e[0]
05        return None
```

테이블의 모든 모스 코드(e[1])와 비교해, 찾는 코드가
있으면 그 코드의 알파벳(e[0]) 반환

결정트리를 이용한 모스 코드의 디코딩

보다 효율적인 방법이 있다. **결정트리**(decision tree)를 이용하는 것이다. 결정트리는 여러
단계의 복잡한 조건을 갖는 문제에 대해 조건과 그에 따른 해결방법을 트리 형태로 나타낸
것을 말한다.

다음 그림은 위의 표에 대한 결정트리인데, 루트를 제외한 모든 노드는 하나의 알파벳을
나타낸다. 루트에서 시작하여 코드에 점(.)이 나타나면 왼쪽 자식으로 움직이고, 선(-)이
나타나면 오른쪽 자식으로 움직인다. 이 과정을 코드 전체에 대해 수행하면 해당 코드의
알파벳 노드에 도착한다.

예:
```
...   : S
-.-   : K
.--.  : P
--... : 코드 없음
```

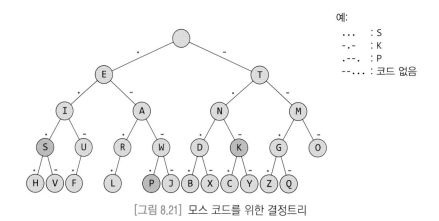

[그림 8.21] 모스 코드를 위한 결정트리

.--. 코드에 대해 적용해 보자. 루트에서 시작하여 왼쪽(E)->오른쪽(A)->오른쪽(W)->왼쪽
(P)으로 움직인다. 결국 P에서 탐색이 끝난다. 없는 코드는 어떻게 처리될까? 예를 들어
--...를 찾아보자. 오른쪽(T)->오른쪽(M)->왼쪽(G)->왼쪽(Z)까지는 움직일 수 있다. 마지막
으로 왼쪽으로 가야 하는데 노드가 없고, 이것은 잘못된 모스 코드임을 나타낸다. 이 방법

으로 코드에서 알파벳을 찾는데 걸리는 시간은 $O(\log_2 n)$ 이다. 어떤 코드도 트리의 높이 이상의 이동이 필요하지 않기 때문이다. 따라서 단순히 표에서 찾는 방법 $(O(n))$ 보다 훨씬 효율적이다.

모스 코드표가 주어졌을 때 결정트리를 만들어 보자. 방법은 다음과 같다.

① 빈 루트 노드를 만든다. 한 번에 하나의 문자를 추가한다.
② 문자를 추가할 때 루트부터 시작하여 트리를 타고 내려간다. 만약 타고 내려갈 자식 노드가 None이면 새로운 노드를 추가한다. 이 노드의 문자는 아직 결정되지 않았다.
③ 마지막 코드의 노드에 도달하면 그 노드에 문자를 할당한다.

모스 코드의 결정트리는 이진트리이므로 노드를 앞에서 사용한 **TNode**클래스를 그대로 사용하면 된다. 코드 표를 이용해 결정트리를 만들고 루트 노드를 반환하는 알고리즘과, 이를 이용해 모스 코드에 대한 문자를 찾는 decode() 함수는 다음과 같다.

코드 8.12　모스 코드 결정트리 만들기　　　　　　　　　참고파일 ch08/MorseCode.py

```
01  def make_morse_tree():
02      root = TNode( None, None, None )
03      for tp in table :
04          code = tp[1]                        # 모스 코드
05          node = root
06          for c in code :
07              if c == '.' :
08                  if node.left == None :
09                      node.left = TNode (None, None, None)
10                  node = node.left
11              elif c == '-' :
12                  if node.right == None :
13                      node.right = TNode (None, None, None)
14                  node = node.right
15
16          node.data = tp[0]                   # 코드의 알파벳
17      return root
18
19  def decode(root, code):
20      node = root
```

모스 코드의 각 부호에 대해

점(.)이면 왼쪽으로 진행. 왼쪽 노드가 비었으면 새로운 노드를 만들고, 노드가 있으면 그쪽으로 이동

선(-)이면 오른쪽으로 진행. 오른쪽 노드가 비었으면 새로운 노드를 만들고, 노드가 있으면 그쪽으로 이동

결정트리를 이용한 디코딩 함수

```
21       for c in code :              # 맨 마지막 문자 이전까지 --> 이동
22          if c == '.' : node = node.left      # 점(.): 왼쪽으로 이동
23          elif c=='-' : node = node.right     # 선(-): 오른쪽으로 이동
24       return node.data             # 문자 반환
```

마지막으로 문자열을 입력받아 모스 코드로 바꾸고, 이 코드를 다시 문자열로 변경하는
테스트 프로그램은 다음과 같다.

코드 8.13   모스 코드 테스트 프로그램   참고파일 ch08/MorseCode.py

```
01  morseCodeTree = make_morse_tree()
02  str = input("입력 문장 : ")
03  mlist = []
04  for ch in str:
05      code = encode(ch)
06      mlist.append(code)
07  print("Morse Code: ", mlist)
08  print("Decoding  : ", end='')
09  for code in mlist:
10      ch = decode(morseCodeTree, code)
11      print(ch, end='')
12  print()
```

입력 문자열의 모든 문자에 대해 모스 코드를 구해
리스트에 저장

저장된 모스 코드에 대해 결정트리를 이용해 원래의
문자로 디코딩한 후 화면에 출력

입력 문장으로 GAMEOVER를 입력하고 이를 모스 코드로 바꾼(eocoding) 결과와, 이
모스 코드를 다시 알파벳으로 변환(decoding)한 결과는 다음과 같다. GAMEOVER가 원
래대로 복원되었다.

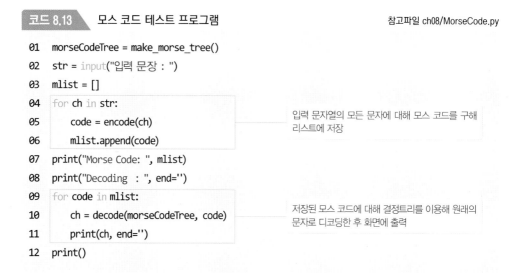

```
C:₩WINDOWS₩system32₩cmd.exe                                        —  □  ×
입력 문장 : GAMEOVER
Morse Code: ['--.', '.-', '--', '.', '---', '...-', '.', '.-.']
Decoding  : GAMEOVER
```

중간 점검

정답 1 ③ 2 결정트리 3 ×

8.5 힙 트리

■ 힙(Heap)이란?

힙(heap)을 영어사전에 찾아보면 "더미"라고 되어 있다. 컴퓨터 분야에서 힙은 "더미"와 모습이 비슷한 완전이진트리 기반의 자료구조를 의미한다. 힙은 여러 개의 값들 중에서 가장 큰(또는 작은) 값을 빠르게 찾아내도록 만들어진 자료구조이다. 가장 큰 값만 빨리 찾으면 되기 때문에 모든 자료를 힘들게 정렬할 필요는 없다. 힙은 이진트리 구조를 갖는데, 특히 큰 값이 상위 레벨에 있고 작은 값이 하위 레벨에 있도록 하는 정도의 느슨한 정렬 상태만을 유지한다. 힙은 **최대 힙**(max heap)과 **최소 힙**(min heap)으로 나눌 수 있는데 다음과 같이 정의된다.

정의 8.2 **최대 힙, 최소 힙의 정의**

- 최대 힙(max heap): 부모 노드의 키 값이 자식 노드의 키 값보다 크거나 같은 완전이진트리
  (key(부모노드) $\geq key$(자식노드))
- 최소 힙(min heap): 부모 노드의 키 값이 자식 노드의 키 값보다 작거나 같은 완전이진트리
  (key(부모노드) $\leq key$(자식노드))

이들은 단지 부등호만 달라지고 나머지는 완전히 동일하다. 따라서 특별한 언급이 없으면 힙을 최대 힙이라고 가정하자. 다음은 힙 트리의 예이다.

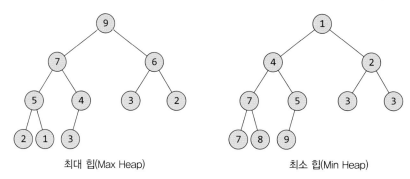

[그림 8.22] 최대 힙과 최소 힙

힙은 완전이진트리이다. 다음은 힙의 특성을 만족하는 것처럼 보이지만 완전이진트리가 아니기 때문에 힙이 아니다.

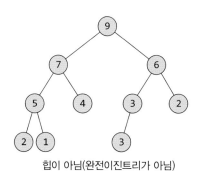

힙이 아님(완전이진트리가 아님)

힙의 삽입 연산과 삭제 연산을 자세히 살펴보자. 일단 중요한 것은 삽입이나 삭제를 하더라도 <u>힙의 순서 특성(최대 힙, 최소 힙)과 완전이진트리라는 형태적 특성이 유지되어야 한다</u>는 것이다.

삽입 연산

힙의 삽입 연산은 회사에서 신입 사원이 들어오면 일단 말단 위치에 앉힌 다음에 능력을 봐서 위로 승진시키는 과정과 유사하다.

① 새로운 노드가 들어오면 <u>힙의 마지막 노드의 다음 위치에 삽입</u>한다. 이렇게 하면 완전이진트리 조건은 만족하지만 힙의 순서 특성은 만족하지 않는다.

② 삽입된 노드를 <u>부모 노드들과 교환</u>해서 힙의 순서 특징을 만족시킨다. 최악의 경우 트리의 높이만큼의 이동이 필요하다.

예를 들어, 다음 최대 힙에 8을 삽입해 보자.

(1) 8을 위한 노드를 생성하고, 완전이진트리의 마지막 노드로 삽입한다. 여전히 완전이진트리이지만 순서 특성은 만족하지 않는다.

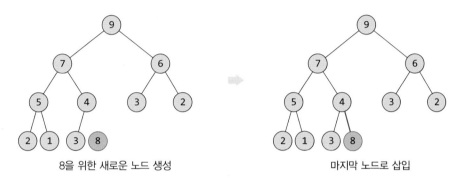

[그림 8.23] 최대 힙의 삽입 연산: 1단계

(2) 부모 노드 4와 비교한다. 삽입 노드 8이 더 크므로 교환(sift-up)한다.

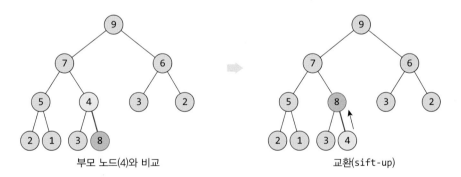

[그림 8.24] 최대 힙의 삽입 연산: 2단계

(3) 부모 노드 7과 비교한다. 삽입 노드 8이 더 크므로 교환(sift-up)한다.

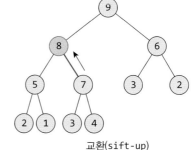

[그림 8.25] 최대 힙의 삽입 연산: 3단계

(4) 부모 노드 9와 비교한다. 부모 노드가 더 크므로 더 이상 교환하지 않고, 삽입은 완료된다.

힙의 순서 특성을 만족하기 위해 일단 마지막 노드로 삽입한 다음, 루트 노드까지의 경로에 따라 적절한 위치를 찾을 때 까지 부모노드와 교환하면서 위로 올라가야 한다. 이러한 과정을 **시프트업(sift-up)** 또는 **업힙(up-heap)**이라 부른다. 이 과정은 몇 번 이루어질까? 최악의 경우는 루트 노드까지 올라가야 하므로 트리의 높이에 해당하는 비교 연산 및 이동 연산이 필요하다. 힙은 완전이진트리이므로 노드의 개수가 n이라면 힙의 높이는 $\log_2 n$이다. 따라서 삽입 연산의 시간 복잡도는 $O(\log_2 n)$이다.

삭제 연산

힙에서 삭제 연산은 루트 노드를 꺼내는 것이다. 꺼내기만 하면 완전이진트리가 아니다. 어떻게 힙의 성질을 계속 유지하도록 힙 트리를 재구성할까? 기본 아이디어는 회사에서 사장의 자리가 비면 제일 말단 사원을 사장 자리로 올리고 순차적으로 강등시키는 것과 비슷하다. 최대 힙에서 삭제 연산을 생각해 보자.

① 루트 노드에 마지막 노드를 올린다. 이렇게 하면 완전이진트리 조건은 만족하지만 힙의 순서 특성은 만족하지 않는다.

② 루트 노드를 자식과 비교하여 자식이 더 크면 교환한다. 이때, 자식들 중에서 더 큰 자식이 교환 후보가 된다. 이 과정을 자식이 없거나 자식이 더 작을 때까지 반복한다.

다음의 힙 트리에서 루트 노드를 삭제해 보자.

(1) 루트 노드를 삭제하고 빈 루트 노드 자리에는 힙의 마지막 노드를 가져온다.

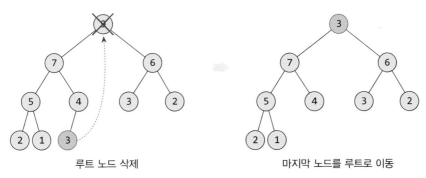

[그림 8.26] 최대 힙의 삭제 연산: 1단계

(2) 새로운 루트인 3과 자식 노드들을 비교한다. 이때 <u>최대 힙에서는 반드시 더 큰 자식 노드와 비교해야 한다</u>. 최소 힙에서는 더 작은 노드와 비교한다. 3과 자식 노드 7을 비교하고, 자식이 크므로 **교환**(sift-down, 또는 down-heap)한다.

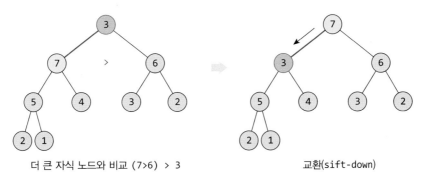

[그림 8.27] 최대 힙의 삭제 연산: 2단계

(3) 더 큰 자식노드 5와 비교한다. 5가 더 크므로 교환한다.

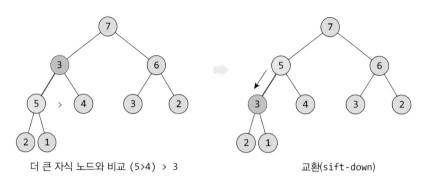

더 큰 자식 노드와 비교 (5>4) > 3   교환(sift-down)

[그림 8.28] 최대 힙의 삭제 연산: 3단계

(4) 더 큰 자식 노드인 2와 비교한다. 3이 더 크므로 교환은 필요 없고 종료한다.

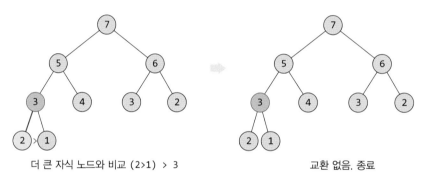

더 큰 자식 노드와 비교 (2>1) > 3   교환 없음. 종료

[그림 8.29] 최대 힙의 삭제 연산: 4단계

다운 힙 과정도 최악의 경우 트리의 높이에 해당하는 비교가 필요하다. 따라서 삭제 연산의 시간 복잡도는 $O(\log_2 n)$이다.

■ 힙을 저장하는 효과적인 자료구조는 배열이다.

배열을 이용한 힙의 표현

모든 이진트리를 포화이진트리라고 생각하고 각 노드에 번호를 붙일 수 있었다. 특히 힙은 완전이진트리이기 때문에 중간에 비어 있는 요소가 없다. 따라서 이 번호를 인덱스로 생각하고 배열 구조에 힙의 노드들을 저장할 수 있다. 즉, 힙을 저장하는 효과적인 자료구조는 배열이다. 프로그램 구현이 쉽도록 배열의 첫 번째 인덱스 0은 사용하지 않는다. 트리에 새로운 노드가 추가되더라도 기존 노드의 번호는 변하지 않는다. 다음은 힙 트리를 배열 구조로 표현한 것이다.

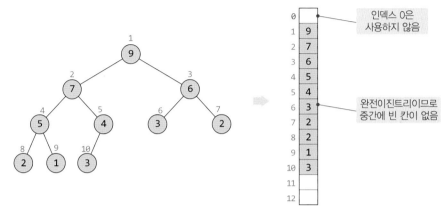

[그림 8.30] 배열 구조를 이용한 힙의 표현

배열로 힙을 표현하면 자식과 부모 노드의 위치(인덱스)를 쉽게 계산할 수 있다. 어떤 노드의 부모나 왼쪽, 오른쪽 자식 노드의 위치는 다음과 같이 계산된다.

- 부모의 인덱스 = (자식의 인덱스)/2
- 왼쪽 자식의 인덱스 = (부모의 인덱스)*2
- 오른쪽 자식의 인덱스 = (부모의 인덱스)*2 + 1

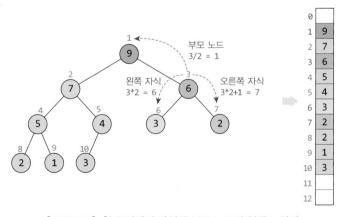

[그림 8.31] 힙 트리에서 자식과 부모 노드의 인덱스 관계

최대 힙의 구현

최대 힙의 삽입 연산과 삭제 연산을 구현해 보자. 힙 노드는 배열에 저장하는데, 파이썬의 리스트를 이용한다. 0번 인덱스를 사용하지 않으려면 공백상태에도 리스트에 하나의 항목(인덱스가 0)이 들어 있어야 한다.

삽입 함수는 heappush()라 하고, 매개 변수로는 리스트와 저장할 힙 노드가 전달된다. 코드 8.14는 힙 트리가 저장된 리스트 heap에 새로운 노드 n을 삽입하는 함수이다.

코드 8.14   **최대 힙의 삽입 연산**   참고파일 ch08/MaxHeap.py

```
01   def heappush(heap, n) :
02       heap.append(n)              # 일단 n을 리스트 heap의 맨 뒤에 삽입(말단 위치)
03       i = len(heap)-1             # n이 삽입된 위치(자식 위치)
04       while i != 1 :              # 루트까지 올라가지 않았으면 up-heap 과정 진행
05           pi = i//2               # 부모 노드의 위치
06           if n <= heap[pi]:       # 부모보다 작으면 up-heap 과정 종료
07               break
08           heap[i] = heap[pi]      # 부모를 자식 위치로 끌어내림
09           i = pi                  # i가 부모 위치로 올라감
10       heap[i] = n                 # 마지막 위치에 n 삽입
```

업힙 과정에서 두 노드를 교환할 필요는 없다. 부모 노드만 계속 끌어내리고(8행) 삽입할 노드는 마지막에 최종 위치에 넣으면(10행) 된다.

삭제 함수 heappop()에는 힙이 저장된 리스트 heap이 매개변수로 전달되는데, 코드 8.15와 같이 구현할 수 있다. 삭제 함수는 heap에서 루트 노드를 꺼내서 반환해야 하는데, 공백상태이면 None을 반환한다.

코드 8.15   **최대 힙의 삭제 연산**   참고파일 ch08/MaxHeap.py

```
01   def heappop(heap) :
02       size = len(heap) - 1        # 배열에 저장된 힙의 노드의 개수(0번 인덱스 사용 않음)
03       if size == 0 :              # 공백 힙이면 None을 반환
04           return None
05
```

```
06      pi = 1                              # 부모 노드의 인덱스
07      i = 2                               # 자식 노드의 인덱스(일단 왼쪽 자식)
08      root = heap[1]                      # 삭제할 루트 노드(사장)
09      last = heap[size]                   # 마지막 노드(말단사원)
10
11      while i <= size:                    # 더 내려갈 자식이 있을 때 까지 down-heap 과정 진행
12          if i<size and heap[i] < heap[i+1]:   # 오른쪽 자식이 더 크면
13              i += 1                      # down-heap은 오른쪽 자식에 대해 처리
14          if last >= heap[i]:             # 자식이 더 작으면 down-heap 종료
15              break
16          heap[pi] = heap[i]              # 더 큰 자식을 부모위치로 끌어올림
17          pi = i                          # 부모 위치가 자식 위치 i로 내려감
18          i *= 2                          # 자식은 일단 부모의 왼쪽 자식
19
20      heap[pi] = last                     # 맨 마지막 노드를 parent 위치에 복사
21      heap.pop()                          # 맨 마지막 노드 삭제
22      return root                         # 저장해 두었던 루트를 반환
```

다운힙 과정에서도 두 노드를 교환할 필요는 없다. 더 큰 자식을 부모 위치로 끌어올리고 (16행), 마지막 노드는 한 번만 복사하면(20행) 된다. 다운힙은 두 자식 노드 중에서 더 큰 자식에 대해 처리해야(12~13행) 하는 것에 유의하라.

테스트 프로그램

최대 힙 테스트 프로그램과 실행 결과는 다음과 같다. 숫자를 순서대로 힙에 삽입하면서 힙의 내용을 출력하고, 두 번의 삭제 연산을 수행한다. 0번 인덱스를 사용하지 않기 위한 2행과 0번 항목을 제외하고 나머지를 출력하기 위한 heap[1:]에 유의하라(6, 9, 11행).

코드 8.16   최대 힙 테스트 프로그램   참고파일 ch08/MaxHeap.py

```
01    data = [2, 5, 4, 8, 9, 3, 7, 3]
02    heap = [0]
03    print("입력: ", data)
04    for e in data :
05        heappush(heap, e)
06        print("heap: ", heap[1:])
07
08    print("삭제: ", heappop(heap))
09    print("heap: ", heap[1:])
10    print("삭제: ", heappop(heap))
11    print("heap: ", heap[1:])
```

0번 항목을 제외하고 출력

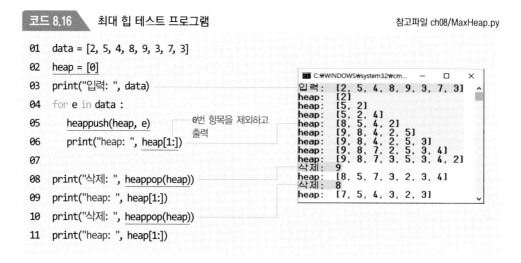

힙은 삽입과 삭제 연산의 시간 복잡도가 모두 $O(\log_2 n)$으로 매우 효율적이다. 특히 힙은 많은 데이터 중에서 가장 큰 몇 개를 뽑을 때 매우 유용하다.

■ 우선순위 큐의 가장 좋은 구현 방법은 힙이다.

5장에서 우선순위 큐를 공부했는데, 힙을 이용해 우선순위 큐를 구현할 수 있다. 우선순위 큐를 구현하는 여러 방법들의 성능을 비교해 보자.

새로운 요소를 삽입하는 enqueue() 연산

- 정렬되지 않은 배열을 이용하면 삽입이 간단하다. 맨 마지막 요소로 추가하기만 하면 되기 때문이다. 시간 복잡도는 $O(1)$이다.
- 배열을 정렬시키려면 우선순위에 따라 삽입할 위치를 먼저 찾아야 한다. 최악의 경우 전체 항목을 비교해야 하고, 위치를 찾더라도 중간에 끼우기 위해 많은 자료의 이동이 필요하다. 시간 복잡도는 $O(n)$이다.
- 힙을 이용하면 삽입 연산의 시간 복잡도가 $O(\log_2 n)$이다.

우선순위가 가장 높은 요소를 꺼내 반환하는 dequeue() 연산

- 배열이 정렬되어 있지 않으면 삭제가 번거롭다. 먼저 우선순위가 가장 높은 요소를 찾는데 $O(n)$이 걸린다. 삭제시 많은 요소의 이동도 필요하다.

- 배열이 정렬되면 삭제가 단순해진다. 단, 우선순위가 가장 높은 요소가 배열의 맨 끝에 있어야 한다. 삭제 연산은 맨 마지막 요소를 꺼내 반환하는 연산이다. 요소의 이동도 필요 없으므로 시간 복잡도는 $O(1)$ 이다.
- 힙을 이용하면 루트를 반환하고 한 번의 다운힙이 필요하다. 다운힙의 시간 복잡도는 $O(\log_2 n)$ 이다.

우선순위가 가장 높은 요소를 꺼내지 않고 반환하는 peek() 연산

- 정렬되지 않은 배열을 이용하면 먼저 우선순위가 가장 높은 요소를 찾아야 한다. 따라서 탐색의 시간 복잡도는 $O(n)$ 이다.
- 배열이 정렬되면 맨 마지막 요소를 반환하면 된다. 시간 복잡도는 $O(1)$ 이다.
- 힙은 루트를 반환하면 되므로 시간 복잡도가 $O(1)$ 이다.

[표 8.2] 다양한 방법으로 구현한 우선순위 큐의 성능 비교

표현 방법	enqueue()	dequeue()	peek()
정렬 안 된 배열	$O(1)$	$O(n)$	$O(n)$
정렬된 배열	$O(n)$	$O(1)$	$O(1)$
힙	$O(\log_2 n)$	$O(\log_2 n)$	$O(1)$

결국 우선순위 큐를 구현하는 가장 좋은 방법은 힙이다. 최악의 경우도 $O(\log_2 n)$ 의 시간을 보장해 주기 때문이다.

 파이썬의 heapq 모듈

파이썬에는 힙을 지원하는 heapq 모듈이 있다. 이 모듈에는 리스트를 힙으로 변경하는 heapify() 함수를 지원한다. 단, 이 함수는 최소힙을 만든다. 사용 예는 다음과 같다.

```python
import heapq
arr = [ 5, 3, 8, 4, 9, 1, 6, 2, 7 ]
print(arr)
heapq.heapify(arr)
print(arr)
print(heapq.heappop(arr))
```

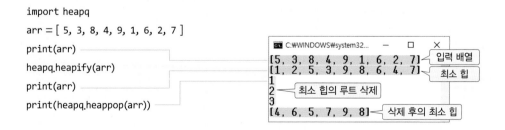

```
print(heapq.heappop(arr))
print(heapq.heappop(arr))
print(arr)
```

1 힙 트리에서 노드가 삭제되는 위치는?

2 힙을 배열로 표현하는 것이 좋은 이유는?

3 힙의 연산 중에서 하나의 노드가 삽입되거나 삭제되는 시간은 무엇에 비례하나?

4 다음 중 우선순위 큐 추상 자료형에 속하지 않는 것은?

① 주어진 요소를 삽입   ② 최댓값이나 최솟값 삭제

③ 공백상태 검사   ④ 특정한 값의 탐색

5 노드의 수가 18개인 힙의 높이는 5이다. (   )

6 노드의 수가 n이고 높이가 h인 최소 힙에서 삽입은 최악의 경우 n번의 연산이 필요하다. (   )

정답 1 마지막 노드 2 효율적인(인덱스로) 접근이 편리하기 때문에 3 트리의 높이 4 ④ 5 O 6 X

8.6 힙의 응용: 허프만 코드

영어 단어들을 공부하다 보면 많은 알파벳 'e'가 많이 나오는 것에 비해 'z'가 들어 있는 단어는 많지 않음을 알 수 있다. 만약 어떤 문서에 있는 각 알파벳의 빈도를 미리 알 수 있다면 이진트리를 이용하여 이 문서를 압축하여 용량을 줄일 수 있다. 이런 종류의 이진트리를 **허프만 코딩 트리**라고 부른다.

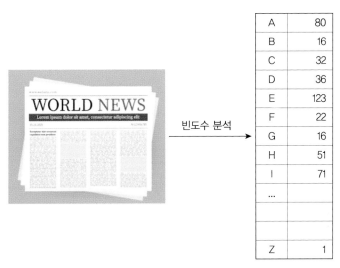

A	80
B	16
C	32
D	36
E	123
F	22
G	16
H	51
I	71
...	
Z	1

[그림 8.32] 허프만 코드를 위한 문자별 빈도수 분석

어떤 영문 신문에 실린 기사에서 분석한 각 문자의 빈도수가 그림과 같다고 가정하자. 테이블의 각 숫자들은 영문 텍스트에서 해당 글자가 나타나는 빈도수이다. E가 123인데 비해 Z는 1이다. 이것은 E가 Z에 비해 123배 더 자주 사용되었다는 것을 의미한다. 우리가 흔히 사용하는 아스키(ASCII) 코드는 모든 문자를 동일한 비트수로 표현하는데, 압축의 관점에서는 효율적이지 않다. 자주 사용되는 문자에는 적은 비트수를 부여하고 그렇지 않은 문자에는 많은 비트수를 부여해 문서의 크기를 줄일 수 있기 때문이다. 다음 두 가지 방법을 생각해보자. E와 Z만을 표현하려고 한다.

① 모든 문자를 7비트로 표현: 7bit * (E 123회 + Z 1회)
② E는 2비트로, Z를 20비트로 표현: 2bit * (E 123회) + 20bit * (Z 1회)

첫 번째 방법이 868비트가 필요한데 비해 두 번째 방법은 266 비트만 있으면 동일한 문서를 표현할 수 있다. 따라서 데이터를 압축할 때는 아스키(ASCII) 코드와 같은 **고정길이코드**를 사용하지 않고 **가변길이코드**를 흔히 사용한다. 각 문자의 빈도수에 따라서 가장 많이 등장하는 문자에는 짧은 비트열을 사용하고 잘 나오지 않는 문자에는 긴 비트열을 사용하여 전체의 크기를 줄이는 방법이다.

텍스트가 A ~ J로만 이루어져 있고 각 글자의 빈도수가 다음 표와 같다고 가정하자. 10가지 문자를 표현하기 위해 고정 길이 코드를 사용하면 최소 4 비트(2^4＝16 가지 표현 가능)

가 필요하다. 만약 오른쪽과 같은 가변 길이 코드를 사용하면 글자마다 코드의 비트수가 달라진다. 고정 길이 코드에 비해 어떤 문자(A, E 등)는 더 적은 비트를 사용하고 어떤 문자(G, J 등)는 더 많은 비트로 표현된다.

[표 8.3] 빈도수가 알려진 문자에 대한 고정길이코드와 가변길이코드의 비교

글자	빈도수	고정길이코드			가변길이코드		
		코드	비트수	전체 비트수	코드	비트수	전체 비트수
A	17	0000	4	68	00	2	34
B	3	0001	4	12	11110	5	15
C	6	0010	4	24	0110	4	24
D	9	0011	4	36	1110	4	36
E	27	0100	4	108	10	2	54
F	5	0101	4	20	0111	4	20
G	4	0110	4	16	111110	6	24
H	13	0111	4	52	010	3	39
I	15	1000	4	60	110	3	45
J	1	1001	4	4	111111	6	6
합계	100			400			297

100개의 문자로 이루어진 전체 텍스트를 표현하기 위한 비트수를 계산해 보자. 각 코드의 비트수를 빈도수에 곱하여 모두 더하면 전체 비트수가 계산된다. 고정길이의 경우 모든 글자가 4비트이므로 전체 비트수는 4*100으로 400비트가 필요하다. 가변길이 코드에서는 297비트만 있으면 동일한 텍스트를 표현할 수 있다. (실제로는 각각의 문자에 대해 사용한 코드표가 있어야 하지만, 전체 텍스트가 충분히 길다면 이는 무시할 수 있다.)

그러면 실제로 단어를 어떻게 표현하고 읽는지를 살펴보자. "FACE"란 단어의 경우 다음 그림과 같이 표현된다.

```
            F    A    C    E
고정길이코드: 0101 0000 0010 0100

            F    A   C    E
가변길이코드: 0111 00 0110 10
```

[그림 8.33] "FACE"를 표 8.3의 코드로 표현하는 방법

고정길이코드에서는 0101 0000 0010 0100과 같이 순서대로 4비트씩 끊어서 코드를 적 거나 읽으면 된다. 가변길이 코드로 코딩된 011100011010는 어떻게 해독할까? 한 비트씩 읽으면서 테이블에 코드가 있으면 한 문자로 처리한다. 예를 들어 첫 문자인 0은 테이블 에 없으므로 다음 코드까지 읽는다. 01도 테이블에 없다. 011도 마찬가지이다. 마지막으로 0111은 테이블에서 F에 해당하는 코드이다. 따라서 첫 문자는 4비트를 사용한 F가 된다. 이 방법을 계속 진행하면 "FACE"라는 원문을 추출할 수 있다.

이런 해독과정을 가능하려면 위의 표와 같이 <u>모든 가변길이코드가 다른 코드의 첫 부분이 아니어야 한다.</u> 따라서 코딩된 비트열을 왼쪽에서 오른쪽으로 조사해 보면 정확히 하나의 코드만 일치하는 것을 알 수 있다. 이런 종류의 코드를 **허프만 코드**(Huffman codes)라고 하고, 허프만 코드를 만들기 위하여 이진트리를 사용할 수 있다.

허프만 코드 생성 방법

허프만 코드를 만드는 절차를 살펴보자. 단순화를 위해 문자는 's', 'i', 'n', 't', 'e'만 사용하 고, 빈도수가 각각 4, 6, 8, 12, 15로 주어졌다고 하자.

- 1단계: 각 문자별로 노드를 생성. 노드의 값은 빈도수가 됨. 각 노드는 모두 독립적인 트 리의 루트가 됨.
- 2단계: 가장 작은 빈도수의 두 노드를 찾아 묶어 이진트리를 구성. 이때 루트의 값은 자식 노드의 값의 합이 됨. 's'와 'i'가 하나의 트리로 묶이고, 이제 10, 8, 12, 15를 루트 로 하는 4개의 트리가 남음.

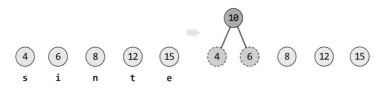

[그림 8.34] 허프만 코딩 트리 생성과정: 1~2단계

- 3단계: 남은 트리에서 가장 작은 빈도수의 루트를 2개 찾아 묶어 이진트리를 구성. 10 과 8이 선택되고, 이제 18, 12, 15를 루트로 하는 3개의 트리가 남음.
- 4단계: 남은 트리에 대해서도 동일한 처리를 함. 12와 15가 선택되고, 이제 18과 27의 루트로 하는 2개의 트리만 남음.

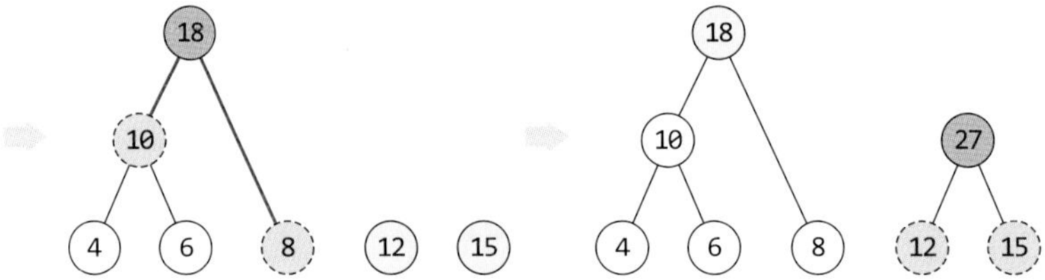

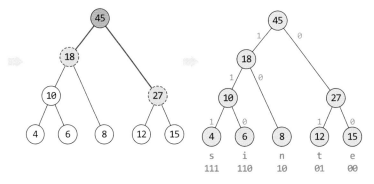

[그림 8.35] 허프만 코딩 트리 생성과정: 3~4단계

- 5단계: 마지막으로 18과 27을 묶음. 최종 허프만 트리는 1개가 됨.
- 6단계: 마지막으로 코드를 할당함. 트리에서 왼쪽 간선은 비트 1을 나타내고 오른쪽 간선은 비트 0을 나타낸다고 하고, 루트에서부터 그 노드로 이동하면서 코드를 순서대로 적으면 각 문자별로 최종 코드가 됨.

[그림 8.36] 허프만 코딩 트리 생성과정: 5~6단계

허프만 코드 알고리즘에서 여러 문자의 빈도수들 중에서 가장 작은 2개를 찾는 과정이 있다. 이때 힙 트리를 사용하면 효과적이다. 작은 값 두 개를 찾아야 하므로 여기서는 최소 힙을 이용하여야 함에 유의하라. 최소 힙은 앞에서 구현한 최대 힙을 약간만 수정하면 된다. 허프만 트리를 만드는 함수 make_tree()에서는 각 문자의 빈도수를 입력 받아 모든 노드를 힙에 삽입한다. 다음으로 현재 힙에서 최소 노드 두 개를 뽑고 이들을 묶어서 만든 새로운 노드를 다시 힙에 삽입하는 과정을 반복한다. 전체 문자의 수가 n개인 경우 이 과정을 n−1번 실행하면 최종적으로 허프만 코드가 만들어진다.

코드 8.17   허프만 코딩 트리 만들기   참고파일 ch08/HuffmanCode.py

```python
01  def make_tree(freq):
02      heap = [0]
03      for n in freq :
04          heappush(heap,n)
05
06      for i in range(1, len(freq)) :
07          e1 = heappop(heap)
08          e2 = heappop(heap)
09          heappush(heap, e1 + e2)
10          print(" (%d+%d)" % (e1, e2))
11
12  label = [ 'E', 'T', 'N', 'I', 'S' ]
13  freq  = [15, 12, 8, 6, 4 ]
14  make_tree(freq)
```

최소 힙을 만들고, 모든 노드를 삽입함

최소 힙에서 가장 작은 노드를 두 개 꺼내고, 이들의 빈도
수를 더해 최소힙에 다시 삽입

프로그램의 실행 결과에서는 최소 빈도수의 노드들이 합해지는 과정을 보여준다. 만약 이
프로그램으로 만들어진 트리에서 각 문자별 가변길이 코드를 만들기 위해서는 추가적인
코드가 필요할 것이다.

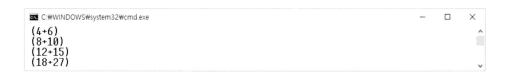

```
C:\WINDOWS\system32\cmd.exe                           —    □    ×
(4+6)
(8+10)
(12+15)
(18+27)
```

---

1 다음과 같이 각 문자에 대한 빈도가 주어졌을 때, 허프만 코드를 구해보라.

A:1 B:1 C:3 D:4 E:6 F:8 G:21

중간 점검

정답 1 A:00000 B:00001 C:0001 D:001 E:010 F:011 G:1

| 연습문제 |

8.1 다음 트리에 대한 각 물음에 답하라.

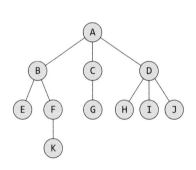

(1) 루트 노드:

(2) 단말 노드:

(3) D의 부모 노드:

(4) D의 형제 노드:

(5) B의 자식 노드:

(6) B의 자손 노드:

(7) K의 조상 노드:

(8) B의 레벨:

(9) D의 차수:

(10) 트리의 높이:

(11) 트리의 차수:

(12) 이 트리는 이진트리인가?

8.2 다음과 같은 구조의 노드를 이용해 위 문제의 일반 트리를 표현해 보라. 화살표가 없는 링크는 None을 가리킨다고 가정한다.

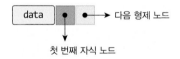

8.3 다음 중 트리에 대해 설명으로 옳지 않은 것은?

① 계층적인 구조를 갖고 있다.

② 모든 노드는 루트 노드에서 출발한다.

③ 선형적인 자료를 나타내기에 적합하다.

④ 트리를 합하면 포리스트가 된다.

8.4 다음 중 이진트리에 대한 설명으로 적절하지 않은 것은?

① 모든 노드의 차수가 2 이하이다.
② 왼쪽 자식과 오른쪽 자식은 정확히 구분되어야 한다.
③ 일반적인 이진트리는 배열 구조로 표현할 수 없다.
④ 링크를 이용해 노드들을 연결할 수 있다.

8.5 다음 트리를 배열 표현법과 링크 표현법으로 각각 나타내라.

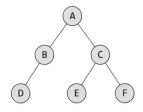

8.6 다음 트리에 대한 중위 순회 결과는?

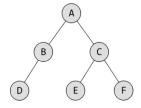

① A B D C E F
② A B C D E F
③ D B E C F A
④ D B A E C F

8.7 문제 8.5의 트리를 전위 순회로 운행할 경우 다섯 번째로 탐색되는 노드은?

① C   ② D
③ E   ④ F

8.8 같은 수의 노드가 저장되는 경우, 가장 높이가 작아지는 트리는?

① 경사트리   ② 이진트리
③ 이진탐색트리   ④ 완전이진트리

8.9 다음의 이진트리에 대하여 다음 질문에 답하라.

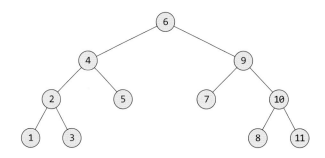

(1) 이 트리를 1차원 배열로 표현하라.
(2) 이 트리를 전위 순회한 결과를 써라.
(3) 이 트리를 후위 순회한 결과를 써라.
(4) 이 트리를 중위 순회한 결과를 써라.
(5) 이 트리를 레벨 순회한 결과를 써라.

8.10 다음과 같은 함수가 아래에 표시된 이진트리의 루트 노드에 대해 호출된다고 하자. 함수가 반환하는 값은 무엇인가? 단, max(a,b)는 a와 b 중에 더 큰 값을 반환하는 함수라고 가정한다.

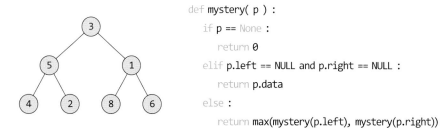

```python
def mystery( p ) :
    if p == None :
        return 0
    elif p.left == NULL and p.right == NULL :
        return p.data
    else :
        return max(mystery(p.left), mystery(p.right))
```

8.11 다음 중 힙을 이용한 정렬이 특히 유용하게 사용될 수 있는 경우는?
① 데이터 100개 중에서 가장 큰 5개만 뽑고자 할 때
② 비교적 데이터의 개수가 적을 때
③ 정렬의 대상이 되는 레코드의 크기가 클 때
④ 데이터가 역순으로 정렬되어 있을 때

8.12 최소 힙에서 가장 작은 데이터가 있는 노드는?

① 마지막 노드   ② 첫 번째 노드
③ 중간 노드   ④ 알 수 없다.

8.13 최소 힙을 구현한 배열의 내용이 다음과 같을 때 해당하는 힙 트리를 그려라. 단, 인덱스 0
은 사용하지 않았다.

	0	1	2	3	4	5	6	7	8
a[i]		2	6	3	9	15	18	7	14

8.14 위 문제에서 삭제 연산을 한번 수행한 후의 배열의 내용을 적어라.

8.15 문제 8.13의 힙에서 데이터 7을 삽입한 후의 배열의 내용을 적어라.

8.16 다음의 최소 힙 트리에서 답하라.

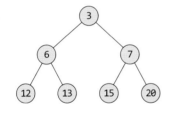

(1) 2를 삽입하였을 경우, 힙 트리를 재구성하는
과정을 보여라.
(2) 삭제 연산이 한번 이루어진 다음에 힙을 재
구성하는 과정을 보여라.

8.17 다음과 같은 숫자가 순서대로 주어졌을 때 다음 물음에 답하시오.

10, 40, 30, 5, 12, 6, 15, 9, 60

(1) 위의 숫자들을 순차적으로 읽어서 최대 힙 트리를 구성하라. 공백 트리에서부터 최
대 힙 트리가 만들어지는 과정을 보여라.
(2) 구성된 최대 힙 트리가 저장된 배열의 내용을 표시하라.
(3) 구성된 최대 힙 트리에서 최댓값을 제거한 다음 재정비하는 과정을 설명하라.

8.18* 그림과 같은 트리를 연결된 구조로 표현하고 네 가지 순회 방법으로 노드를 방문한 결과를 출력하는 프로그램을 작성하라. 또한 각 트리의 노드의 개수와 단말 노드의 개수 및 트리의 높이를 구해 출력하라. 8.3절의 함수들과 테스트 코드를 이용하면 된다.

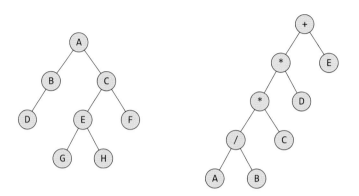

8.19** 이진트리가 완전이진트리인지를 검사하는 다음 연산을 구현하라. 오른쪽 트리는 완전이진트리가 아니므로 False가 반환되어야 한다.

def **is_complete_binary_tree(root) :**

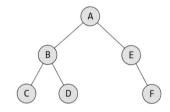

8.20** 임의의 node의 레벨을 구하는 연산을 구현하라. 만약 node가 트리 안에 있지 않으면 0을 반환하라. 위의 이진트리에 대한 각 노드의 레벨은 오른쪽 그림과 같이 구해진다.

def **level(root, node) :**

8.21** 이진트리의 모든 노드에서 왼쪽 서브트리와 오른쪽 서브트리의 높이의 차이가 2보다 작으면 이 트리를 "균형 잡혀 있다(balanced)"라고 한다. 현재 이진트리가 균형 잡혀 있는지를 검사하는 다음 연산을 구현하라. 위의 트리는 높이의 차이가 1 이하로 균형 잡혀 있다.

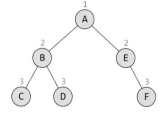

def **is_balanced(root) :**

8.22** 이진트리에서 경로의 길이(path length)를 루트에서부터 모든 자식 노드까지의 경로의 길이의 합이라고 하자. 경로의 길이를 구하는 다음 연산을 구현하라. 위의 트리에서 경로의 길이는 0+1+1+2+2+2=8이다.

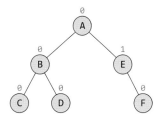

```
def path_length( root ) :
```

8.23** 이진트리를 좌우로 대칭시키는 다음 연산을 구현하라. 위의 그래프에 대한 대칭 연산 결과는 오른쪽과 같다.

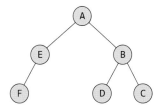

```
def reverse( root ) :
```

※ 8.19 ~ 8.23을 구현하고 주어진 이진트리에 대해 모든 함수를 순서적으로 실행한 결과의 예는 다음과 같다. 단, 맨 앞과 마지막에 트리의 형태를 알 수 있도록 레벨 순회한 결과를 추가하였다.

```
C:\WINDOWS\system32\cmd.exe                                    ↔   —   □   ×

levelorder: [A] [B] [E] [C] [D] [F]
완전 이진 트리가 아닙니다.
노드의 레벨은 1.
노드의 레벨은 2.
노드의 레벨은 3.
노드의 레벨은 3.
노드의 레벨은 2.
노드의 레벨은 3.
균형잡힌 트리입니다.
전체 경로의 길이는 8입니다.

트리의 좌우를 교환합니다.
levelorder: [A] [E] [B] [F] [D] [C]
계속하려면 아무 키나 누르십시오 . . .
```

8.24** 배열로 표현된 완전이진트리 A가 힙 조건을 만족하는지를 검사하는 다음 함수를 순환적인 방법으로 구현하고 테스트하라. 다음 함수들을 구현하여야 한다.

```
def isMinHeapRecur ( A, id ) :
def isMaxHeapRecur ( A, id ) :
```

8.25** 위 문제를 반복적인 방법으로 구현하고 테스트하라. 다음 함수들을 구현하여야 한다.

```
def isMinHeapIter ( A ) :
def isMaxHeapIter ( A ) :
```

CHAPTER

탐색트리

학습목표
- 이진탐색트리의 개념과 연산들을 이해한다.
- 이진탐색트리의 효율성을 이해한다.
- 이진탐색트리 균형화의 의미를 이해한다.
- AVL 트리의 원리를 이해한다.
- 탐색트리를 이용한 맵의 구현을 이해한다.

9 탐색트리

9.1 탐색트리란?

■ **탐색트리는 탐색을 위한 트리 기반의 자료구조이다.**

컴퓨터에서 탐색은 매우 중요한 작업이고, 지금까지 많은 연구가 진행된 분야이다. 7장에서 기본적인 탐색 알고리즘을 공부했는데, 순차 탐색보다 효율적인 이진 탐색은 정렬된 데이터에 대해서만 적용할 수 있었다. 특히, 이진 탐색은 탐색의 성능은 좋지만 자료의 삽입과 삭제 연산의 성능은 O(n)으로 좋지 않다. 탐색을 위한 가장 빠른 방법은 해싱이지만 메모리를 많이 사용하고 오버플로 문제를 해결해야 한다. 이 장에서는 트리를 이용한 탐색 방법을 공부한다.

탐색에 트리구조를 이용할 수도 있다. **이진탐색트리**(BST, Binary Search Tree)는 효율적인 탐색을 위한 이진트리 기반의 자료구조이다. 이진탐색트리는 다음과 같이 순환적으로 정의된다.

정의 9.1 **이진탐색트리**

- 모든 노드는 유일한 키를 갖는다.
- 왼쪽 서브트리의 키들은 루트의 키보다 작다.
- 오른쪽 서브트리의 키들은 루트의 키보다 크다.
- 왼쪽과 오른쪽 서브트리도 이진탐색트리이다.

트리의 연산들을 보다 단순하게 설계하기 위해 이진탐색트리에서는 보통 중복을 허용하지 않는다. 그렇지만, 필요하다면 중복된 키를 허용할 수도 있다. 다음 트리가 이진탐색트리 조건을 만족하는지 살펴보자.

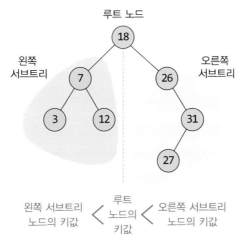

[그림 9.1] 이진탐색트리의 조건

- 루트노드의 왼쪽 서브트리에 있는 값들(3, 7, 12)은 루트노드인 18보다 작다. 또 오른쪽 서브트리의 값들(26, 31, 27)은 루트보다 크다.
- 이러한 성질은 트리의 모든 노드에서 만족되어야 한다. 왼쪽 서브트리의 7은 이를 만족한다.

- 단말 노드인 3, 12, 27은 자식이 없으므로 비교할 필요도 없이 만족한다.
- 오른쪽 서브트리의 비 단말 노드 26, 31도 크기 조건을 만족한다.
- 모든 노드가 크기조건을 만족하므로 이 트리는 이진탐색트리이다.

이 트리의 모든 노드들을 중위 순회로 방문해 보라. 3, 7, 12, 18, 26, 27, 31과 같이 오름 차순으로 노드를 방문하게 될 것이다. 모든 이진탐색트리는 이러한 성질을 갖는데, 따라서 어느 정도 정렬된 상태를 유지하고 있다고 볼 수 있다.

이진탐색트리는 이진트리의 한 종류이다. 따라서 공백검사나 순회, 노드의 수 등 기본적인 이진트리 연산은 이진탐색트리에서도 동일하게 적용된다. 추가적으로 이진탐색트리는 탐색이 목적이므로 **탐색연산**이 정의되어야 한다.

리스트나 스택, 큐 등에서와는 달리 8.3절의 이진트리에서는 삽입이나 삭제연산을 전혀 고려하지 않았던 것을 기억하라. 이것은 트리의 경우 노드를 삽입하거나 삭제하는 위치를 명시하는 것이 간단하지 않기 때문이다. 그러나 이진탐색트리에서는 이들 연산을 구체화 할 수 있다. 예를 들어, 이진탐색트리에서는 insert(n) 연산을 통해 새로운 노드 n이 저장되어야 하는 트리상의 위치는 단 하나뿐이다. 삭제도 마찬가지로, 어떤 노드가 삭제되면 이진탐색트리의 조건을 반드시 유지하는 형태로 트리가 재구성되어야 한다. 따라서 이진탐색트리에서는 삽입연산, 삭제연산 및 탐색연산에 집중한다. 중요한 것은 모든 연산이 이진탐색트리의 조건을 유지하면서 처리되어야 한다는 것이다.

---

1 다음 중 이진탐색트리에 대한 설명은?

중간 점검
  ① 왼쪽 노드의 값이 오른쪽 노드의 값보다 항상 작다.
  ② 완전이진트리이다.
  ③ 삭제 연산은 루트에서 이루어진다.
  ④ 부모 노드 값이 자식 노드 값보다 항상 작다

2 15개의 노드로 만들 수 있는 이진탐색트리의 최소 높이와 최대 높이는?
  ① 최소 4, 최대 7   ② 최소 4, 최대 15   ③ 최소 5, 최대 7   ④ 최소 5, 최대 15

9.2 이진탐색트리의 연산

이진탐색트리를 위한 노드의 구조는 기본적으로 일반적인 이진트리와 동일하다. 하나의 차이는 이진탐색트리는 탐색을 위한 자료구조이므로 노드의 데이터는 하나의 엔트리, 즉 (탐색키, 키에 대한 값)의 형태가 되도록 하자. 데이터 영역을 키와 값으로 분리한 이진탐색트리를 위한 노드 BSTNode는 다음과 같이 정의할 수 있다.

코드 9.1   이진탐색트리를 위한 노드 클래스   참고파일 ch09/BinSrchTree.py

```
01  class BSTNode:                          # 이진탐색트리를 위한 노드 클래스
02      def __init__ (self, key, value):    # 생성자: 키와 값을 받음
03          self.key = key                      맵을 위한 엔트리
04          self.value = value                  키(key)와 값(value)으로 구성
05          self.left = None                 # 왼쪽 자식에 대한 링크
06          self.right = None                # 오른쪽 자식에 대한 링크
```

▪ 탐색 연산

키(key)를 이용한 탐색

이진탐색트리에서 키 값으로 key를 가진 노드를 탐색해 보자. 탐색은 항상 루트노드에서 시작한다. 루트노드와의 비교 결과는 다음 세 가지 중의 하나이다.

① key == 루트의 키 값: 루트가 찾는 노드임. 탐색 성공.
② key 〈 루트의 키 값: 찾는 노드는 왼쪽 서브트리에 있음. 탐색을 루트의 왼쪽 자식을 기준으로 다시 시작.
③ key 〉 루트의 키 값: 찾는 노드는 오른쪽 서브트리에 있음. 탐색을 루트의 오른쪽 자식을 기준으로 다시 시작.

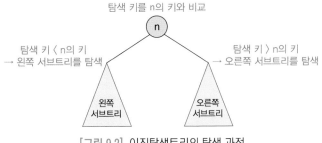

[그림 9.2] 이진탐색트리의 탐색 과정

이 과정은 루트의 서브트리에서도 되풀이되어야 한다. 따라서 이 알고리즘도 순환으로 구현하는 것이 자연스럽다.

코드 9.2 이진탐색트리의 탐색 연산(순환 구조)   참고파일 ch09/BinSrchTree.py

```python
01  def search_bst(n, key) :
02      if n == None :
03          return None
04      elif key == n.key:                  # n의 키 값과 동일->탐색성공
05          return n
06      elif key < n.key:                   # key < n.key
07          return search_bst(n.left, key)  # 순환호출로 왼쪽 서브트리 탐색
08      else:                               # key > n.key
09          return search_bst(n.right, key) # 순환호출로 오른쪽 서브트리 탐색
```

다음 그림은 이진탐색트리에서 12와 32를 찾는 과정을 보여준다. 12는 탐색 성공이지만 탐색 과정에서 None을 만나는 32의 경우는 탐색 실패이다.

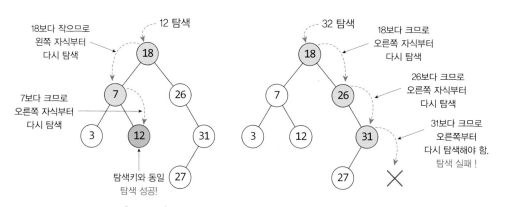

[그림 9.3] 이진탐색트리의 탐색 예: 12는 성공, 32는 실패

12와 32의 탐색에서 각각 몇 개의 노드를 검사했는지 살펴보자. 12는 3개(18, 7, 12), 32도 3개(18, 26, 31)의 노드만을 비교하고 탐색을 종료한다. 즉 트리의 전체 노드 중에서 일부만을 검사하고도 탐색을 완료하였다. 이러한 효율적인 탐색이 가능하기 위해서는 트리가 반드시 주어진 키 값에 대해 이진탐색트리 조건에 맞게 구성되어 있어야 한다는 것을 명심하라.

이러한 탐색 연산은 다음과 같이 반복 구조로도 구현할 수 있다.

참고파일 ch09/BinSrchTree.py

코드 9.3　이진탐색트리의 탐색 연산(반복 구조)

```
01  def search_bst_iter(n, key) :
02      while n != None :              # n의 None이 아닐 때 까지
03          if key == n.key:           # n의 키 값과 동일->탐색 성공
04              return n
05          elif key < n.key:          # key < n.key
06              n = n.left             # n을 왼쪽 서브트리의 루트로 이동
07          else:                      # key > n.key
08              n = n.right            # n을 오른쪽 서브트리의 루트로 이동
09      return None                    # 찾는 키의 노드가 없음
```

값(value)을 이용한 탐색

이진탐색트리는 키 값을 기준으로 정렬되어 있다. 그렇다면 키가 아닌 다른 필드를 이용한 탐색도 가능할까? 가능은 하다. 트리의 모든 노드를 하나씩 검사하면 되기 때문이다. 모든 노드를 방문하는 순회의 방법에는 제한이 없다. 전위, 중위, 후위, 레벨 순회 등 트리의 모든 노드를 방문할 수 있다면 어떤 순회도 상관없다. 그러나 탐색의 효율은 당연히 떨어질 것이다. 항상 트리의 모든 노드를 검사해야하기 때문이다. 다음은 엔트리의 키가 아니라 값을 이용한 탐색 함수의 구현 예이다. 전위순회를 이용하는데, 최악의 경우(찾는 값을 갖는 노드가 트리에 없는 경우) 트리의 모든 노드를 검사해야 하므로 시간 복잡도는 O(n)이다.

참고파일 ch09/BinSrchTree.py

코드 9.4　이진탐색트리의 값을 이용한 탐색 연산

```
01  def search_value_bst(n, value) :
02      if n == None : return None
03      elif value == n.value:                     # n의 value와 동일->탐색 성공
04          return n
05      res = search_value_bst(n.left, value)      # 왼쪽 서브트리에서 탐색
06      if res is not None :                        # 탐색이 성공이면
07          return res                              # 결과 반환
08      else :                                      # 왼쪽에서 탐색 실패이면
09          return search_value_bst(n.right, value) # 오른쪽을 탐색해 결과 반환
```

최대와 최소 노드 탐색

이진탐색트리에서는 최대와 최소 키를 가진 노드를 찾는 연산도 가능하다. <u>최대 키는 트리의 가장 오른쪽 노드</u>에 있고, <u>최소 키는 트리의 가장 왼쪽 노드</u>에 있다.

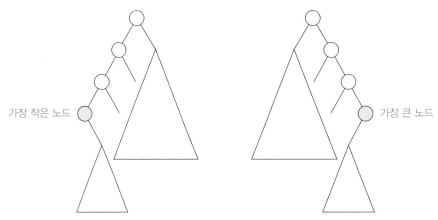

가장 작은 노드   가장 큰 노드

[그림 9.4] 이진탐색트리에서 키 값이 가장 작은 노드와 가장 큰 노드

최대 키와 최소 키를 사진 노드를 탐색하는 과정은 순환이나 반복 구조로 모두 구현할 수 있는데, 다음은 반복 구조로 구현한 예이다.

코드 9.5   최대와 최소 키를 가지는 노드 탐색 연산   참고파일 ch09/BinSrchTree.py

```
01  def search_max_bst(n) :              # 최대 값의 노드 탐색
02      while n != None and n.right != None:      None이 아닌 가장 오른쪽 노드로 이동
03          n = n.right
04      return n
05
06  def search_min_bst(n) :              # 최소 값의 노드 탐색
07      while n != None and n.left != None:       None이 아닌 가장 왼쪽 노드로 이동
08          n = n.left
09      return n
```

■ 삽입 연산

삽입을 위해서는 먼저 <u>삽입할 노드의 키를 이용한 탐색 과정</u>을 수행해야 하는데, <u>탐색에 실패한 위치</u>에 새로운 노드를 삽입해야 하기 때문이다. 예를 들어, 다음 그림은 킷값이 9인 노드를 삽입하는 과정을 보여준다. 킷값 9의 탐색 작업이 루트 노드 → 7 → 12를 거쳐 노드 12의 왼쪽 자식에서 실패로 끝나고, 바로 이곳이 9가 있어야 할 위치이다.

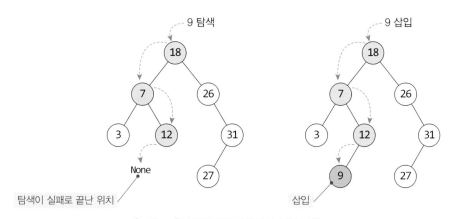

[그림 9.5] 이진탐색트리에서의 삽입 연산

만약 탐색에 성공하면 어떻게 될까? 이것은 중복된 키를 가진 노드가 이미 있는 상태이고, 여기서는 키의 중복을 허용하지 않으므로 삽입하지 않는다.

루트 노드가 root인 트리에 새로운 노드 node를 삽입하는 과정은 다음과 같이 순환 구조로 구현할 수 있다. 이 함수가 root 위치에 오게 될 노드를 반환하는 것에 유의하라.

코드 9.6 이진탐색트리의 삽입 연산   참고파일 ch09/BinSrchTree.py

```
01  def insert_bst(root, node):
02      if root == None :              # 공백 노드에 도달하면, 이 위치에 삽입
03          return node                # node를 반환(이 노드가 현재 root 위치에 감)
04
05      if node.key == root.key :      # 동일한 키는 허용하지 않음
06          return root                # root를 반환(root는 변화 없음)
07
```

```
08      # root의 서브트리에 node 삽입. root 및 조상 노드들은 변화 없음
09      if node.key < root.key :
10          root.left = insert_bst(root.left, node)
11
12      else :
13          root.right = insert_bst(root.right, node)
14
15      return root        # root를 반환(root는 변화 없음)
```

왼쪽 서브트리에 넣어야 하는 경우.
왼쪽 자식을 루트로 삽입 연산을 순환호
출하고, 왼쪽 자식 갱신

오른쪽 서브트리에 넣어야 하는 경우.
오른쪽 자식을 루트로 삽입 연산을 순환
호출하고, 오른쪽 자식 갱신

▪ 삭제 연산

노드를 삭제하는 것은 이진탐색트리에서 가장 복잡한 연산이다. 노드의 삭제 후에도 이진
탐색트리의 특성을 반드시 유지해야하기 때문이다. 삭제 연산은 삭제할 노드의 종류에 따
라 3가지 경우로 구분된다. (1) 삭제할 노드가 단말 노드인 경우가 가장 간단하고, (2) 삭
제할 노드가 하나의 자식을 갖는 경우가 그 다음이며, (3) 두 개의 자식을 모두 갖는 경우
가 가장 복잡하다.

case1: 단말 노드의 삭제

자식노드가 없기 때문에 그 노드만 **지우면** 되므로 가장 간단해 보인다. 그러나 삭제를 위
한 구체적인 과정은 그렇게 간단하지만은 않다. 다음의 이진탐색트리에서 단말 노드인 30
이나 22를 없애는 방법을 생각해 보자.

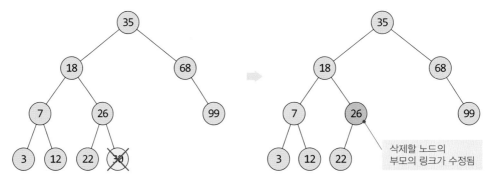

[그림 9.6] 삭제 연산의 예: Case1

- 노드 30을 없애려면 부모인 26의 오른쪽 자식 링크를 None으로 변경
- 노드 22를 없애려면 부모인 26의 왼쪽 자식 링크를 None으로 변경

단순연결리스트에서와 비슷하게 링크 표현법으로 나타낸 트리에서도 <u>어떤 노드를 삭제하기 위해서는 부모 노드의 링크가 수정되어야 하는 것</u>에 유의하라.

case2: 자식이 하나인 노드의 삭제

만약 삭제할 노드의 자식이 하나뿐이면 <u>자신 대신에 유일한 자식을 부모 노드에 연결해</u>주면 된다. 다음 트리에서 68 노드를 삭제하는 경우를 생각해 보자. 삭제할 노드 68의 유일한 자식인 99를 자신을 대신해 부모인 35의 오른쪽 자식으로 연결하면 되는데, 이것은 99가 큰 서브트리의 루트라고 하더라도 전혀 문제가 없다. 부모(35)의 링크가 변경될 뿐이고, 99 자체는 바뀌는 것이 없기 때문이다.

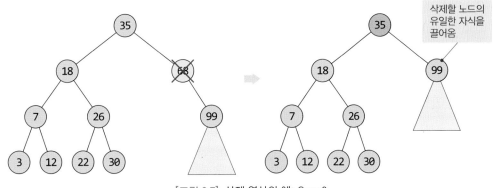

[그림 9.7] 삭제 연산의 예: Case2

case3: 두 개의 자식을 모두 갖는 노드의 삭제

그림 9.8에서 18을 없애는 방법을 생각해 보자. case2와는 달리 자식 노드(7이나 26)를 단순히 삭제할 위치(18)로 끌어올 수는 없다. 자식이 셋이 되어 더 이상 이진트리가 안 될 수도 있기 때문이다.

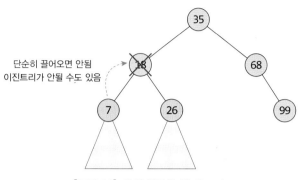

[그림 9.8] 삭제 연산의 예: Case3

어떤 방법이 좋을까? 아무래도 트리의 구조를 가장 적게 변경할 수 있는 방법을 찾는 것이 좋을 것이다. 하나의 방법은 삭제가 좀 더 간편한 후계자 노드를 하나 찾아 그 노드의 데이터를 삭제할 노드에 복사하고, 실제로는 후계자 노드를 삭제하는 것이다. 그렇다면 어떤 노드가 후계자가 될 수 있을까? 아무래도 이진탐색트리의 크기 조건을 계속 유지할 수 있기 위해서는 삭제할 노드와 킷값이 비슷한 노드가 좋을 것이다.

그림 9.9에서 삭제할 노드 18을 위한 후계자를 찾아보자. 왼쪽 서브트리의 가장 큰 값(12)이나 오른쪽 서브트리의 가장 작은 값(22)을 가진 노드가 삭제할 위치에 오면 이진탐색트리의 조건이 계속 유지되는 것을 알 수 있다. 이들은 트리에서 삭제할 노드(18)와 가장 가까운 작거나(12) 큰(22) 값이다. 따라서 삭제 위치에 놓더라도 항상 왼쪽 서브트리보다는 크고 오른쪽 서브트리보다는 작은 조건을 만족시킬 수 있다. 또한 이들은 자식이 1개 이하이므로 삭제가 좀 더 용이하다. 특히 트리를 중위순회했을 때, 삭제할 노드의 바로 앞과 뒤에 위치하기 때문에 삭제할 위치에 와도 트리의 다른 부분들을 변경할 필요가 없어 매우 적절한 "후계자"들이다.

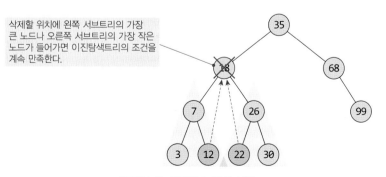

[그림 9.9] 후계자 노드의 선택

그렇다면 가능한 두 개의 후계자 중에서 어느 것을 선택할까? 어떤 것을 선택해도 좋다. 예를 들어, 12나 22 중 어느 것이나 18위치에 와도 된다. 여기서는 오른쪽 서브트리의 제일 작은 값을 후계자로 하자.

그러면 이 노드는 어떻게 찾을까? 앞에서 설명한 최대/최소 키 탐색 방법을 사용하면 된다. 예를 들어, 오른쪽 서브트리에서 가장 작은 값을 찾기 위해서는 오른쪽 서브트리에서 왼쪽 자식 링크를 타고 None을 만나기 전까지 계속 진행하면 된다. search_min_bst() 코드를 참고하라.

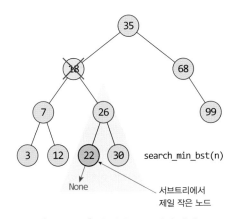

[그림 9.10] 후계자 노드 탐색 방법

그림 9.11에서 노드 18을 삭제하는 과정을 구체적으로 살펴보자.

① 삭제할 노드의 오른쪽 서브트리에서 최소 노드인 후계자(22)를 찾는다.
② 후계자의 데이터를 삭제할 노드로 복사한다.
③ 후계자 노드를 삭제한다. 이것은 삭제할 노드의 오른쪽 서브트리(26)에서 후계자의 킷값(22)을 가진 노드를 삭제하는 것이다.

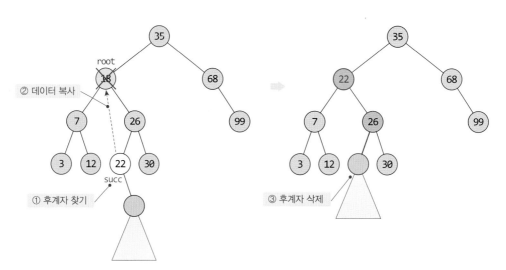

[그림 9.11] Case3의 삭제 과정

모든 경우를 반영한 이진탐색트리의 삭제 연산은 코드 9.7과 같이 순환 구조로 구현할 수 있다. 삽입 연산과 비슷하게 킷값에 따라 이진탐색을 진행하고(5~8행), 삭제할 노드를 찾으면 (11~24행) 각각의 경우에 따라 삭제를 진행한다. 이때, 항상 삭제할 노드(root)를 대신할 노드를 반환해야 하는 것에 유의하라.

코드 9.7   이진탐색트리의 삭제 연산   참고파일 ch09/BinSrchTree.py

```
01  def delete_bst (root, key) :
02     if root == None :    # 공백 트리
03       return root
04
05     if key < root.key :
06        root.left = delete_bst(root.left, key)
07     elif key > root.key :
08        root.right = delete_bst(root.right, key)
09
10     # key가 루트의 키와 같으면 root를 삭제
11     else :
12        # case1(단말 노드) 또는 case2(오른쪽 자식만 있는 경우)
13        if root.left == None :
14           return root.right
```

key가 루트보다 작거나 크면, 해당 자식이 루트인 서브트리에서 삭제를 계속 진행함(순환호출 이용).
이때, 자식이 변경될 수도 있으므로 반환된 값으로 자식을 갱신해야 함

이제 root가 삭제됨.
root.right가 삭제되는 root의 위치로 이동함

```
15
16          # case2(왼쪽 자식만 있는 경우)
17          if root.right == None :                          root가 삭제됨.
18              return root.left                             root.left가 삭제되는 root의 위치로 이동함
19
20          # case3(두 자식이 모두 있는 경우)
21          succ = search_min_bst(root.right)                ① 후계자를 찾고(오른쪽 서브트리 최소 노드)
22          root.key = succ.key                              ② 후계자의 데이터(key와 value)를 복사하고
23          root.value = succ.value
24          root.right = delete_bst(root.right, succ.key)
25                                                           ③ 마지막으로, 후계자 삭제(오른쪽 서브트리에서 후
26      return root                                             계자 킷값을 가진 노드를 순환호출로 삭제)
```

순환호출 과정 분석: 단말 노드 30 삭제(case1)

①이 호출되면 킷값이 30인 노드는 왼쪽에 있으므로 ②가 호출된다. 다음으로 오른쪽인 ③이 호출되고, 오른쪽인 ④가 호출되어, 드디어 root가 30이 된다. root(30)의 왼쪽 자식이 None이므로 13행의 조건이 만족하고, 30의 오른쪽 노드 None을 반환하는데(❶), 이것이 26의 오른쪽 자식이 된다(8행). 이후로는 26행에 의해 ❷, ❸, ❹와 같이 순환호출에서 입력된 루트 노드가 그대로 반환되어 트리 구조는 변하지 않는다.

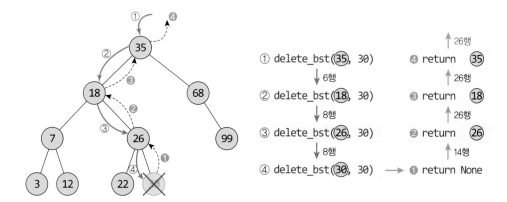

[그림 9.12] case1: 노드 30의 삭제를 위한 코드 9.7의 순환호출과 반환 과정

순환호출 과정 분석: 자식이 하나인 68 삭제(case2)

①이 호출되면 킷값이 68인 노드는 오른쪽에 있으므로 ②가 호출된다. 이제 root가 68이 므로 삭제하는데, 왼쪽 자식이 None인 13행의 조건을 만족하므로 <u>68의 오른쪽 노드 99 가 반환되고(❶)</u>, 이것이 35의 오른쪽 자식이 된다. 마지막으로 ❷와 같이 원래의 루트 35 를 반환한다.

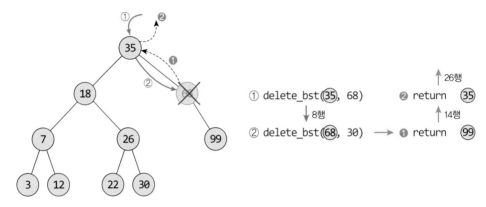

[그림 9.13] case2: 노드 68의 삭제를 위한 코드 9.7의 순환호출과 반환 과정

순환호출 과정 분석: 두 개의 자식을 모두 갖는 18 삭제(case3)

①이 호출되면 킷값이 18인 노드는 왼쪽에 있으므로 ②가 호출된다. 이제 root가 18이므 로 삭제해야 하는데, 먼저 오른쪽 서브트리에서 후계자 노드 22를 찾아 이 노드의 데이터 를 18에 복사한다. 이제 후계자 노드를 없애야 하는데, 이를 위해 <u>오른쪽 서브트리에서 킷 값이 22인 노드를 삭제하는 ③이 호출</u>된다. ③에서는 22가 루트보다 작으므로 ④가 호출 되고, 이제 root(22)가 삭제할 노드이다. 22의 오른쪽 자식(None)이 반환되고(❶), 이것이 26의 왼쪽 자식이 된다. 이후로는 원래의 root가 반환되는데, ❷에서는 26이, ❸에서는 내 용이 22로 변경된 원래의 노드가 반환되고, 마지막으로 ❹에서 루트 35가 반환되어 트리 구조는 변하지 않는다.

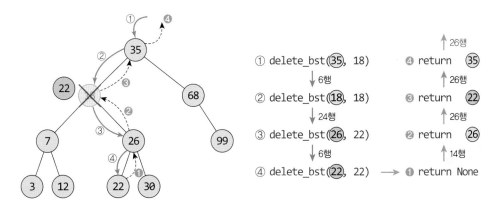

[그림 9.14] case3: 노드 18의 삭제를 위한 코드 9.7의 순환호출과 반환 과정

■ 이진탐색트리의 성능 분석

트리의 높이를 h라 하면 이진탐색트리의 탐색, 삽입, 삭제 연산의 시간 복잡도는 $O(h)$이다. n개의 노드를 가지는 포화이진트리의 높이는 $\log_2 n$이므로 최선의 경우 이진탐색트리 연산들의 시간 복잡도는 $O(\log_2 n)$이다. 이것은 순차 탐색의 $O(n)$과 비교하면 탁월한 것이다. 만약 4 Giga개의 노드가 있다면 선형 탐색이 $2^{32} = 4,294,967,296$번의 비교연산이 필요한데 비해 이진탐색트리에서는 32번 만에 결과를 찾는다.

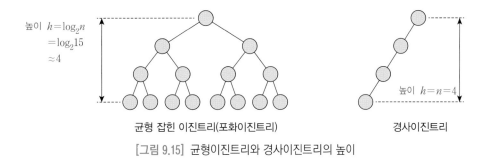

[그림 9.15] 균형이진트리와 경사이진트리의 높이

물론 이것은 좌우의 서브트리가 균형을 이루고 있는 경우에 해당한다. 만약 한쪽으로 치우치는 완전한 경사이진트리일 경우에는 트리의 높이 h가 n과 같아지고, 탐색, 삭제, 삽입 시간이 선형 탐색과 같은 $O(n)$이 된다. 결국, 이진탐색트리의 효율을 높이기 위해서는 가능한 한 트리가 좌우로 균형 잡히게 만들어야 한다. 이진탐색트리의 각 연산의 시간 복잡도는 다음과 같다. 이진탐색트리의 높이를 $\log_2 n$으로 한정시키는 균형기법들이 제안되었

는데, 9.4절에서 이들 중 하나인 AVL 트리를 살펴본다.

[표 9.1] 이진탐색트리 각 연산의 최선과 최악의 경우에 대한 시간 복잡도

연산	함수	최선의 경우 (균형트리)	최악의 경우 (경사트리)
키를 이용한 탐색	search_bst() search_bst_iter()	$O(\log_2 n)$	$O(n)$
값을 이용한 탐색	search_value_bst()	$O(n)$	$O(n)$
최대/최소 노드 탐색	search_max_bst() search_min_bst()	$O(\log_2 n)$	$O(n)$
삽입	insert_bst()	$O(\log_2 n)$	$O(n)$
삭제	delete_bst()	$O(\log_2 n)$	$O(n)$

---

* 공백상태의 이진탐색트리에 킷값이 각각 5, 7, 2, 8, 3, 9인 레코드가 순서대로 삽입되었다. 물음에 답하라.

1 이 트리의 높이는?

2 루트의 왼쪽 자식 노드의 킷값은?

3 이 트리의 단말 노드의 수는?

4 이진탐색트리에서 키를 이용한 탐색의 성능은 무엇에 비례하나?

5 이진탐색트리에서 값을 이용한 탐색의 성능은 무엇에 비례하나?

6 이진탐색트리의 가장 왼쪽 노드는 가장 작은 노드이다. (   )

정답 1 4 2 2 3 2 4 트리의 높이 5 트리의 크기 수 6 O

9.3 이진탐색트리를 이용한 맵

이진탐색트리를 이용해 탐색을 위한 자료구조인 맵(정의 7.1)을 구현해 보자. 맵 클래스의 이름은 BSTMap으로 하고, 삽입, 삭제, 탐색 연산을 구현하는데, 이진탐색트리에서는 키를 이용한 탐색 이외에도 값에 의한 탐색, 최대와 최소 노드 탐색 등이 가능하므로 이들도 추가한다. 이미 필요한 연산들을 함수로 구현해 두었으므로 클래스의 메소드들은 앞

에서 구현한 함수(코드 9.2~9.7)들을 적절히 호출해 주면 된다. 구현된 맵은 코드 9.8과 같다.

맵의 생성을 담당하는 생성자 __init__()

탐색을 위한 테이블을 트리로 구성하기 때문에 이진탐색 등에서 필요한 배열은 필요없고, 단지 루트 노드를 가리킬 변수 root만 있으면 충분하다. 생성자에서 root를 선언하고 None으로 초기화한다. 공백상태를 검사하는 isEmpty()는 root가 None인지를 확인하면 된다.

탐색을 위한 findMin(), findMax(), search(), search_value() 연산

탐색을 위한 메소드들은 앞에서 구현한 함수(코드 9.2~9.5)를 각각 호출하면 되는데, 트리의 루트 노드를 인수로 전달해야 한다. findMin()과 findMax()는 각각 최소 요소와 최대 요소를 반환하고, 키(key)로 노드를 탐색하는 search()는 효율적인 탐색이 가능하다. 그러나 값(value)으로 탐색하는 search_value()는 일반적인 순회 방법을 사용할 수밖에 없으므로 최악의 경우 트리의 모든 노드를 검사한다.

새로운 노드를 삽입하는 insert(key, value) 연산

삽입 연산은 먼저 키와 값을 이용해 새로운 노드를 만들고, insert_bst()를 이용해 트리에 삽입한다. 이때, 공백 트리에서의 삽입은 루트가 변경되어야 하므로 이 함수의 반환 값으로 항상 root를 갱신해야 한다.

key를 가진 노드를 삭제하는 delete(key) 연산

삭제 연산은 코드 9.7의 delete_bst() 함수를 호출하면 된다. 이때, 루트 노드가 삭제될 수도 있기 때문에 반환 값으로 root를 갱신해야 한다.

코드 9.8 이진탐색트리를 이용한 맵 클래스 참고파일 ch09/BSTMap.py

```python
01  class BSTMap():
02      def __init__ (self):
03          self.root = None
04
05      def isEmpty (self):
06          return self.root == None
07
08      def findMax(self):
09          return search_max_bst(self.root)
10
11      def findMin(self):
12          return search_min_bst(self.root)
13
14      def search(self, key):
15          return search_bst(self.root, key)
16
17      def searchValue(self, value):
18          return search_value_bst(self.root, value)
19
20      def insert(self, key, value=None):
21          n = BSTNode(key, value)
22          self.root = insert_bst(self.root, n)
23
24      def delete(self, key):
25          self.root = delete_bst (self.root, key)
26
27      def display(self, msg = 'BTSMap :'):
28          print(msg, end='')
29          inorder(self.root)
30          print()
```

맵의 다양한 탐색 연산들.
최대/최소 노드 탐색과, 키를 이용한 탐색, 및
값을 이용한 탐색

키와 값으로 삽입할 노드를 만들고, 삽입 함수
를 호출. 공백 트리이면 새로운 노드가 root
가 되므로, 함수 호출의 결과로 root를 갱신
해야 함

key를 가진 노드를 삭제함. root가 삭제될 수
있으므로, 함수 호출 결과로 root를 갱신해
야 함

맵을 화면에 출력함. 중위 순회를 이용하며, 킷
값만 출력

추가 연산: 이진트리의 출력을 위한 display()

이진트리는 다양한 방법으로 순회할 수 있다. 맵을 출력하기 위해 중위순회를 사용하자. 중위순회는 키들을 오름차순으로 출력할 것이다. 이를 위해 display() 연산을 추가하였다.

테스트 프로그램

테스트를 위한 코드는 다음과 같다. 숫자와 이에 대응되는 한글을 각각 키와 값으로 사용하는데, 엔트리를 순서대로 insert() 연산으로 삽입하면서 트리의 변화를 출력한다. 이진탐색트리의 최대키와 최소키를 탐색하고, 키와 값에 의한 탐색을 진행한다. 마지막으로 세 가지 경우에 대한 삭제 연산을 수행하고, 마지막으로 루트 노드를 삭제해 본다.

코드 9.9 이진탐색트리를 이용한 맵 테스트 프로그램   참고파일 ch09/BSTMap.py

```
01  data = [35, 18, 7, 26, 12, 3, 68, 22, 30, 99]
02  value= ["삼오","일팔","영칠","이육","일이","영삼","육팔","이이","삼영","구구"]
03
04  map = BSTMap()          # 새로운 맵 생성
05  map.display("[삽입 전] : ")
06  for i in range(len(data)) :                           맵에 엔트리를 삽입하면서 트리의 내용 변화를 출력
07      map.insert(data[i],value[i])
08      map.display("[삽입 %2d] : "%data[i])
09                                                        탐색 연산들 테스트
10  print('[최대 키] : ', map.findMax().key)
11  print('[최소 키] : ', map.findMin().key)              탐색 성공이면 "성공" 아니면 "실패"
12  print('[탐색 26] : ', '성공' if map.search(26) != None else '실패')
13  print('[탐색 25] : ', '성공' if map.search(25) != None else '실패')
14  print('[탐색 일팔]:', '성공' if map.searchValue("일팔") != None else '실패')
15  print('[탐색 일칠]:', '성공' if map.searchValue("일칠") != None else '실패')
16
17  map.delete(3)          # 삭제 case 1
18  map.display("[삭제  3] : ")
19  map.delete(68)          # 삭제 case 2
20  map.display("[삭제 68] : ")                           각 case에 대한 삭제 연산 테스트
21  map.delete(18)          # 삭제 case 3
22  map.display("[삭제 18] : ")
23  map.delete(35)          # 루트 노드 삭제
24  map.display("[삭제 35] : ")
```

실행 결과는 다음과 같은데, 99를 삽입한 상태와 18을 삭제한 상태의 트리를 함께 표시하였다.

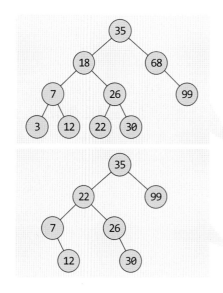

---

1 공백상태의 이진탐색트리에 1에서 7까지의 정수를 키로 갖는 레코드를 삽입하려고 한다. 전체 트리의 높이를 최소화하는 삽입 순서는?

2 위 문제에서 전체 트리의 높이를 최대화하는 삽입 순서는?

3 이진탐색트리가 균형트리인 경우와 경사트리인 경우 탐색 연산의 복잡도는 각각 얼마인가?

중간 점검

정답 1 4,6,2,3,1,5,7 2 1,2,3,4,5,6,7 3 O(logn), O(n)

9.4 심화 학습: 균형이진탐색트리

이진탐색트리에서는 균형을 유지하는 것이 무엇보다 중요하다. 트리의 균형 기법을 알아보자. 이 방법들은 상당히 복잡하기 때문에 모든 주제를 다루지는 않고 AVL 트리에 대해서만 알아본다.

■ AVL 트리란?

AVL 트리는 Adelson–Velskii와 Landis에 의해 제안된 트리이다. AVL 트리는 항상 균형

트리를 보장하기 때문에 탐색과 삽입, 삭제 연산에서 항상 $O(\log n)$의 처리시간을 보장한다. AVL 트리를 정의하기 위해서는 먼저 균형 인수를 정의해야 한다. 어떤 노드의 **균형 인수(balance factor)**는 왼쪽 서브트리의 높이와 오른쪽 서브트리의 높이 차로 정의된다. AVL 트리는 비균형 상태가 되면 스스로 노드들을 재배치하여 균형 상태로 만든다.

정의 9.2 AVL 트리

> AVL 트리는 모든 노드에서 왼쪽 서브트리와 오른쪽 서브트리의 높이 차가 1을 넘지 않는 이진탐색 트리이다. 즉 모든 노드의 균형 인수는 0 이나 ±1 이 되어야 한다.

다음 그림에서 왼쪽은 AVL 트리의 조건을 만족한다. 그런데 이 트리에 새로운 노드 1을 삽입하면 오른쪽과 같이 균형을 잃게 되는데, 노드 5와 7의 균형인수가 2가 되어 더 이상 AVL 트리의 조건을 만족하지 않는다.

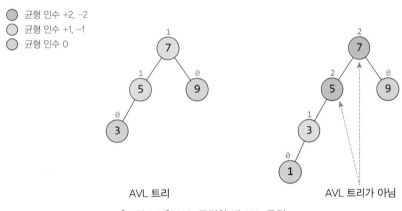

[그림 9.16] AVL 트리와 비 AVL 트리

어떤 노드 n의 균형 인수를 구하는 함수는 다음과 같다. n이 None이면 균형 인수는 0이고, 그렇지 않으면 n의 왼쪽 서브트리의 높이와 오른쪽 서브트리의 높이 차이를 반환한다. calc_height()는 코드 8.8의 이진트리의 높이 계산 함수이다.

코드 9.10 노드의 균형 인수 계산 함수　　　　　　　　　　　참고파일 ch09/AVLMap.py

```
01  def calc_height_diff(n) :
02      if n==None :
03          return 0
04      return calc_height(n.left) - calc_height(n.right)        # 왼쪽 높이 - 오른쪽 높이
```

AVL트리에서의 탐색은 이진탐색트리의 탐색 연산과 동일하다. 균형이 깨질 수 있는 연산은 삽입과 삭제 연산이다. 삽입 연산을 알아보자.

AVL 트리의 삽입 연산

노드가 삽입되면 삽입되는 위치에서 루트까지의 경로에 있는 모든 조상 노드들의 균형 인수가 영향을 받는다. 따라서 불균형 상태(균형 인수가 ±2)로 변한 가장 가까운 조상 노드의 서브트리들에 대하여 다시 균형을 잡아야 한다. 그 외의 다른 노드들을 변경할 필요는 없다.

다음의 예를 보자. 균형트리에 노드 1이 추가되어 루트로 가는 경로상의 노드 5와 7에서 불균형이 발생했다. 노드 1의 조상 노드들 중에서 불균형이 발생한 가장 가까운 노드 5부터 다시 균형을 잡아야 한다.

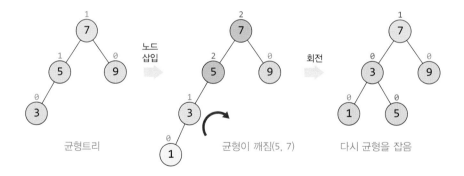

[그림 9.17] 균형이 깨진 트리를 회전을 이용해 다시 균형트리로 만드는 예

균형이 깨진 트리를 다시 어떻게 균형 있게 만들 수 있을까? 서브트리를 회전시키는 방법을 사용할 수 있다. 예를 들어, 그림 9.17에서 노드 1이 추가되어 균형이 깨진 상태에서 노

드 1, 3, 5를 오른쪽(시계 방향)으로 회전시키면 오른쪽 트리와 같이 다시 균형 상태가 된다. 다른 노드들은 변경되지 않는 것에 주목하라. 이진탐색트리의 조건도 여전히 만족한다.

삽입 연산에서 균형이 깨지는 경우는 다음과 같이 4가지가 있다. 새로 삽입된 노드 N으로부터 가장 가까우면서 균형 인수가 ±2가 된 조상 노드를 A라고 하자.

- LL 타입: N이 A의 왼쪽 자식의 왼쪽 서브트리에 삽입된다. (그림 9.17)
- LR 타입: N이 A의 왼쪽 자식의 오른쪽 서브트리에 삽입된다.
- RR 타입: N이 A의 오른쪽 자식의 오른쪽 서브트리에 삽입된다.
- RL 타입: N이 A의 오른쪽 자식의 왼쪽 서브트리에 삽입된다.

LL과 RR은 대칭이고 역시 LR과 RL도 대칭이다. 각 방법에 대해 다시 균형을 잡는 회전 방법이 있다. 이들 중 LL과 RR 회전은 한번만 회전시키는 것을 **단순 회전(single rotation)** 방법인데, 탐색 순서를 유지 하면서 부모와 자식의 위치를 교환한다. LR과 RL은 두 번의 회전이 필요한 **이중 회전(double rotation)**이라 한다.

LL 회전

다음은 LL 타입의 예인데 노드 5의 균형 인수가 2이다. 만약 5와 3을 바꾸면(즉 오른쪽(시계방향)으로 "회전"을 시키면) 다시 균형 트리를 만들 수 있다. "회전"은 루트와 자식의 관계를 바꾼다.

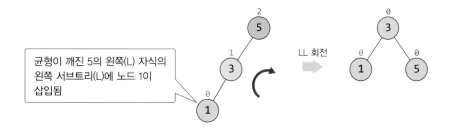

다음은 보다 일반적인 LL 타입이다. 루트 A의 왼쪽 자식 B의 왼쪽 서브트리에 노드가 추가되어(노란색 부분) 루트가 균형을 잃었다. 이것은 그림과 같이 노드들을 오른쪽으로 회전시키면 된다. 이제 이 트리의 루트는 B가 되고 이를 반환한다.

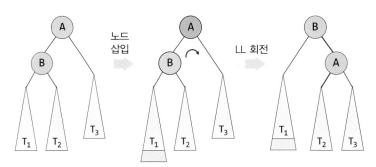

[그림 9.18] 일반적인 경우의 LL 회전

이를 구현한 함수는 다음과 같다. 회전에 의해 루트가 변경되므로 반드시 새로운 루트를 반환해야 하는 것에 유의하라.

코드 9.11 AVL 트리의 LL 회전   참고파일 ch09/AVLTree.py

```
01    def rotateLL(A) :
02        B = A.left                    # 시계방향 회전
03        A.left = B.right
04        B.right = A
05        return B                      # 새로운 루트 B를 반환
```

RR 회전

다음은 왼쪽 회전의 경우로 트리를 왼쪽(반시계 방향)으로 한번 회전하면 다시 균형을 맞추게 된다.

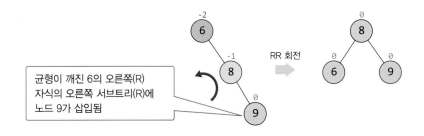

일반적인 경우를 보자. RR 타입은 현재의 루트 A의 오른쪽 자식 B의 오른쪽 서브트리에 노드가 추가되어(노란색 영역) 발생한다. 이 경우는 그림과 같이 왼쪽 방향으로 회전하면 된다.

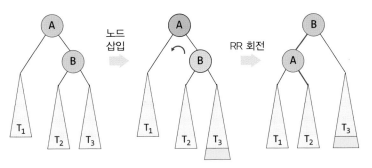

[그림 9.19] 일반적인 경우의 RR 회전

코드 9.12   AVL 트리의 RR 회전   참고파일 ch09/AVLTree.py

```
01   def rotateRR(A) :
02       B = A.right              # 반시계방향 회전
03       A.right = B.left
04       B.left = A
05       return B                 # 새로운 루트 B를 반환
```

RL 회전

RL 타입은 루트 노드 A의 오른쪽 자식 B의 왼쪽 서브트리에 노드가 추가됨으로 인해 발생한다. RL 회전은 균형 트리를 만들기 위하여 2번의 회전이 필요하다. 먼저 LL 회전을 한 다음, RR 회전을 한다.

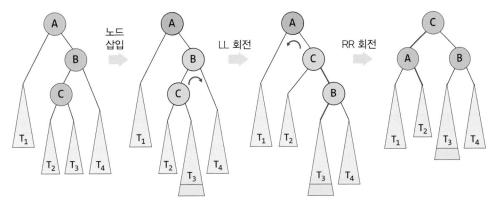

[그림 9.20] 일반적인 경우의 RL 회전

다음은 RL 회전 함수이다. 앞에서 구현한 단순 회전 함수를 호출하여 사용하는 것에 유의하라. 다른 회전과 같이 루트가 변경되기 때문에 마지막 라인과 같이 rotateRR()을 통해 반환되는 노드(새로운 루트)를 다시 반환해야 한다.

코드 9.13   AVL 트리의 RL 회전   참고파일 ch09/AVLTree.py

```
01  def rotateRL(A) :
02      B = A.right
03      A.right = rotateLL(B)      # LL 회전
04      return rotateRR(A)         # RR 회전
```

LR 회전

LR 타입은 A의 왼쪽 자식의 오른쪽 서브트리에 노드가 추가됨으로 해서 발생한다. LR 회전은 균형을 잡기 위해 RR 회전을 한 다음, LL 회전을 한다.

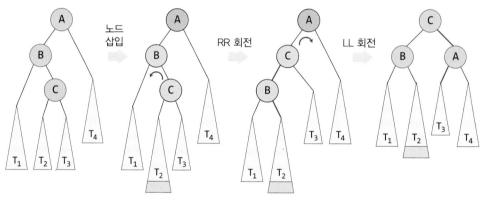

[그림 9.21] 일반적인 경우의 LR 회전

코드 9.14   AVL 트리의 LR 회전   참고파일 ch09/AVLTree.py

```
01  def rotateLR(A) :
02      B = A.left
03      A.left = rotateRR(B)       # RR 회전
04      return rotateLL(A)         # LL 회전
```

삽입 함수

AVL 트리의 삽입 연산은 코드 9.15와 같다. 루트 노드에서부터 node를 삽입할 위치를 탐색하다가 공백 노드에 도달하면 그 위치에 삽입하는데(2~3행), 삽입 노드의 모든 조상 노드(루트까지의 경로상에 있는 모든 노드)의 균형인수가 영향을 받는다. root의 서브트리에 노드가 삽입되면 균형인수를 계산하고(15행), 불균형이 발생하면 네 가지 유형에 따라 재균형 함수를 호출하여 트리를 회전시키고(17~27행), 새로운 root를 반환한다. 불균형이 없으면 root를 그대로 반환한다.

코드 9.15   AVL 트리의 삽입 연산   참고파일 ch09/BinSrchTree.py

```python
01  def insert_avl(root, node):
02      if root == None :              # 공백 노드에 도달하면, 이 위치에 삽입
03          return node                # node를 반환(이 노드가 현재 root 위치에 감)
04
05      if node.key == root.key :      # 동일한 키는 허용하지 않음
06          return root                # root를 반환(root는 변화 없음)
07
08      # root의 서브 트리에 node 삽입
09      if node.key < root.key :
10          root.left = insert_avl(root.left, node)
11      elif node.key > root.key:
12          root.right= insert_avl(root.right, node)
13
14      # 이제 root에서 불균형이 발생할 수 있음
15      bf = calc_height_diff(root)
16
17      if bf > 1 :                    # 왼쪽 서브트리에서 불균형 발생: LL 또는 LR
18          if node.key < root.left.key:   # 왼쪽의 왼쪽에 삽입됨: LL
19              return rotateLL(root)      # LL 회전(CW 회전)
20          else :                         # 왼쪽의 오른쪽에 삽입: LR
21              return rotateLR(root)      # LR 회전(CW 회전 → CCW 회전)
22
23      elif bf < -1:                  # 오른쪽 서브트리에서 불균형: RR 또는 RL
24          if node.key < root.right.key:  # 오른쪽의 왼쪽에 삽입됨: RL
25              return rotateRL(root)      # RL 회전(CCW 회전 → CW 회전)
26          else :                         # 오른쪽의 오른쪽에 삽입: RR
27              return rotateRR(root)      # RR 회전(CCW 회전)
```

균형인수(balance factor)
bf = lh(왼쪽 높이) − rh(오른쪽 높이)

```
28
29      return root                                    # 불균형이 없으면 루트 노드를 반환함
```

■ AVL 트리 구축의 예

다음과 같은 데이터가 순서대로 주어졌을 때 AVL 트리가 만들어지는 과정을 살펴보자.

$$[7, 8, 9, 2, 1, 5, 3, 6, 4]$$

7과 8은 삽입에 문제가 없다. 9를 삽입하면 7의 오른쪽 서브트리는 높이가 2이고 왼쪽 서브트리는 0이 되므로 트리의 균형이 깨지게 된다. 따라서 균형을 이루기 위해서 그림과 같이 노드를 RR 회전시킨다.

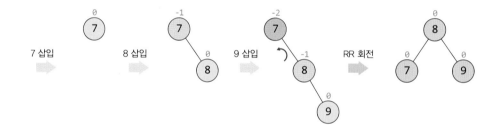

이어서 2는 문제없이 삽입되고, 1의 삽입으로 트리가 다시 균형을 잃는다. 이번에는 트리를 LL 방향으로 회전시킨다. 이들 회전은 모두 새로 삽입된 노드로 부터 ± 2의 균형 인수를 가지는 가장 가까운 조상 노드에 대하여 이루어진 것이다.

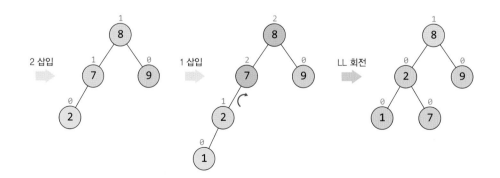

5의 삽입으로 다시 트리는 균형을 잃게 되는데 이번에는 한 방향으로 균형을 잃은 것이 아니기 때문에 약간 복잡해진다. 이 경우, 그림과 같이 RR 회전과 LL 회전을 연속적으로 적용해야 한다.

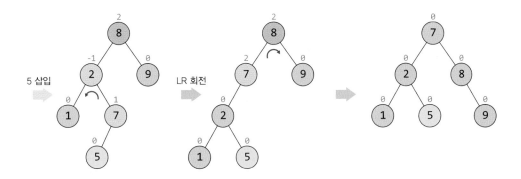

3과 6의 삽입은 문제가 없다.

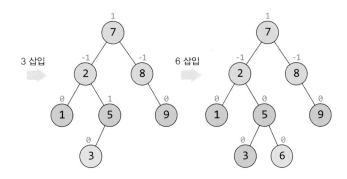

4가 삽입되면 다시 균형을 잃게 되고 이 경우, RL 회전에 의해서 재균형을 이루게 된다.

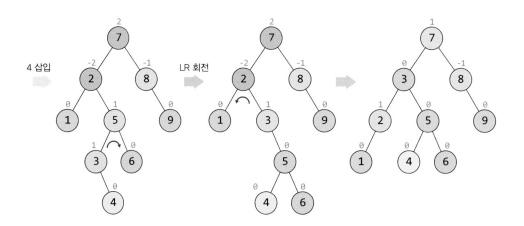

▪ AVL 트리 테스트 프로그램

AVL 트리의 삽입 연산을 테스트해 보자. 코드 9.16은 공백상태의 AVL 트리에 일련의 키를 순서대로 삽입하고 트리가 변화하는 과정을 화면에 출력하는 코드이다. 트리의 출력을 위해서는 레벨 순회를 사용하였다. 공백 트리에서의 삽입도 고려해야 하므로 7행에서 insert_avl() 연산의 결과로 root를 항상 갱신해야 하는 것에 유의하라. 마지막에 트리의 노드 수와 높이 등의 정보를 출력한다.

코드 9.16 AVL 트리 테스트 프로그램   참고파일 ch09/AVLTree.py

```
01   node = [7,8,9,2,1,5,3,6,4]
02   #node = [0,1,2,3,4,5,6,7,8,9]
03
04   root = None      # 맨 처음에는 공백 트리
05   for i in node :
06       n = BSTNode(i)      # 노드 생성
07       root = insert_avl(root, n)
08
09       print("BST(%d): "%i, end='')
10       levelorder(root)                    ──── 레벨 순회로 출력
11       print()
12
13   print(" 노드의 개수 =", count_node(root))
14   print(" 단말의 개수 =", count_leaf(root))
15   print(" 트리의 높이 =", calc_height(root))
```

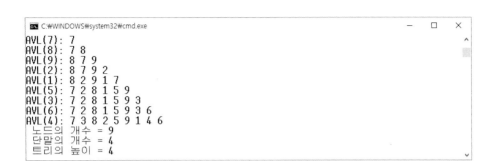

실행 결과는 앞에서 그림으로 살펴본 과정과 동일하다. 만약 노드를 정렬된 순으로 입력하면 어떻게 될까? 이진탐색트리는 경사트리로 만들어질 것이지만 AVL 트리에서는 여전히 균형을 잡는다. 다음은 0,1,2,…,9를 순서적으로 입력했을 때 이진탐색트리와 AVL 트리의 생성 결과를 비교하고 있다.

최종 이진탐색트리
(완전경사트리)

최종 AVL 트리
(균형트리)

---

1 AVL 트리에서 왼쪽 서브트리의 높이와 오른쪽 서브트리의 높이 차이를 무엇이라 부르는가?

2 AVL 트리의 탐색 연산의 최악의 복잡도는?

3 데이터 [7, 8, 9, 2, 1]를 순서대로 삽입하여 AVL 트리를 구성하였다. 트리 구성 과정 중에 사용된 회전 방법은?

3 데이터 [7, 8, 9, 2, 1]를 순서대로 삽입하여 AVL 트리를 구성하였다. 이 상태에서 킷값 5인 데이터를 삽입하려면 어떤 회전이 필요할까?

중간 점검

| 연습문제 |

9.1 이진탐색트리의 삽입 연산에 대한 설명으로 옳지 않은 것은?

① 루트에서부터 탐색 연산을 먼저 진행해야 한다.

② 순환 구조와 반복 구조로 모두 구현할 수 있다.

③ 탐색이 성공하면 중복된 노드가 있는 것이므로 삽입하지 않는다.

④ 다음 탐색 위치가 공백(None)이면 삽입 연산은 실패한 것이다.

9.2 이진탐색트리의 탐색 연산에 대한 설명으로 옳지 않은 것은?

① 루트 노드부터 탐색을 시작한다.

② 킷값이 노드의 값보다 작으면 왼쪽 서브트리로 탐색을 진행한다.

③ 서브트리가 공백 노드이면 탐색은 실패한 것이다.

④ 반복 구조로는 구현할 수 없다.

9.3 이진탐색트리의 삭제 연산은 세 가지 경우로 나누어 처리된다. 다음 중 이에 포함되지 않는 경우는?

① 삭제하려는 노드가 루트 노드일 경우

② 삭제하려는 노드가 단말 노드일 경우

③ 삭제하려는 노드가 하나의 서브트리만 가지고 있는 경우

④ 삭제하려는 노드가 두 개의 서브트리 모두 가지고 있는 경우

※ 다음과 같은 이진탐색트리가 주어졌다. 물음에 답하라(9.4~9.7).

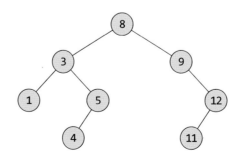

9.4 이 트리에 7을 추가하면 트리는 어떻게 될까? 그림으로 그려라.

9.5 이 트리에서 4를 탐색할 때 거치는 노드들을 순서대로 나열하라.

9.6 이 트리에서 노드 9를 삭제하면 트리는 어떻게 될까?

9.7 이 트리에서 노드 8을 삭제하면 트리는 어떻게 될까?

9.8 공백상태인 이진탐색트리에 다음과 같은 순서로 노드들이 추가된다.

$$11,\ 6,\ 8,\ 19,\ 4,\ 10,\ 5,\ 17,\ 43,\ 49,\ 31$$

생성되는 이진탐색트리를 그려라.

9.9 위 문제에서 생성되는 이진탐색트리를 다음의 방법으로 순회하였을 때 방문하는 노드를 순서대로 적어라.
   (1) 전위순회
   (2) 중위순회
   (3) 후위순회
   (4) 레벨순회

9.10 이진탐색트리에서 어느 단말 노드를 삭제하려고 한다. 삭제가 끝나면 트리의 루트 노드가 변경되는 상황은 언제 발생하나?

9.11 이진탐색트리에서 자식이 하나인 어느 노드를 삭제하려고 한다. 삭제가 끝나면 루트 노드가 변경되는 상황은 언제 발생하나?

9.12 다음 데이터를 순서대로 이진탐색트리에 입력했을 때 단말 노드의 개수는?

$$17,\ 10,\ 22,\ 15,\ 13,\ 24,\ 20,\ 11,\ 14$$

9.13 배열에 정렬된 값이 들어 있는 경우에 이진탐색이라는 효과적인 탐색기법을 사용할 수 있다. 이진탐색을 이용한 탐색과 이진탐색트리를 이용한 탐색의 장단점을 설명하라.

9.14 다음 데이터들이 어떤 순서로 이진탐색트리에 입력되었을 경우, 가장 균형 잡힌 트리가 되는가? 여러 가지 답이 가능하다.

$$10, 5, 6, 13, 15, 8, 14, 7, 12, 4$$

9.15 위 문제의 데이터가 어떤 순서로 입력되었을 경우에 가장 불균형한 이진탐색트리가 되는가?

9.16 다음 중 AVL 트리에 대한 설명으로 옳지 않은 것은?
  ① Adelson-Velskii와 Landis에 의해 제안되었다.
  ② 평균, 최선, 최악 시간 복잡도로 $O(\log n)$을 보장한다.
  ③ 모든 노드에서 왼쪽과 오른쪽 서브트리의 높이 차가 1을 넘지 않는다.
  ④ 탐색 연산과 삽입 연산에서 균형이 깨질 수 있다.

9.17 다음 중 탐색트리의 균형화 기법이 아닌 것은?
  ① AVL 트리   ③ 2-3 트리   ③ Red-Black 트리   ④ 포화이진트리

9.18 킷값이 각각 6, 7, 2, 8, 9, 1, 5, 4, 3인 레코드가 순서대로 공백 AVL 트리에 입력된다고 할 때, 가장 먼저 균형이 깨지는 입력은?
  ① 2   ② 8   ③ 9   ④ 1

9.19 균형 이진탐색트리에서 다음 연산의 시간 복잡도 설명하라.
  (1) 임의의 킷값의 노드 탐색 연산
  (2) 노드 삽입 연산
  (3) 노드 삭제 연산
  (4) 트리의 최솟값이나 최댓값을 가진 노드 탐색 연산
  (5) 트리의 노드 수 계산
  (6) 단말 노드의 수 계산
  (7) 트리의 높이 계산

9.20* 공백상태인 AVL 트리에 다음과 같은 순서로 노드들이 추가된다. 생성되는 AVL 트리를 그려라.

$$1, 2, 3, 4, 5, 6, 7, 8, 9$$

9.21* 이진탐색트리에서 최대 키와 최소 키를 가진 노드를 탐색하는 함수를 순환 구조를 이용하여 구현하라.

9.22* 반복 구조를 이용해 이진탐색트리의 삽입 연산을 구현하라.

9.23* 숫자들이 들어 있는 이진탐색트리를 중위 순회하면 정렬된 숫자가 얻어진다. 이를 이용하여 다음 배열에 들어 있는 숫자들을 정렬시키는 함수를 작성하여 보라. 배열에 들어 있는 숫자들을 이진탐색트리에 추가한 후에 트리를 중위 순회하면서 숫자들을 출력한다. 단 숫자들은 중복되지 않는다고 가정하자.

0	1	2	3	4	5	6	7	8	9	10
11	3	4	1	56	5	6	2	98	32	23

9.24** 이진탐색트리를 사용하여 우선순위 큐를 구현할 수도 있다. 이진탐색트리를 이용하여 우선순위 큐를 구현하고 삽입, 삭제, 탐색 연산의 시간 복잡도를 설명하라.

CHAPTER

10

그래프

학습목표

- 그래프의 개념을 이해한다.
- 그래프를 표현하는 방법을 이해한다.
- 파이썬의 내장 자료형을 이용해 그래프를 표현하는 방법들을 이해한다.
- 그래프의 탐색 방법을 이해한다.
- 그래프 탐색을 이용한 문제해결 능력을 배양한다.
- 다양한 문제에 그래프를 활용할 수 있는 능력을 기른다.

10 그래프

10.1 그래프란?

■ 그래프는 가장 일반화된 자료구조이다.

그래프(graph)는 연결된 객체들 사이의 관계를 표현할 수 있는 자료구조이다. 지하철 노선도는 대표적인 그래프의 예로 많은 지하철역들이 서로 어떻게 연결되어 있는지를 알려주는데, 이것을 이용해 약속한 지하철역으로 가는 최단 경로를 찾을 수도 있다. 항공 노선도는 도시들이 항공편으로 어떻게 연결되어 있는지를 확인할 수 있으며, 전기회로도 그래프로 표현되는데, 각 소자들의 연결 관계를 확인할 수 있다. 최근 딥러닝 분야에서도 학습과 인식을 위한 데이터의 흐름을 그래프로 나타내는 방법이 흔히 사용된다.

이러한 문제들은 공통적으로 다양한 객체들이 서로 복잡하게 연결되어 있는 구조를 갖는다. 그래프는 이런 구조를 표현할 수 있는 훌륭한 논리적 도구이다. 사실 지금까지 공부했던 선형 자료구조들이나 트리도 그래프로 표현할 수 있기 때문에 그래프의 한 종류로 볼 수 있다. 따라서 그래프는 가장 일반화된 자료구조이다.

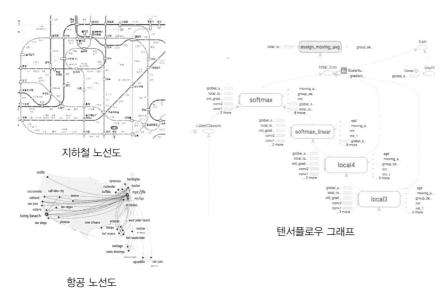

지하철 노선도

텐서플로우 그래프

항공 노선도

[그림 10.1] 그래프의 다양한 활용 분야

그래프 이론

그래프와 관련된 다양한 문제를 연구하는 학문 분야를 **그래프 이론**(graph theory)이라 부르는데, 컴퓨터 분야의 활발한 연구 주제중 하나이다. 그래프는 수학자 오일러(Euler)에 의해 처음 창안되었다. 그는 다음 그림과 같은 지형에서 "모든 다리를 한번만 건너서 출발했던 장소로 돌아올 수 있는가?"라는 문제가 답이 없다는 것을 그래프 이론을 통해 증명하였다. 오일러는 이 문제에서 핵심적이고 중요한 것은 "A, B, C, D의 위치가 어떤 관계로 연결되었는가?" 라고 생각하고, "위치"라는 객체는 **정점**(vertex)으로, 위치간의 관계인 "다리"는 **간선**(edge)으로 표현하여 그림의 오른쪽과 같은 그래프 문제로 변환하였다.

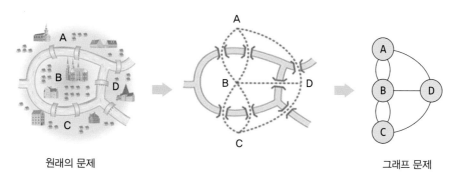

원래의 문제

그래프 문제

[그림 10.2] 모든 다리를 한번만 건너 돌아오는 오일러 문제에 대한 그래프 표현

오일러는 그래프에 존재하는 모든 간선을 한번만 통과하면서 처음 정점으로 되돌아오는 경로를 **오일러 경로**(Eulerian tour)라 정의하고, 그래프의 모든 정점에 연결된 간선의 개수가 짝수일 때만 오일러 경로가 존재한다는 **오일러의 정리**를 증명하였다. 따라서 그림의 그래프는 오일러의 정리에 의해 오일러 경로가 존재하지 않는다는 것을 복잡한 시행착오를 거치지 않고도 손쉽게 알 수 있다.

그래프는 **정점**과 **간선**의 집합으로 구성되는데, 정점은 **노드**(node), 간선은 **링크**(link)라고도 불린다. 수학적으로 그래프는 G = (V, E)와 같이 표시하는데, V(G)는 그래프 G의 정점들의 집합을, E(G)는 그래프 G의 간선들의 집합을 의미한다. 정점은 객체(object)를 의미하고, 간선은 이러한 객체들 간의 관계를 의미하는데, 정점 A와 정점 B를 연결하는 간선은 (A, B)와 같이 정점의 쌍으로 표현한다.

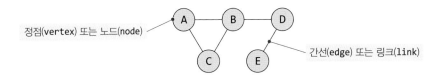

그래프는 그림으로 표현하기도 하지만 시각적인 형태가 그래프의 정의는 아니다. 예를 들어, 다음 그림의 두 그래프는 시각적으로는 서로 다르게 보이지만 실제로는 동일한 그래프를 나타낸다. 같은 객체들을 가지고, 객체들 간의 관계도 정확히 일치하기 때문이다. 즉, 그래프는 오직 정점과 간선의 집합이며, 그래프의 시각적 표현은 이해를 돕는 역할만을 하는 것을 명심하라.

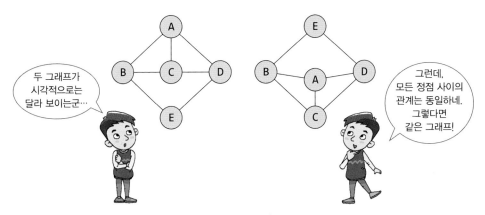

[그림 10.3] 시각적으로는 다르게 보이지만 동일한 두 그래프

■ 그래프의 종류

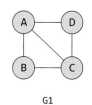

G1

- **무방향 그래프(undirected graph)**: <u>간선에 방향이 표시되지 않은 그래</u>프를 말한다. 하나의 간선은 양방향으로 갈 수 있는 길을 의미하는데, 따라서 <u>(A, B)와 (B, A)는 동일한 간선</u>이다. 그림의 G1과 G2는 무방향 그래프의 예인데, 다음과 같이 정점과 간선의 집합으로 표현된다.

  V(G1)= {A, B, C, D}

  E(G1)= {(A, B), (A, C), (A, D), (B, C), (C, D)}

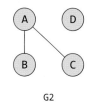

G2

  V(G2)= {A, B, C, D}, E(G2)= {(A, B), (A, C)}

- **방향 그래프(directed graph)**: <u>간선에 방향성이 존재하는 그래프를 말한다.</u> 간선은 화살표로 표시되는데, 일방통행 도로와 같이 한쪽 방향으로만 갈 수 있다. ⟨A, B⟩는 정점 A에서 정점 B로만 갈 수 있는 간선을 의미하는데, 따라서 <u>⟨A, B⟩와 ⟨B, A⟩는 서로 다른 간선</u>이다. 그림의 방향 그래프는 다음과 같이 표현된다.

  V(G3)= {A, B, C},   E(G3)= {⟨A, B⟩, ⟨B, A⟩, ⟨B, C⟩}

G3

- **가중치 그래프(weighted graph)**: <u>간선에 비용이나 가중치가 할당된 그래프를 말하는데,</u> 네트워크(network)라고도 한다. 간선이 두 정점간의 연결 유무뿐만 아니라 연결 강도까지 나타낼 수 있어 보다 복잡한 관계를 표현할 수 있다. 다음 그림은 가중치 그래프의 예를 보여주는데, 도시와 도시를 연결하는 도로의 길이나 이동 시간, 통신망의 사용료 등을 추가로 표현할 수 있어 응용 분야가 광범위하다. 다음 장에서 가중치 그래프와 응용들을 다룬다.

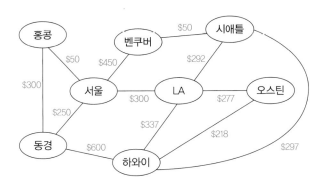

[그림 10.4] 가중치 그래프의 예: 정점은 도시를, 간선은 이동 비용을 나타냄

- **부분 그래프(subgraph):** 그래프 G를 구성하는 정점의 집합 V(G)와 간선의 집합 E(G)의 부분 집합으로 이루어진 그래프를 G의 **부분 그래프**라 한다. 다음은 그래프 G1에 대한 몇 가지 부분 그래프를 보여주고 있다.

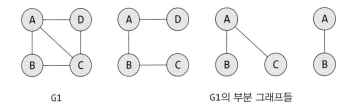

G1   G1의 부분 그래프들

■ 그래프 용어

- **인접 정점(adjacent vertex):** <u>간선에 의해 직접 연결된 정점</u>을 말한다. 그래프 G1에서 정점 B의 인접 정점은 A와 C 이다.

- **정점의 차수(degree):** 그 <u>정점에 연결된 간선의 수</u>를 말한다. 무방향 그래 프에서는 정점에 인접한 정점의 수를 말하는데, G1의 정점 A는 차수가 3 이다. 모든 정점의 차수를 합하면 간선 수의 2배가 되는데, 하나의 간선이 두 개의 정점에 인접하기 때문이다. 방향 그래프에서는 정점의 차수가 두 가지로 나누어진다. 외부에서 오는 간선의 수를 **진입 차수(in-degree)**라 하고, 그 정점에서 외부로 향하는 간선의 수를 **진출 차수(out-degree)**라 한다. 예를 들어, 방향 그래프 G3에서 정점 B는 진입 차수가 1, 진출 차수 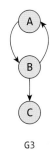 가 2이다. 방향 그래프에서 정점의 진입 차수 또는 진출 차수의 합은 간선의 수와 같다. 예를 들어, G3의 간선의 수는 진입차수의 합이나 진출차수의 합과 같은 3이다.

G3

- **경로(path)**: 간선을 따라 갈 수 있는 길을 말하며, 정점의 나열로 표시된다. 무방향 그래프에서 정점 s로부터 정점 e까지의 경로는 s, v_1, v_2, ..., v_k, e로서, 나열된 정점들 간에는 반드시 간선 (s, v_1), (v_1, v_2), ..., (v_k, e)가 존재해야 한다. 만약 방향 그래프라면 ⟨a, v_1⟩, ⟨v_1, v_2⟩, ..., ⟨v_k, e⟩가 있어야 한다. 예를 들어, 그래프 G1에

G1

서 A, B, C, D는 경로지만 A, B, D, C는 경로가 아니다. 왜냐하면 간선 (B, D)가 존재하지 않기 때문이다.
- **경로의 길이**: 경로를 구성하는데 사용된 간선의 수를 말한다.
- **단순 경로(simple path)와 사이클(cycle)**: 경로 중에서 반복되는 간선이 없는 경로를 **단순 경로**라 한다. 그리고 단순 경로의 시작 정점과 종료 정점이 같다면 이러한 경로를 **사이클**이라 한다. 그래프 G1에서 경로 B, A, C, D 는 단순 경로이고 경로 B, A, C, A은 단순 경로가 아니다. 또한, 경로 B, A, C, B는 사이클이 된다. 또 방향 그래프 G3에서 경로 A, B, A도 사이클이 된다.

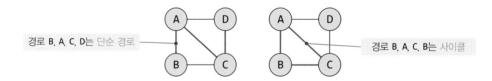

경로 B, A, C, D는 단순 경로

경로 B, A, C, B는 사이클

- **연결 그래프(connected graph)**: 모든 정점들 사이에 경로가 존재하는 그래프를 **연결 그래프**라 부른다. 이 그래프에는 따로 떨어진 정점이 없이 모든 정점들이 연결되어 있다. 그렇지 않은 그래프는 **비연결 그래프**라고 한다.
- **트리(Tree)**: 사이클을 가지지 않는 연결 그래프를 말한다. 연결 그래프에서 사이클이 없으면 그래프의 임의의 두 정점을 연결하는 경로는 오직 하나 뿐이다. 만약 두 개의 경로가 존재한다면 이들에 의해 사이클을 형성되기 때문이다.
- **완전 그래프(complete graph)**: 모든 정점 간에 간선이 존재하는 그래프를 말한다. 무방향 완전 그래프의 정점 수를 n이라고 하면, 하나의 정점은 $n-1$개의 다른 정점으로 연결되므로 간선의 수는 $n \times (n-1)/2$ 가 된다. 만약 완전 그래프에서 $n=4$라면 간선의 수는 $(4 \times 3)/2 = 6$ 이다.

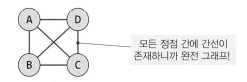

모든 정점 간에 간선이
존재하니까 완전 그래프!

■ 그래프의 추상 자료형

그래프는 정점과 간선의 집합이다. 추상 자료형을 정의해보자.

정의 10.1 Graph ADT

데이터: 정점과 간선의 집합
연산
- isEmpty():   그래프가 공백상태인지 확인한다.
- countVertex(): 정점의 수를 반환한다.
- countEdge():   간선의 수를 반환한다.
- getEdge(u,v):   정점 u에서 정점 v로 연결된 간선을 반환한다.
- degree(v):   정점 v의 차수를 반환한다.
- adjacent(v):   정점 v에 인접한 모든 정점의 집합을 반환한다.
- insertVertex(v): 그래프에 정점 v를 삽입한다.
- insertEdge(u,v): 그래프에 간선 (u,v)를 삽입한다.
- deleteVertex(v): 그래프의 정점 v를 삭제한다.
- deleteEdge(u,v): 그래프의 간선 (u,v)를 삭제한다.

만약 방향 그래프라면 차수를 반환하는 **degree** 연산에 **degree(v, out)**과 같이 진입차수
와 진출차수를 구분하는 매개변수가 추가되어야 할 것이다.

그래프에 정점을 추가하려면 **insertVertex** 연산을 사용하고 삭제하려면 **deleteVertex**를
사용할 수 있다. 그러나 하나의 정점이 삭제되면 그와 연결된 모든 간선들도 함께 삭제되어
야 하는 것에 유의하라.

간선의 삽입과 삭제에는 **insertEdge**와 **deleteEdge** 연산을 사용하는데, 간선이 삭제되더
라도 정점에는 변화가 없다. 간선은 2개의 정점을 이용해 표현되기 때문에 삽입을 위해서
는 그래프에 반드시 두 정점이 정의되어 있어야 한다.

그래프는 다양한 방법으로 표현할 수 있다. 그리고 그래프를 어떻게 표현하는가에 따라 이들 연산을 위한 시간 복잡도가 달라질 수 있다. 그래프의 다양한 표현 방법을 살펴보자.

---

1 다음 중 그래프로 나타내기에 적합하지 않은 자료는?

　① 지도　　　　　　② 전기 회로　　　　　③ 지하철 노선도　　　④ 행렬

2 그래프에 대한 다음 설명 중 옳지 않은 것은?

　① 무방향 그래프는 간선에 방향성이 없는 그래프이다.
　② 간선에 방향이 있는 그래프를 방향 그래프라 한다.
　③ 가중치 그래프는 정점에 비용이나 가중치가 할당된 그래프이다.
　④ 시각적으로 다르게 보인다고 항상 다른 그래프인 것은 아니다.

3 경로 중에서 반복되는 간선이 없는 경로를 (　　　)라 한다.

4 정점에 연결된 간선의 수를 그 정점의 (　　　)라고 한다.

5 사이클을 가지지 않는 연결 그래프를 (　　　)라고 말한다.

6 방향 그래프에서는 진입 차수와 진출 차수를 구분해야 한다. (　　)

정답 1 ④ 2 ③ 3 단순 경로 4 차수 5 트리 6 O

10.2 그래프의 표현

■ 인접 행렬을 이용한 표현

그래프에서 정점들의 연결 관계를 표현하는 가장 간단한 방법은 행렬(matrix)을 사용하는 것이다. 이러한 행렬을 **인접 행렬**(adjacency matrix)이라 한다. 그래프 G를 인접 행렬로 표현해 보자. 정점의 개수가 n이라면 $n \times n$의 행렬(2차원 배열 구조) M이 필요하다. M의 각 원소들은 다음과 같이 행과 열에 해당하는 정점간의 간선 정보를 나타낸다.

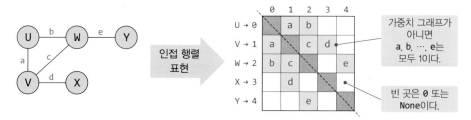

[그림 10.5] 인접 행렬을 이용한 그래프 표현 예(무방향 그래프)

두 정점 사이에 간선이 없으면 0 또는 None을 갖도록 하고, 간선이 있으면 1을 갖는다. 만약 간선이 가중치를 갖는 **가중치 그래프**라면 경우라면 위와 같이 간선이 있는 성분을 그 가중치 값으로 표시한다. 우리가 다루는 그래프에서는 **자체 간선**(자신에서 출발해서 자신으로 들어오는 간선)을 허용하지 않으므로 인접 행렬의 대각선 성분은 모두 0으로 표시한다.

- **무방향 그래프**: 무방향 그래프에서 인접 행렬은 대칭 행렬이 된다. 이것은 간선 (u, v)가 정점 u에서 정점 v로의 연결뿐만 아니라 정점 v에서 정점 u로의 연결을 동시에 의미하기 때문이다. 따라서 무방향 그래프는 배열의 상위 삼각이나 하위 삼각만 저장하여 메모리를 절약할 수도 있다.

- **방향 그래프**: 방향 그래프의 인접 행렬은 일반적으로 대칭이 아니다.

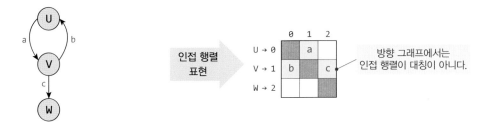

[그림 10.6] 인접 행렬을 이용한 방향 그래프 표현 예

■ 인접 리스트를 이용한 표현

그래프의 각 정점과 연결된 인접 정점들을 각각의 리스트로 표현할 수도 있는데, 이러한 리스트를 **인접 리스트**(adjacency list)라 부른다. 각 정점은 인접 리스트를 이용해 자신과 간선으로 직접 연결된 인접 정점들을 관리한다.

예를 들어, 그림 10.7의 그래프를 인접 리스트로 표현해 보자. 각 정점은 하나의 연결 리스트를 갖고, 그래프는 이러한 연결 리스트들의 헤더 포인터 배열을 갖는다. 이제 정점의 번호만 알면 배열을 통해 해당 정점의 인접 리스트 시작 노드를 알 수 있고, 인접 정점들에 접근할 수 있다.

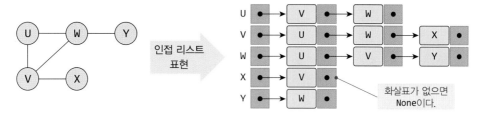

[그림 10.7] 인접 리스트를 이용한 무방향 그래프 표현 예

무방향 그래프에 간선 (u, v)가 있다면 정점 u의 연결 리스트에 v 노드를 추가해야 하지만, 정점 v의 연결 리스트에도 u 노드를 추가하는 것도 잊지 말아야 한다. 따라서 <u>연결 리스트에 실제로 만들어지는 노드의 수는 간선의 수의 2배이다.</u> 물론 인접 리스트에 노드를 추가하는 방법에 따라 인접 정점들의 순서가 달라질 수 있지만 이러한 순서는 중요하지 않다.

> ⭐ 참고사항   **인접 "리스트"와 인접 "집합"**
>
> 그래프의 '인접 리스트 표현'은 사실 개념적으로는 '인접 집합 표현'이라고 하는 것이 더 정확하다. 왜냐하면, 한 정점에 인접한 정점들 사이에는 순서가 없기 때문이다. 그런데 '리스트'와는 달리 '집합'은 구현하는 방법이 다양하므로 통상적으로 '인접 리스트'란 용어를 사용하고 있다.

방향 그래프에서는 인접 리스트의 노드의 수는 그래프의 간선의 수와 같다.

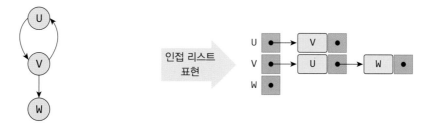

[그림 10.8] 인접 리스트를 이용한 방향 그래프 표현 예

■ 인접 행렬과 인접 리스트의 복잡도 비교

정점의 수가 n개이고 간선의 수가 e개인 무방향 그래프에서 주요 연산에 대한 인접 행렬과 인접 리스트의 복잡도를 비교해 보자.

인접 행렬	인접 리스트
간선의 수에 무관하게 항상 n^2 개의 메모리 공간이 필요하다. 따라서 정점에 비해 간선의 수가 매우 많은 조밀 그래프(dense graph)에서 효과적이다.	n개의 연결 리스트가 필요하고, $2e$개의 노드가 필요하다. 즉 $n+2e$ 개의 메모리 공간이 필요하다. 따라서 정점에 비해 간선의 개수가 매우 적은 **희소 그래프**(sparse graph)에서 효과적이다.
u와 v를 연결하는 간선의 유무는 M[u][v]를 조사하면 바로 알 수 있다. 따라서 getEdge(u,v)의 시간 복잡도는 $O(1)$ 이다.	getEdge(u,v)연산은 정점 u의 연결 리스트 전체를 조사해야 한다. 정점 u의 차수를 d_u 라고 한다면 이 연산의 시간 복잡도는 $O(d_u)$ 이다.
정점의 차수를 구하는 degree(v)는 정점 v에 해당하는 행을 조사하면 되므로 $O(n)$ 이다. 즉, 정점 v에 대한 차수는 다음과 같이 계산된다. $$degree(v)=\sum_{k=0}^{n-1}M[v][k]$$	정점 v의 차수 degree(v)는 v의 연결 리스트의 길이를 반환하면 된다. 따라서 시간 복잡도는 $O(d_v)$ 이다.
정점 v의 인접 정점을 구하는 adjacent(v) 연산은 해당 행의 모든 요소를 검사하면 되므로 $O(n)$ 의 시간이 요구된다.	정점 v에 간선으로 직접 연결된 모든 정점을 구하는 adjacent(v) 연산도 해당 연결리스트의 모든 요소를 방문해야 되므로 $O(d_v)$ 이다.
그래프에 존재하는 모든 간선의 수를 알아내려면 인접 행렬 전체를 조사해야 하므로 n^2 번의 조사가 필요하다. 따라서 $O(n^2)$ 의 시간이 요구된다.	전체 간선의 수를 알아내려면 헤더 노드를 포함하여 모든 인접 리스트를 조사해야 하므로 $O(n+e)$ 의 연산이 요구된다.

완전 그래프에 가까운 매우 조밀한 그래프($e \approx n(n-1)/2$)에서는 인접 행렬이 유리하고 보다 간단하다. 반대로 정점의 수에 비해 간선이 매우 적은 희소 그래프에서는 인접 리스트가 더 효율적이라 볼 수 있다.

▪ 파이썬을 이용한 그래프의 인접 행렬 표현

그래프의 정점 데이터는 파이썬의 리스트를 사용하면 간단히 표현된다. 정점간의 관계를 나타내는 인접 행렬은 어떻게 나타낼 수 있을까? 리스트의 리스트를 사용하면 2차원 배열 구조를 표현할 수 있다. 인접 행렬의 각 요소들은 정점간의 간선이 존재하는 경우 1을 그렇지 않은 경우 0을 갖는다. 다음은 무방향 그래프를 인접 행렬로 표현한 예이다.

무방향 그래프	인접 행렬 표현
	vertex = ['A', 'B', 'C', 'D', 'E', 'F', 'G', 'H'] adjMat = [[0, 1, 1, 0, 0, 0, 0, 0], 　　　　　[1, 0, 0, 1, 0, 0, 0, 0], 　　　　　[1, 0, 0, 1, 1, 0, 0, 0], 　　　　　[0, 1, 1, 0, 0, 1, 0, 0], 　　　　　[0, 0, 1, 0, 0, 0, 1, 1], 　　　　　[0, 0, 0, 1, 0, 0, 0, 0], 　　　　　[0, 0, 0, 0, 1, 0, 0, 1], 　　　　　[0, 0, 0, 0, 1, 0, 1, 0]]

이때, 인접 행렬의 행과 열의 순서는 정점의 순서와 정확히 일치해야 한다.

만약 간선이 가중치를 갖는 가중치 그래프라면 행렬 요소에 가중치를 표시하면 된다. 이 경우 구분을 위해 간선이 없는 경우를 다음과 같이 None으로 처리하는 것이 좋다. 다음은 무방향 가중치 그래프의 인접행렬 표현 예이다.

가중치 그래프	인접 행렬 표현				
	vertex = ['A',	'B',	'C',	'D',	'E']
	adjMat = [[0,	13,	10,	None,	None],
	[13,	0,	None,	25,	18],
	[10,	None,	0,	27,	None],
	[None,	25,	27,	0,	34],
	[None,	18,	None,	34,	0]]

⭐ 참고사항　**그래프 정점들의 순서**

그래프에서 정점들 사이에는 '순서'가 없다. 위의 그래프 표현에서는 정점의 순서를 임의로 정한 것일 뿐이다. 만약 정점의 나열 순서를 변경한다면 인접 행렬도 달라진다. 예를 들어, 위의 그래프는 정점들을 A, B, C, D, E의 순으로 나열한 경우의 인접 행렬일 뿐이다.

■ 파이썬을 이용한 그래프의 인접 리스트 표현

파이썬은 리스트와 튜플, 딕셔너리, 집합 등 다양한 내장 자료형을 제공한다. 따라서 인접 리스트를 표현할 수 있는 방법이 매우 다양하다.

인접 정점 리스트

인접 리스트는 연결 리스트로 표현할 수도 있지만, 파이썬의 리스트를 이용하면 더 간단하게 나타낼 수 있다. 다음은 인접 리스트에 <u>인접 정점의 인덱스를 저장한</u> 예를 보여준다.

그래프	인접 정점 인덱스의 리스트

	```vertex = ['A','B','C','D','E','F','G','H']```
	 `adjList = [[ 1, 2 ],        # 'A'의 인접정점 인덱스`
	 `            [ 0, 3 ],        # 'B'의 인접정점 인덱스`
	 `            [ 0, 3, 4 ],     # 'C'`
	 `            [ 1, 2, 5 ],     # 'D'`
	 `            [ 2, 6, 7 ],     # 'E'`
	 `            [ 3 ],           # 'F'`
	 `            [ 4, 7 ],        # 'G'`
	 `            [ 4, 6 ] ]       # 'H'`

리스트를 인덱스로 나타내면 연결 관계를 한눈에 파악하기가 쉽지 않다. C언어와 달리 파이썬은 보다 가독성 있는 코드를 손쉽게 만들 수 있는 장점이 있다. 예를 들어, 다음과 같이 정점 정보(정점의 킷값 등)를 리스트에 직접 표시한다면 코드를 통해 그래프의 구조를 보다 쉽게 예상할 수 있다.

그래프	인접 정점 키의 리스트

	```vertex = ['A','B','C','D','E','F','G','H']```
	 `adjList = [ [ 'B','C' ],        # 'A'의 인접정점`
	 `            [ 'A','D' ],        # 'B'의 인접정점`
	 `            [ 'A','D','E' ],    # 'C'`
	 `            [ 'B','C','F' ],    # 'D'`
	 `            [ 'C','G','H' ],    # 'E'`
	 `            [ 'D' ],            # 'F'`
	 `            [ 'E','H' ],        # 'G'`
	 `            [ 'E','G' ] ]       # 'H'`

하나의 객체로 표현

정점과 인접 리스트를 한꺼번에 표시할 수도 있다. 여러 방법이 있지만, 가장 간단한 방법은 정점과 그 정점의 인접리스트를 튜플(또는 리스트)로 묶어 다음과 같이 하나로 처리하는 것이다. 이제 하나의 변수 graph를 통해 그래프의 모든 정보를 알 수 있다.

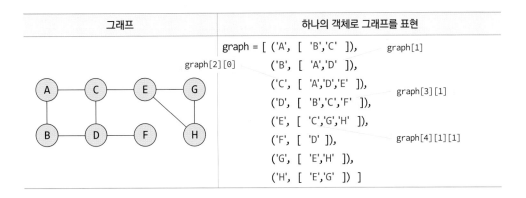

그래프	하나의 객체로 그래프를 표현
	graph = [('A', ['B','C']),　　　graph[1] 　graph[2][0]　　('B', ['A','D']), 　　　　　　　　('C', ['A','D','E']),　　graph[3][1] 　　　　　　　　('D', ['B','C','F']), 　　　　　　　　('E', ['C','G','H']), 　　　　　　　　('F', ['D']),　　　graph[4][1][1] 　　　　　　　　('G', ['E','H']), 　　　　　　　　('H', ['E','G'])]

예를 들어, 이 방법으로 정점 C의 인접 정점들에 접근하려면 어떻게 할까? graph[2][0]은 정점 C 객체이고, graph[2][1]은 C의 인접 리스트이다. 정점 C의 첫 번째 인접 정점은 graph[2][1][0]을 통해 알 수 있다. 여러 개의 인덱스 연산자를 사용해야 함에 유의하라.

딕셔너리를 이용한 표현

그래프는 선형 자료구조가 아니기 때문에 정점들 사이에 순서가 없다. 따라서 리스트가 아니라 집합이나 딕셔너리와 같은 다른 방법들을 이용해 표현할 수도 있다. 딕셔너리를 이용해 보자. 각 정점에 각각의 인접 리스트를 **대응**(mapping)시키는 것이다. 다음은 정점의 이름을 키(key)로, 그 정점의 인접 리스트를 값(value)으로 하는 엔트리로 구성된 딕셔너리로 그래프를 표현한 예이다.

그래프	딕셔너리를 이용한 표현 (정점 : 인접리스트)
	graph = { 'A': ['B','C'], 　　　　　'B': ['A','D'],　　　graph['C'] 　　　　　'C': ['A','D','E'], 　　　　　'D': ['B','C','F'], 　　　　　'E': ['C','G','H'], 　　　　　'F': ['D'],　　　graph['E'][0] 　　　　　'G': ['E','H'], 　　　　　'H': ['E','G'] }

이 표현에서 정점 C의 인접 리스트는 다음과 같이 구할 수 있다.

```
edge = graph['C']          # edge는 노드 C의 인접 리스트
```

딕셔너리와 집합을 이용한 표현

사실 인접 리스트도 반드시 "리스트"로 이루어질 필요는 없다. 인접 정점들 사이에는 순서가 필요하지 않고, 단지 어떤 정점들이 인접해 있는지 만이 중요하기 때문이다. 따라서 인접 리스트를 **집합**(set)으로 표현할 수 있다. 그래프를 딕셔너리와 인접 정점 집합으로 표현한 예는 다음과 같다.

그래프	딕셔너리와 집합을 이용한 표현
	graph = { 'A': {'B', 'C'}, 　　　　　 'B': {'A', 'D'}, 　　　　　 'C': {'A','D','E'},　graph['C'] 　　　　　 'D': {'B','C','F'}, 　　　　　 'E': {'C','G','H'}, 　　　　　 'F': {'D'}, 　　　　　 'G': {'E','H'}, 　　　　　 'H': {'E','G'} }

코드에서 graph['C']는 정점 'C'의 인접 정점 집합을 나타낸다. 따라서 집합 graph['C']의 원소는 'A', 'D', 'E'가, 될 것이다. graph['C']의 각 원소를 화면에 출력하기 위해서는 다음 코드를 사용할 수 있다.

```
for v in graph['C'] :      # 정점 C의 인접 정점 집합의 모든 원소에 대해
    print(v)               # 그 원소를 화면에 출력
```

파이썬에서는 내장 자료형으로 제공하는 것들이 많아 그래프를 표현하는 방법도 매우 다양함에 유의하라. 파이썬은 복잡한 클래스를 만들지 않더라도 내장 자료형을 이용해 그래프와 같은 복잡한 구조도 손쉽게 표현할 수 있는 것이 특징이다. 따라서 이러한 다양한 내장 자료형에 익숙해지는 것이 좋다.

10.3 그래프의 탐색

그래프 탐색은 가장 기본적인 연산으로 하나의 정점에서 시작하여 모든 정점들을 한 번씩 방문하는 작업이다. 실제로 많은 그래프 문제들이 단순히 정점들의 탐색만으로 해결된다. 예를 들어, 전자회로에서도 어떤 두 단자가 서로 연결되어 있는지를 판단하는 것은 그래프 탐색만으로 가능하다. 미로에서 출구를 찾는 일도 그래프 탐색으로 해결할 수 있다. 기본적인 그래프 탐색 방법에는 **깊이우선탐색**과 **너비우선탐색**의 두 가지가 있다.

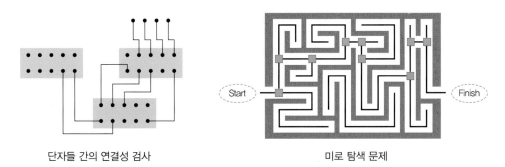

단자들 간의 연결성 검사   미로 탐색 문제

[그림 10.9] 그래프 탐색의 응용 분야

깊이우선탐색

깊이우선탐색(depth first search, DFS)은 스택을 이용한 미로 탐색과 유사하다. 미로를 탐색할 때 한 방향으로 갈 수 있을 때까지 계속 가다가 더 이상 갈 수 없게 되면 다시 가장 가까운 갈림길로 돌아와서 다른 방향을 다시 탐색하는 방법으로 출구를 찾는 방법이다.

탐색 과정에 한번 방문한 정점은 다시 탐색하지 않아야 하므로 각 정점의 방문 여부를 기록해야 한다. 이를 위해 visited란 배열을 사용하는데, 맨 처음에는 방문한 정점이 없으므로 모든 정점이 False를 갖는다. 탐색이 시작되면 시작 정점에서부터 임의의 인접한 정점으로 탐색을 진행하는데, 이때 한번 방문한 정점의 visited 값은 True로 갱신해야 한다. 탐색은 인접한 정점들 중에서 아직 방문하지 않은 정점으로만 가능한데, 만약 어떤 정점에서 더 이상 방문하지 않은 인접 정점이 없으면 가장 마지막에 만났던 정점으로 되돌아간다. 거기서 다시 아직 방문하지 않은 인접 정점을 찾아 다시 같은 방법의 탐색을 진행한다. 이 방법은 가장 최근에 만났던 갈림길로 되돌아가야 하므로 스택을 사용하여 구현할 수 있지만, 순환의 형태로 구현하는 것이 더 직관적이다. 그림10.10은 정점 A에서부터 깊이 우선 탐색 방법을 이용해 모든 정점들을 방문하는 전체 과정을 보여준다.

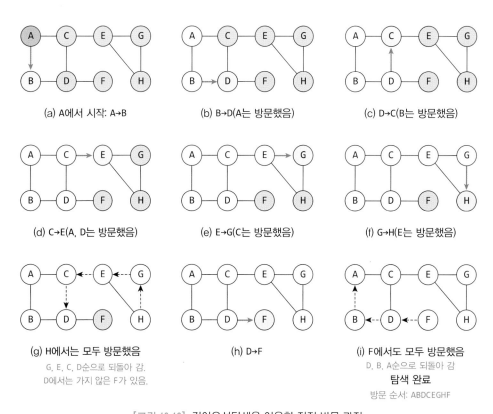

[그림 10.10] 깊이우선탐색을 이용한 정점 방문 과정

이미 방문한 정점들은 음영으로 표시하였고, 굵은 실선 화살표는 실제로 다음에 방문하는

인접 정점으로의 간선을 표시한다. A에서 시작하여 B, D, C, E, G, H순으로 순환 호출을 진행하는데, H에서 더 이상 가지 않은 인접 정점이 없다. 이제 순환 함수가 반환되고 이전의 갈림길로 되돌아간다. D에서 아직 방문하지 않은 인접 정점이 있으므로 F로 다시 탐색을 진행한다. 이제 F에서도 더 이상 방문하지 않은 정점이 없으므로 D, B, A 순으로 되돌아가서 탐색이 완료된다.

깊이우선탐색을 구현해보자. 그래프는 인접 행렬로 표현하는데, 정점 리스트 vtx와 인접 행렬 adj가 주어진다고 가정한다. 정점의 방문을 표시하는 배열 visited는 정점 리스트 vtx와 같은 크기로 맨 처음에는 모두 False로 초기화한다. 정점 s를 시작으로 깊이우선탐색으로 모든 정점을 방문하는 코드는 다음과 같이 순환 구조로 구현할 수 있다.

코드 10.1 깊이우선탐색(인접 행렬 방식)   참고파일 ch10/DFS.py

```
01   def DFS(vtx, adj, s, visited) :
02       print(vtx[s], end=' ')                현재 정점 s는 방문했으므로, 화면에 출력하고, visited
03       visited[s] = True                     를 True로 갱신
04
05       for v in range(len(vtx)) :      # 그래프의 모든 정점에 대해
06           if adj[s][v] != 0 :
07               if visited[v] == False:       방문하지 않은 이웃 정점 v가 있으면 그 정점을 시작으로
08                   DFS(vtx, adj, v, visited)  다시 DFS 호출
```

그림 10.10의 그래프를 인접 행렬로 표현하고, 시작 정점을 A(인덱스는 0)로 선택한 경우의 깊이우선탐색 실행 결과는 다음과 같다.

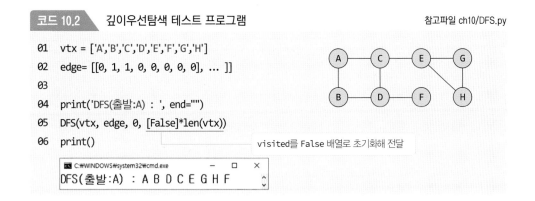

코드 10.2 깊이우선탐색 테스트 프로그램   참고파일 ch10/DFS.py

```
01   vtx = ['A','B','C','D','E','F','G','H']
02   edge= [[0, 1, 1, 0, 0, 0, 0, 0], ... ]]
03
04   print('DFS(출발:A) : ', end="")
05   DFS(vtx, edge, 0, [False]*len(vtx))      visited를 False 배열로 초기화해 전달
06   print()
```

```
C:\WINDOWS\system32\cmd.exe         —  □  ×
DFS(출발:A) :  A B D C E G H F
```

깊이우선탐색의 분석

깊이우선탐색은 그래프의 모든 간선을 조사하므로 정점의 수가 n이고 간선의 수가 e인 그 래프를 깊이우선탐색을 하는 시간은 그래프가 인접 행렬로 표시되어 있다면 $O(n^2)$이다. 만약, 그래프를 인접 리스트로 표현한다면 간선의 조사를 위해 e에 비례하는 시간이 걸리 므로, 시간 복잡도는 $O(n+e)$가 된다. 이것은 이는 희소 그래프인 경우 깊이 우선 탐색은 인접 리스트의 사용이 인접행렬의 사용보다 시간적으로 유리함을 뜻한다.

■ 너비우선탐색

너비우선탐색(breadth first search: BFS)은 시작 정점으로부터 가까운 정점을 먼저 방문 하고 멀리 떨어져 있는 정점을 나중에 방문하는 순회 방법이다. 너비우선탐색을 위해서는 가까운 거리에 있는 정점들을 차례로 저장하고, 들어간 순서대로 꺼낼 수 있는 자료구조가

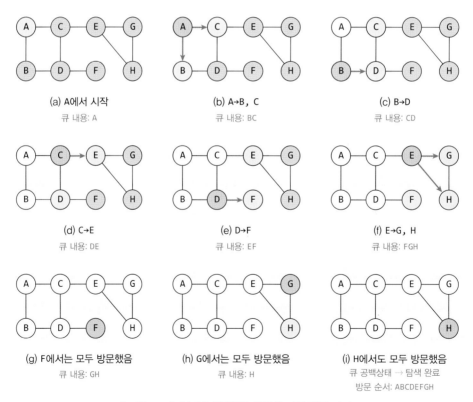

[그림 10.11] 너비우선탐색을 이용한 정점 방문 과정

필요하다. 물론 **큐**(queue)가 사용된다. 정점들이 방문될 때마다 큐에 인접 정점을 삽입하고, 더 이상 방문할 인접 정점이 없는 경우 큐의 맨 앞에서 정점을 꺼내 그 정점과 인접한 정점들을 차례대로 방문한다. 초기 상태의 큐에는 시작 정점만이 저장되어 있고, 너비우선 탐색 과정은 큐가 공백상태가 될 때까지 계속된다.

처음에는 큐에 A만 들어있다. 큐에서 A를 꺼내 인접 정점을 순서대로 방문한다. 이제 큐에는 [B, C]가 순서대로 들어있다. 다시 큐에서 B를 꺼내고 B에서 갈 수 있는 인접 정점을 방문하고 큐에 삽입한다. 이제 큐에는 [C, D]가 들어있다. 이 과정을 큐가 공백상태가 될 때 까지 진행한다. (f) 상태에서 다음으로 F가 큐에서 꺼내지는데, 이미 모두 방문했으므로 더 이상 큐에 삽입할 정점이 없다. 이와 같이 큐의 모든 요소들이 처리되어 큐가 공백상태이면 탐색은 종료된다.

이제 BFS를 구현해 보자. 이번에는 <u>그래프를 인접 리스트로 표현</u>하는데, 정점 리스트 vtx 와 인접 리스트 aList가 주어진다고 가정한다. <u>인접 리스트로는 파이썬의 리스트를 사용하자</u>. 시작 정점은 s이고, DFS와 마찬가지로 visited 배열을 사용한다. 순환 호출을 이용한 DFS와는 달리 BFS는 <u>반복구조로 구현</u>된다. 따라서 DFS와 달리 visited를 매개변수로 전달할 필요는 없고, BFS 함수 내에서 만들어 사용한다. 큐는 앞에서 구현한 CircularQueue 클래스나 파이썬의 queue나 collections 모듈을 사용할 수 있는데, 여기서는 파이썬 queue 모듈의 Queue 클래스를 사용하자. 코드는 다음과 같다.

코드 10.3 너비우선탐색(인접 리스트 방식)   참고파일 ch10/BFS.py

```
01   from queue import Queue          # queue 모듈의 Queue 사용
02   def BFS_AL(vtx, aList, s):
03       n = len(vtx)                 # 그래프의 정점 수
04       visited = [False]*n          # 방문 확인을 위한 리스트
05       Q = Queue()
06       Q.put(s)
07       visited[s] = True
08       while not Q.empty() :
09           s = Q.get()              # 큐에서 정점을 꺼냄
10           print(vtx[s], end=' ')   # 정점을 출력(처리)함
11           for v in aList[s] :
12               if visited[v]==False :
13                   Q.put(v)
14                   visited[v] = True
```

맨 처음에는 큐에 시작 정점만 들어 있고, 시작 정점은 "방문"했다고 표시함

s의 이웃 정점 v가 아직 방문하지 않았다면, 큐에 삽입하고, "방문"했다고 표시함

그림 10.11의 그래프를 인접 리스트로 표현하고, 시작 정점을 A(인덱스는 0)로 선택한 경우의 너비우선탐색 실행 결과는 다음과 같다.

코드 10.4   너비우선탐색 테스트 프로그램   참고파일 ch05/BFS.py

```
01   vtx = ['A','B','C','D','E','F','G','H']
02   alist= [[1,2], [0,3], ... ]
03
04   print('BFS_AL(출발:U): ', end=" ")
05   BFS_AL(vtx, alist, 0)
06   print()
```

```
C:\WINDOWS\system32\cmd.exe          —    □    ×

BFS_AL(출발:A): A B C D E F G H
```

너비우선탐색의 분석

너비우선탐색의 특징은 시작 정점으로부터 거리가 가까운 정점의 순서로 탐색이 진행된다는 것이다. 여기서 거리란 시작정점으로부터 어떤 정점까지의 경로 중 가장 짧은 경로의 길이를 뜻한다. 즉, 너비우선 탐색은 거리가 d인 정점들을 모두 방문한 다음, 거리가 (d+1)인 정점들을 모두 방문하게 된다. 거리가 0인 시작정점으로부터 거리가 1인 모든 정점, 거리가 2인 모든 정점, 거리가 3인 모든 정점 등의 순서대로 방문한다.

너비우선탐색은 그래프가 인접 리스트로 표현되어 있으면 전체 수행시간이 $O(n+e)$ 이며, 인접행렬로 표현되어 있는 경우는 $O(n^2)$ 시간이 걸린다. 너비우선 탐색도 깊이우선 탐색과 같이 희소 그래프를 사용할 경우 인접리스트를 사용하는 것이 효율적이다.

■ 딕셔너리와 집합을 이용한 그래프에서의 탐색 코드

만약 그래프를 딕셔너리와 집합을 이용해 표현한다면 탐색 알고리즘들은 어떻게 구현될까? DFS를 다시 구현하면 코드 10.5와 같다. 코드에서 visited, nbr, graph[v] 등은 모두 파이썬의 집합(set)이다. visited는 맨 처음에 공집합이 전달된다. 현재 집합 v가 visited에 포함되지 않으면, v를 방문했다고 표시하고, v의 인접 정접 집합 중에서 방문하지 않은 정점들에 대해 깊이우선탐색을 다시 호출한다.

코드 10.5 딕셔너리와 집합으로 표현된 그래프의 깊이우선탐색 참고파일 ch10/DFS.py

```
01  def DFS2(graph, v, visited):
02      if v not in visited :          # v ∉ visited 이면
03          visited.add(v)             # v를 visited에 삽입
04          print(v, end=' ')          # v를 출력
05          nbr = graph[v] - visited
06          for u in nbr:
07              DFS2(graph, u, visited)
```

차집합 연산(-)을 이용해 v의 인접 정점 중에서 visited에 포함되지 않은 정점의 집합 nbr을 구하고, 모든 정점에 대해 깊이우선탐색을 다시 진행

테스트 코드와 실행 결과는 다음과 같다. 재미있는 점은 이 프로그램은 실행할 때마다 결과가 달라질 수 있다는 것이다. 왜 그럴까? 리스트와 달리 집합은 원소의 순서가 없으므로 6행의 in 연산에서 나열되는 원소의 순서가 달라질 수 있기 때문일 것이다.

코드 10.6 테스트 프로그램 참고파일 ch10/DFS.py

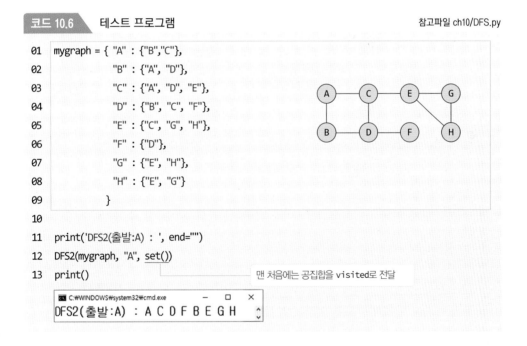

```
01  mygraph = { "A" : {"B","C"},
02              "B" : {"A", "D"},
03              "C" : {"A", "D", "E"},
04              "D" : {"B", "C", "F"},
05              "E" : {"C", "G", "H"},
06              "F" : {"D"},
07              "G" : {"E", "H"},
08              "H" : {"E", "G"}
09            }
10
11  print('DFS2(출발:A) : ', end="")
12  DFS2(mygraph, "A", set())
13  print()
```

맨 처음에는 공집합을 visited로 전달

```
C:\WINDOWS\system32\cmd.exe          —  □  ×
DFS2(출발:A) : A C D F B E G H
```

10.4 연결 성분 검사

그래프 탐색의 응용으로 그래프의 연결 성분들을 찾아보자. **연결 성분**(connected component)이란 최대로 연결된 부분 그래프를 말한다. 예를 들어 다음의 그래프에는 2개의 연결된 부분 그래프, 즉 2개의 연결 성분이 있다.

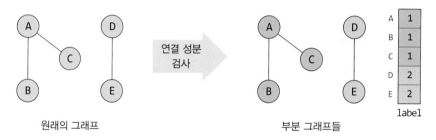

[그림 10.12] 연결 성분 검사와 부분 그래프들

연결 성분을 찾기 위해서 깊이우선탐색이나 너비우선탐색을 이용할 수 있다. 여기서는 너비우선탐색을 사용하자. 먼저 그래프의 임의의 정점을 선택하고, 너비우선탐색을 통해 연결되어 있는 모든 정점들을 출력한다. 더 이상 연결된 정점이 없으면 그래프에서 아직 방문되지 않은 다른 정점을 선택해 동일한 과정을 되풀이한다. 이 과정을 그래프의 모든 정점이 방문될 때까지 반복하면 모든 연결 성분들을 찾을 수 있다.

이제 프로그램을 구현하자. 그래프는 인접 행렬로 표현하는데, 정점 리스트 vtx와 인접 행렬 adj가 주어진다. 정점의 방문 여부를 나타내는 visited 배열도 앞에서와 같은 방법으로 사용된다. 연결 성분 검사 주 함수에서는 그래프의 모든 정점 v에 대해 아직 방문하지 않은 정점이면 이 정점을 시작으로 새로운 연결 성분을 너비우선탐색으로 구한다. 구한 연결 성분들은 리스트에 순서대로 저장해서 반환한다.

코드 10.7 연결 성분 검사 주 함수 참고파일 ch10/CC_BFS.py

```python
01  def find_connected_component(vtx, adj) :
02      n = len(vtx)
03      visited = [False]*n
04      groups = []   # 연결 성분 리스트
05
06      for v in range(n) :
07          if visited[v] == False :
08              color = bfs_cc(vtx, adj, v, visited)
09              groups.append( color )
10
11      return groups
```

> 아직 방문하지 않은 정점이 있으면, 그 정점을 시작으로 새로운 연결성분을 구함. 새로운 성분을 groups에 추가

코드 10.5를 수정하여 너비우선탐색으로 하나의 연결 성분을 구하는 함수는 다음과 같다. 시작 정점 s로 새로운 연결 그룹을 생성하고, 너비우선탐색을 이용해 s와 연결된 모든 정점을 이 그룹에 추가한다. 마지막으로 구해진 새로운 연결 성분을 반환하면 된다.

코드 10.8 너비우선탐색을 이용한 연결 성분 검사 참고파일 ch10/CC_BFS.py

```python
01  from queue import Queue
02  def bfs_cc(vtx, adj, s, visited):
03      group = [s]
04      Q = Queue()
05      Q.put(s)
06      visited[s] = True
07      while not Q.empty() :
08          s = Q.get()
09          for v in range(len(vtx)) :
10              if visited[v]==False and adj[s][v] != 0 :
11                  Q.put(v)
12                  visited[v] = True
13                  group.append(v)
14      return group
```

> 새로운 연결 그룹 생성. 맨 처음에는 시작 정점만 포함

> 너비 우선으로 탐색하면서 연결된 모든 정점을 새로운 연결 그룹에 추가

다음은 연결 성분 검사 테스트 프로그램과 실행 결과를 보여준다. 전체 그래프는 두 개의 연결 성분을 갖는데, 각 성분에 포함되는 정점의 인덱스가 출력된다.

코드 10.9   연결 성분 검사 테스트 프로그램   참고파일 ch10/CC_BFS.py

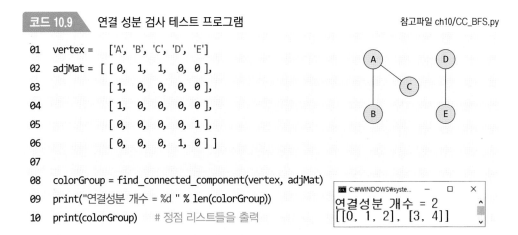

```
01  vertex =  ['A', 'B', 'C', 'D', 'E']
02  adjMat = [ [ 0,  1,  1,  0,  0 ],
03             [ 1,  0,  0,  0,  0 ],
04             [ 1,  0,  0,  0,  0 ],
05             [ 0,  0,  0,  0,  1 ],
06             [ 0,  0,  0,  1,  0 ] ]
07
08  colorGroup = find_connected_component(vertex, adjMat)
09  print("연결성분 개수 = %d " % len(colorGroup))
10  print(colorGroup)        # 정점 리스트들을 출력
```

```
연결성분 개수 = 2
[[0, 1, 2], [3, 4]]
```

1 코드 10.7의 연결 성분 검사에서는 너비우선탐색이 사용되었다. 깊이우선탐색을 이용하여 연결 성분 검사 알고리즘을 다시 구성하라.

도전 코딩!

• 참고파일 ch10/CC_DFS.py

10.5 신장 트리

신장 트리(spanning tree)란 그래프 내의 모든 정점을 포함하는 트리다. 신장 트리도 트리의 일종이므로 모든 정점들이 연결되어 있고 사이클이 없어야 하고, 그래프의 n개의 정점을 정확히 $(n-1)$개의 간선으로 연결해야 한다. 신장 트리를 찾기 위해 깊이우선탐색이나 너비우선탐색을 이용할 수 있다. 같은 그래프에 다양한 신장 트리가 가능한 것에 유의하라. 다음은 같은 그래프를 깊이우선과 너비우선으로 탐색한 경우의 신장 트리의 예를 보여준다.

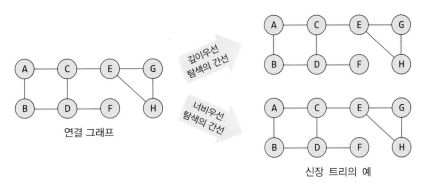

[그림 10.13] 연결 그래프와 신장 트리의 예

신장 트리는 깊이우선이나 너비우선 탐색 도중에 사용된 간선들만 모으면 된다. 다음은 깊이우선탐색 함수 DFS를 수정해 탐색 도중에 추가되는 간선을 순서대로 출력하는 코드이다.

코드 10.10　깊이우선탐색을 이용한 신장 트리　　　　　　　　참고파일 ch10/ST_DFS.py

```python
01  def ST_DFS(vtx, adj, s, visited) :        # s: 시작정점, visited: 방문확인 리스트
02      visited[s] = True
03      for v in range(len(vtx)) :
04          if adj[s][v] != 0 :
05              if visited[v]==False:
06                  print("(", vtx[s], vtx[v], ")", end=' ')      간선 (s,v)를 신장 트리에
                                                                   포함함
07                  ST_DFS(vtx, adj, v, visited)
```

그림 10.13의 그래프에서 정점 A(인덱스 0)를 시작으로 깊이우선탐색으로 구한 신장 트리의 간선들은 다음과 같다.

```
C:\WINDOWS\system32\cmd.exe                                          -  □  ×
신장트리(DFS): ( A B ) ( B D ) ( D C ) ( C E ) ( E G ) ( G H ) ( D F )
```

1 그래프의 신장 트리(spanning tree)에 대한 설명을 적절하지 않은 것은?

중간 점검

　① 연결 그래프 내의 모든 정점을 포함하는 트리를 말한다.

　② 신장 트리의 간선의 수는 정점의 수보다 하나 적다.

　③ 사이클을 포함할 수도 있다.

　④ 하나의 그래프에서도 여러 개의 신장 트리가 가능하다.

10.6 위상 정렬

다음은 컴퓨터 관련 과목들을 수강하기 전에 먼저 들어야 하는 교과목의 관계를 보여주는 표이다. 이 표를 오른쪽과 같이 방향 그래프로 나타내면 교과목의 선후수 관계를 훨씬 쉽게 알아볼 수 있다.

과목번호	과목명	선수과목
A	컴퓨터개론	없음
B	이산수학	없음
C	자료구조	A
D	알고리즘	A, B, C
E	운영체제	B
F	인공지능	C, D, E

교과목의 선후수 관계 표

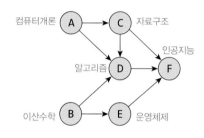

방향 그래프로 표시한 선후수 관계

[그림 10.14] 교과목의 선후수 관계 표현 방법

예를 들어, 자료구조를 수강하려면 먼저 컴퓨터개론을 수강해야 하고, 인공지능을 수강하려면 자료구조, 알고리즘, 운영체제를 모두 먼저 수강해야 한다. 학위를 취득하려면 모든 교과목들을 순서에 따라 모두 수강해야 한다. 이러한 방향 그래프에서 간선 ⟨u, v⟩가 있다면 "정점 u는 정점 v를 선행한다"고 말한다. 방향 그래프에 존재하는 각 <u>정점들의 선행 순서를 위배하지 않으면서 모든 정점을 나열하는 것</u>을 방향 그래프의 **위상 정렬**(topological sort)이라고 한다.

위상 정렬을 위해서는 방향 그래프에 사이클이 존재하지 않아야 한다. 사이클이 있다는 것은 사이클 상의 모든 과목이 선수 과목을 갖게 되기 때문에 어떤 교과목도 수강할 수 없음을 말하고, 따라서 위상 정렬이 불가능하다. 위의 그래프에 대한 가능한 위상 정렬을 생각해 보자.

- ⟨A,B,C,D,E,F⟩나 ⟨B,A,C,D,E,F⟩, ⟨A,C,B,E,D,F⟩등은 모두 가능하다. 즉, 가능한 위상 정렬에는 여러 가지가 있다.
- ⟨C,A,B,D,E,F⟩는 위상 순서가 아니다. 왜냐하면 간선 ⟨A,C⟩가 있으므로 A를 수강한 후 C를 수강해야 하는데 A 보다 먼저 C를 수강했기 때문이다.

방향 그래프의 위상 정렬 알고리즘을 생각해 보자. 먼저, 진입 차수가 0인 정점(선수과목이 없어 바로 수강할 수 있는 과목)을 선택하고, 선택된 정점과 여기에 부착된 모든 간선을 삭제한다(이미 수강했으므로). 이때, 간선이 삭제되므로 삭제되는 간선과 연결된 남아있는 정점들의 진입차수도 변경되어야 한다. 이 과정을 반복하여 모든 정점이 삭제되면 알고리즘이 종료된다. 전체 과정에서 정점이 삭제되는 순서가 **위상 순서(topological order)**가 된다.

만약 진입 차수 0인 정점이 여러 개 있다면 어느 정점을 선택해도 된다. 또한 그래프에 남아 있는 정점들 중에 진입 차수 0인 정점이 없다면 위상 정렬은 불가능하다. 이것은 그래프에 사이클이 존재하는 것을 말한다.

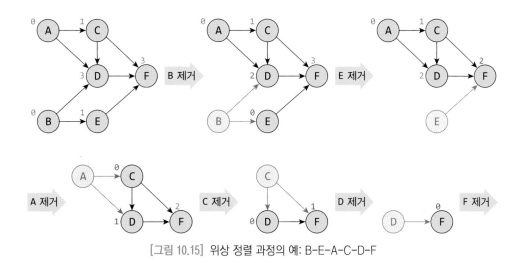

[그림 10.15] 위상 정렬 과정의 예: B-E-A-C-D-F

그림은 위상 정렬 과정의 예를 보여준다. 진입 차수가 0인 정점 B를 시작으로 정점 B와 간선을 제거하면, 다음 단계에서 정점 E의 진입 차수가 0이 되고, 후보 정점은 A, E가 된다. 만약 정점 E를 선택하면 다음 단계에서는 오직 정점 A만이 후보가 된다. 다음에 정점 A가 선택되고 정점 C가 진입 차수가 0이 되어 선택 가능하게 된다. 다음에 정점 C, 정점 D, 정점 F를 선택하면 〈B,E,A,C,D,F〉가 된다.

위상 정렬을 구현해 보자. 그래프는 인접 행렬로 표현한다.

• 각 정점의 진입 차수를 기록해야 한다. 이를 위해 배열 inDeg를 이용한다.
• 진입차수가 0인 정점들은 따로 관리하기 위해 리스트 vlist를 사용한다. 처음에는

inDeg에서 진입차수가 0인 정점들을 모두 찾아 vlist에 추가한다.

- vlist가 공백이 아니면 하나의 정점 v를 꺼내 출력하고 v에 인접한 정점들의 inDeg를 1씩 줄인다. 진입차수가 0으로 줄어든 정점은 vlist에 추가한다. 이 과정을 vlist가 공백이 될 때 까지 반복한다.

구현한 함수와 테스트 프로그램 및 실행 결과는 다음과 같다.

코드 10.11   위상 정렬   참고파일 ch10/TopoSort.py

```
01  def topological_sort_AM(vertex, edge) :
02      n = len(vertex)
03      inDeg = [0] * n        # 진입차수 저장
04      for i in range(n) :
05          for j in range(n) :
06              if edge[i][j]>0 :
07                  inDeg[j] += 1
08
09      vlist = []
10      for i in range(n) :
11          if inDeg[i]==0 :
12              vlist.append(i)
13
14      while len(vlist) > 0 :          # 진입차수가 0인 정점이 없을 때까지
15          v = vlist.pop()             # 진입차수가 0인 정점
16          print(vertex[v], end=' ')   # 화면 출력(방문)
17
18          for u in range(n) :
19              if v!=u and edge[v][u]>0:
20                  inDeg[u] -= 1
21                  if inDeg[u] == 0 :
22                      vlist.append(u)
```

진입차수를 저장할 배열 inDeg를 만들고, 모든 간선을 조사하여 초기화함

진입 차수가 0인 정점 리스트 생성함

v와 연결된 모든 정점 u의 진입차수를 감소시킴.
u의 진입차수가 0으로 줄어들면, u를 vlist에 추가

코드 10.12 위상 정렬 테스트 프로그램

참고파일 ch10/TopoSort.py

```python
01  vertex = ['A', 'B', 'C', 'D', 'E', 'F' ]
02  edge = [ [ 0,  0,  1,  1,  0,  0 ],
03           [ 0,  0,  0,  1,  1,  0 ],
04           [ 0,  0,  0,  1,  0,  1 ],
05           [ 0,  0,  0,  0,  0,  1 ],
06           [ 0,  0,  0,  0,  0,  1 ],
07           [ 0,  0,  0,  0,  0,  0 ] ]
08  print('topological_sort: ')
09  topological_sort_AM(vertex, edge)
10  print()
```

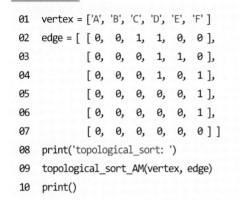

```
C:\WINDOWS\system32\cmd.exe                        —    □    ×
topological_sort:
B E A C D F
```

---

1 다음 중 그래프의 위상 정렬에 대한 설명으로 적절하지 않은 것은?

① 방향 그래프에만 의미가 있다.

② 정점들의 선행 순서를 위배하지 않으면서 모든 정점을 나열하는 것이다.

③ 축소 정복(decrease-and-conquer) 전략을 사용할 수 있다.

④ 진출 차수가 0인 정점들을 반복적으로 삭제한다.

2 방향 그래프가 위상 정렬이 가능하기 위해서는 사이클이 없어야 한다. (   )

중간 점검

| 연습문제 |

10.1 다음 중 그래프에 대해 설명으로 옳지 않은 것은?

① 연결되어 있는 객체 간의 관계를 표현할 수 있다.

② 가장 일반적인 자료구조 형태이다.

③ 계층적인 구조의 자료를 나타내기에 적합하다.

④ 그래프와 관련된 다양한 문제를 연구하는 학문이 그래프 이론이다.

10.2 다음의 그래프의 부분 그래프를 3개 그려보라.

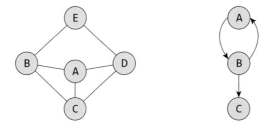

10.3 다음의 무방향 그래프를 인접 행렬과 인접 리스트로 각각 표현하라.

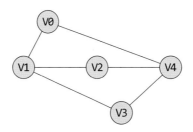

10.4 다음의 방향 그래프를 인접 행렬과 인접 리스트로 각각 표현하라.

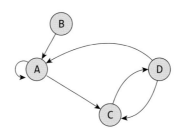

10.5 그래프의 깊이우선탐색에 대한 설명으로 옳지 않은 것은?

① 그래프의 연결 요소를 구하기 위해 사용할 수 있다.

② 신장 트리를 구하기 위해 사용할 수 있다.

③ 최소신장트리를 구하는 크루스칼 알고리즘에서 사용한다.

④ 그래프의 임의의 노드에서 깊이우선탐색을 시작할 수 있다.

10.6 다음 그래프를 정점 S에서 출발하여 깊이우선탐색을 하는 경우의 방문순서를 표시하라.

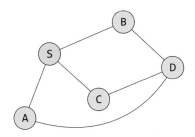

10.7 위 문제의 그래프를 정점 S에서 출발하여 너비우선탐색을 하는 경우의 방문순서를 표시하라.

10.8 다음은 어떤 그래프를 인접 리스트로 표현한 것이다. 이 그래프를 정점 A에서부터 깊이우선탐색할 때, 정점이 방문되는 순서로 옳은 것은? 단, 링크가 •인 것은 None을 의미한다.

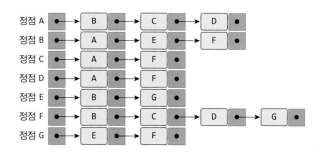

① A→B→C→D→F→G→E

② A→D→C→B→F→E→G

③ A→B→C→D→E→F→G

④ A→B→E→G→F→C→D

10.9 다음의 그래프가 인접 행렬로 표현되어 있다고 가정하고, 정점 3에서 출발하여 깊이우선탐색을 한 경우의 방문순서를 적어라.

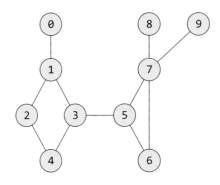

10.10 위 문제에서 정점 3에서 출발하여 너비우선탐색을 한 경우의 방문순서를 적어라.

10.11 다음의 그래프에서 가능한 신장 트리를 두 개 구해보라. 각 신장 트리의 간선의 가중치를 모두 더해보라.

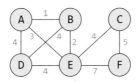

10.12 다음의 그래프에 대하여 위상 정렬을 수행해보라.

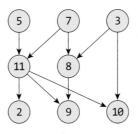

10.13* 인접 리스트로 표현된 그래프에 대한 깊이우선탐색 함수를 구현하라. 알고리즘은 코드 10.1을 참고하고, 인접 리스트로는 파이썬 리스트를 사용하는데, 인접 정점의 인덱스를 저장하라.

10.14* 인접 행렬로 표현된 그래프에 대한 너비우선탐색 함수를 구현하라. 너비우선탐색으로 구현된 코드 10.3을 참고하라.

10.15** 코드 10.7의 연결 성분 검사에서는 너비우선탐색이 사용되었다. 깊이우선탐색을 이용하여 연결 성분 검사 알고리즘을 다시 구성하라.

10.16* 코드 10.10을 참고하여 너비우선탐색을 이용해 신장 트리를 구하는 함수를 구현하라.

10.17** 연결된 그래프의 간선들 중에서 그 간선을 제거하면 연결이 끊어지는 간선 (u, v)을 브리지(bridge)라고 한다. 주어진 그래프에서 브리지를 찾아 모두 출력하는 함수를 작성하라. 예를 들어, 다음의 그래프에서는 두 개의 브리지 (B,C)와 (C,F)를 찾아야 한다.

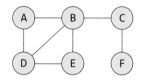

11 **CHAPTER**

가중치 그래프

학습목표
- 가중치 그래프의 개념을 이해한다.
- 가중치 그래프를 표현하는 방법을 이해한다.
- 최소비용 신장 트리 알고리즘을 이해한다.
- 최단 경로 알고리즘을 이해한다.
- 가중치 그래프를 이용한 문제해결 능력을 배양한다.

11 가중치 그래프

11.1 가중치 그래프란?

간선에 비용이나 가중치가 할당된 그래프를 **가중치 그래프**(weighted graph)라고 한다. 가중치 그래프는 정점 사이의 연결 정보뿐만 아니라 연결에 필요한 비용을 함께 표현할 수 있다. 예를 들어, 다음은 주요 도시들 사이를 연결하는 고속도로 연결 현황을 보여주는 그래프로, 간선에 도시간의 거리를 표시한 가중치 그래프이다.

가중치 그래프는 수학적으로 G = (V, E, w)와 같이 표현된다. V(G)는 그래프 G의 정점들의 집합을, E(G)는 그래프 G의 간선들의 집합을 의미하고, w(e)는 간선 e의 **강도**(weight)로 **비용**(cost) 또는 **길이**(length)라고도 부른다. 어떤 가중치 그래프의 경로를

$p=(v_0, v_1, \cdots, v_k)$라고 한다면, **경로의 길이**(또는 강도) w(p)는 다음과 같이 경로상의 모든 간선의 길이 합으로 표현된다.

$$w(p)=\sum_{i=1}^{k}w(v_{i-1},\ v_i)$$

가중치 그래프의 응용 분야는 다양하다. 예를 들어, 인터넷 망에 연결된 두 컴퓨터 사이에 데이터를 빠르게 전송해야 하는 상황을 생각해 보자. 전체 네트워크에서 어떤 부분은 광통신으로 구축되어 전송 속도가 매우 빠르고, 어떤 부분은 전화망을 이용해 속도가 느릴 수 있다. 이 경우 인터넷 망을 표현하는 그래프의 모든 간선에 동일한 가중치를 부여하는 것은 적절하지 않을 것이다. 간선마다 연결 속도가 다르므로, 속도에 따라 서로 다른 가중치가 부여되는 가중치 그래프로 표현하는 것이 더 적절할 것이다. 먼저 가중치 그래프를 표현하는 방법을 살펴보자.

11.2 가중치 그래프의 표현

■ 인접 행렬을 이용한 표현

가중치 그래프도 인접행렬과 인접리스트를 이용해 표현할 수 있다. 먼저 인접행렬을 살펴보자. 인접행렬에 가중치를 저장하는 것은 매우 간단하다. 행렬의 각 요소에 0이나 1이 아니라 가중치 값을 저장하면 되기 때문이다. 만약 간선이 없으면 어떻게 표현할까? 하나의 방법은 가중치를 무한대(∞)로 표시하는 것이다. 예를 들어, 다음 그래프에서 정점 A와 C 사이에 간선이 없다면 A에서 C로 움직이는 비용이 무한대라고 생각할 수 있다. 다음은 가중치 그래프와 이를 인접 행렬을 이용해 표현한 예를 보여준다.

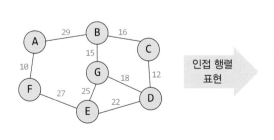

	A	B	C	D	E	F	G
A	0	29	∞	∞	∞	10	∞
B	29	0	16	∞	∞	∞	15
C	∞	16	0	12	∞	∞	∞
D	∞	∞	12	0	22	∞	18
E	∞	∞	∞	22	0	27	25
F	10	∞	∞	∞	27	0	∞
G	∞	15	∞	18	25	∞	0

[그림 11.1] 인접 행렬을 이용한 가중치 그래프의 표현 예

이러한 인접 행렬은 파이썬에서 다음과 같이 리스트를 요소로 갖는 리스트로 나타내면 된
다. 간선이 없는 요소를 다른 방법으로 나타낼 수도 있다. 간선이 없는 경우 무한대가 아니
라 그 행렬 요소에 None을 저장하는 것이다. 즉, None이 아닌 값을 가지면(객체를 참조하
면) 간선이 존재하는 것이고, None이면 간선이 없는 것으로 생각할 수 있다. 다음은 앞의
그래프를 이 방법으로 표현한 코드이다.

코드 11.1   인접 행렬을 이용한 가중치 그래프 표현   참고파일 ch11/WGraphRep.py

```
01   vertex = ['A',       'B',      'C',      'D',      'E',      'F',      'G' ]
02   weight = [ [None,    29,       None,     None,     None,     10,       None],
03             [29,       None,     16,       None,     None,     None,     15  ],
04             [None,     16,       None,     12,       None,     None,     None],
05             [None,     None,     12,       None,     22,       None,     18  ],
06             [None,     None,     None,     22,       None,     27,       25  ],
07             [10,       None,     None,     None,     27,       None,     None],
08             [None,     15,       None,     18,       25,       None,     None]])
```

인접 행렬 표현에서 대각선 성분에 유의하라. **자체 간선**(자신에서 출발해 자신으로 돌아오
는 간선)을 허용하는 그래프라면 자체 간선의 가중치를 저장하면 된다. 그러나 그렇지 않
은 경우는 어떻게 할까? 간선이 없는 것을 생각하고 None을 저장할 수도 있고(예: 최소신
장트리 문제), 가중치가 0인 간선이 항상 있는 것으로 생각하고 대각선 요소를 모두 0으로
나타낼 수도 있다(예: 최단경로거리 문제).

예) 인접 행렬에서의 가중치의 합 계산

인접 행렬로 표현한 그래프에서 전체 가중치의 합을 구하는 연산을 구현해 보자. 행렬의
모든 요소를 검사해 간선이 있으면 가중치를 모두 더해 반환하는 함수는 다음과 같다.

코드 11.2   가중치 그래프의 가중치 합(인접 행렬)   참고파일 ch11/WGraphRep.py

```
01   def weightSum( vlist, W ):              # 매개변수: 정점 리스트, 인접 행렬
02       sum = 0                             # 가중치의 합
03       for i in range(len(vlist)) :        # 모든 정점에 대해(i: 0, ... N-1)
```

```
04              for j in range(i+1, len(vlist)) :        # 하나의 행에 대해 (삼각영역)
05                  if W[i][j] != None :                 # 만약 간선이 있으면
06                      sum += W[i][j]                    # sum에 추가
07       return sum                                      # 전체 가중치 합을 반환
```

코드에서 무방향 그래프이므로 인접 행렬의 대칭되는 한쪽 삼각 영역만을 더하기 위한 반복문에 유의하라. 테스트 코드와 실행 결과는 다음과 같다. 행렬의 전체 요소를 더하면 가중치 합의 두 배가 출력될 것이다.

```
print('AM : weight sum = ', weightSum(vertex, weight))
```

```
■ C:\WINDOWS\system32\cmd.exe                                    —   □   ×
AM : weight sum =  174
```

예) 인접 행렬에서의 모든 간선 출력

그래프에서 가중치를 가진 모든 간선을 출력해 보자. 간선은 양쪽 정점 이름과 가중치를 함께 출력하도록 한다. 전체 코드와 실행 결과는 다음과 같다.

코드 11.3   가중치 그래프의 모든 간선 출력(인접 행렬)   참고파일 ch11/WGraphRep.py

```
01   def printAllEdges(vlist, W ):                       # 매개변수: 정점 리스트, 인접 행렬
02       for i in range(len(vlist)) :
03           for j in range(i+1, len(W[i])) :            # 모든 간선 W[i][j]에 대해
04               if W[i][j] != None and W[i][j] != 0 :   # 간선이 있으면
05                   print("(%s,%s,%d)"%(vlist[i],vlist[j],W[i][j]), end=' ')
06       print()
```

이 코드에서도 간선의 중복 출력을 막기 위한 반복문의 범위에 유의하라. 테스트 코드와 실행 결과는 다음과 같다. 9개의 간선이 정상적으로 출력되었다.

```
printAllEdges(vertex, weight)
```

```
C:\WINDOWS\system32\cmd.exe                                               —    □    ×
(A,B,29) (A,F,10) (B,C,16) (B,G,15) (C,D,12) (D,E,22) (D,G,18) (E,F,27) (E,G,25)
```

■ 인접 리스트를 이용한 표현

가중치 그래프를 인접리스트로 표현하는 것은 약간 더 복잡하다. 각 정점의 인접 리스트
에 정점만이 아니라 가중치를 추가로 저장해야하기 때문이다. 정점과 가중치는 (정점, 가
중치)의 형태로 튜플로 표현하는 것이 좋다. 전통적인 연결 리스트로 나타낼 수도 있지만,
딕셔너리와 집합을 이용해 그래프의 형태를 좀 더 쉽게 파악할 수 있도록 다음과 같이 나
타낼 수도 있다.

• 딕셔너리 엔트리의 키(key)는 정점 데이터, 값(value)은 간선의 집합을 나타낸다.
• 간선의 집합은 (인접 정점, 가중치)의 튜플을 원소로 갖는다.

이러한 형태의 가중치 그래프의 표현 예는 다음과 같다.

코드 11.4 딕셔너리와 집합을 이용한 가중치 그래프 표현   참고파일 ch11/WGraphRep.py

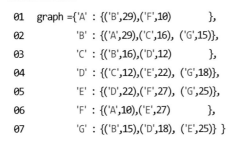

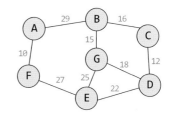

```
01   graph ={'A' : {('B',29),('F',10)           },
02           'B' : {('A',29),('C',16), ('G',15)},
03           'C' : {('B',16),('D',12)           },
04           'D' : {('C',12),('E',22), ('G',18)},
05           'E' : {('D',22),('F',27), ('G',25)},
06           'F' : {('A',10),('E',27)           },
07           'G' : {('B',15),('D',18), ('E',25)} }
```

예) 인접 리스트에서의 가중치의 합 계산과 간선 출력

이 그래프에서 전체 가중치의 합을 구하는 연산은 다음과 같이 구현할 수 있다. 코드에서
가중치를 가진 간선 e는 항목이 2개인 튜플인데, e[0]은 인접 정점을 e[1]은 가중치를 나타
내므로 e[1]을 모두 더해야 한다. 인접 리스트로 표현된 무방향 그래프에서도 간선들이 중
복되어 나타나므로, 전체 결과를 2로 나누어야 실제 가중치 합이 된다.

코드 11.5   가중치 그래프의 가중치 합(인접 리스트)   참고파일 ch11/WGraphRep.py

```
01  def weightSum(graph):              # 가중치의 총 합을 구하는 함수
02      sum = 0
03      for v in graph:                # 그래프의 모든 정점 v에 대해: 'A', 'B', ...
04          for e in graph[v]:         # v의 모든 간선 e에 대해: ('B', 29), ...
05              sum += e[1]            # sum에 추가
06      return sum//2                  # 하나의 간선이 두 번 더해지므로 2로 나눔
```

전체 간선을 화면에 출력하는 연산은 다음과 같다.

코드 11.6   가중치 그래프의 모든 간선 출력(인접 리스트)   참고파일 ch11/WGraphRep.py

```
01  def printAllEdges(graph):          # 모든 간선을 출력하는 함수
02      for v in graph:                # 그래프의 모든 정점 v에 대해: 'A', 'B', ...
03          for e in graph[v]:         # v의 모든 간선 e에 대해: ('B', 29), ...
04              print("(%s,%s,%d)"%(v,e[0],e[1]), end=' ')
```

테스트 코드와 실행 결과는 다음과 같다. 전체 간선이 중복되어 출력되었음에 유의하라.

```
print('AL : weight sum = ', weightSum(graphAL))
printAllEdges(graphAL)
```

```
C:\WINDOWS\system32\cmd.exe                                          –  □  ×
AL : weight sum =  174
(A,F,10) (A,B,29) (B,A,29) (B,G,15) (B,C,16) (C,B,16) (C,D,12) (D,C,12) (D,G,18)
(D,E,22) (E,F,27) (E,D,22) (E,G,25) (F,A,10) (F,E,27) (G,B,15) (G,E,25) (G,D,18)
```

1 다음 중 가중치 그래프의 인접 행렬 표현에 대한 설명으로 잘못된 것은?
 ① 행렬의 요소가 0이나 1이 아니라 가중치 값을 의미한다.
 ② 무방향 그래프의 경우도 대칭 행렬이 아닐 수 있다.
 ③ 파이썬에서는 리스트의 리스트로 행렬을 표현할 수 있다.
 ④ 최소비용 신장 트리와 최단 경로 거리 등이 가중치 그래프와 관련된 문제이다.

중간 점검

11.3 최소비용 신장 트리

통신망, 도로망, 유통망 등은 대개 길이, 구축비용, 전송 시간 등의 가중치를 간선에 할당한 가중치 그래프로 표현할 수 있다. 이러한 망을 가장 적은 비용으로 구축하는 문제를 생각해 보자. 조건은 다음과 같다.

- 그래프의 모든 정점들은 연결되어야 한다.
- 연결에 필요한 간선의 가중치 합(비용)이 최소가 되어야 한다.
- 사이클은 두 정점을 연결하는 두 가지 경로를 제공하므로 비용 측면에서 바람직하지 않다. 따라서 사이클이 없이 $(n-1)$개의 간선만을 사용해야 한다.

결국 문제의 해답은 그래프의 여러 가능한 신장 트리들 중에서 하나가 된다. **최소비용 신장 트리**(MST: minimum spanning tree)는 이와 같이 그래프의 <u>여러 가능한 신장 트리들 중에서 사용된 간선들의 가중치 합이 최소인 신장 트리</u>를 말한다.

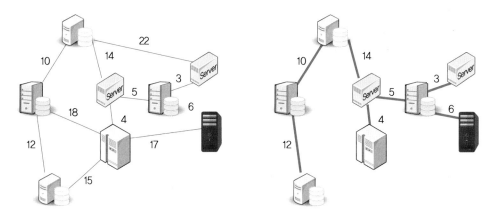

(a) 사이트 사이의 연결 비용   (b) 최소비용 신장 트리의 예

[그림 11.2] 최소신장 트리의 응용: 통신망 구축

최소비용 신장 트리의 응용분야는 다음과 같다.

- 통신망: 모든 사이트가 연결되도록 하면서 비용을 최소화 하는 문제
- 도로망: 도시들을 모두 연결하면서 도로의 길이가 최소가 되도록 하는 문제
- 배관 작업: 파이프를 모두 연결하면서 파이프의 길이를 최소화하는 문제
- 전기 회로: 단자들을 모두 연결하면서 전선의 길이를 최소화하는 문제

최소비용 신장 트리를 구하는 방법에는 Kruskal과 Prim의 알고리즘이 있다. 이 들은 모두 최소비용 신장 트리의 조건들을 적절히 이용하고 있다.

▪ Kruskal의 MST 알고리즘

Kruskal의 알고리즘은 **탐욕적인 기법**(greedy method)이라는 알고리즘 설계에서 중요한 기법 중의 하나를 사용한다. 이것은 어떤 결정을 해야 할 때마다 "그 순간에 최적"이라고 생각되는 것을 선택하는 방법이다. 물론 순간에 최적이라고 판단했던 선택을 모아 최종적인 답을 만들었을 때 이것이 "궁극적으로 최적"이라는 보장은 없다. 따라서 탐욕적인 방법은 항상 최적의 해답을 주는지를 반드시 검증해야 한다. 다행히 Kruskal의 알고리즘은 최적의 해답을 주는 것으로 증명되어 있다.

Kruskal의 알고리즘은 각 단계에서 사이클을 이루지 않는 최소비용 간선을 탐욕적으로 선택한다. 이러한 과정을 반복하여 그래프의 모든 정점을 최소비용으로 연결하는 최적 해답을 구한다. Kruskal의 알고리즘을 자연어로 나타내면 다음과 같다.

알고리즘 11.1 **Kruskal의 최소비용 신장 트리 알고리즘**

```
Kruskal()
1. 그래프의 모든 간선을 가중치에 따라 오름차순으로 정렬한다.
2. 가장 가중치가 작은 간선 e를 뽑는다.
```

3. e를 신장 트리에 넣었을 때 사이클이 생기면 넣지 않고 2번으로 이동한다.

4. 사이클이 생기지 않으면 최소 신장 트리에 삽입한다.

5. n-1개의 간선이 삽입될 때 까지 2번으로 이동한다.

그림을 통해 이 알고리즘의 진행 과정을 생각해 보자. 먼저 <u>간선들이 가중치의 오름차순으로 정렬되어 있어야 한다</u>.

① 간선 (A, F) 선택. 사이클이 없으므로 삽입. MST 전체 간선 1개.

② 간선 (C, D)를 선택. 사이클이 없으므로 삽입. 전체 간선 2개.

③ 간선 (B, G)를 선택. 사이클이 없으므로 삽입. 전체 간선 3개.

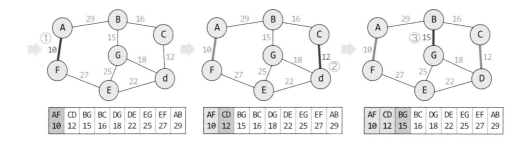

④ 간선 (B, C)를 선택. 사이클이 없으므로 삽입. 전체 간선 4개.

⑤ 간선 (D, G) 선택. 사이클 B, C, D, G, B가 형성됨. 따라서 이 간선은 버림.

⑥ 간선 (D, E) 선택. 사이클이 없으므로 삽입. 전체 간선 5개.

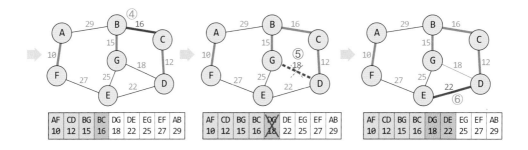

⑦ 간선 (E, G) 선택. 사이클 E, G, B, C, D, E가 형성됨. 따라서 이 간선은 버림.

⑧ 간선 (E, F) 선택. 사이클이 없으므로 삽입. 전체 간선 6개. 종료.

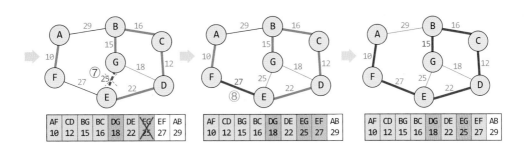

Kruskal의 알고리즘은 간단해 보이지만 아직 해결하지 못한 부분이 있다. 사이클이 생기는지를 검사하는 방법이다. 이미 선택된 간선들의 집합에 새로운 간선을 추가할 때 사이클을 생성하는 지를 검사하여야 한다. 새로운 간선이 이미 다른 경로에 의하여 연결되어 있는 정점들을 다시 연결하면 사이클이 만들어진다. 다음 그림은 간선 (A,B)를 추가할 때 사이클이 생기는 경우와 그렇지 않은 경우를 보여준다. 정점 A와 B가 같은 집합(연결된 정점들의 집합)에 속하면 사이클이 형성되고, 서로 다른 집합에 있으면 사이클이 생기지 않는다.

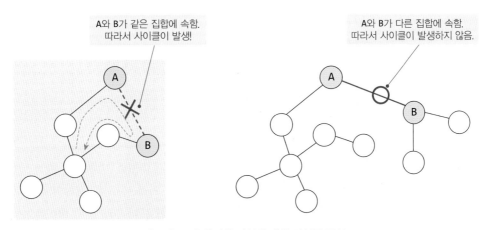

[그림 11.3] 추가할 간선에 대한 사이클 검사

따라서 추가하고자 하는 간선의 양끝 정점이 같은 집합에 속해있는지를 먼저 검사하여야 한다. 이를 위해 **Union-Find**를 사용하는데, 이것은 Kruskal의 알고리즘에서만 사용되는 것이 아니라 일반적으로 널리 사용되는 방법이다. Union-Find는 서로소(disjoint)인 집합들을 표현할 때 사용하는 독특한 형태의 집합 자료구조라 볼 수 있는데, union연산과 find연산을 지원해야하기 때문에 union-find 자료구조라 부르게 되었다고 한다.

union과 find 연산

먼저 union-find의 개념을 알아보자. union(x, y)은 원소 x와 y가 속해있는 집합을 입력으로 받아 이들의 합집합을 만드는 연산이다. find(x) 연산은 여러 집합들 중에서 원소 x가 속해있는 집합을 반환하는 연산이다. 그렇다면 집합은 어떻게 구현할까? 집합은 비트 벡터나 배열, 연결 리스트 등 여러 방법으로 표현할 수 있지만, 여기에서는 트리가 가장 효율적이다. 즉, 하나의 트리가 하나의 집합을 나타내고, 트리의 노드들이 집합의 원소이며, 루트 노드가 그 집합을 대표하면 되기 때문이다. 다음과 같이 그래프에 6개의 정점들이 있다고 가정하자. 맨 처음에는 모든 정점이 각각 고유의 집합의 루트노드이다.

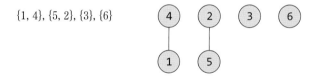

여기에 합집합 연산 union(1, 4)와 union(5, 2)를 실행하면 정점 집합의 수는 다음과 같이 4개로 줄어든다. 합집합은 한 집합의 루트 노드를 다른 집합의 루트 노드의 자식으로 연결하는 것인데, 이때, 어느 것이 루트가 되어도 문제 없다. 그림에서는 1을 4의 자식으로, 5를 2의 자식으로 연결하였다.

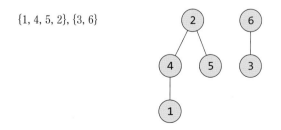

find() 연산은 집합의 루트 노드를 반환한다. 예를 들어, find(1)이나 find(4)는 모두 루트 노드 4를 반환하고, find(2)나 find(5)는 모두 2를 반환한다. 이제 네 개의 집합이 남았고, 여기에 union(4, 2)와 union(3, 6)을 다시 수행하면 전체 집합은 다음과 같이 줄어든다.

{1, 4, 5, 2}, {3, 6}

union과 find 연산을 구현해 보자. 그래프의 모든 정점에 대해 부모 노드의 인덱스를 저장하기 위해 parent 배열과 현재 집합의 개수 나타내는 set_size를 전역변수로 사용하였다.

```
parent = []                    # 각 노드의 부모노드 인덱스
set_size = 0                   # 전체 집합의 개수
```

초기화 함수에서는 모든 정점들이 각각 고유의 집합이 되도록 한다. 즉, 모든 정점이 자신의 트리의 루트노드가 된다. 이를 위해 부모의 인덱스를 모두 −1로 초기화하였다 (부모가 −1인 노드는 모두 루트노드이다). 전역 변수 변경을 위한 global 선언에 유의하라.

코드 11.7   Union-Find의 초기화 함수   참고파일 ch11/MSTKruskal.py

```
01   def init_set(nSets) :            # 집합의 초기화 함수
02       global set_size, parent      # 전역변수 사용(변경)을 위함
03       set_size = nSets;            # 집합의 개수
04       for i in range(nSets):       # 모든 집합에 대해
05           parent.append(-1)        # 각각이 고유의 집합(부모가 -1)
```

find(id) 연산은 정점 id가 속한 집합을 찾는 함수로, 그 노드가 속한 트리의 루트노드의 인덱스를 반환한다. 따라서 같은 집합에 속하는 모든 원소(정점)는 모두 같은 값을 반환한다.

코드 11.8   Union-Find의 find() 함수   참고파일 ch11/MSTKruskal.py

```
01   def find(id) :                   # 정점 id가 속한 집합의 대표번호 탐색
02       while (parent[id] >= 0) :     # 부모가 있는 동안(-1이 아닌 동안)
03           id = parent[id]          # id를 부모 id로 갱신 트리를 타고 올라감
04       return id;                    # 최종 id 반환. 트리의 맨 위 노드의 id임
```

union(s1, s2) 연산은 집합 s1을 s2에 병합한다. 이때 s1과 s2는 모두 집합의 루트 노드인데, 즉 이들의 부모의 인덱스는 모두 −1이다. 이 연산을 처리하면 s1의 부모 인덱스가 −1

에서 s2로 바뀌고, 이제 s1은 더 이상 루트노드가 아니다. 이제 두 집합이 합해지고, s2가 합집합의 루트노드가 된다. 두 집합이 합해지므로 전체 집합의 수 set_size는 줄어들어야 한다. 코드는 다음과 같다. 전역 변수 set_size를 줄이기 위해 global로 선언해야 한다.

코드 11.9   Union–Find의 union() 함수   참고파일 ch11/MSTKruskal.py

```
01    def union(s1, s2) :              # 두 집합을 병합(s1을 s2에 병합시킴)
02        global set_size             # 전역변수 사용(변경)을 위함
03        parent[s1] = s2             # s1을 s2에 병합시킴
04        set_size = set_size - 1     # 집합의 개수가 줄어 듦
```

 파이썬의 집합 클래스

파이썬에서 집합(set) 클래스를 제공하지만 여기서는 이를 사용하지 않았다. set은 집합 하나와 관련된 클래스이고, 따라서 여러 집합이 있을 때 어떤 원소가 속한 집합을 찾는 find와 같이 연산은 제공하지 않기 때문이다. 물론 파이썬의 set을 사용하고 find 함수를 추가할 수는 있다. 이 연산은 어떤 원소 e가 포함된 집합을 찾기 위해 모든 집합에 대해 in 연산을 처리해야 할 것이다. 이 보다는 위의 코드가 훨씬 효율적이다.

Kruskal 알고리즘의 구현

다시 Kruskal의 알고리즘으로 돌아가자. 이제, 간선 (u,v)를 추가할 때 사이클이 존재하는 지를 검사하기 위해 union-find 연산을 사용한다. 사이클 검사과정을 중심으로 Kruskal의 알고리즘을 다시 기술하면 다음과 같다.

- 초기에는 모든 정점이 각각 고유한 집합이다.
- 최소 가중치 간선 (u, v)가 선택되면 u와 v가 각각 속한 집합을 찾는다. 이때 find(u)와 find(v) 연산을 수행한다.
- 두 집합이 같으면 사이클이 발생하는 상황이므로 이 간선을 버린다.
- 두 집합이 다르면 간선을 삽입하고 집합을 하나로 합친다. 이때 union(u,v) 연산을 사용한다.

현재까지 만들어진 MST가 다음과 같다고 하자. 만약 간선 (4, 5)의 사이클 검사를 하면 어떻게 될까? find(4)과 find(5)가 같은 값인 2를 반환한다. 이것은 이들이 같은 집합에 속한다는 것을 의미한다. 따라서 사이클이 생기고, 이 간선은 버려야 한다. 간선 (3, 5)는 어떨까? find(3)과 find(5)가 다른 값을 반환하므로 삽입해도 사이클이 생기지 않는다. 따라서 MST에 삽입할 수 있다.

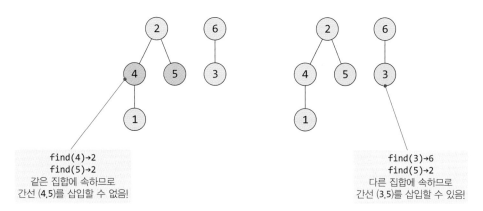

[그림 11.4] find()연산을 이용한 간선의 사이클 검사

이제 Kruskal 알고리즘을 구현하자.

- 그래프는 인접 행렬을 이용해 나타낸다.
- 간선 리스트에는 간선을 (v1, v2, weight)의 튜플 형태로 저장한다.
- 간선의 정렬이 필요하다. 이를 위해 7장에서 공부할 정렬 알고리즘을 사용할 수도 있고, 8장에서 공부한 힙 구조을 사용하는 것도 좋은 방법이다. 만약 힙을 사용한다면 가중치가 작은 간선을 뽑아야하기 때문에 최소 힙을 사용해야 한다. 여기서는 모든 간선들을 파이썬의 리스트에 넣고, 리스트에서 제공하는 정렬함수 sort()를 이용하자. 리스트는 가중치의 내림차순으로 정렬하고 <u>리스트의 맨 뒤에서 하나씩 간선을 꺼내도록</u> 하면 된다.

코드 11.10   Kruskal의 MST 알고리즘   참고파일 ch11/MSTKruskal.py

```
01    def MSTKruskal(vertex, adj):        # 매개변수: 정점리스트, 인접행렬
02        vsize = len(vertex)             # 정점의 개수
```

```
03          init_set(vsize)                              # 정점 집합 초기화
04          eList = []
05
06          for i in range(vsize-1) :
07              for j in range(i+1, vsize) :
08                  if adj[i][j] != None :
09                      eList.append( (i,j,adj[i][j]) )
10
11          # 간선 리스트를 가중치의 내림차순으로 정렬: 람다 함수 사용
12          eList.sort(key= lambda e : e[2], reverse=True)
13
14          edgeAccepted = 0
15          while (edgeAccepted < vsize - 1) :            # 정점 수 - 1개의 간선
16              e = eList.pop()
17              uset = find(e[0])
18              vset = find(e[1])
19
20              if uset != vset :
21                  print("간선 추가 : (%s, %s, %d)" %
22                      (vertex[e[0]], vertex[e[1]], e[2]))
23                  union(uset, vset)
24                  edgeAccepted += 1
```

모든 간선을 (u, v, weight)와 같은 튜플 형태로 간선 리스트 eList에 저장함

람다 함수 사용   내림차순 정렬

최소 가중치 간선을 꺼내고, 양쪽 정점이 속한 집합(루트노드의 인덱스)을 구함

두 정점이 다른 집합이면 그 간선을 MST에 추가하고, 두 집합을 병합함

정렬을 위해 리스트의 sort()를 사용할 때 다음을 고려하여야 한다.

- Kruskal 알고리즘에서는 weight의 오름차순이 아니라 내림차순으로 정렬해야 한다. 이것은 sort() 메소드의 매개변수 reverse를 이용해 처리할 수 있다. 즉, 키워드 인수 reverse에 직접 True를 코드와 같이 전달하면 내림차순으로 정렬한다.

- 더 큰 문제는 정렬할 항목들이 정수나 실수와 같은 단순한 값이 아니라 (v1, v2, weight) 형태의 튜플이고, 이 중에서도 weight의 순으로 정렬해야 한다는 것이다. 이를 위해 파이썬의 **람다**(lambda) **함수**를 사용하였다.

람다 함수

람다 함수는 이름이 없는 한 줄짜리 함수로 간단한 함수를 만들어 인수로 넘겨줄 때 매우 유용하다. 형식은 다음과 같다.

lambda 인자(argument) : 식(expression)

람다 함수는 보통 함수로 저장하지 않고 바로 사용한다. 다음은 두 수를 곱하는 간단한 연산을 람다 함수로 구현하고, 이를 바로 사용한 예이다.

print((lambda x, y : x * y)(3,4))   # 12출력. 3과 4가 x와 y에 각각 대응됨

12행에서 튜플을 받아 정렬의 기준이 되는 가중치를 반환하도록 다음과 같이 구현하였다.

lambda e : e[2]   # 예를 들어, e가 (2, 3, 17)이면 17을 반환

최소 가중치 간선을 추출하기 위해 정렬을 사용하지 않고 8장에서 공부한 힙이나 heapq 모듈을 사용할 수도 있다.

이제 테스트 프로그램과 결과를 살펴보자. 코드 11.1의 그래프에 대한 Kruskal 알고리즘의 실행 결과는 다음과 같다.

```
print("MST By Kruskal's Algorithm")
MSTKruskal(vertex, weight)
```

```
C:\WINDOWS\system32\cmd.exe                                    —    □    ×
MST By Kruskal's Algorithm
간선 추가 : (A, F, 10)
간선 추가 : (C, D, 12)
간선 추가 : (B, G, 15)
간선 추가 : (B, C, 16)
간선 추가 : (D, E, 22)
간선 추가 : (E, F, 27)
```

Kruskal의 알고리즘의 시간 복잡도는 간선들을 정렬하는 시간(12행)에 좌우된다. 따라서 퀵 정렬이나 최소 힙와 같은 효율적인 정렬 알고리즘을 사용한다면 Kruskal의 알고리즘의 시간 복잡도는 $(e \log_2 e)$이다. 이때 e는 간선의 개수를 의미한다.

■ Prim의 MST 알고리즘

Prim도 Kruskal과 같이 탐욕적 전략을 이용한다. Kruskal이 가중치가 가장 작은 간선을 탐욕적으로 선택하는데 비해, <u>Prim은 가장 유리해 보이는 정점을 탐욕적으로 선택한</u>다. 처음에는 시작 정점만이 트리에 포함된다. 다음으로 현재까지 만들어진 트리에 인접한 정점들 중에서 간선의 가중치가 가장 작은 정점을 선택하여 트리를 확장한다. 이 과정은 트리가 n−1개의 간선을 가질 때까지 계속된다.

알고리즘 11.2 **Prim의 최소비용 신장 트리 알고리즘**

Prim()

1. 그래프에서 시작 정점을 선택하여 초기 트리를 만든다.
2. 현재 트리의 정점들과 인접한 정점들 중에서 간선의 가중치가 가장 작은 정점 v를 선택한다.
3. 이 정점 v와 이때의 간선을 트리에 추가한다.
4. 모든 정점이 삽입될 때 까지 2번으로 이동한다.

Prim 알고리즘의 동작 과정을 살펴보자.

① 시작 정점 A를 선택하고 트리에 넣는다. MST의 노드 수는 하나이다.
② 트리(녹색 영역)와 이웃한 정점 F와 B 중에서 간선의 가중치가 작은 F를 선택하고 간선 (A, F)를 트리에 넣는다. MST의 노드 수 = 2.
③ 트리와 이웃한 정점 B와 E 중에서 간선의 가중치가 작은 E를 선택하고 간선 (F, E)를 트리에 넣는다. MST의 노드 수 = 3.

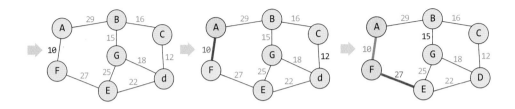

④ 트리와 이웃한 정점 B, G, D 중에서 간선의 가중치가 작은 D를 선택하고 간선 (E, D)를 트리에 넣는다(MST의 노드 수 = 4). 같은 방법으로 C와 B를 순서적으로 선택하고, (C, D)와 (B, C)를 트리에 넣는다. MST의 노드 수 = 6.

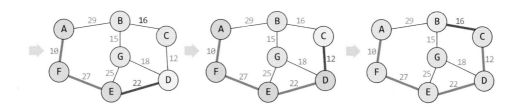

⑤ 마지막으로 정점 G를 선택하고 최소 가중치 간선인 (B, G)를 트리에 넣음. 모든 정점들이 삽입되었으므로 종료.

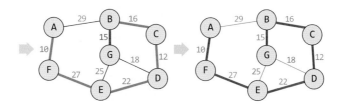

Prim 알고리즘의 구현

Prim의 알고리즘은 간단하지만 구현을 위해서는 처리해야 할 사항이 있다. 현재의 MST에 인접한 정점들 중에서 가장 가까운(간선의 가중치가 작은) 정점을 찾는 과정이다. 이를 위해 dist라는 배열을 사용한다. 배열의 크기는 그래프 정점의 수와 같다.

- dist[i]는 현재까지 구성된 MST(트리에 속한 정점들)에서 i번째 정점까지의 가장 가까운 거리를 저장한다. 처음에는 시작 정점만 0이고 나머지 정점의 dist는 무한대가 된다.
- 어떤 정점 u가 MST에 추가되면 u의 인접 정점들의 dist값이 영향을 받는다. u의 인접 정점을 v라 할 때, 간선 (u,v)의 가중치가 기존의 dist[v]보다 작으면 dist[v]는 이 가중치 값으로 갱신되어야 한다.
- 이 과정은 모든 정점이 MST에 포함될 때까지 진행한다.

정점이 MST에 포함되었는지를 나타내는 selected 배열도 필요하다. selected[v]가 False
이면 v는 아직 MST에 포함되지 않은 것이다. 알고리즘에서는 MST에 포함되지 않은 정점
들 중에서 dist가 최소인 정점을 탐욕적으로 찾는데, 이를 위한 getMinVertex() 함수는
다음과 같이 구현할 수 있다. 무한대의 값을 표현하기 위해 `INF`를 사용하였는데, 간선의
가중치로 나타날 수 있는 값보다 훨씬 큰 임의의 값을 사용한다.

코드 11.11 dist가 최소인 정점 탐색 함수   참고파일 ch11/MSTPrim.py

```
01   INF = 9999        # 가장 큰 가중치 (무한대)
02   def getMinVertex(dist, selected) :
03       minv = 0
04       mindist = INF
05       for v in range(len(dist)) :
06           if not selected[v] and dist[v]<mindist :
07               mindist = dist[v]
08               minv = v
09       return minv                          # 최소 정점 반환
```

정점들 중에서 아직 MST에 포함되지 않았
고 dist가 가장 작은 정점 minv를 찾는
과정

🐍 **무한대 표현**

무한대를 나타내기 위해 파이썬에서 가장 큰 정수 값을 사용할 수 있다. sys 모듈의 maxsize를 사용하는
것이다. 이를 사용하기 위해서는 다음과 같이 sys를 포함하고, sys.maxsize를 사용하면 된다.

```
        import sys
        INF = sys.maxsize            # 가장 큰 가중치 (정수 무한대)
```

만약 무한대의 실수 값을 원한다면 다음과 같은 코드를 사용하면 된다.

```
        INF = float('Inf')           # 가장 큰 가중치 (실수 무한대)
```

이제 Prim의 MST 알고리즘을 다음과 같이 구현할 수 있다. dist와 selected 배열의 초기
화 코드에 유의하라.

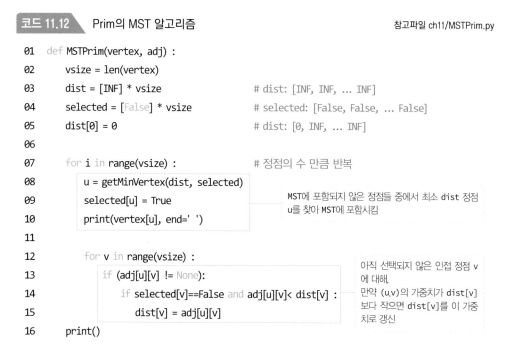

코드 11.1의 그래프에 대해 처리한 결과는 다음과 같은데, 그림과 같은 순서로 정점이 추가되는 것을 확인할 수 있다.

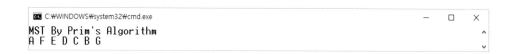

Prim의 알고리즘은 주 반복문이 정점의 수 n만큼 반복하고, 내부 반복문이 n번 반복하므로 $O(n^2)$의 시간 복잡도를 가진다. Kruskal의 알고리즘은 복잡도가 $O(e \log_2 e)$이므로 정점의 개수에 비해 간선의 개수가 매우 적은 희박한 그래프(sparse graph)를 대상으로 할 경우에는 Kruskal의 알고리즘이 적합하고, 반대로 완전 그래프와 같이 간선이 매우 많은 그래프의 경우에는 Prim의 알고리즘이 유리하다고 볼 수 있다.

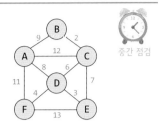

1 다음 그래프에서 최소비용의 신장 트리 값은 얼마인가?

2 이 그래프에서 Kruskal 알고리즘으로 MST를 구할 때 처음으로 사이클 이 생기는 간선은?

3 이 그래프에서 Prim 알고리즘으로 MST를 구할 때 정점이 선택되는 순 서는? A를 시작 정점으로 사용하라.

4 음수 가중치를 가진 가중치 그래프에서 Kruskal의 MST 알고리즘을 이 용해서 최소비용 신장 트리를 구할 수 있다. (   )

정답 **1** 23 **2** (C,E) **3** ADEFCB **4** O

11.4 최단 경로

최단 경로(shortest path) 문제는 가중치 그래프에서 두 정점을 연결하는 <u>여러 경로들 중 에서 간선들의 가중치 합이 최소가 되는 경로를 찾는 문제</u>이다. 이 문제에서 간선의 가중 치는 보통 비용이나 거리, 시간 등을 나타낸다. 다음은 스마트폰 앱에서 제공되는 전자지 도에서 최단경로를 탐색한 예를 보여주고 있는데, 간선의 가중치를 시간으로 하느냐 거리 로 하느냐에 따라 "최단시간 경로"나 "최단거리 경로"를 선택해서 확인할 수도 있다.

주요 도시들 사이의 거리를 나타내는 지도를 그림 11.5와 같은 가중치 그래프로 표현했다 고 생각해 보자. 그래프의 정점은 각 도시가 될 것이고, 간선의 가중치는 도시간의 이동거 리가 될 것이다. 이 가중치 그래프를 인접행렬로 표현하면 오른쪽 그림과 같다. 두 정점 사 이에 간선이 없으면 그 요소는 무한대의 값을 갖도록 한다. 또한 <u>대각선 성분은 모두 0으 로 처리</u>하는데, 같은 도시에서는 이동거리가 0이기 때문이다.

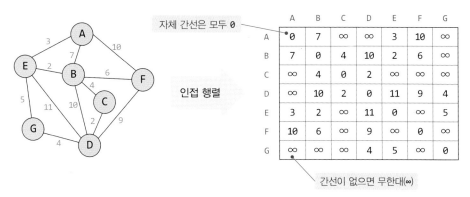

[그림 11.5] 최단경로문제를 위한 가중치 그래프의 인접행렬 표현

이제 최단 경로 문제는 어떤 정점 u에서 다른 정점 v로 가는 여러 경로들 중에서 전체 이동거리가 최소가 되는 경로를 찾는 것이다. 앞의 가중치 그래프에서 정점 A에서 정점 D로 가는 몇 가지 경로를 찾아보고 비용(이동거리)을 계산해 보자.

- 경로1 (A,B,C,D): 비용 = 7 + 4 + 2 = 13
- 경로2 (A,E,B,C,D): 비용 = 3 + 2 + 4 + 2 = 11
- 경로3 (A,F,B,D): 비용 = 10 + 6 + 10 = 26

물론 이 외에도 다른 경로들이 있다. 이들 중에서 경로2가 전체 비용(또는 거리)이 11로 최단 거리이다. 그러면 어떤 방법으로 가중치 그래프에서 정점들 사이의 최단 경로 거리를 구할 수 있을까? Dijkstra와 Floyd의 알고리즘이 있다. __Dijkstra 알고리즘__은 하나의 시작 정점에서 다른 모든 정점까지의 최단 경로 거리를 구한다. 이에 비해 __Floyd 알고리즘__은 모든 정점에서 다른 모든 정점까지의 최단 경로 거리를 한꺼번에 구할 수 있는 방법이다.

가중치는 MST에서와 마찬가지로 2차원 배열 형태의 인접 행렬에 저장되어 있다고 가정한다. 리스트의 리스트를 사용하면 된다. 인접 행렬에서 두 정점 사이의 간선이 없으면 None이 아니라 무한대 값(INF)을 저장한다. 이 값은 응용에 따라 적절히 선택하면 된다. 인접 행렬의 대각선 요소들은 모두 0으로 처리한다. 이때 중요한 가정은 __간선의 가중치는 반드시 양수라는 것이다. 가중치로 음수는 허용하지 않는다.__

■ Dijkstra의 최단 경로 알고리즘

Dijkstra의 최단 경로 알고리즘은 하나의 시작 정점 v에서 다른 모든 정점까지의 최단 경로를 찾는 알고리즘이다. 알고리즘에서는 다음과 같은 자료를 사용한다.

- **시작 정점 v**: 최단경로탐색의 시작 정점
- **집합 S**: 시작 정점 v로부터의 최단경로가 이미 발견된 정점들의 집합
- **dist배열**: S에 있는 정점만을 거쳐서 다른 정점으로 가는 최단거리를 기록하는 배열. Prim의 MST 알고리즘에서와 유사함. dist[v] = 0 (시작 정점).

시작 정점이 v라면 dist배열은 인접 행렬의 v번째 행으로 초기화된다. 이것은 간선 (v,u)가 있으면 dist[u]는 (v,u)의 가중치이고, 없으면 dist[u]는 무한대로 초기화되는 것을 의미한다.

시작단계에서는 아직 최단경로가 발견된 정점이 없으므로 S = {v}이다. 즉 처음에는 시작정점 v를 제외하고는 최단거리가 알려진 정점이 없다. 알고리즘의 기본 아이디어는 매 단계에서 S에 포함되지 않은 정점들 중에서 가장 가까운(dist가 최소인) 정점을 탐욕적으로 선택해서 최단거리를 확정하고 S에 추가하는 것이다.

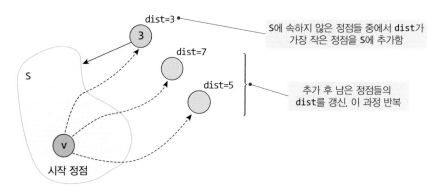

[그림 11.6] Dijkstra 최단경로 알고리즘의 기본 아이디어

물론, Prim의 MST에서와 비슷하게, v가 선택되면 v의 인접 정점들의 dist를 갱신한다. 이것은 새로운 정점이 S에 포함됨에 따라 자신과 S와의 거리가 더 가까워질 수 있기 때문이다. 알고리즘은 이 과정을 반복하는데, 과연 이렇게 해도 문제가 없을까?

알고리즘 증명

그림 11.7에서 시작 정점 v에서 정점 u까지의 최단거리의 경로는 경로 ①이라고 하자. 그런

데도 v에서부터 S에 포함되지 않은 정점 w를 거쳐서 u로 가는 더 짧은 경로가 있다고 가정해보자. 그러면 정점 v에서의 정점 u까지의 거리는 v에서 w까지의 거리 ②와 w에서 u까지의 거리 ③의 합이 될 것이다.

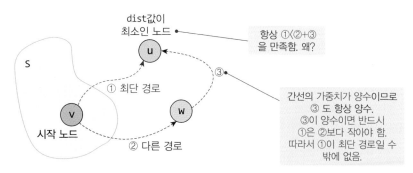

[그림 11.7] 최단경로 알고리즘의 최단경로 증명

그런데 이 가정에는 문제가 발생한다. dist[u]가 최소이므로 dist[w]보다 작을 것이고, 따라서 경로 ②가 경로 ①보다 항상 길 수 밖에 없다. 만약 경로 ③이 음수를 갖는다면 ②+③이 ①보다 작을 수 있지만, 음수를 허용하지 않으면 ②+③은 항상 ①보다 클 수밖에 없다. 따라서 이 가정은 옳지 않고, 알고리즘은 최단 경로 거리를 구한다.

새로운 정점 u가 S에 추가되면, S에 포함되지 않은 정점들의 dist값을 수정해야 한다. 새로 추가된 정점 u를 거쳐서 정점까지 가는 거리와 기존의 거리를 비교하여 더 작은 거리로 dist를 수정한다. 즉 다음과 같은 수식을 이용한다.

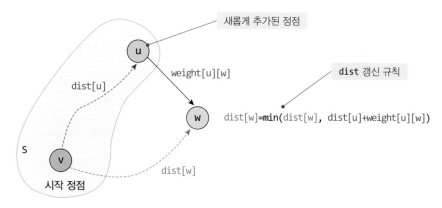

[그림 11.8] Dijkstra 알고리즘에서의 dist 갱신

$$dist[w] = min(dist[w], dist[u]+weight[u][w])$$

이 알고리즘을 정리하면 다음과 같다. G는 그래프이고 v는 시작 정점이다.

알고리즘 11.3 Dijkstra의 최단 경로 알고리즘

```
shortest_path_dijkstra(v)
    S←{v}
    for 각 정점 w∈G do
        dist[w]←weight[v][w]
    while 모든 정점이 S에 포함되지 않으면 do
        u←집합 S에 속하지 않는 정점 중에서 최소 dist 정점
        S←S∪{u}
        for u에 인접하고 S에 있지 않은 모든 정점 w do
            if dist[u]+weight[u][w] 〈 dist[w]
                then dist[w]←dist[u]+weight[u][w]
```

알고리즘 진행 예

다음의 그래프를 이용하여 알고리즘의 진행 과정을 알아보자. dist(A)는 정점 A의 dist 값을 의미하고, w(A,B)는 간선 (A,B)의 가중치를 나타낸다.

STEP 1: 초기 상태에는 S에 A만 들어 있다. dist는 모두 A에서 그 정점으로 가는 거리 w(A,v)가 된다.

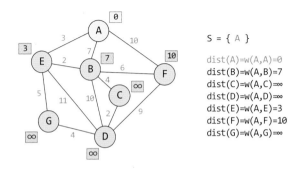

S = { A }

dist(A)=w(A,A)=0
dist(B)=w(A,B)=7
dist(C)=w(A,C)=∞
dist(D)=w(A,D)=∞
dist(E)=w(A,E)=3
dist(F)=w(A,F)=10
dist(G)=w(A,G)=∞

STEP 2: dist 배열에서 가장 작은 정점 E를 S에 추가한다. 이제 E까지의 거리는 확정된다.

S에 포함되지 않은 나머지 정점 v에 대해서 현재까지의 dist(v)와 새로 추가된 E에 의해 바뀔 수 있는 거리 dist(E)+w(E,v)를 비교하여 작은 값으로 dist(v)를 갱신한다. 세 정점 (B, D, G)에서 값이 갱신되었다.

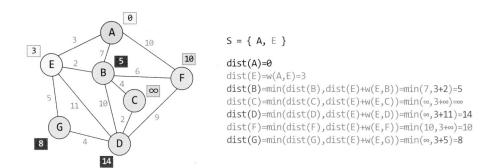

S = { A, E }

dist(A)=0
dist(E)=w(A,E)=3
dist(B)=min(dist(B),dist(E)+w(E,B))=min(7,3+2)=5
dist(C)=min(dist(C),dist(E)+w(E,C))=min(∞,3+∞)=∞
dist(D)=min(dist(D),dist(E)+w(E,D))=min(∞,3+11)=14
dist(F)=min(dist(F),dist(E)+w(E,F))=min(10,3+∞)=10
dist(G)=min(dist(G),dist(E)+w(E,G))=min(∞,3+5)=8

STEP 3: 같은 방법으로 dist 값이 가장 작은 B가 S에 추가된다. 나머지 정점의 dist 값을 갱신한다. D, F, G는 갱신되지 않았고, C는 dist가 갱신되었다.

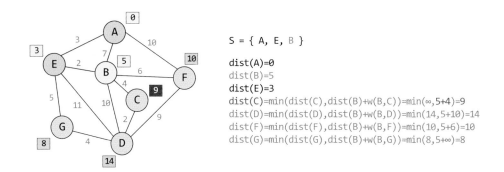

S = { A, E, B }

dist(A)=0
dist(B)=5
dist(E)=3
dist(C)=min(dist(C),dist(B)+w(B,C))=min(∞,5+4)=9
dist(D)=min(dist(D),dist(B)+w(B,D))=min(14,5+10)=14
dist(F)=min(dist(F),dist(B)+w(B,F))=min(10,5+6)=10
dist(G)=min(dist(G),dist(B)+w(B,G))=min(8,5+∞)=8

STEP 4: 같은 방법으로 G가 S에 추가된다.

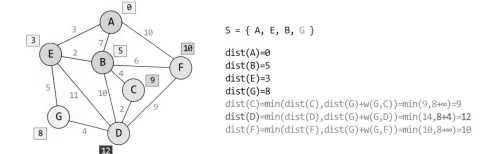

S = { A, E, B, G }

dist(A)=0
dist(B)=5
dist(E)=3
dist(G)=8
dist(C)=min(dist(C),dist(G)+w(G,C))=min(9,8+∞)=9
dist(D)=min(dist(D),dist(G)+w(G,D))=min(14,8+4)=12
dist(F)=min(dist(F),dist(G)+w(G,F))=min(10,8+∞)=10

STEP 5: 같은 방법으로 C가 S에 추가된다. 이제 거리가 확정되지 않은 정점은 D와 F만 남았다.

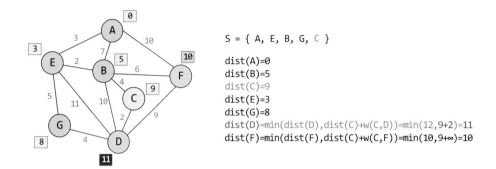

S = { A, E, B, G, C }

dist(A)=0
dist(B)=5
dist(C)=9
dist(E)=3
dist(G)=8
dist(D)=min(dist(D),dist(C)+w(C,D))=min(12,9+2)=11
dist(F)=min(dist(F),dist(C)+w(C,F))=min(10,9+∞)=10

STEP 6: 같은 방법으로 F가 S에 추가된다.

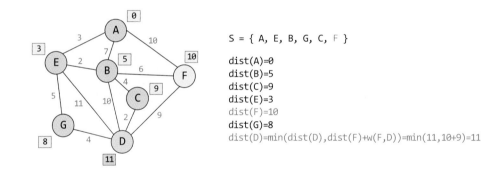

S = { A, E, B, G, C, F }

dist(A)=0
dist(B)=5
dist(C)=9
dist(E)=3
dist(F)=10
dist(G)=8
dist(D)=min(dist(D),dist(F)+w(F,D))=min(11,10+9)=11

STEP 7: 마지막으로 D가 S에 추가되고, 남은 정점은 없다. A에서 모든 정점들까지의 거리가 확정되었다.

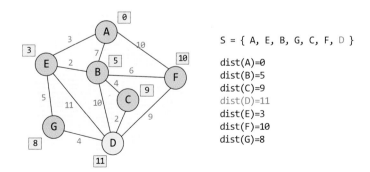

S = { A, E, B, G, C, F, D }

dist(A)=0
dist(B)=5
dist(C)=9
dist(D)=11
dist(E)=3
dist(F)=10
dist(G)=8

알고리즘 수행 결과로써 배열 dist에는 A에서부터 다른 모든 정점으로의 최단 경로의 거리가 저장된다.

Dijkstra 알고리즘의 구현

알고리즘을 구현하기 위해서는 다음의 세 가지 배열(리스트)이 필요하다.

- dist[]: 시작정점으로부터의 최단경로 거리를 저장
- found[]: 방문한 정점 표시를 위해 사용. 최초 모든 항목이 False
- path[]: 바로 이전 정점을 저장. 이전 정점을 따라 시작 정점까지 가는 경로가 최단 경로임.

알고리즘에서는 S에 포함되지 않은 정점들 중에서 가장 dist값이 작은 정점을 찾아야 한다. 이를 위한 코드는 다음과 같다.

코드 11.13   최단 정점 선택 함수   참고파일 ch11/SPDijkstra.py

```
01   INF = 9999
02   def choose_vertex(dist, found) :          # 최소 dist 정점을 찾는 함수
03       min = INF
04       minpos = -1
05       for i in range(len(dist)) :
06           if dist[i]<min and found[i]==False:        정점들 중에서 아직 최단 경로가 확정되지
07               min = dist[i]                          않았고, dist가 최소인 정점을 찾는 과정
08               minpos = i
09       return minpos;                        # 최소 dist 정점의 인덱스 반환
```

이제 Dijkstra 알고리즘을 구현할 수 있다. 정점 리스트와 인접 행렬, 그리고 시작 정점의 인덱스를 매개변수로 받도록 하였다. shortest_path_dijkstra()는 start에서부터 다른 모든 정점까지의 최단 경로를 계산한다.

코드 11.14 Dijkstra 알고리즘   참고파일 ch11/SPDijkstra.py

```python
01  def shortest_path_dijkstra(vtx, adj, start) :
02      vsize = len(vtx)                        # 정점 수
03      dist = list(adj[start])                 # dist 배열 생성 및 초기화
04      path = [start] * vsize                  # path 배열 생성 및 초기화
05      found= [False] * vsize                  # found 배열 생성 및 초기화
06      found[start] = True                     # 시작정점: 이미 찾아짐
07      dist[start] = 0                         # 시작정점의 거리 0
08
09      for i in range(vsize) :
10          print("Step%2d: "%(i+1), dist)      # 단계별 dist[] 출력용
11          u = choose_vertex(dist, found)      최단 경로가 확정되지 않은 정점들 중에서
12          found[u] = True                     dist가 최소인 정점 u의 거리를 확정함
13
14          for w in range(vsize) :             # 모든 정점에 대해
15              if not found[w] :               최단 경로가 확정되지 않은 정점들 중에
16                  if dist[u] + adj[u][w] < dist[w] :   서 u를 거쳐 가는 경로의 거리가 더 짧으면,
17                      dist[w] = dist[u] + adj[u][w]    dist를 갱신함
18                      path[w] = u             이제, 이 정점(w)의 최단 경로상의 이전 정
19                                              점은 u가 됨
20      return path                             # 찾아진 최단 경로 반환
```

알고리즘의 테스트를 위해 앞에서 진행과정을 살펴본 그래프를 사용한다. 이 그래프를 인접행렬로 나타내면 다음과 같다. 시작 정점은 0번, 즉 'A'로 선택하였다.

코드 11.15 Dijkstra 알고리즘 테스트 프로그램   참고파일 ch11/SPDijkstra.py

```python
01  vertex = ['A',  'B',  'C',  'D',  'E',  'F',  'G' ]
02  weight = [ [0,   7,   INF,  INF,  3,   10,   INF ],
03             [7,   0,   4,    10,   2,   6,    INF ],
04             [INF, 4,   0,    2,    INF, INF,  INF ],
05             [INF, 10,  2,    0,    11,  9,    4   ],
06             [3,   2,   INF,  11,   0,   INF,  5   ],
07             [10,  6,   INF,  9,    INF, 0,    INF ],
08             [INF, INF, INF,  4,    5,   INF,  0   ] ]
```

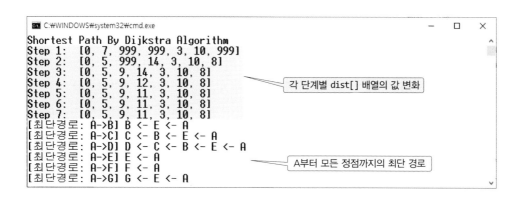

```
09
10   print("Shortest Path By Dijkstra Algorithm")
11   start = 0        # 시작 정점은 0번, 'A'로 선택
12   path = shortest_path_dijkstra(vertex, weight, start)
13
14   # 최종 경로를 출력하기 위한 코드
15   for end in range(len(vertex)) :
16       if end != start :
17           print("[최단경로: %s->%s] %s" %
18                   (vertex[start], vertex[end], vertex[end]), end='')
19           while (path[end] != start) :
20               print(" <- %s" % vertex[path[end]], end='')
21               end = path[end]
22           print(" <- %s" % vertex[path[end]])
```

```
C:\WINDOWS\system32\cmd.exe                        —   □   ×
Shortest Path By Dijkstra Algorithm
Step 1:   [0, 7, 999, 999, 3, 10, 999]
Step 2:   [0, 5, 999, 14, 3, 10, 8]
Step 3:   [0, 5, 9, 14, 3, 10, 8]
Step 4:   [0, 5, 9, 12, 3, 10, 8]           ┌─ 각 단계별 dist[] 배열의 값 변화
Step 5:   [0, 5, 9, 11, 3, 10, 8]
Step 6:   [0, 5, 9, 11, 3, 10, 8]
Step 7:   [0, 5, 9, 11, 3, 10, 8]
[최단경로: A->B] B <- E <- A
[최단경로: A->C] C <- B <- E <- A
[최단경로: A->D] D <- C <- B <- E <- A
[최단경로: A->E] E <- A                      ┌─ A부터 모든 정점까지의 최단 경로
[최단경로: A->F] F <- A
[최단경로: A->G] G <- E <- A
```

실행 결과에서 경로가 역순으로 출력되었다. 이것은 path[u]가 u 다음이 아니라 이전의 정점에 대한 인덱스를 갖기 때문이다.

Dijkstra 알고리즘은 시작정점에서부터 다른 모든 정점까지의 최단 경로의 거리 정보를 제공한다. 그래프에 n개의 정점이 있다면, 최단 경로 알고리즘은 주 반복문을 n번 반복하고 내부 반복문을 2n번 반복하므로 $O(n^2)$의 시간 복잡도를 갖는다.

■ Floyd의 최단 경로 알고리즘

만약 그래프의 모든 정점들 사이의 최단 경로를 구하려고 한다면 Dijkstra 알고리즘을 모

든 정점에서 시작해 수행하면 된다. 그러나 더 간단한 방법도 있다. Floyd-Warshall 알고리즘은 그래프의 모든 정점사이의 최단경로를 한꺼번에 찾아준다. Floyd 알고리즘은 최단경로 거리행렬 A를 이용하여 3중 반복을 하는 루프로 구성되어 있다. <u>행렬 A의 초기 값은 그래프의 인접 행렬이다.</u>

알고리즘 11.4 Floyd-Warshall의 최단 경로 알고리즘

```
shortest_path_floyd()
    for k ← 0 to n - 1
        for i ← 0 to n - 1
            for j ← 0 to n - 1
                A[i][j] = min(A[i][j], A[i][k] + A[k][j])
```

$A^k[i][j]$를 0부터 k까지의 정점만을 이용한 정점 i에서 j까지의 최단 경로 길이라고 하자. <u>k+1부터 n-1까지의 정점은 아직 사용하지 않았다.</u> 우리가 구하려는 것은 0부터 n-1까지의 모든 정점을 이용한 최단 경로이기 때문에 $A^{n-1}[i][j]$를 구하려고 한다. Floyd 알고리즘의 핵심적인 내용은 $A^{-1} → A^0 → A^1 → A^2 → \cdots → A^{n-1}$ 순으로 최단 거리를 구는 것이다. $A^{-1}[i][j]$는 행렬 A의 초깃값으로 그래프의 인접 행렬 weight와 같다.

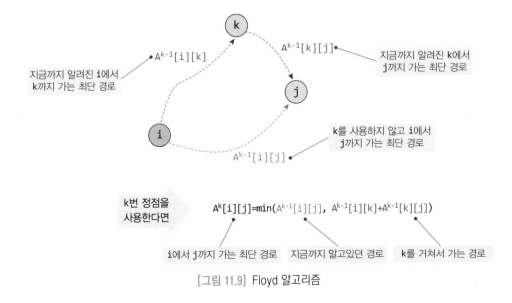

[그림 11.9] Floyd 알고리즘

이 알고리즘의 타당성을 살펴보자. 먼저 A^{k-1}까지는 완벽한 최단 거리가 구해져서 있다고 가정하고, 이제 k번째 정점이 추가로 고려되는 상황이다.

k번째 정점을 포함하여 이제 $0 \sim k$의 정점들을 사용하여 i에서 j로 가는 최단 경로는 다음 과 같이 두 가지로 나눌 수 있다.

(1) 정점 k를 거치지 않는 경로: $A^k[i][j] \leftarrow A^{k-1}[i][j]$

(2) 정점 k를 통과하는 경로: $A^k[i][j] \leftarrow A^{k-1}[i][k] + A^{k-1}[k][j]$

(1)은 정점 i에서 j로 가는 지금까지 알고 있던(0~k−1 정점만을 고려한) 최단 경로이다. (2) 는 이제 k를 거칠 수 있으므로 i에서 k를 거쳐서 j로 움직이는 경로이다. k를 고려한 최단 경로는 이들 중 더 짧은 것이 되어야 한다.

$$A^k[i][j] \leftarrow \min(A^{k-1}[i][j], \ A^{k-1}[i][k] + A^{k-1}[k][j])$$

이것은 정점 k를 경유하는 것이 보다 좋은 경로이면 $A^{k-1}[i][j]$의 값이 변경되고, 그렇지 않으면 이전 값을 유지한다는 의미이다.

Floyd 알고리즘의 구현

다음 프로그램은 Floyd의 최단 경로 알고리즘을 구현한 코드이다. A 행렬의 변화 과정을 보여주기 위한 함수 printA()를 추가하였다.

코드 11.16 Floyd 알고리즘 참고파일 ch11/SPFloyd.py

```
01   INF = 9999
02   def printA(A):                          # 현재의 A 행렬을 화면에 출력하는 함수
03       vsize = len(A)
04       print("================================")
05       for i in range(vsize) :
06           for j in range(vsize) :
07               if (A[i][j] == INF) : print(" INF ", end='')
08               else : print("%4d "%A[i][j], end='')
09       print("");
10
```

```
11   def shortest_path_floyd(vertex, adj) :        # Floyd의 최단경로탐색 함수
12       vsize = len(vertex)                        # 정점의 개수
13       A = list(adj)
14       for i in range(vsize) :
15           A[i] = list(adj[i])
16
17       for k in range(vsize) :
18           for i in range(vsize) :
19               for j in range(vsize) :
20                   if (A[i][k] + A[k][j] < A[i][j]) :
21                       A[i][j] = A[i][k] + A[k][j]
22           printA(A)                               # 현재 A 행렬 출력
```

그래프의 인접 행렬 adj를 A행렬로 복사하는 부분.
2차원 배열의 복사에 유의할 것

0번 정점부터 n−1까지 순서대로 적용함

A행렬의 모든 요소에 대해,
k를 거치는 경로가 더 짧으면 A[i][j]를 갱신함

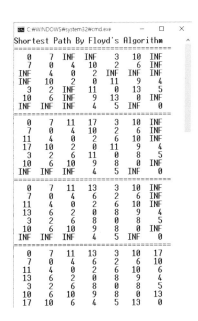

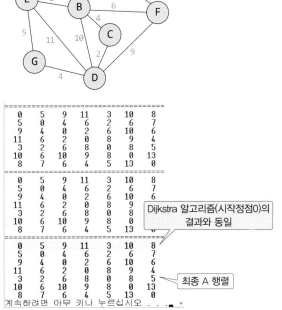

객체의 복사

파이썬에서 객체의 복사에 유의해야 한다. 예를 들어, 리스트 B가 있을 때 A = B는 새로운 리스트 객체를 만드는 것이 아니라 B가 가리키는 리스트를 변수 A가 함께 참조하는 것이다. 따라서 리스트 A의 내용을 변경하면 B가 가리키는 리스트도 바뀐다.

B가 가리키는 리스트와 동일한 <u>새로운 리스트 객체</u>를 만들고 이를 A가 가리키도록 하려면 A = list(B) 와 같이 처리해야 한다. 이 코드는 생성자를 이용해 새로운 객체를 생성한 다음 변수 A가 이를 참조한다. 2차원 배열(리스트의 리스트)의 복사는 더 복잡하다. 위의 코드에서와 같이 adj가 2차원 배열이고, 이를 A에 복사해 보자. A = adj는 물론 새로운 리스트 객체가 생성되지 않고 같은 리스트 객체를 두 변수가 함께 참조한다. 그렇다고 A = list(adj)와 같이 처리하면 될까? 아직 충분하지 않다. 새로운 리스트 객체는 생성되었지만, 리스트 안에 들어가는 리스트 객체들은 생성되지 않았기 때문이다. 즉, 다음 코드와 같이 각 행에 대한 리스트를 각각 생성하여 복사해야 한다.

```python
A = list(adj)                   # 2차원 배열(리스트의 리스트)의 복사
for i in range(vsize) :         # 각 행에 대해
    A[i] = list(adj[i])         # 해당 행의 리스트를 복사
```

더 간편한 방법도 있다. copy 모듈을 사용하는 것이다. 이 모듈을 사용하기 위해서는 다음과 같이 먼저 import로 모듈을 포함해야 한다.

```python
import copy                     # copy 모듈 포함
```

이제 deepcopy() 함수를 다음과 같이 호출하기만 하면 깊은 복사가 된다.

```python
A = copy.deepcopy(adj)          # deepcopy() 함수를 이용한 깊은 복사
```

Dijkstra의 알고리즘의 경우 하나의 정점에서 출발하여 모든 정점까지의 최단 경로를 찾는 데 $O(n^2)$의 시간이 걸린다. 따라서 모든 정점에서 출발한다면 알고리즘을 n번 반복해야 하므로 전체 복잡도가 $O(n^3)$이 된다. 이에 비해, Floyd의 알고리즘은 한 번에 모든 정점 간의 최단 경로를 구하는데, 3중 반복문을 사용하여 시간 복잡도가 $O(n^3)$이 된다. 따라서 Dijkstra 알고리즘과의 차이는 없다고 볼 수 있다. 그러나 Floyd의 알고리즘은 매우 간결한 반복 구문을 사용한다는 특징이 있다.

1 다음 그래프에서 B를 시작 정점으로 할 때 Dijkstra 알고리즘에 의해 거리가 확정되는 정점을 순서대로 나열하라.

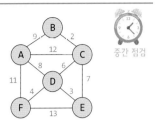

2 Floyd 알고리즘에서 최단 경로 거리 행렬 A는 최초에 어떤 값을 갖는가?

3 어떤 가중치 그래프에서 모든 간선의 가중치가 유일(unique)하다면 단일 정점에서 모든 정점까지의 최단 경로는 유일하다. (　　)

| 연습문제 |

11.1 다음의 가중치 그래프를 인접 행렬과 인접 리스트로 각각 표현하라.

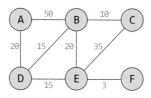

11.2 다음의 방향 그래프를 인접 행렬과 인접 리스트로 각각 표현하라.

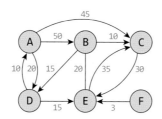

11.3 아래의 네트워크에 대하여 Kruskal의 MST 알고리즘을 이용해서 최소비용 신장 트리가 구성되는 과정을 보여라.

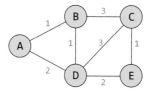

11.4 위의 문제의 그래프에 대하여 Prim의 MST 알고리즘을 이용해서 최소비용 신장 트리가 구성되는 과정을 보여라(정점 A부터 시작할 것).

11.5 다음 가중 그래프에서 최소비용 신장 트리를 얻기 위하여 노드 A에서 시작하여 Prim 알고리즘을 적용할 때 신장 트리의 최소 비용과 세 번째로 선택된 간선을 순서대로 나열한 것은?

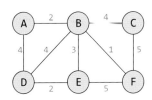

① 12, (B,E)

② 13, (B,E)

③ 12, (D,E)

④ 13, (D,E)

11.6 위의 문제의 그래프에서 Kruskal의 MST 알고리즘을 이용해서 최소 비용 신장 트리를 구할 때 선택되는 간선을 순서대로 나열하라.

11.7 가중치 그래프의 정점의 수를 n 간선의 수를 e라 하자. 다음 Kruskal과 Prim의 최소비용 신장 트리의 시간 복잡도로 옳은 것을 골라라.

① $O(n^2)$, $O(n+e)$　　　　　　　② $O(n)$, $O(n \log_2 n)$

③ $O(e \log_2 e)$, $O(n^2)$　　　　　④ $O(e^2)$, $O(n \log_2 n)$

11.8 음수 가중치를 가진 가중치 그래프에서 Kruskal의 MST 알고리즘을 이용해서 최소비용 신장 트리를 구할 수 있을지를 설명하라.

11.9 음수 가중치를 가진 가중치 그래프에서 Prim의 MST 알고리즘을 이용해서 최소비용 신장 트리를 구할 수 있을지를 설명하라.

11.10 다음 그래프에서 정점 S부터 E까지의 최단 거리를 계산해보자. Dijkstra 알고리즘을 사용한다. 각 단계에서 dist 배열의 내용을 적어라.

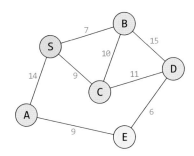

11.11 음수 가중치를 가진 가중치 그래프에서 가장 작은 가중치를 찾고 이 값이 양수가 되도록 충분히 큰 양수를 모든 간선의 가중치에 더한 후 Dijkstra 알고리즘을 사용한다면 최단거리 경로를 구할 수 있을까? 안된다면 그 이유를 설명하라.

11.12* 11.2절의 인접 리스트에서의 모든 간선 출력 함수에서 그래프의 간선들이 중복되어 출력되지 않으려면 어떻게 할까? 출력 함수를 수정해 보라.

11.13* 11.3절의 Kruskal의 최소비용 신장 트리 코드를 수정하여 구해진 MST의 가중치 합을 출력하라.

11.14** 11.3절의 Kruskal의 최소비용 신장 트리 코드에서는 가중치가 가장 작은 간선을 뽑기 위해 간선을 가중치의 오름차순으로 정렬하였다. 이 코드를 힙을 사용하는 방법으로 수정하라. 힙을 사용한다면 가중치가 작은 간선을 뽑아야하기 때문에 최소 힙을 사용해야 한다. 파이썬의 heapq 모듈을 사용해도 좋다.

11.15* 11.3절의 Prim의 최소비용 신장 트리 코드를 수정하여 구해진 MST의 가중치 합을 출력하라.

11.16** 11.3절의 Kruskal의 최소비용 신장 트리 알고리즘을 이용하여 최대비용 신장 트리(maximum spanning tree)를 구하는 프로그램을 구현하라.

11.17*** 11.4절의 Floyd-Warshall 알고리즘은 최단경로 길이만을 구한다. 이 코드를 수정하여 최단경로 경로 자체를 구할 수 있도록 하라. 힌트: 이를 위해, 다음 노드를 가리킬 Next 배열(2차원)을 사용할 수 있다. 만약 정점 u와 v 사이에 간선이 있으면 Next[u][v]의 초깃값은 v가 되고, 그렇지 않으면 -1로 초기화한다. Floyd 알고리즘의 if 조건문(k를 거치는 경로가 더 가까우면) 안에서 Next[i][j]를 Next[i][k]로 갱신해야 한다. 이것은 i와 j 사이에서 중간 노드 k를 거치는 더 가까운 경로를 찾은 것을 말한다.

CHAPTER

12

고급 정렬

학습목표

- 정렬의 개념을 이해한다.
- 각 정렬 알고리즘의 동작 원리를 이해한다.
- 각 정렬 알고리즘의 장점과 단점을 이해한다.
- 각 정렬 알고리즘의 효율성을 이해한다.
- 각 정렬 알고리즘의 구현 방법을 이해한다.

12 고급 정렬

12.1 다양한 정렬 알고리즘

주어진 레코드를 킷값에 따라 순서대로 나열하는 것을 정렬이라고 하는데, 우리는 7장에서 몇 가지 정렬 알고리즘들을 살펴보았다. 이들은 모두 간단한 알고리즘을 사용하지만 시간 복잡도가 $O(n^2)$로 효율적이지 못한 방법인데, 다음과 같은 특징이 있다.

- **선택 정렬**: 입력의 크기에 따라 자료 이동 횟수가 결정된다.
- **삽입 정렬**: 레코드의 많은 이동이 필요하지만 대부분의 레코드가 이미 정렬되어 있는 경우에는 효율적이다.
- **버블 정렬**: 인접 요소를 교환하는 방식의 가장 간단한 알고리즘을 사용한다.

만약 정렬해야 할 데이터가 많고 자주 정렬해야 한다면 보다 효율적인 방법이 필요하다. 이러한 정렬 알고리즘은 컴퓨터 분야에서 가장 많이 연구된 분야중의 하나로 지금까지 매우 다양한 정렬 방법들이 제안되었다. 몇 가지 효율적인 정렬 방법들을 살펴보자.

- **셸 정렬**: 삽입 정렬의 장점을 이용한 다단계 정렬 알고리즘
- **힙 정렬**: 힙을 이용한 정렬 알고리즘. 제자리 정렬로 구현할 수 있음
- **병합 정렬**: 분할정복 전략을 이용하는 대표적인 정렬 알고리즘
- **퀵 정렬, 이중피벗 퀵 정렬**: 피벗을 이용한 정렬 방법으로 대표적인 효율적인 정렬 알고리즘
- **기수 정렬**: 요소들을 서로 비교하지 않는 독특한 정렬 알고리즘. 분배를 이용해 효율적인 정렬이 가능하지만 킷값에 제한이 있음

12.2 셸 정렬

셸 정렬(shell sort)은 Donald L. Shell이 제안한 방법으로, 삽입 정렬이 어느 정도 정렬된 배열에 대해서는 대단히 빠른 것에 착안했다. 7장에서 다룬 삽입 정렬은 자료를 정렬된 배열에 끼워넣는데, 그림 12.1의 왼쪽과 같이 배열이 이미 오름차순으로 정렬되어 있으면 항상 한 번만에 이 작업이 완료된다. 반면에 오른쪽과 같이 배열이 역순으로 정렬되어 있다면 매번 정렬된 리스트의 모든 자료를 비교하고 한 칸씩 뒤로 옮겨야 한다.

[그림 12.1] 삽입 정렬은 어느 정도 정렬된 배열에 대해서는 효율적이다.

셸 정렬은 기본적으로는 삽입 정렬을 이용하지만, 배열을 한꺼번에 정렬하지 않고 일종의 전처리를 하는 다단계 정렬이다. 전처리 과정에서 가급적 많은 자료를 어느 정도 정렬된 위치로 보내고, 이를 통해 최종 삽입 정렬의 효율을 높인다.

셸 정렬은 먼저 리스트를 일정한 기준에 따라 여러 개의 부분 리스트로 나누고, 각 부분 리스트를 삽입 정렬을 이용해 정렬한다. 모든 부분 리스트가 정렬되면 다시 전체 리스트를

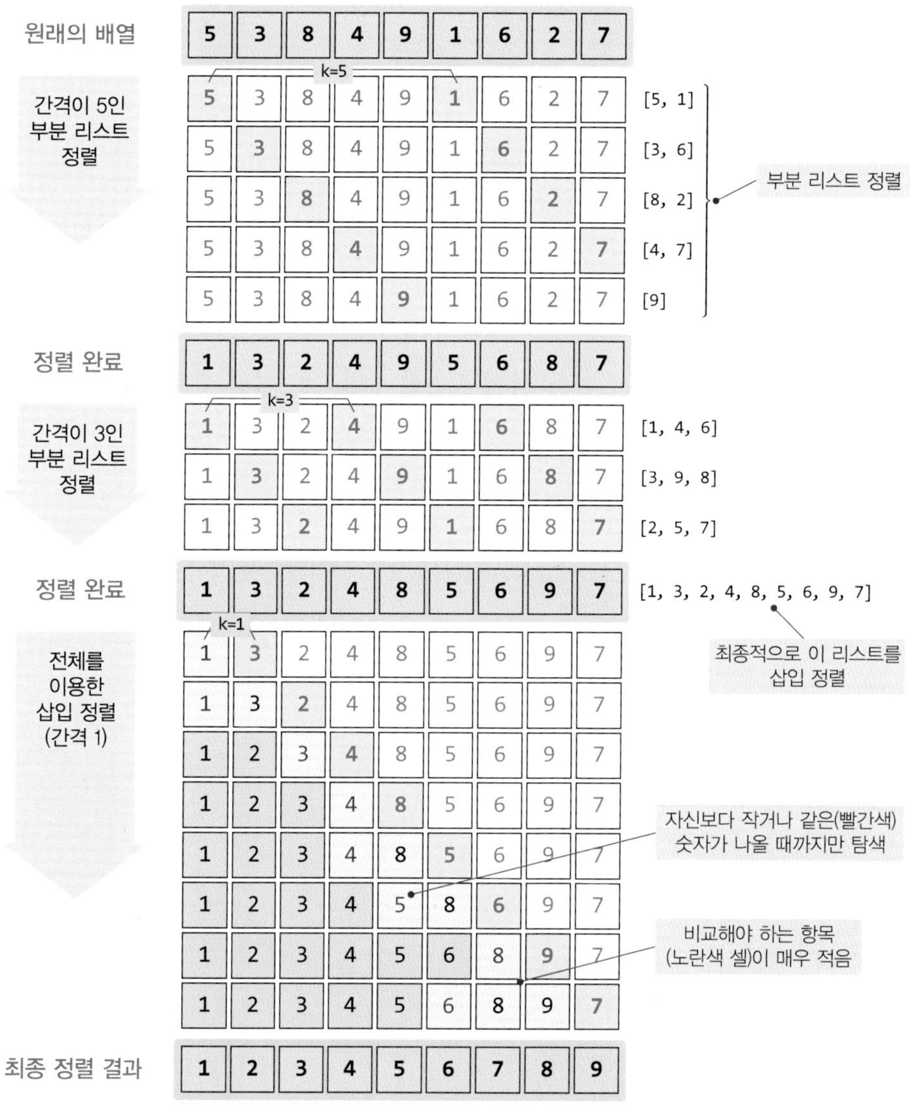

[그림 12.2] 셸 정렬의 전체 과정 (노란색 셀이 비교되는 항목들임)

더 적은 개수의 부분 리스트로 만들어 앞의 과정을 되풀이한다. 이 과정은 부분 리스트의 개수가 1이 될 때까지 반복된다.

각 부분 리스트는 전체 리스트에서 거리가 k만큼 떨어진 요소들로 이루어진다. 이때, k를 간격(gap)이라 하는데, 이것은 부분 리스트의 개수와 같다. <u>셀 정렬은 큰 간격으로 시작해서 각 단계마다 k를 줄이는데</u>, 간격이 줄수록 하나의 부분 리스트에 속하는 요소의 개수는 많아진다. 마지막 단계는 간격이 1이고, 이것은 전체 리스트를 정렬하는 것을 의미한다. 다음은 셀 정렬 과정을 보여주는데, 초기의 k는 배열 크기의 절반(5)을 사용하였다.

- 간격 k=5: 부분 리스트 {5,1} {3,6}, {8,2}, {4,7}, {9}로 나누어지고 각각을 정렬한다. 부분 리스트가 정렬되면 전체 리스트도 약간은 정렬된다.
- 간격 k=3: 부분 리스트는 {1,4,6} {3,9,8}, {2,5,7}이 되고, 각각을 정렬한다. 보통 간격을 단계별로 절반으로 줄이는 방식을 많이 사용한다.
- 간격 k=1: 전체가 하나의 부분 리스트 {1,3,2,4,8,5,6,9,7}가 된다. 그렇지만 이미 많은 요소들이 정렬되어 있다. 따라서 대부분의 삽입 단계에서 1~2번의 비교만으로(노란색 셀들) 삽입 위치를 찾는다. 셀 정렬은 이 효과를 노린다.

셀 정렬을 구현해 보자. 먼저 각 부분 리스트에 대하여 <u>일정한 간격으로 떨어져 있는 요소들을 삽입 정렬을 이용해 정렬하는 함수</u> sortGapInsertion()를 구현한다. 이 함수는 7장의 삽입 정렬 함수와 비교하여 보면 쉽게 이해할 수 있다.

코드 12.1   셀 정렬에 사용되는 삽입 정렬   참고파일 ch12/ShellSort.py

```
01   def sortGapInsertion(A, first, last, gap) :
02       for i in range(first+gap, last+1, gap) :        리스트의 요소를 gap만큼 건너뛰면서 삽입
03           key = A[i]
04           j = i - gap
05           while j >= first and key<A[j] :             삽입 위치를 찾고, 요소들을 이동할 때도
06               A[j + gap] = A[j]                        gap만큼 건너뛰면서 처리해야 함
07               j = j - gap
08           A[j + gap] = key                             # 최종 위치에 삽입
```

shell_sort()에서 변수 gap이 간격 k를 나타내는데, 리스트의 크기의 절반으로 시작해서

1이 될 때까지 1/2로 줄이면서 반복한다. 만약 간격이 짝수이면 1을 더하는 것이 좋은 것으로 알려져 있는데, 코드에서도 그렇게 구현되었다.

코드 12.2 셸 정렬 알고리즘   참고파일 ch12/ShellSort.py

```python
01    def shell_sort(A) :                      # 셸 정렬 알고리즘
02        n = len(A)
03        gap = n//2                           # 최초의 gap:리스트 크기의 절반
04        while gap > 0 :
05            if (gap % 2) == 0 : gap += 1      # gap이 짝수이면 1을 더함
06            for i in range(gap) :
07                sortGapInsertion(A, i, n - 1, gap)      # gap개의 부분 리스트를 각각 삽입 정렬
08            print('    Gap=', gap, A)         # 중간 결과 출력용
09            gap = gap//2                      # gap을 반으로 줄임(정수 나눗셈)
```

```
C:\WINDOWS\system32\cmd.exe                                      —  □  ×
Original  : [5, 3, 8, 4, 9, 1, 6, 2, 7]
     Gap= 5 [1, 3, 2, 4, 9, 5, 6, 8, 7]
     Gap= 3 [1, 3, 2, 4, 8, 5, 6, 9, 7]
     Gap= 1 [1, 2, 3, 4, 5, 6, 7, 8, 9]
Shell     : [1, 2, 3, 4, 5, 6, 7, 8, 9]
```

삽입 정렬과 비교하면 셸 정렬은 2가지의 장점이 있다.

- 삽입 정렬은 항상 간격이 1인데 비해 셸 정렬은 큰 간격의 리스트에서 자료의 교환이 일어나므로 한 번에 더 큰 거리를 이동할 수 있다. 따라서 교환되는 항목들이 삽입 정렬보다 최종위치에 더 가까이 움직일 가능성이 높아진다.
- 간격이 1이면 전체 리스트를 삽입 정렬로 정렬해야 한다. 그러나 삽입 정렬이 거의 정렬된 리스트에 대해 효율적이므로 이 과정도 빠르게 수행된다.

실험적인 연구를 통하여 셸 정렬의 시간 복잡도는 최악의 경우에는 $O(n^2)$ 이지만 평균적인 경우에는 $O(n^{1.5})$ 인 것으로 알려져 있다.

---

1 다음 중 셸 정렬과 가장 관련이 많은 정렬 방법은?

   ① 선택 정렬   ② 삽입 정렬   ③ 버블 정렬   ④ 퀵 정렬

중간 점검

12.3 힙 정렬

힙은 우선순위 큐를 완전이진트리로 구현하는 방법으로 최댓값이나 최솟값을 쉽게 추출할 수 있는 자료구조이므로 힙을 이용하면 리스트를 간단히 정렬할 수 있다. 이러한 정렬을 **힙 정렬**(heap sort)이라 한다.

■ 힙을 이용한 정렬

8.3절에서 구현한 최대 힙 삽입과 삭제 함수를 정렬에 이용해 보자. 정렬 과정은 단순히 정렬할 요소들을 모두 힙에 넣었다가 순서대로 꺼내는 것이다. 이때 최대 힙은 가장 큰 요소부터 출력하므로 오름차순으로 정렬하기 위해서는 힙에서 꺼내는 자료를 리스트의 맨 뒤에서부터 채워나가야 함에 유의하라. 음수 인덱스를 이용해 이 과정을 구현한 코드는 다음과 같다.

코드 12.3 **최대 힙을 이용한 힙 정렬 알고리즘**   참고파일 ch12/HeapSort.py

```
01    def heapSort1(data):
02        heap = [0]
03        for e in data :                   # 모든 데이터를 최대 힙에 삽입
04            heappush(heap, e)
05
06        for i in range(1, len(data)+1) :  # 모든 데이터를 힙에서 꺼내 역순으로 저장
07            data[-i] = heappop(heap)      # 음수 인덱스: -1, -2, ... -n
```

시간 복잡도를 생각해 보자. n개의 항목을 삽입해야 하고, 다시 삭제해야 한다. 힙의 삽입 연산과 삭제 연산의 시간 복잡도는 모두 $O(\log_2 n)$이고, 이러한 연산을 $2n$번 해야 하므로 정렬의 시간 복잡도는 $O(n \log_2 n)$이다. 이것은 삽입, 선택, 버블 정렬과 같은 간단한 알고리즘들의 시간 복잡도 $O(n^2)$와 비교하면 탁월한 것이다. 그런데, 이 방법은 추가적인 메모리를 필요로 한다. 즉 입력 데이터의 모든 항목을 다른 메모리 공간인 힙에 모두 넣었다가 빼야하기 때문이다. 즉, 입력 데이터의 크기에 비례하는 추가적인 메모리 공간이 필요하다.

■ 제자리 정렬로 구현한 힙 정렬

힙 정렬을 제자리 정렬로도 구현할 수 있다. 아이디어는 입력 배열 자체를 최대 힙으로 먼저 만들고, 최대 힙에서 최댓값을 꺼내 배열의 맨 뒤쪽부터 저장하는 것이다.

정렬되지 않은 배열 → 최대 힙

정렬되지 않은 배열을 최대 힙으로 만드는 과정을 그림으로 살펴보자. 배열의 맨 뒤쪽 항목부터 시작해서 앞으로 가면서 힙 조건을 만족시킨다. 그런데, 그림을 보면 배열의 절반이상은 트리에서 가족관계가 아니므로 서로 관련이 없다. 따라서 이미 힙을 이루고 있다고 생각할 수 있다. 실제로 위치가 바뀌어야 하는 것은 그림에서 노드 4부터이다. 결국 4부터 배열의 맨 앞 항목(5)까지를 순서대로 다운힙(downheap) 처리하면 최대 힙이 만들어진다.

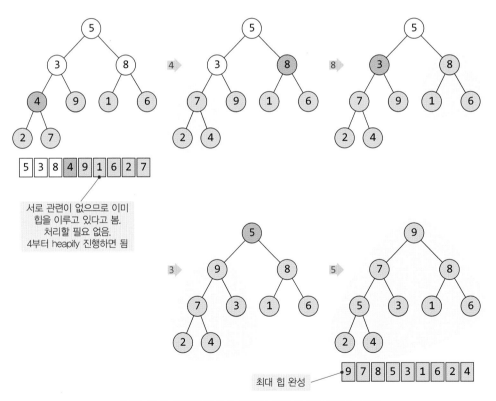

[그림 12.3] 정렬되지 않은 배열을 최대 힙으로 만드는 과정

다운힙을 위한 함수 heapify()를 순환을 이용해 구현해 보자. 먼저 매개 변수로 배열(arr)과

배열의 길이(n) 및 다운힙을 진행하고자 하는 항목의 인덱스(i)를 전달한다. 이때, 배열의 길이를 추가적으로 전달하는 것에 유의하라. 최대 힙을 만드는 과정에는 필요 없지만(len(arr)을 사용하면 되므로) 두 번째 단계(최대 힙 → 정렬된 배열)에서 필요하다.

heapify는 현재 위치 i의 왼쪽 자식과 오른쪽 자식 중에서 더 큰 자식이 자신보다 크면 자신과 더 큰 자식을 교환하고, 순환호출을 이용하여 더 큰 자식에서 다시 이 과정을 반복한다. 이 과정은 더 이상 교환이 없을 때 까지 진행된다.

코드 12.4   배열을 최대 힙으로 바꾸는 heapify 함수   참고파일 ch12/HeapSort.py

```
01   def heapify(arr, n, i):                          arr: 입력 배열, n: 배열 arr의 크기, i: 현
02       largest = i          # i번째가 가장 크다고 하자.    재 루트노드 인덱스
03       l = 2 * i + 1        # 왼쪽 자식: left = 2*i + 1 (배열 0번을 사용함)
04       r = 2 * i + 2        # 오른쪽 자식: right = 2*i + 2 (배열 0번을 사용함)
05
06       if l < n and arr[i] < arr[l]: largest = l       현재 루트(i)와 두 자식 중에 가장 큰 요
07       if r < n and arr[largest] < arr[r]: largest = r   소의 인덱스를 구함
08       if largest != i:                                교환이 필요하면, 교환하고, 순환적으로 자
09           arr[i],arr[largest] = arr[largest],arr[i]     식 노드를 처리함.
10           heapify(arr, n, largest)                      교환이 필요하지 않으면 다운힙 종료
```

이러한 heapify 함수의 동작은 파이썬 heapq 모듈과 유사하다. heapq 모듈의 heapify() 함수는 리스트를 최소힙으로 바꾼다. 최대 힙을 만들기 위해서는 heapq._heapify_max() 함수를 사용해야 한다.

최대 힙 → 정렬된 배열

그림 12.3에서 트리의 4, 8, 3, 5 노드에 대해 순서적으로 heapify를 적용하면 최대 힙이 완성된다. 그러나 <u>최대 힙이 만들어졌다고 정렬이 완료된 것은 아니다.</u> 이제 최대 힙에서 자료를 하나씩 꺼내 순서대로 저장해야 최종 정렬이 완료된다.

힙의 삭제는 루트를 삭제하는 것이다. 따라서 루트의 숫자를 힙의 마지막 숫자와 교환하고 힙 크기를 1 줄인다. 이 상태는 힙 조건을 만족하지 않을 수 있다. 따라서 다운힙 연산으로 반드시 힙을 복원해야 한다. 이 과정을 반복하면 모든 원소들이 정렬된다. 이때, 앞에서 구

현한 heapify 함수를 다시 이용한다.

다음은 배열을 최대 힙으로 만든 후 루트를 순서적으로 꺼내 정렬하는 전체 힙 정렬 코드이다. 힙을 만들 때에는 배열의 길이로 len(arr)이 전달되지만, 요소를 하나씩 꺼내고 다시 힙을 만들 때에는 배열의 길이 i가 감소함에 따라 하나씩 줄어드는 것에 유의하라. 물론 루트를 꺼내므로 항상 인덱스는 0으로 호출되어야 한다.

코드 12.5 **제자리 정렬로 구현된 힙 정렬** 참고파일 ch12/HeapSort.py

```
01  def heapSort(arr):
02      n = len(arr)
03      print("i=", 0, arr)              # 중간결과 출력용
04      for i in range(n//2, -1, -1):
05          heapify(arr, n, i)           배열의 중앙 앞쪽 요소들을 순서적으로 최대 힙화 함
06          print("i=", i, arr)          # 중간결과 출력용
07      print()                          # 중간결과 출력용
08
09      for i in range(n-1, 0, -1):
10          arr[i], arr[0] = arr[0], arr[i]   최대 힙의 루트를 마지막 요소와 교체하고, 마지막
11          heapify(arr, i, 0)                요소를 제외한 배열에서 루트(0번)부터 다운힙 함
12          print("i=", i, arr)          # 중간결과 출력용
```

앞의 그림과 같은 배열로 주어진 데이터에 대한 처리 결과는 다음과 같다. 중간 결과를 출력하여 최대 힙을 만드는 과정과 정렬하는 과정이 나타나도록 하였다.

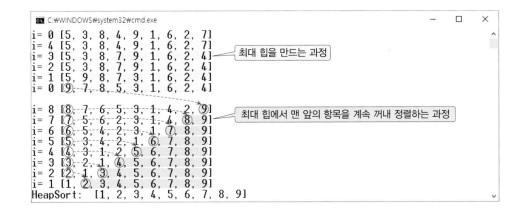

제자리 정렬로 구현된 힙 정렬의 시간 복잡도도 역시 $O(n \log_2 n)$이다. 힙 정렬은 전체 리스트 중에서 일부만 정렬할 필요가 있는 경우에 매우 유용하다. 예를 들어 n개의 레코드 중에서 제일 작은 레코드 k개만 필요한 경우, 다른 정렬 방법들은 리스트에 있는 n개의 레코드를 모두 정렬해야 하지만 힙 정렬은 최소 힙에서 k번만 작은 레코드를 추출해냄으로써 간단하게 목적을 달성할 수 있다. 힙 정렬의 장점은 최악의 경우에도 시간 복잡도가 $O(n \log_2 n)$으로 제한되고, 제자리 정렬로 구현할 수 있어 추가적인 메모리가 필요 없다는 점이다.

---

1 다음 리스트는 최대 힙을 만족하는가? ( )

[9, 7, 6, 5, 4, 3, 2, 2, 1, 3]

2 제자리 정렬로 구현하는 힙 정렬에서는 입력 리스트를 최대 힙으로 먼저 변환한다. 이때 입력 리스트의 앞쪽 절반만을 처리해도 되는 이유로 적절한 것은?

① 추가적인 메모리를 사용하지 않기 때문에

② 가장 큰 값만 필요하기 때문에

③ 이미 정렬되어 있기 때문에

④ 트리에서 가족 관계가 아니기 때문에

중간 점검

정답 1 ○ 2 ④

12.4 병합 정렬

병합 정렬(merge sort)은 하나의 리스트를 두 개의 균등한 크기로 분할하고 분할된 부분 리스트를 정렬한 다음, 두 리스트를 합하여 전체가 정렬된 리스트를 만드는 방법이다. 이 것은 **분할 정복**(divide and conquer) 기법에 바탕을 두고 있는데, 하나의 문제를 작은 2개의 문제로 분리하고 각각을 해결한 다음, 결과를 모아서 원래의 문제를 해결하는 전략이다. 다음 그림은 분할 정복 기법의 개념을 보여주는데, 만약 분할된 문제가 아직도 충분히 작지 않아 해결하기 어렵다면, 분할 정복을 연속으로 다시 적용하면 된다. 그리고 이 경우 보통 순환 호출을 사용한다.

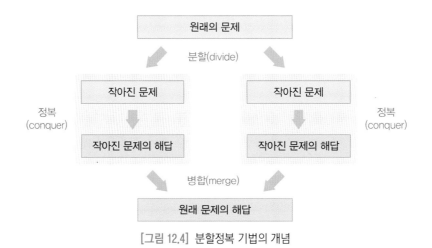

[그림 12.4] 분할정복 기법의 개념

분할정복 기법을 배열의 정렬에 사용해 보자. 다음은 정렬의 예이다.

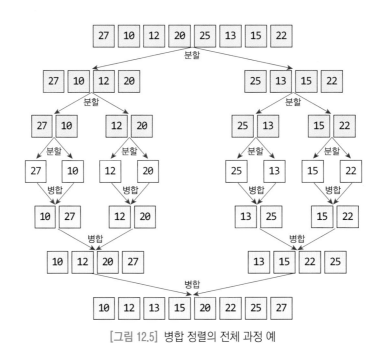

[그림 12.5] 병합 정렬의 전체 과정 예

병합 정렬의 주요 처리 과정은 다음과 같다.

① **분할(Divide):** 입력 배열을 같은 크기의 2개의 부분 배열로 분할한다. (배열의 크기가 8 → 4 → 2 → 1로 줄어들었음)

② **정복(Conquer):** 부분 배열을 정렬한다. 부분 배열의 크기가 충분히 작지 않으면 순환 호출을 이용하여 다시 분할 정복 기법을 적용한다. 배열의 크기가 1이면 이미 정복된 것이다.

③ **병합(Combine, merge):** 정렬된 부분 배열들을 하나의 배열에 통합한다.

이러한 병합 정렬은 다음과 같이 순환적으로 간단하게 구현할 수 있다.

| 코드 12.6 | 병합 정렬 | 참고파일 ch12/MergeSort.py |

```
01  def merge_sort(A, left, right) :
02      if left<right :
03          mid = (left + right) // 2
04          merge_sort(A, left, mid)
05          merge_sort(A, mid + 1, right)
06          merge(A, left, mid, right)
```

정렬할 요소가 두 개 이상인 경우만 처리.
하나이면 이미 정렬된 것임

리스트를 반으로 균등하게 분할하고,
왼쪽과 오른쪽 리스트를 순환적으로 정렬

정렬된 두 리스트를 병합하는 단계.
실제 정렬이 이루어지는 함수

병합 정렬에서 실제로 정렬이 이루어지는 시점은 2개의 리스트를 **병합(merge)**하는 단계이다. 다음은 정렬된 두 배열을 병합하는 과정을 보여준다.

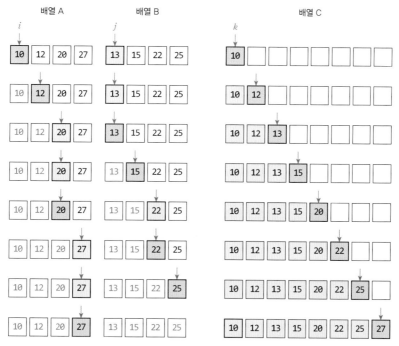

[그림 12.6] 정렬된 두 배열의 병합(merge) 과정 예

병합을 위해서는 2개의 배열(A와 B)이 모두 반드시 정렬되어 있어야 한다. 두 배열의 요소들을 처음부터 하나씩 비교하여 둘 중에서 더 작은 요소를 새로운 배열 C로 옮기는 과정을 반복한다. 이것은 하나의 배열이 모두 끝날 때 까지 반복하고, 다른 배열의 남은 요소들을 전부 새로운 배열 C로 복사하면 병합이 종료된다. 이 과정을 위해 새로운 배열이 필요함에 유의하라.

다음은 이러한 병합과정을 기술하고 있다. 첫 번째 부분 배열은 A[left]부터 A[mid]까지 이고, 두 번째는 A[mid+1]부터 A[right]까지이다. 병합된 리스트를 임시로 저장하기 위해 배열 sorted를 사용하였다. 부분 리스트의 복사를 위해 파이썬의 슬라이싱 기능을 이용하였다.

코드 12.7   병합 정렬을 위한 merge() 함수   참고파일 ch12/MergeSort.py

```python
01  def merge(A, left, mid, right) :
02      global sorted                    # 병합을 위한 추가적인 배열
03      k = left                         # 배열 C(정렬될 리스트)의 인덱스
04      i = left                         # 배열 A의 인덱스
05      j = mid + 1                      # 배열 B의 인덱스
06      while i<=mid and j<=right :
07          if A[i] <= A[j] :
08              sorted[k] = A[i]
09              i, k = i+1, k+1
10          else:
11              sorted[k] = A[j]
12              j, k = j+1, k+1
13
14      if i > mid :
15          sorted[k:k+right-j+1] = A[j:right+1]
16      else :
17          sorted[k:k+mid-i+1] = A[i:mid+1]
18      A[left:right+1] = sorted[left:right+1]
```

07~12: 더 작은 요소를 sorted에 복사하고, 그 부분 배열의 인덱스를 증가시킴. 이 과정은 어느 한쪽 부분이 모두 처리될 때까지 진행

14~17: 남은 부분 배열의 모든 요소를 sorted로 복사. 슬라이싱을 이용함

18: 임시 리스트에 저장된 결과를 원래의 리스트 A에 복사

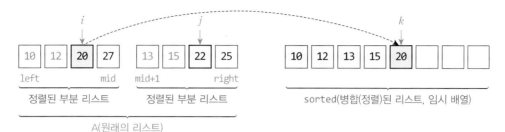

[그림 12.7] merge() 함수를 이용한 병합의 환경

병합 정렬의 복잡도

병합 정렬은 순환 호출 구조로 되어 있다. 따라서 레코드의 개수 n이 2의 거듭제곱이라고 가정하고 순환 호출의 깊이가 얼마나 되는지를 분석하여 보자.

만약 $n=2^3$인 경우에는 부분 배열의 크기가 $2^3 \rightarrow 2^2 \rightarrow 2^1 \rightarrow 2^0$ 순으로 줄어들어 순환 호출의 깊이가 3임을 알 수 있다. 따라서 일반적으로 $n=2^k$라고 하면 부분 배열의 크기는 $2^k \rightarrow 2^{k-1} \rightarrow \cdots \rightarrow 2^0$이 되어 순환 호출의 깊이가 k가 된다. 이때, $k=\log_2 n$이다.

배열이 부분 배열로 나누어지는 단계에서는 비교 연산이나 이동 연산은 수행되지 않는다. 부분 배열이 합쳐지는 merge 함수에서 비교 연산과 이동 연산이 수행되는 것이다. 순환호출의 깊이만큼의 병합 단계가 필요하다. 그러면 각 병합 단계에서는 몇 번의 비교 연산이 수행될까? $n=2^3$인 경우를 보자.

- 크기 1인 부분 배열 2개를 병합하는 데는 최대 2번의 비교 연산이 필요하고, 부분 배열의 쌍이 4개이므로 $2 \times 4 = 8$번의 비교 연산이 필요하다.
- 다음 단계에서는 크기가 2인 부분 배열을 2개를 합치는데 최대 4번의 비교 연산이 필요하고, 배열 쌍이 2개이므로 역시 $4 \times 2 = 8$번의 연산이 필요하다.
- 마지막 병합 단계인 크기가 4인 부분 배열 2개를 병합하는 데는 최대 8번의 비교 연산이 필요하다. 따라서 또한 8×1번의 연산이 필요하다.

일반적인 경우를 생각해보면 하나의 병합단계에서는 n번의 비교 연산이 필요함을 알 수 있다. 이러한 병합 단계가 $k=\log_2 n$번 필요하므로 비교 연산은 최대 $O(n\log_2 n)$번 필요하다.

이동 연산은 얼마나 수행되는 것일까? 하나의 병합 단계에서 보면 임시 배열에 복사했다가 다시 가져와야 되므로 이동 연산은 총 부분 배열에 들어 있는 요소의 개수가 n인 경우, 레코드의 이동이 $2n$번 발생하므로 하나이 병합 단계에서 $2n$개가 필요히다. 띠라시 $\log_2 n$ 빈의 병합 단계가 필요하므로 총 $2n \log_2 n$ 번의 이동 연산이 필요하다. 결론적으로 병합 정렬은 $O(n \log_2 n)$의 복잡도를 갖는 매우 효율적인 정렬 방법의 하나이다. 병합 정렬의 또 다른 특징은 입력 데이터가 어떻게 이루어져 있는지에 상관없이, 즉 최악, 평균, 최선의 경우에도 모두 동일한 시간에 정렬된다는 것이다. 단점은 추가적인 메모리가 필요한 것이다.

---

1 병합 정렬에 대한 설명으로 가장 옳지 않은 것은?

중간 점검

   ① 분할 정복(divide and conquer) 전략을 사용한다.

   ② 리스트를 위치에 따라 분할한다.

   ③ 안정성을 만족한다.

   ④ 최적과 최악의 입력에 대해 다른 성능을 보인다.

2 다음 중 입력 데이터의 구성과 상관없이 자료의 이동 횟수가 결정되는 정렬 알고리즘은?

   ① 삽입 정렬, 퀵 정렬   ② 선택 정렬, 병합 정렬

   ③ 선택 정렬, 퀵 정렬   ④ 삽입 정렬, 병합 정렬

3 다음의 정수 배열을 병합 정렬을 사용하여 오름차순으로 정렬하려고 한다. 첫 번째로 병합이 일어나는 단계에서의 병합 후 리스트의 내용은?

   [71, 49, 92, 55, 38, 28, 72, 53]

정답 1 ④ 2 ② 3 [49, 71, 55, 92, 28, 38, 53, 72]

12.5 퀵 정렬

퀵 정렬(quick sort)은 평균적으로 매우 빠른 수행 속도를 자랑하는 정렬 방법이다. 퀵 정렬도 병합 정렬과 같이 **분할-정복법**을 사용한다. 그러나 병합 정렬과는 달리 리스트를 균등하게 분할할 필요는 없다.

먼저 리스트 안에 있는 한 요소를 **피벗**(pivot)으로 선택한다. 일단 리스트의 첫 번째 요소를 피벗으로 하자. 피벗보다 작은 요소들은 모두 피벗의 왼쪽으로 옮기고 피벗보다 큰 요소들은 모두 피벗의 오른쪽으로 옮긴다. 결과적으로 피벗을 중심으로 왼쪽은 피벗보다 작은 요소들로 구성되고, 오른쪽은 피벗보다 큰 요소들로 구성된다. 이 상태에서 피벗을 제외한 왼쪽 리스트와 오른쪽 리스트를 다시 정렬하면 전체 리스트가 정렬된다.

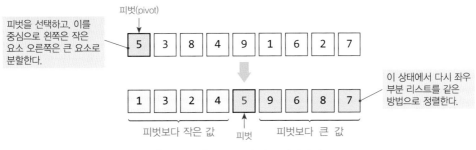

[그림 12.8] 퀵 정렬의 기본 아이디어

그러면 퀵 정렬은 어떻게 피벗을 기준으로 나누어진 왼쪽 부분 리스트와 오른쪽 부분 리스트를 정렬할까? 여기에서도 순환 호출이 사용된다. 부분 리스트에서도 다시 피벗을 정하고 피벗을 기준으로 2개의 부분 리스트로 나누는 과정이 되풀이된다. 이 과정은 부분 리스트를 더 이상이 분할할 수 없을 때까지 반복된다.

이러한 방법을 순환으로 구현한 퀵 정렬 함수는 다음과 같다. 정렬 대상 리스트인 A와 함께 정렬 범위를 나타내는 left와 right가 매개변수로 전달되는 것에 유의하라.

코드 12.8　퀵 정렬　　　　　　　　　　　　　　참고파일 ch12/QuickSort.py

```
01    def quick_sort(A, left, right) :
02        if left<right :
03            q = partition(A, left, right)
04            quick_sort(A, left, q - 1)
05            quick_sort(A, q + 1, right)
```

정렬할 요소가 두 개 이상인 경우만 처리.
하나이면 이미 정렬된 것임

피벗을 중심으로 두 부분으로 분할하고,
왼쪽(left~q-1)과 오른쪽(q+1~right) 부분 리스트
를 순환적으로 정렬함

퀵 정렬에서 가장 중요한 함수가 partition()이다. 이 함수는 데이터가 들어 있는 배열 A의 left부터 right까지를 피벗을 기준으로 2개의 부분 리스트로 나눈다. 피벗보다 작은 데이터는 모두 왼쪽 부분 리스트로, 큰 데이터는 모두 오른쪽 부분 리스트로 옮겨진다.

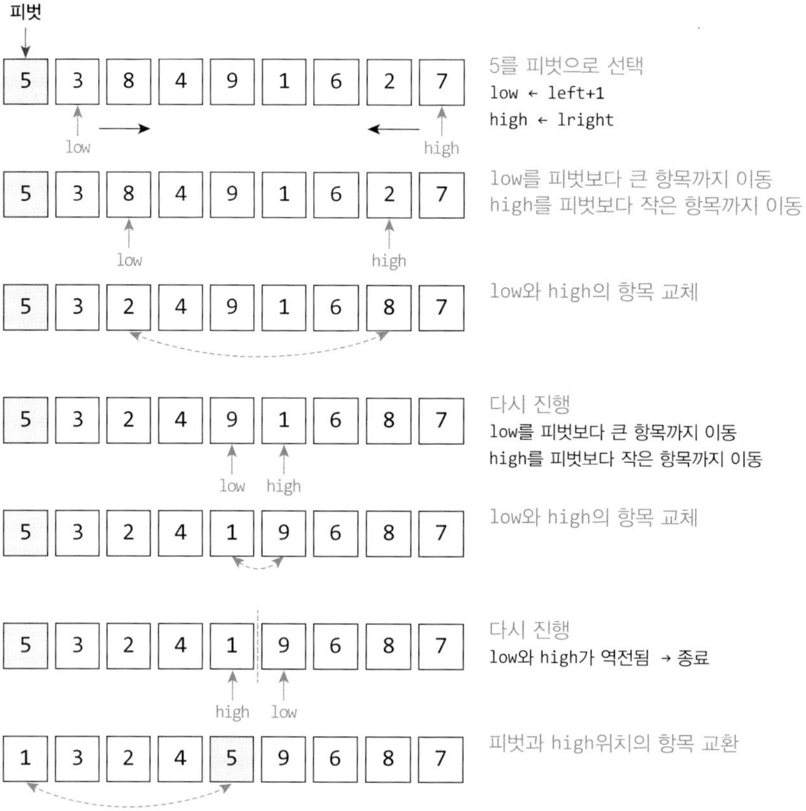

피벗

| 5 | 3 | 8 | 4 | 9 | 1 | 6 | 2 | 7 |

5를 피벗으로 선택
low ← left+1
high ← lright

low →

high ←

| 5 | 3 | 8 | 4 | 9 | 1 | 6 | 2 | 7 |

low를 피벗보다 큰 항목까지 이동
high를 피벗보다 작은 항목까지 이동

low

high

| 5 | 3 | 2 | 4 | 9 | 1 | 6 | 8 | 7 |

low와 high의 항목 교체

| 5 | 3 | 2 | 4 | 9 | 1 | 6 | 8 | 7 |

다시 진행
low를 피벗보다 큰 항목까지 이동
high를 피벗보다 작은 항목까지 이동

low high

| 5 | 3 | 2 | 4 | 1 | 9 | 6 | 8 | 7 |

low와 high의 항목 교체

| 5 | 3 | 2 | 4 | 1 | 9 | 6 | 8 | 7 |

다시 진행
low와 high가 역전됨 → 종료

high low

| 1 | 3 | 2 | 4 | 5 | 9 | 6 | 8 | 7 |

피벗과 high위치의 항목 교환

[그림 12.9] 퀵 정렬에서 피벗을 중심으로 두 개의 리스트로 나누는 partition 과정

위의 그림을 보자. 피벗으로는 어떤 요소를 선택해도 되지만, 여기서는 첫 번째 항목인 5로 선택하였다. 변수 low와 high는 각각 왼쪽 부분 리스트와 오른쪽 부분 리스트를 만드는데 사용된다. low는 왼쪽에서 오른쪽으로 탐색해가다가 피벗보다 큰 항목(8)을 찾으면 멈춘다. high는 반대 방향으로 탐색하가다가 피벗보다 작은 항목(2)을 찾으면 멈춘다. 이 항목들이 부분 리스트에 적합하지 않은 항목들이다. 따라서 이들을 서로 교환한다. 즉, low와 high가 가리키는 항목을 서로 교환하는 것이다. 이러한 **탐색-교환** 과정을 계속 반복하면 언젠가는 low와 high가 엇갈리게 되고, 이 과정은 끝난다. 마지막으로, high가 가리키는 데이터(1)와 피벗(5)을 서로 교환하면, 피벗을 중심으로 왼쪽에는 작은 항목만 남고 오른쪽에는 큰 항목만 남는다. 결국 피벗을 중심으로 리스트가 두 개로 나누어진다. 이 과정을 구현하면 다음과 같다.

코드 12.9 퀵 정렬을 위한 partition() 함수 참고파일 ch12/QuickSort.py

```
01  def partition(A, left, right) :
02      low = left + 1                          # 왼쪽 부분 리스트의 인덱스 (증가방향)
03      high = right                            # 오른쪽 부분 리스트의 인덱스 (감소방향)
04      pivot = A[left]                         # 피벗 설정
05      while (low <= high) :                   # low와 high가 역전되지 않는 한 반복
06          while low <= right and A[low] <= pivot : low += 1
07          while high >= left and A[high]> pivot : high-= 1
08
09          if low < high :
10              A[low], A[high] = A[high], A[low]
11
12      A[left], A[high] = A[high], A[left]
13      return high
```

조건에 맞지 않는 요소를 찾아,
두 요소를 교환

마지막으로 피벗과 high를 교환하고,
피벗의 위치를 반환

한번의 partition 연산이 완료되면 피벗은 이미 제 위치를 찾았다. 따라서 왼쪽과 오른쪽 부분 리스트를 다시 정렬할 때 피벗은 제외한다. 예를 들어, 그림 12.9의 최종 결과를 보면 피벗 5는 이미 제 자리를 찾았고, 왼쪽과 오른쪽 리스트 [1, 3, 2, 4]와 [9, 6, 8, 7]만

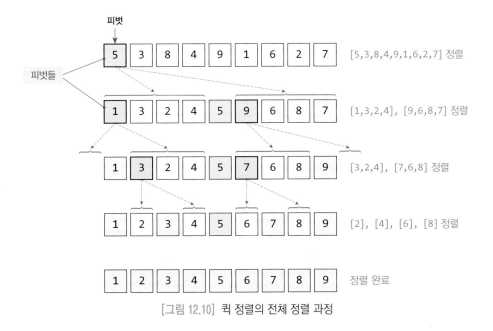

[그림 12.10] 퀵 정렬의 전체 정렬 과정

을 독립적으로 정렬하면 전체 정렬이 완료된다. 그림 12.10은 전체 리스트가 완전히 성렬되는 과정을 보여주는데, 초록색 박스는 선택된 피벗을 나타낸다.

quick_sort()를 이용하여 길이가 n인 배열 list를 정렬하기 위해서는 quick_sort(list, 0, n-1)와 같이 함수를 호출하면 된다.

퀵 정렬의 복잡도

퀵 정렬의 복잡도를 최선의 경우와 최악을 경우로 나누어 생각해 보자.

- **최선의 경우**: 리스트 분할이 항상 가운데에서 이루어지는 상황이다. 요소의 수 n이 2의 거듭제곱이라고 가정하면, 리스트는 $n/2$, $n/4$, $n/8$, ..., $n/2^k$의 크기로 나누어진다. 크기가 1이 될 때까지 나누어지므로 $n/2^k = 1$일 때까지 나누어질 것이고 따라서 $k = \log_2 n$번의 분할이 필요하다. 각각의 패스에서는 전체 리스트의 대부분의 요소를 비교해야 하므로 평균 n번 정도의 비교가 이루어진다. 결국, 최선의 경우 퀵 정렬은 비교 연산을 총 $n \log_2 n$번 실행하여 $O(n \log_2 n)$ 알고리즘이 된다. 레코드의 이동 횟수는 비교 횟수보다 적으므로 무시할 수 있다.

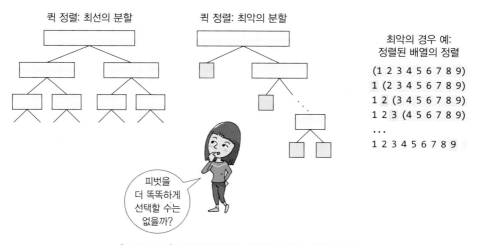

[그림 12.11] 퀵 정렬에서의 최선의 분할과 최악의 분할

- **최악의 경우**: 리스트가 계속 불균형하게 나누어지는 경우이다. 예를 들어, 이미 정렬된 리스트는 퀵 정렬에서 최악의 입력이다. 만약 리스트의 첫 번째 요소를 피벗으로 선택하면 왼편 리스트는 항상 텅 비는 불균형 분할이 연속적으로 발생한다. 이 경우 배열의 크

기만큼 총 n번의 패스가 진행되어야 하고, 한 패스에서 n번의 비교가 이루어지게 되므로 n^2번 연산이 필요하다. 결국 최악의 경우 퀵 정렬은 $O(n^2)$의 시간 복잡도를 갖는다.

퀵 정렬의 평균적인 시간 복잡도는 $O(n \log_2 n)$이다. 특히 다른 $O(n \log_2 n)$의 알고리즘과 비교해도 가장 빠른 것으로 알려져 있다. 이것은 불필요한 데이터의 이동을 줄이고 먼 거리의 데이터를 교환하며, 한번 결정된 피벗들이 추후 연산에서 제외되는 등의 특징 때문인 것으로 보인다.

불균형 분할을 완화하기 위해 피벗을 리스트의 중앙값에 가깝도록 선택하는 방법들도 있다. 예를 들어, 리스트 내의 몇 개의 값들 중에서 **중간값(median)**을 피벗으로 선택하는 것인데, 리스트의 왼쪽, 오른쪽, 중간의 3개의 항목들 중에서 중간 값을 선택하는 방법 (median of three)이 많이 사용된다.

---

1 다음 중 퀵 정렬이 병합 정렬 등에 비해서도 평균적으로 더 좋은 성능을 보이는 이유로 적절하 지 않은 것은?

① 불필요한 데이터의 이동을 줄이기 때문에

② 항상 균등하게 리스트를 분할하기 때문에

③ 먼 데이터를 교환하기 때문에

④ 분할 후 피벗은 추후 연산에서 제외되기 때문에

2 퀵 정렬은 안정성을 만족한다. (   )

3 병합 정렬이 위치에 의한 분할을 이용한다면 퀵 정렬은 값에 의한 분할을 이용한다. (   )

4 이미 정렬된 리스트를 퀵 정렬로 정렬할 때의 시간 복잡도는? 단, 피벗으로 리스트의 첫 번째 항목을 사용한다고 가정한다.

중간 점검

정답 1 ② 2 X 3 O 4 $O(n^2)$

12.6 이중피벗 퀵 정렬

이중피벗 퀵 정렬(dual pivot quick sort)은 퀵 정렬을 보완하여 2개의 피벗을 사용하는 퀵 정렬이다. 다음과 같이 먼저 리스트의 양쪽 끝에서 두 피벗을 선택하고, 왼쪽 피벗이 오른쪽보다 항상 크지 않도록 조정한 다음 이들을 중심으로 원래의 리스트를 왼쪽 피벗보다 작은 그룹과, 큰 그룹, 그리고 그 사이 그룹으로 나눈다. 퀵 정렬과 같이 이 과정을 반복하면 정렬이 이루어진다.

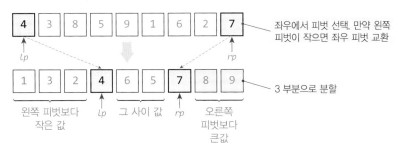

[그림 12.12] 이중피벗 퀵 정렬은 두 개의 피벗을 이용해 리스트를 세 부분으로 분할한다.

이 정렬 방법을 순환으로 구현한 함수는 다음과 같다. partitionDP()에서 입력 리스트를 세 부분으로 나누는데, 왼쪽과 오른쪽 피벗의 인덱스를 모두 반환해야 한다. 피벗 인덱스가 반환되면 순환으로 다시 세 부분 리스트를 정렬한다.

코드 12.10   이중 피벗 퀵 정렬   참고파일 ch12/DPQuickSort.py

```
01  def dp_quick_sort(A, low, high) :
02      if low < high :
03          lp, rp = partitionDP(A, low, high)    # 좌우 피벗의 인덱스를 반환받음
04          dp_quick_sort(A, low, lp-1)           # low ~ lp-1 정렬
05          dp_quick_sort(A, lp+1, rp-1)          # lp+1 ~ rp-1 정렬
06          dp_quick_sort(A, rp+1, high)          # rp+1 ~ high 정렬
```

역시 이 정렬 방법에서도 핵심은 리스트를 세 부분으로 분할하고 좌우 피벗의 인덱스를 반환하는 분할 연산 partitionDP()이다. 그림 12.13은 분할 과정의 예를 보여준다. 먼저 좌우에서 피벗을 선택하고, 오른쪽이 큰 피벗이 되도록 조정한다. j는 왼쪽 피벗보다 작지 않은 최대 인덱스+1이고, g는 오른쪽 피벗보다 크지 않은 최소 인덱스−1을 나타낸다. k를 하나씩 증가시키면서 조건에 따라 항목들을 교환하고 j와 g를 갱신하는 방법으로 분할이 이루어진다.

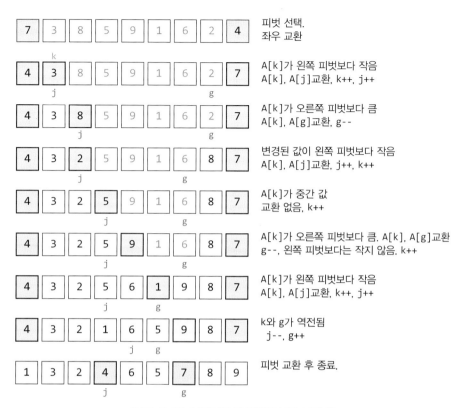

7	3	8	5	9	1	6	2	4

피벗 선택.
좌우 교환

4	3	8	5	9	1	6	2	7

A[k]가 왼쪽 피벗보다 작음
A[k], A[j]교환, k++, j++

4	3	8	5	9	1	6	2	7

A[k]가 오른쪽 피벗보다 큼
A[k], A[g]교환, g--

4	3	2	5	9	1	6	8	7

변경된 값이 왼쪽 피벗보다 작음
A[k], A[j]교환, j++, k++

4	3	2	5	9	1	6	8	7

A[k]가 중간 값
교환 없음, k++

4	3	2	5	9	1	6	8	7

A[k]가 오른쪽 피벗보다 큼. A[k], A[g]교환
g--, 왼쪽 피벗보다는 작지 않음. k++

4	3	2	5	6	1	9	8	7

A[k]가 왼쪽 피벗보다 작음
A[k], A[j]교환, k++, j++

4	3	2	1	6	5	9	8	7

k와 g가 역전됨
 j--, g++

1	3	2	4	6	5	7	8	9

피벗 교환 후 종료.

[그림 12.13] 이중피벗 퀵 정렬의 분할 과정 예

다음은 이러한 분할 함수를 구현한 예이다. 분할 함수에서 두 개의 값을 반환해야 하는 것에 유의하라.

코드 12.11 이중피벗 퀵 정렬을 위한 분할 함수 참고파일 ch12/DPQuickSort.py

```
01  def partitionDP(A, low, high) :
02      if A[low] > A[high]:
03          A[low], A[high] = A[high], A[low]
04
05      j = low + 1
06      g = high - 1
07      k = low + 1
08      lpVal = A[low]
09      rpVal = A[high]
```

low와 high를 각각 좌우 피벗으로 사용.
왼쪽 피벗이 오른쪽보다 크면 교환함.
항상 오른쪽 피벗이 왼쪽 이상이어야 함

왼쪽 피벗보다 작은 최대 인덱스
오른쪽 피벗보다 큰 최소 인덱스
low+1부터 하나씩 증가
왼쪽 피벗 값
오른쪽 피벗 값

```
10        while (k <= g) :
11            if (A[k] < lpVal) :
12                A[k], A[j] = A[j], A[k]
13                j += 1
14
15            elif (A[k] >= rpVal) :
16                while (A[g] > rpVal and k < g) :
17                    g -= 1
18                A[k], A[g] = A[g], A[k]
19                g -= 1
20
21                if (A[k] < lpVal) :
22                    A[k], A[j] = A[j], A[k]
23                    j += 1
24            k += 1
25
26        j -= 1
27        g += 1
28        A[low], A[j] = A[j], A[low]
29        A[high], A[g] = A[g], A[high]
30
31        return j, g
```

A[k]가 왼쪽 피벗보다 작으면, A[j]와 A[k]를 교환.
j만 증가시킴

A[k]가 오른쪽 피벗 이상이면, 오른쪽에서 조건에 맞지 않는 g의 위치를 찾아내려 와서, A[k]와 A[g]를 교환

변경된 A[k]가 만약 왼쪽 피벗보다 작으면, 다시 A[j]와 교환해야 함

마지막으로 피벗들을 제 위치로 교환하고, 피벗들의 위치를 반환

이중피벗 퀵 정렬의 이론적인 시간 복잡도는 퀵 정렬과 차이가 없고, 최악의 경우의 시간 복잡도도 $O(n^2)$으로 좋지 않다. 그러나 일반적인 경우 퀵 정렬보다 성능이 우수하다고 알려져 있어 자바나 안드로이드의 시스템 정렬로 사용되었다.

12.7 기수 정렬

지금까지의 정렬 방법들은 모두 레코드들을 **비교**하여 정렬하였다. **기수 정렬**(radix sort)은 요소들을 서로 비교하지 않고도 정렬할 수 있는 색다른 정렬 기법이다. 다른 방법들이 $O(n \log_2 n)$이라는 비교기반 정렬의 이론적인 하한선을 깰 수 없는데 비해 기수 정렬은 이 하한선을 깰 수 있다. 기수 정렬은 $O(kn)$의 시간 복잡도를 가지는데 대부분 k는 크지 않

은 값(예: $k<4$)을 갖게 된다. 기수 정렬은 추가적인 메모리를 필요로 하는데, 이런 단점을 감안하더라도 다른 방법들 보다 빠르기 때문에 상당히 인기 있는 정렬 기법 중의 하나이다.

기수(radix)란 숫자의 자릿수이다. 예를 들면 숫자 42는 4와 2의 두개의 자릿수를 가지고 이것이 기수가 된다. 기수 정렬은 이러한 자릿수의 값에 따라서 정렬하기 때문에 기수 정렬이라는 이름을 얻었다. 기수 정렬은 다단계 정렬인데, 단계의 수는 데이터의 전체 자릿수와 일치한다.

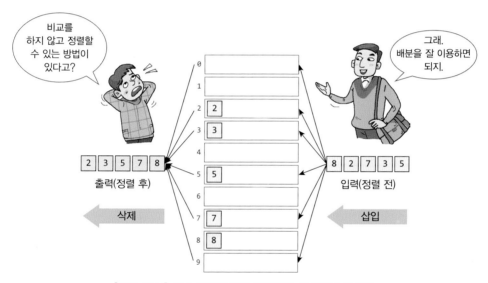

[그림 12.14] 기수 정렬의 기본 아이디어: 한 자릿수의 경우

기수 정렬의 동작원리에 대하여 알아보자. 일단 한자리로만 이루어진 숫자의 리스트 (8, 2, 7, 3, 5)를 정렬한다. 어떻게 서로 비교를 하지 않고 정렬을 할 수 있을까? 십진수에서는 각 자릿수가 0에서 9까지의 값만 가지므로 10개의 버킷(bucket)을 만들어서 입력 데이터를 값에 따라 상자에 넣는다. 다음으로 <u>위쪽 상자부터 순차적으로 버킷 안에 들어 있는 숫자를 출력</u>한다. 그러면 정렬된 숫자 리스트 [2, 3, 5, 7, 8]를 얻을 수 있다. 이 과정에서 비교 연산은 전혀 사용되지 않았다! 각 레코드의 값에 따라 버킷에 넣고 빼는 동작만 되풀이 했을 뿐이다.

그렇다면 여러 자리로 이루어진 수는 어떻게 정렬할까? 리스트 (28, 93, 39, 81, 62, 72, 38, 26)을 예로 들어보자. 0에서 99번까지 번호가 매겨진 100개의 버킷을 사용하여 앞에서와 마찬가지로 정렬을 할 수 있다. 그러나 보다 효과적인 방법이 있다. 즉 1의 자릿수와 10의 자릿수를 따로 따로 사용하여 정렬을 하는 방법이다. 이렇게 하면 10개의 버킷만으로도 2자리 정수를 정렬할 수 있다. 그러면 어떤 자릿수를 먼저 사용하여야 할까? 정답은 먼저 낮은 자릿수로 정렬한 다음 차츰 높은 자릿수로 정렬해야 한다는 것이다.

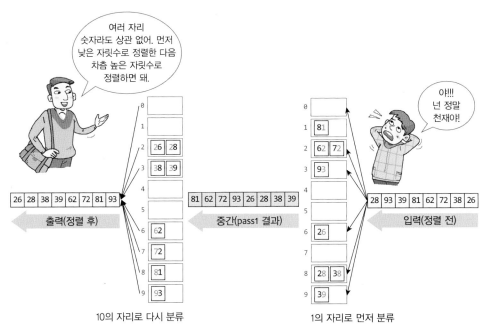

[그림 12.15] 기수 정렬을 이용한 2자릿수의 정렬 구조

예를 들어, [28, 93, 39, 81, 62, 72, 38, 26]을 먼저 10의 자릿수를 먼저 사용하고 1의 자릿수를 나중에 사용하면 [28, 26, 39, 38, 61, 72, 81, 93] → [61, 81, 72, 93, 26, 28, 38, 39]이 되어 잘못된 결과가 된다. 그러나 1의 자릿수를 먼저 사용하면 [81, 62, 72, 93, 26, 28, 38, 39] → [26, 28, 38, 39, 62, 72, 81, 93]이 되어 데이터가 정렬된다. 여러 자리의 십진수를 정렬하는 방법을 구체적으로 생각해 보자.

- 십진법을 사용하므로 버킷은 10개를 사용하면 된다. 만약 키를 2진법으로 표현하고 정렬한다면 버킷은 2개만 있으며 되지만 필요한 패스 수는 훨씬 많아질 것이다. 또한 키가 알파벳 문자로 되어 있다면 26개의 버킷이 필요하다.

- 버킷에 먼저 들어간 숫자가 먼저 나와야 하는데, 리스트 안의 요소들의 상대적인 순서

가 유지되어야하기 때문이다. 따라서 <u>버킷은 큐로 구현된다</u>.

- 버킷에 숫자를 집어넣는 연산은 큐의 enqueue 연산이 되고 버킷에서 숫자를 읽는 연산은 dequeue 연산으로 대치하면 된다.

이제 기수 정렬을 구현해 보자. 큐는 5.2절에서 구현한 원형큐 클래스 CircularQueue를 사용할 수도 있고, 5.3절에서 살펴본 파이썬 queue 모듈의 Queue 클래스를 사용할 수도 있다. 또한 10.3절에서와 같이 collections 모듈의 deque 클래스를 큐처럼 사용하는 것도 방법이다. 여기서는 파이썬의 queue 모듈의 Queue 클래스를 사용하자. 큐 클래스는 모듈 이름을 붙여서 queue.Queue로 사용할 수도 있지만, 이번에는 from ~ import 문장을 이용하여 Queue란 이름을 바로 사용할 수 있도록 한다.

```python
from queue import Queue        # 파이썬 queue모듈의 Queue 사용
```

Queue 클래스는 공백상태 검사를 위한 empty() 연산을 제공한다. 이제 기수 정렬을 구현하자. 먼저 BUCKETS 개의 큐를 생성한다. 다음으로 1의 자리부터 시작하여 모든 자릿수에 대해 리스트의 숫자들을 해당 큐에 모두 넣고 순서대로 꺼내 원래의 리스트에 저장하는 과정을 반복한다.

코드 12.12   기수 정렬   참고파일 ch12/RadixSort.py

```python
01  def radix_sort(A) :
02      queues = []                                 # 큐의 리스트
03      for i in range(BUCKETS) :
04          queues.append(Queue())                  # BUCKETS개의 큐 사용
05
06      n = len(A)
07      factor = 1                                  # 1의 자리부터 시작
08      for d in range(DIGITS) :                    # 모든 자리에 대해
09          for i in range(n) :                     모든 요소를 순서대로 해당 버킷에
10              queues[(A[i]//factor) % BUCKETS].put(A[i])   삽입
11          i = 0                                   저장할 버킷의 인덱스
```

```
12        for b in range(BUCKETS) :
13            while not queues[b].empty() :           첫 번째 버킷부터 순서대로 모든 버킷의 자료를 꺼내
14                A[i] = queues[b].get()              순서대로 입력 배열에 저장
15                i += 1
16        factor *= BUCKETS                           # 그 다음 자릿수로 간다.
17        print("step", d+1, A)                       # 중간 과정 출력용 문장
```

이제 기수 정렬을 테스트 해 보자. 1에서 9999 사이의 숫자 10개를 무작위로 생성하고 기수정렬로 정렬하는 테스트 코드는 다음과 같다. 10진법을 사용하고 최대 네 자리 10진수 숫자이므로 BUCKETS는 10이 되어야 하고, DIGITS는 4 이상이면 된다. 난수 발생 함수 randint()를 사용하기 위해 random 모듈을 포함하였다.

코드 12.13 기수 정렬 테스트 프로그램   참고파일 ch12/RadixSort.py

```
01    import random
02    BUCKETS = 10
03    DIGITS  = 4
04    data = []
05    for i in range(10) :
06        data.append(random.randint(1,9999))         # 1~9999 사이의 숫자 10개 생성
07    radix_sort(data)                                # 기수 정렬
08    print("Radix: ", data)                          # 결과 출력
```

```
일, 십, 백, 천의 자리
순으로 정렬

C:\WINDOWS\system32\cmd.exe                                        — □ ×
step 1 [3790, 2850, 5162, 4122, 1043, 6894, 5425, 2706, 2267, 1679]
step 2 [2706, 4122, 5425, 1043, 2850, 5162, 2267, 1679, 3790, 6894]
step 3 [1043, 4122, 5162, 2267, 5425, 1679, 2706, 3790, 2850, 6894]
step 4 [1043, 1679, 2267, 2706, 2850, 3790, 4122, 5162, 5425, 6894]
Radix: [1043, 1679, 2267, 2706, 2850, 3790, 4122, 5162, 5425, 6894]

최종 정렬 결과
```

기수 정렬의 분석

만약 입력 리스트가 n개의 정수를 가지고 있다면 알고리즘의 내부 루프(9행, 12행)는 n번 반복될 것이다. 만약 각 정수가 d개의 자릿수를 가지고 있다고 하면 외부 루프(8행)는 d번

반복된다. 따라서 기수 정렬은 $O(d \cdot n)$의 시간 복잡도를 가진다. 시간 복잡도가 d에 비례하기 때문에 기수 정렬의 수행 시간은 정수의 크기와 관련이 있다. 그러나 일반적으로 컴퓨터 안에서의 정수의 크기는 제한되는데, 32비트 컴퓨터의 경우에는 십진법으로 대개 10개 정도의 자릿수 만을 가지게 된다. 따라서 일반적으로 d는 n에 비하여 아주 작은 수가 되므로 기수 정렬은 $O(n)$이라고 하여도 무리가 없다.

기수 정렬은 다른 정렬 방법에 비하여 빠른 수행 시간에 정렬을 마칠 수 있다. 그러나 <u>정렬에 사용되는 킷값이 자연수로 표현되어야만 적용이 가능하다.</u> 예를 들어 실수나 한글, 한자 등으로 이루어진 킷값을 정렬하려면 매우 많은 버킷이 필요하게 되어 이 방법을 사용할 수 없다. 이에 비해, 다른 정렬 방법들은 모든 종류의 키 형태에 사용할 수 있다.

중간 점검

1 다음 중 기수 정렬에 대한 설명으로 적절하지 않은 것은?
 ① 레코드를 비교하지 않고 분배하여 정렬을 수행한다.
 ② 비교 기반 정렬의 하한인 O(nlogn)을 깰 수 있다.
 ③ 정렬할 수 있는 레코드의 타입이 제한된다.
 ④ 여러 자리의 정수를 정렬하는 경우 높은 자릿수부터 분류한다.

2 다음 중 기수 정렬을 이용해 정렬하기 어려운 데이터는?
 ① 정수의 리스트　　　　　　　② 영어 알파벳(문자) 리스트
 ③ 실수의 리스트　　　　　　　④ 영어 단어 리스트

3 기수 정렬은 단순히 자릿수에 따라 숫자를 무엇에 넣었다가 꺼내는 과정을 반복하는가?

정답 1 ④ 2 ③ 3 버킷(큐)

12.8 정렬 알고리즘의 성능 비교

앞에서 살펴본 방법들 이 외에도 매우 다양한 정렬 알고리즘들이 소개되었다. 특히 유사 난수(pseudo random)와 같은 연구실 데이터가 아닌 현실 세계의 데이터에서도 좋은 성능을 보이기 위해 여러 가지 최적화 기법들을 사용한 **하이브리드(hybrid)**[1] 정렬 알고리즘들이 제안되었는데, 대표적인 방법이 팀 정렬이다.

---

1) 하이브리드 알고리즘은 보통 두 가지 이상의 알고리즘을 섞은 것을 의미한다.

하이브리드 정렬 알고리즘의 예: 팀 정렬

팀 정렬(Timsort)은 삽입 정렬과 병합 정렬에 기반을 둔 하이브리드 알고리즘으로, 1993년 Peter McIlroy의 논문[2]에서 제시된 기법들을 2002년에 팀 피터스(Tim Peters)가 파이썬 언어에서 사용하기 위해 구현한 정렬 방법이다. $O(n) \sim O(n \log_2 n)$의 시간 복잡도를 보장하는 방법으로 파이썬의 기본 정렬 알고리즘으로 사용되고 있는데, 파이썬의 sorted() 함수와 sort() 메소드에서 이 정렬 알고리즘을 사용한다.

이 알고리즘에는 런(run)이란 개념이 사용된다. 정렬 과정을 진행하기 전에 먼저 입력 데이터를 순서대로 스캔하면서 오름차순이나 내림차순으로 구성된 데이터 묶음을 찾고, 이들을 스택에 저장한다. 이때, 내림차순의 데이터는 순서를 뒤집어야 한다. 런들이 준비되면 스택의 런들에 대해 조건에 따른 병합을 진행한다. 이때, 런의 크기가 어떤 기준보다 작으면 삽입 정렬을 사용하고, 그렇지 않으면 병합 정렬을 사용한다. 이러한 병합 과정은 최종적으로 스택의 런이 하나가 될 때까지 반복된다.

성능 향상을 위해 병합 과정에서도 다양한 최적화 기법들이 사용되는데, 예를 들어, 두 개의 런 A와 B를 병합할 때, A의 어떤 원소에 해당하는 위치를 B에서 찾기 위해 이진 탐색을 적용한다. 또, 한쪽 런의 요소가 일정 횟수 이상으로 연속적으로 선택되어 병합되면 갤로핑(galloping) 모드를 활성화하여 데이터를 묶음으로 한꺼번에 옮기는 전략도 사용한다. 따라서 앞에서 살펴본 정렬 알고리즘들에 비해 훨씬 복잡한 방법이다. 이러한 노력의 결과로 팀 정렬은 거의 정렬되어 있는 데이터에 대해서는 $O(n)$, 최악의 경우에도 $O(n \log_2 n)$의 보장하여 퀵 정렬보다 우수하면서도 안정성을 충족하여 파이썬과 함께 자바의 시스템 정렬과 안드로이드 운영체제에서도 사용되고 있다.

정렬 알고리즘들의 성능 분석

지금까지 살펴본 정렬 방법들의 성능을 정리해 보자. 문제 해결을 위한 최적의 정렬 방법은 정렬해야할 레코드의 수, 크기, 자료형 등에 따라 달라지므로 각 정렬 방법들의 장단점을 잘 이해하여 적절한 정렬 방법을 사용할 수 있어야 한다.

---

2) "Optimistic Sorting and Information Theoretic Complexity", in Proceedings of the Fourth Annual ACM–SIAM Symposium on Discrete Algorithms, pp. 467–474, January 1993.

알고리즘	최선	평균	최악
선택 정렬	$O(n^2)$	$O(n^2)$	$O(n^2)$
삽입 정렬	$O(n)$	$O(n^2)$	$O(n^2)$
버블 정렬	$O(n)$	$O(n^2)$	$O(n^2)$
셸 정렬	$O(n)$	$O(n^{1.5})$	$O(n^2)$
힙 정렬	$O(n \log_2 n)$	$O(n \log_2 n)$	$O(n \log_2 n)$
병합 정렬	$O(n \log_2 n)$	$O(n \log_2 n)$	$O(n \log_2 n)$
퀵 정렬	$O(n \log_2 n)$	$O(n \log_2 n)$	$O(n^2)$
이중피벗 퀵 정렬	$O(n \log_2 n)$	$O(n \log_2 n)$	$O(n^2)$
기수 정렬	$O(dn)$	$O(dn)$	$O(dn)$
팀 정렬	$O(n)$	$O(n \log_2 n)$	$O(n \log_2 n)$

1 팀 정렬은 하이브리드 정렬이다. (   )

2 정렬 문제의 경우 어떤 정렬 알고리즘도 $O(n log n)$보다 빠를 수는 없다. (   )

3 다음 중 공간 복잡도가 가장 높은 정렬 방법은?

   ① 버블 정렬   ② 퀵 정렬   ③ 선택 정렬   ④ 병합 정렬

중간 점검

| 연습문제 |

※ 다음과 같이 다양한 정렬 알고리즘이 있다. 물음에 답하라.

(1) 선택 정렬　　　　(2) 삽입 정렬　　　　(3) 버블 정렬　　　　(4) 셸 정렬

(5) 병합 정렬　　　　(6) 힙 정렬　　　　　(7) 퀵 정렬　　　　　(8) 이중피벗 퀵 정렬

(9) 기수 정렬　　　　(10) 팀 정렬

12.1 입력 데이터의 구성과 상관없이 자료의 이동횟수가 결정되는 정렬 알고리즘을 모두 골라라.

12.2 거의 정렬이 되어 있는 데이터에 대해 좋은 성능을 보이는 정렬 알고리즘을 모두 골라라.

12.3 연속적인 분할과 병합을 이용하는 효율적인 알고리즘이지만 임시 배열이 필요한 정렬 알고리즘을 골라라.

12.4 피벗을 이용하는 대표적인 효율적인 정렬 알고리즘들을 골라라.

12.5 항목의 비교를 사용하지 않고 분배를 이용해 정렬하는 방법들을 골라라.

12.6 최악의 경우에도 시간 복잡도가 $O(n \log_2 n)$인 정렬 방법을 모두 골라라.

12.7 평균적인 시간 복잡도가 $O(n^2)$인 정렬 알고리즘을 모두 골라라.

12.8 최악의 경우 시간 복잡도가 명확히 $O(n^2)$인 정렬 알고리즘을 모두 골라라.

12.9 $O(n \log_2 n)$이라는 정렬의 이론적인 하한선을 깰 수 있는 정렬 방법들을 모두 골라라.

12.10 삽입 정렬과 관련이 있는 정렬 방법들을 모두 골라라.

12.11 비교를 이용한 정렬 알고리즘에 대한 다음 설명 중에서 틀린 것은?

① 난수배열에 대해 비교기반 정렬은 최소 $O(n \lg_2 n)$의 시간이 걸린다.

② 어떤 비교기반 정렬 알고리즘도 비교할 때 위치를 사용하면 안정적(stable)으로 만들 수 있다.

③ 카운팅 정렬은 비교기반 정렬이 아니다.

④ 병합 정렬은 비교기반 정렬이 아니다.

12.12 다음의 입력 배열을 셸 정렬 이용하여 오름차순으로 정렬하려고 한다. 각 단계에서의 간격 (gap)과 배열의 내용을 적어라. 단, 간격은 배열 크기의 절반으로 시작한다. 또한 간격이 짝수이면 1을 더해 홀수로 만들어 사용하라.

7	4	9	6	3	8	7	5

12.13 셸 정렬의 삽입 정렬의 어떤 특성을 이용하는가? 삽입 정렬이 효율적인 경우와 비효율적인 경우의 입력에 대한 예를 들고 설명하라.

12.14 다음의 정수 배열을 힙 정렬을 사용하여 오름차순으로 정렬하려고 한다. 단, 힙 정렬은 추가적인 배열을 사용하지 않는 제자리 정렬로 구현한다.

71	49	92	55	38	82	72	53

최대 힙이 만들어지는 과정을 트리를 이용해 나타내라. 또한 최대 힙에서의 배열의 내용을 적어라.

12.15 위 문제에서 최대 힙에서 배열을 정렬하는 과정을 트리를 이용해 나타내고, 최종 배열의 내용을 적어라.

12.16 다음의 정수 배열을 병합 정렬을 사용하여 오름차순으로 정렬하려고 한다. 각 단계에서의 배열의 내용을 나타내어라.

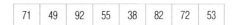

71	49	92	55	38	82	72	53

12.17 다음의 정수 배열을 퀵 정렬을 사용하여 오름차순으로 정렬하려고 한다. 각 단계에서의 배열의 내용을 나타내어라. 단, 배열의 첫 번째 요소를 피벗으로 선택한다.

71	49	92	55	38	82	72	53

12.18 다음의 정수 배열을 퀵 정렬을 사용하여 오름차순으로 정렬하려고 한다. 왼쪽, 중간, 오른쪽 가운데 중간값 (median of three)을 피벗으로 사용하는 경우 정렬의 각 단계에서의 배열의 내용을 적어라.

1	2	3	4	5	6	7	8

12.19* 어떤 배열이 오름차순으로 정렬되어 있는지를 검사하여 정렬되어 있으면 True를, 아니면 False를 반환하는 함수를 구현하라. 버블 정렬 함수의 일부를 사용하면 될 것이다.

12.20* 12.4절의 병합 정렬을 순환이 아니라 반복을 이용하여 다시 구현하라.

12.21* 입력 리스트가 영어 문자열로 이루어져 있다. 이 리스트를 카운팅 정렬을 이용해 정렬하는 코드를 작성하라.

12.22* 10자리 이하의 정수로 이루어진 입력 리스트가 있다. 이 리스트를 다음과 같이 정렬하는 코드를 작성하라.

   (1) 16개의 버켓을 이용하는 기수 정렬로 정렬하라.
   (2) 10개의 버켓을 이용하는 기수 정렬로 정렬하라.
   (3) 2개의 버켓을 이용하는 기수 정렬로 정렬하라.

12.23** 나만의 하이브리드 정렬 알고리즘을 구현해 보자. 다음 그림과 같이 입력 리스트가 주어지면 이를 크기가 32인 부분 리스트(또는 run)들로 분할하고, 각 부분 리스트를 선택 정렬을 이용해 정렬한다. 각 부분 리스트가 모두 정렬되면, 다음으로 병합 정렬의 병합(merge) 과정을 이용해 부분 리스트를 병합한다. 병합이 이루어질 때 마다 부분배열의 크기는 두 배가 된다. 이 과정은 전체가 하나의 배열로 합해질 때까지 진행된다.

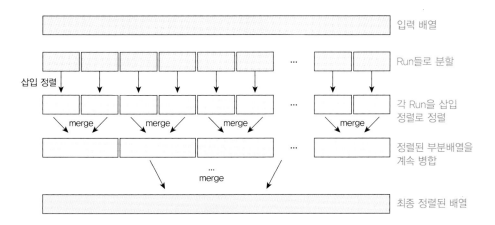

(1) 이러한 정렬 알고리즘을 구현해 보라. 삽입 정렬은 7장의 함수를 수정해 사용하고, 병합 과정은 12.4절의 병합 정렬의 merge() 함수를 이용할 수 있다.

(2) 이 알고리즘의 시간 복잡도를 분석해 보라.

찾아보기